WITHDRAWN
HARVARD LIBRARY
WITHDRAWN

THEOLOGIE IM ÜBERGANG

Franz Wolfinger

Denken und Transzendenz – zum Problem ihrer Vermittlung

Der unterschiedliche Weg der Philosophien F.H. Jacobis und F.W.J. Schellings und ihre Konfrontation im Streit um die *Göttlichen Dinge* (1811/12)

7

Die „moderne Theologie" ist kein so einheitliches Gebilde, wie der heute gängige Wortgebrauch nahezulegen scheint. Um sie in ihrer Differenziertheit zu verstehen und zugleich Möglichkeiten ihrer Diagnose wie auch einer Zusammenschau aufzuzeigen, bedarf es des Rückgangs auf die geistigen Grundlagen und die treibenden historischen Kräfte, die das Werden und den Weg dieser Theologie bestimmten. Diesem Anliegen möchte die neu eröffnete Reihe „Theologie im Übergang (Untersuchungen zum Werden der modernen Theologie)" dienen.

Das Feld der Theologiegeschichte, das hier in vornehmlich systematischen Untersuchungen bearbeitet werden soll, wird sich etwa von der Epoche der beginnenden historisch-kritischen Forschung im 18. Jh. bis unmittelbar zur neuzeitlichen Theologie hin erstrecken.

Die Reihe möchte Dissertations- und Habilitationsarbeiten offenstehen, aber auch themabezogenen Spezialstudien, deren Veröffentlichung heute immer mehr von der Kostenseite her erschwert wird.

Der Verlag Peter D. Lang, Frankfurt, bietet mit seinem Herstellungsverfahren (Offset-Verfahren) die Gewähr für eine preisgünstige Publikation verbunden mit einem ansprechenden äußeren Format. Die Zusammenfassung von Arbeiten gleicher Zielausrichtung in einer Reihe dient dem informativen Überblick über das Gesamtvorhaben und garantiert den Autoren eine gezielte Information des potentiellen Leserkreises.

Die Herausgeber:
Prof. Dr. Leo Scheffczyk, München
Prof. Dr. Anton Ziegenaus, Augsburg

Denken und Transzendenz - zum Problem ihrer Vermittlung

THEOLOGIE IM ÜBERGANG

Herausgegeben von Leo Scheffczyk und Anton Ziegenaus

BAND 7

Verlag Peter D. Lang
Frankfurt a.M. • Bern • Cirencester/U.K.

Franz Wolfinger

Denken und Transzendenz – zum Problem ihrer Vermittlung

Der unterschiedliche Weg der Philosophien F. H. Jacobis und F. W. J. Schellings und ihre Konfrontation im Streit um die *Göttlichen Dinge* (1811/12)

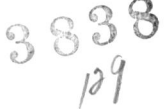

Verlag Peter D. Lang
Frankfurt a. M • Bern • Cirencester/U.K.

CIP-Kurztitelaufnahme der Deutschen Bibliothek

Wolfinger, Franz:

Denken und Transzendenz, zum Problem ihrer Vermittlung : d. unterschiedl. Weg d. Philosophien F. H. Jacobis u. F. W. J. Schellings u. ihre Konfrontation im Streit um d. göttl. Dinge (1811/12) / Franz Wolfinger. - Frankfurt a.M., Bern, Cirencester/U.K. : Lang, 1981.
 (Theologie im Übergang ; Bd. 7)
ISBN 3-8204-6051-9

Als Habilitationsschrift auf Empfehlung der Katholisch-Theologischen Fakultät der Universität München gedruckt mit Unterstützung der Deutschen Forschungsgemeinschaft.

ISBN 3-8204-6051-9
© Verlag Peter D. Lang GmbH, Frankfurt am Main 1981
Alle Rechte vorbehalten.
Nachdruck oder Vervielfältigung, auch auszugsweise, in allen Formen wie Mikrofilm, Xerographie, Mikrofiche, Mikrocard, Offset verboten.
Druck und Bindung: fotokop wilhelm weihert KG, darmstadt

VORWORT

Die Frage, wie Gott zu denken sei, gehört zu den bleibenden Themen von Philosophie und Theologie. Die Gegenwart lebt aus der Geschichte; in der Gottesfrage ist sie Erbin der großen Probleme und Kontroversen der Neuzeit. So mag ein konkretes Modell - der Weg der Philosophien Jacobis und Schellings in den Streit von 1811/12 und der Versuch seiner Aufarbeitung - den hermeneutischen Zugang zur Geschichte wie zur Sache selbst und ihrer religionsphilosophischen, wissenschaftstheoretischen und fundamentaltheologischen Bedeutung erleichtern.

Es ist erstaunlich, wie wenig Jacobis Werk religionsphilosophisch gedeutet worden ist; die Theologie - die katholischen Tübinger des 19. Jahrhunderts ausgenommen - hat ihn bisher ganz übersehen. Ebenso hat sie die frühe und mittlere Schaffensperiode Schellings noch nicht untersucht. Vielmehr kann die vorliegende Arbeit hier einem Mangel abhelfen.

Eine Bemerkung zur Literatur sei angefügt: Die Arbeit von G. Blanchard, Die Vernunft und das Irrationale, Frankfurt/Main 1979, konnte nicht mehr berücksichtigt werden.

Mit der vorliegenden Untersuchung hat der Verfasser im Sommer 1979 nach dem vorgeschriebenen Verfahren an der Katholisch-Theologischen Fakultät der Ludwig-Maximilians-Universität München die Lehrbefähigung für Fundamentaltheologie und ökumenische Theologie erworben. Herrn Professor Fries danke ich herzlich für die Betreuung der Arbeit und für das erste Gutachten; Herrn Professor Scheffczyk gilt mein herzlicher Dank für das innerhalb kürzester Frist erstellte zweite Referat und für die Aufnahme der Arbeit in die Reihe "Theologie im Übergang".

Ich habe hier weitere Dankesschulden abzustatten: dem Erzbischof von München und Freising, Herrn Kardinal Ratzinger, für die Gewährung des "nihil obstat" an einen Laien; der Deutschen Forschungsgemeinschaft für einen großzügigen Druckkostenzuschuß; dem Verlag Lang und seinen Mitarbeitern für die sorgfältige Betreuung der Arbeit und für die große Geduld; schließlich Frau J. Eichberger, ohne deren selbstlosen Einsatz bei der Erstellung des Manuskriptes die Termine im Sommer 1979 nicht einzuhalten gewesen wären.

München, 17.1.1981   Franz Wolfinger

INHALTSVERZEICHNIS

Abkürzungsverzeichnis 10
Einleitung: Die Gottesfrage heute - Herkunft der Krise.... 11
    Formen kirchlicher Reaktion. 14
    Gott in der neuzeitlichen Philosophie 16
    Zum Thema der Kontroverse und seinen
    Inhalten 19
    Methodisches 23

I. Teil: Die Kontroverse. Ihre philosophiegeschichtliche
Einordnung, ihr Inhalt und Verlauf, ihre Bedeutung. 27
    Anlaß, Inhalt, Teilnehmer........................ 29

    Kapitel 1: Jacobis Philosophie und die Gottesfrage -
    Moral, Gewissen, Freiheit, Glaube 33

    I. Jacobis Persönlichkeit und Philosophie: Die Frage
    nach der rechten Interpretation................... 33

    Jacobi und seine Zeit: Rezeption und Anregung 33

    Jacobis vielgestaltiges Werk - Versuch typologischer Deutungen 36

    "Lebensphilosophie" oder Erkenntnistheorie? 37

    Die Romane "Allwill" und "Woldemar" -
    "Menschheit, wie sie ist". 42

    Freiheit, Vernunft, Religion: Woher nimmt das "Leben"
    seine Norm? 46

    Ein vorläufiges Resümee 51

  II. Jacobis Eingreifen in die Spinoza-Renaissance 52

    Die Parallelen im "Sturm und Drang" 52

    Goethes Vorbild 53

    Jacobi als metaphysischer Überwinder der
    Geniereligion..................................... 56

    Das Gespräch mit Lessing über den Spinozismus:
    Anlaß, Wirkung.................................... 58

Jacobis Spinoza-Interpretation als Kriterium zur Beurteilung aller Philosophie	65
Spinozas Philosophie	66
Das Schicksal der Philosophie Spinozas: Spinoza-Rezeption und -Beurteilung	70
"Geläuterter Spinozismus"?	75
Jacobis Beharren auf pantheistischer Deutung	79
Grundzüge des Jacobischen "Antisystems"	82
III. Jacobis Kritik am Idealismus Kants und Fichtes	90
Zusammenhänge	90
Gemeinsamkeit und Unterschied in der Beurteilung der Metaphysik zwischen Jacobi und Kant	93
Kants kritische Schriften zum Thema	97
Jacobis Vorwurf der Inkonsequenz in der Erkenntnislehre an Kant	101
Fichte, der "Messias der spekulativen Vernunft"	111
IV. Das Wesen der Erkenntnis. Die Prinzipien der Jacobischen Philosophie	116
Kants Kritizismus als Hintergrund von Jacobis Philosophie	117
Vernunfterkenntnis als Ort der Gotteserkenntnis	121
Die Bedeutung des Gefühls	123
Glaube - faith	126
Gott und die Freiheit	127
Versuch einer kritischen Würdigung	130
Kapitel 2: Schelling: Proteus, Rebell oder Begründer einer neuen, "theologischen" Philosophie?	135
I. Versuch, Schelling zu verstehen	135
II. Das Prinzip der Philosophie, dargestellt aus den Frühschriften und Briefen	142
Die Anfänge in schwärmerischen Versuchen	142
Die Frage nach dem Prinzip der Philosophie	148

Das Ich als die Idee des Absoluten	151
Das Wesen des Absoluten	153
Freiheit und intellektuale Anschauung	155
Ein gelungener Lösungsvorschlag?	159
"Ethik à la Spinoza"	162
Immanenz und Transzendenz	163
Der "Übergang zum Absoluten" als praktische Philosophie	165
Die Relevanz für die Theologie	169
Schellings Grundanliegen	170
Das Absolute und Gott	170
Der Übergang vom Endlichen zum Unendlichen und die Gotteserkenntnis	171
Der Unterschied zur Theologie	173
III. Die Konsequenzen: Naturphilosophie, Identitätsphilosophie, Philosophie der Kunst	177
Von der Transzendentalphilosophie zur Naturphilosophie	177
Grundzüge der Naturphilosophie	180
Geist und Materie - Produkt der Reflexion	180
Der innere Zusammenhang: Natur als Geist	182
Naturphilosophie und Schöpfungslehre	184
Eine transzendentale Deduktion	185
Ergänzungen	190
Wesen und Anliegen der Identitätsphilosophie	193
Die Grunddefinition	195
Einzelthemen	198
Das Absolute in der Kunst	203
Kunst als Darstellung des Absoluten im Besonderen	204
Mythologie - Religion - Christentum	209
Der Umbruch	214
IV. Schellings Philosophie als Anlaß der Kritik	218

Kapitel 3: Die Kontroverse Jacobi - Schelling 225

   I. Zeitpunkt und Anlaß der Kritik Jacobis 225

  II. Inhalt der Kritik Jacobis an Schelling 230

     Materialismus und Idealismus in der Religion 230

     Der Weg der neuesten Philosophie bis zu Schelling 235

     Die Themen der Jacobischen Schellingkritik 238

        Das Wesen Gottes: Natur oder Transzendenz? . . . 239

        Die Frage nach dem Unbedingten 244

        Offenbaren oder Beweisen? 247

        Anthropologie statt naturaler Theologie 249

 III. Die kontroversen Streitpunkte. Schellings Antwort . . 251

     Jacobis "Lügenpolemik": Zur Mentalität beider Kontrahenten 251

     Zur Charakterisierung von Jacobis Philosophie: Gegenthesen 254

     Die sachliche Widerlegung von Jacobis Lehren 260

     Ein vorläufiges Resümee 267

II. Teil: Versuch einer theologischen Diskussion der Probleme 271

  Kapitel 4: Die theologische Relevanz der Kontroverse-Themen 273

   I. Die Möglichkeit einer philosophischen Religionsbegründung 273

  II. Gott im Denken 281

     Was leistet das Denken? Die Antwort von Schellings Spätphilosophie 281

     Unmittelbarkeit und Vermittlung: Weg und Umfang der Gotteserkenntnis 285

        Eine heutige Parallele: K. Rahner 287

        Die Bewährung der Unmittelbarkeit: J. E. Kuhn . 289

        Nur negative Bewährung? 291

III. Gott als Person? 295
    Der Gedanke der Begegnung und die Möglichkeit von
    Offenbarung: Der Personalismus 295
    Ist Gott Person? 298
    Schluß 302

Literaturverzeichnis 303
1. Quellen 303
   Jacobi 303
   Schelling 303
   Sonstige Quellen 304
2. Sekundärliteratur 309
3. Systematische Literatur zum Thema 316

Sachregister. 322

ABKÜRZUNGSVERZEICHNIS

Die Abkürzungen werden in Übereinstimmung mit den internationalen Abkürzungsverzeichnissen, insbesondere in den Bänden 1, 2 und 5 des Lexikon für Theologie und Kirche, Freiburg ^{2}1957 ff. (LThK) gebraucht.

Seltene Reihenwerke und Zeitschriften sowie Festschriften werden unter vollem Titel angeführt.

Jacobis Werke werden abgekürzt zitiert als WW; die Teilbände von Bd. IV erscheinen als IV 1, IV 2 und IV 3.

Schelling wird i. d. R. nach der Erstausgabe angeführt, also SW...; die Bände der 2. Abteilung werden - wie üblich - als XI - XIV gezählt. Nur wo Neuausgaben oder kritische Ausgaben erschienen sind, werden diese zitiert.

EINLEITUNG

Die Gottesfrage heute - Herkunft der Krise.

Gott ist unserer Zeit zum Problem geworden. Die Voraussetzung, der Grund, der Bezugspunkt von Religion und Glaube steht in Frage. Was Wunder, wenn die Theologie in rege Geschäftigkeit gerät und die Frage nach Gott in unzähligen Varianten stellt? Sie erklärt Gott als "die Frage unserer Zeit"; sie fragt: "Wer ist das eigentlich - Gott"? Sie denkt über die Abwesenheit Gottes nach, sieht im Atheismus ein theologisches Problem - und nicht nur ein Symptom der Verweigerung; sie entwickelt selbst eine Theologie des Todes Gottes; und sie weiß schließlich vom lebendigen Gott als der alles bestimmenden Wirklichkeit und dem unendlichen, uns zugesagten Geheimnis zu reden. Die Gottesfrage ist eines der theologischen Themen, das heute umfangreichste Literaturverzeichnisse füllt (1).

---

1 Aus der Fülle der Literatur seien nur einige, im Sinne der Ausführungen einschlägige Titel genannt, die das Ringen um die Gottesfrage in Auseinandersetzung mit den Infragestellungen durch Philosophie, Psychologie und andere Humanwissenschaften belegen: H. J. SCHULTZ (Hrsg.), Wer ist das eigentlich - Gott?, München 1969. H. FRIES (Hrsg.), Gott die Frage unserer Zeit, München 1973.
F. P. FIORENZA, Die Abwesenheit Gottes als ein theologisches Problem: Grenzfragen des Glaubens, hrsg. v. CH. HÖRGL - F. RAUH, Einsiedeln 1967, 423-451; TH. C. KRUIJF u. a., Zerbrochene Gottesbilder, Freiburg 1969; J. BLANK u. a., Gott-Frage und moderner Atheismus, Regensburg 1972; P. L. BERGER, Auf den Spuren der Engel, Frankfurt/M. 1972; H. DÖRING, Abwesenheit Gottes. Fragen und Antworten heutiger Theologie, Paderborn 1977 (Lit.); H. G. PÖHLMANN, Der Atheismus oder der Streit um Gott, Göttingen 1977. J. BISHOP, Die "Gott-ist-tot"-Theologie, Düsseldorf 1968; H. FRIES - R. STÄHLIN, Gott ist tot?, München 1968; L. SCHEFFCZYK, Gottloser Gottesglaube?, Regensburg 1974.
W. PANNENBERG, Wissenschaftstheorie und Theologie, Frankfurt/M. 1973; DERS., Gottesgedanke und menschliche Freiheit, Göttingen 1972; K. RAHNER, Grundkurs des Glaubens, Freiburg ^{9}1976; H. KÜNG, Existiert Gott?, München 1978 (Lit.); s. a. Literaturverzeichnis "Gott": Herders Theologisches Taschenlexikon 8, Freiburg 1973, 292 und das Lit.-Verz. dieses Buches sowie den Literaturbericht: A. RAFFELT, Die Frage nach Gott: Die Welt der Bücher, 5. Folge, 10. Heft, Freiburg 1978, 433-441.

Es scheint sogar, als ob auch die umfassende Beschäftigung mit Jesus (2) und die intensive Frage nach dem Selbstverständnis der Theologie (3) von der Unsicherheit bezüglich Gottes veranlaßt sei.

---

2   Auch hier aus der Fülle der Titel nur einige exemplarische Typen, die die Auseinandersetzung oder Rückwirkung bezüglich der Themen Jesus contra Kirche und kirchliche Christologie (bes. im Umkreis von E. BLOCH, Atheismus im Christentum, Frankfurt/M. 1968), marxistischer Jesusdeutung und "Christologie von unten" zeigen: H. KÜNG, Christ sein, München 1974 (Lit.); A. SCHILSON - W. KASPER, Christologie im Präsens, Freiburg 1974; L. SCHEFFCZYK (Hrsg.), Grundfragen der Christologie heute, Freiburg 1975 (daraus: H. FRIES, Zeitgenössische Grundtypen nichtkirchlicher Jesusdeutungen, a. a. O., 36-76; W. KASPER, Christologie von unten?, a. a. O., 141-170); E. SCHILLEBEECKX, Jesus. Die Geschichte von einem Lebenden, Freiburg 1975.

3   Während die Gottesfrage in der Theologie früherer Jahrhunderte unangetastete Voraussetzung und Grundlage von Religion, Glaube und Theologie war, während Jesus in der von der Kirche vorgelegten Christologie Gegenstand der Beschäftigung war und erst die Unterscheidung der Formgeschichtliche Schule und Bultmanns zwischen historischem Jesus und Christus des Glaubens eine Abkehr von der kirchlichen Jesusdeutung einleitete, war die Theologie als Glaubenswissenschaft schon seit THOMAS V. A. in ihrem Selbstverständnis kontrovers: Ist sie scientia oder sapientia? Seit Beginn der Neuzeit ist die Theologie unter dem Problem Glaube und Wissen umstritten. Die Voraussetzung des Glaubens stellt heute der Theologie Probleme in verschiedenen Dimensionen: Der Glaube an Gott als unbeweisbare und unbewiesene Behauptung führe zu Dogmatismus statt zu wissenschaftlicher Reflexion - so bes. die analytische Philosophie. Die kirchliche Glaubensvorgabe behindere die kritische Funktion der Theologie; das Gottesbild sei hier Hindernis für die menschliche Befreiung - so die marxistische Philosophie, bes. in Anlehnung an E. BLOCH. Schließlich ist die von J. HABERMAS initiierte Frage nach den "erkenntnisleitenden Interessen" jeder Wissenschaft für die Theologie bedeutsam und problematisch geworden in der Frage nach Theorie und Praxis, die dem argumentativen Wesen der Wissenschaftlichkeit von Theologie bes. innerkirchlich Grenzen setzen will. In allen diesen Problemstellungen scheint die Vorgabe Gott auch hinderlich für die Frage nach der Wissenschaftlichkeit zu sein.
Einzelne Titel:
G. SAUTER, Vor einem neuen Methodenstreit in der Theologie?, München 1970; E. SCHILLEBEECKX, Glaubensinterpretation, Mainz 1971; G. SAUTER (Hrsg.), Wissenschaftstheoretische Kritik der Theologie, München 1973; W. PANNENBERG, Wissenschaftstheorie und Theologie, Frankfurt/M. 1973; W. PANNENBERG - G. SAUTER -

Woher kommt diese Unsicherheit, die die Theologie erfaßt hat und sie in ihrer Mitte selbst Gott frag-würdig werden, über den Tod Gottes nachdenken läßt? Es lassen sich schlagwortartig viele Gründe nennen (4). Die Erfahrungen von scheinbar sinnlosem Leid, aufgeklärte Einsicht in fragwürdige Gottesvorstellungen, die Diskrepanz zwischen Anspruch und konkreter Realisierung des Glaubens in der Kirche - solche Anlässe mögen für eine Infragestellung Gottes im konkreten Lebensvollzug vieler Zeitgenossen prägend sein. Die Philosophie des Positivismus, die an F e u e r b a c h und M a r x orientierten Weltimmanenzphilosophien, die einen militanten Atheismus vertreten, die analytischen Philosophien, die das Thema Sinnfrage in den dem Denken vorausliegenden Bereich der Entscheidung verweisen, die verschiedenen Projektionstheorien der Psychologie, die über den konkreten Daseinsvollzug des menschlichen Inneren hinausreichende Fragen wie Sinn, Jenseits als Verdrängung, Neurose oder Wunschvorstellung erklären - sie alle tun ein Übriges, um der Infragestellung einer bis dahin ungefragten Selbstverständlichkeit nachzuhelfen und eventuellen Empfindungen der Abneigung die vernunftgemäße, sachgerechte Begründung zu liefern.

Bereits in diesem essayistischen Überblick sind einige sachliche Probleme angesprochen: Dem heutigen Lebensgefühl entspricht in besonderer Weise ein Realismus, der Erfahrbarkeit, Einsicht, Nachprüfbarkeit über alles schätzt. Vernünftigkeit und Wissen dominieren. Die Sinnfrage, die Frage nach einer über Erfahrung und unmittelbarer Einsicht liegenden Wirklichkeit wird zum Problem, da sie sich nicht von selbst versteht und der exakten Nachprüfbarkeit entzieht. Denn Gott, Glaube, Sinnfrage transzendieren dieses Lebensgefühl, das Erfahrung, Erkenntnis und Diesseitigkeit zur Grundlage hat.

Die Weltanschauungen und die Philosophien, die diese Grundlagen haben, sind keineswegs neu und kennzeichnend für die Gegenwart. Sie sind ledig-

---

S. M. DAECKE - H. N. JANOWSKI, Grundlagen der Theologie - ein Diskurs, Stuttgart 1974; J. A. MARTIN, Philosophische Sprachprüfung der Theologie, München 1974; F. SCHUPP, Auf dem Weg zu einer kritischen Theologie, Freiburg 1974; H. PEUKERT, Wissenschaftstheorie - Handlungstheorie - Fundamentale Theologie, Düsseldorf 1976; J. B. METZ öfter, zuletzt: Glaube in Geschichte und Gesellschaft, Mainz 1977; J. WERBICK, Theologie als Theorie?: KuD 24 (1978) 204-228.
S. a. die Auseinandersetzung: H. ALBERT, Traktat über kritische Vernunft, Tübingen ²1969; G. EBELING, Kritischer Rationalismus?, Tübingen 1973; H. ALBERT, Theologische Holzwege, Tübingen 1973.
4 Vgl. als einen unter vielen derartigen Überblicken: F. WOLFINGER, Der Glaube und die gegenwärtigen ideologischen Trends: Lebendiges Zeugnis 4/1975, 13-27.

lich die Zuspitzungen der Geistesgeschichte des 19. Jahrhunderts, welche ihrerseits Folge und Reaktion einer langen Geschichte des Geistes ist, die unter den Schlagworten Neuzeit und Aufklärung sehr komplexe und gegensätzliche Bewegungen vereint. Die gegenwärtige Frage nach Gott erweist sich in ihrer Vielgestaltigkeit und Vielschichtigkeit als Teil und - vorläufiger - Endpunkt einer langen und seit dem Beginn der Neuzeit sehr kontroversen Geschichte der Auseinandersetzung des menschlichen Geistes mit dem Problem der ihn und sein Bewußtsein transzendierenden Wirklichkeit(en).

Formen kirchlicher Reaktion

Kirche und Theologie haben diese Auseinandersetzung immer geführt. Die Vitalität, mit der sie das getan haben, ist ein Erweis dafür, daß eine Frage, eine Infragestellung, ja sogar die Leugnung eines bis dahin ungefragt Bejahten dieses wohl zum Problem, zum Anlaß steten Neudurchdenkens, aber noch nicht zum erledigten Nonsens macht. Vielmehr ist im Sinne K. Rahners festzuhalten, daß Frage und Infragestellung wohl auf etwas noch nicht Eindeutiges, noch Ungeklärtes, aber damit nicht auf ein Nichts, sondern vielmehr auf etwas der Frage Würdiges verweisen (5). Die Frage nach Gott als Signum und Grundfrage der Neuzeit erweist sich nicht allein als Frage nach dem Dasein Gottes, der - erahnt, erdacht, gewußt, geglaubt oder geleugnet - dem Menschen gegenwärtig und doch fern ist. Sie ist ebenso und vielleicht sogar zuerst eine Frage nach der menschlichen Fähigkeit, ihn zu erfassen. Hier bewahrheitet sich wieder das Wort R. Bultmanns - das Grundlage jeder Theologie ist -, daß vom Menschen reden immer auch von Gott reden heißt und man von Gott nur reden kann, wenn man vom Menschen weiß (6).

Die Typen der theologischen und kirchlichen Auseinandersetzung in der Neuzeit sind vielgestaltig, so wie es auch die Infragestellungen waren. Blickt man auf die lehramtlichen Verlautbarungen, so kann man dennoch Tendenzen feststellen: Im 19. Jahrhundert dominiert die strikte

---

5 K. RAHNER, Hörer des Wortes, München 1941, bes. 88-102 (- 137); H. FRIES, Vom Hören des Wortes Gottes: Einsicht und Glaube, hrsg. v. J. RATZINGER - H. FRIES, Freiburg ²1962, 15-27, bes. 15 f.

6 Vgl. R. BULTMANN, Welchen Sinn hat es von Gott zu reden? (1925): GuV I, Tübingen ⁶1966, 26-37, bes. 28, u.ö.; s.a. H. FRIES, Bultmann - Barth und die katholische Theologie, Stuttgart 1955, bes. 39 f.; 50-74; 75-82.

Abwehr und strenge Verurteilung jeder Infragestellung; der Syllabus, die Glaubenskonstitution "Dei filius" des I. Vatikanums und die Modernismus-Enzyklika mit ihren Zusatzdokumenten "Lamentabili" und Antimodernisteneid sind in dieser Hinsicht kennzeichnend (7). Sie achten überhaupt nicht auf die philosophischen Intentionen, die den unterschiedlichen Erkenntnismodi Glauben und Wissen gerecht werden wollen - vielmehr sehen sie in jedem von der Neuscholastik und ihrer Auffassung einer Beweisbarkeit Gottes und des Glaubens als höherer Erkenntnisform abweichenden Entwurf eine Infragestellung des Glaubens an Gott; in diesem Sinn verurteilen sie auch jeden theologischen Versuch, der aus der philosophischen Diskussion Anregungen entnimmt und Konsequenzen zieht: Materialismus, Pantheismus, Atheismus, Rationalismus, Deismus, Agnostizismus, Liberalismus heißen die Qualifikationen; sie und ihre theologischen Äquivalente werden zu verabscheuungswürdigen Formen verkehrten Denkens, die grundsätzlich und ausschließlich im Gegensatz zu Glaube und Offenbarung gesehen werden. Es bleibt nicht aus, daß mit der strikten Abkehr viele Anregungen und notwendige Reflexionen unterbleiben, was sich zu einer Belastung des Verhältnisses von Kirche, Theologie und moderner Welt ausweitet und zu der Behauptung führt, die Kirche könne sich nie mit dem Fortschritt arrangieren (8).

Auch kirchenamtlich ist es nicht bei dieser Abgrenzung geblieben. Das II. Vatikanum beschreibt unbefangen und ohne Polemik die Wandlungen in der Menschheit, die überkommene Denk- und Lebensformen, auch Glaubensvollzüge, erfassen; es fordert dazu auf, die Ursachen zu bedenken, und widmet dabei dem Problem des Atheismus eingehende und einfühlsame Überlegungen: Es spricht von Mitschuld der Gläubigen; es fordert auf, die tieferen Gründe zu erforschen und die eigene Überzeugung im Zusammenleben so tolerant und doch so entschieden vorzuleben, daß das Beispiel wirkt und die Sehnsucht der Menschen nach Verwirklichung ihrer Würde in der Lehre und Pastoral der Kirche gut vertreten ist. Deshalb lädt es auch die Atheisten ein, unbefangen das Evangelium zu würdigen, damit sie darin finden können, was sie suchen (9).

Solche Redeweise ist neu. Sie differenziert; sie läßt gelten, was begründet an Kritik gegen Glaube und Kirche in ihrer konkreten Verwirklichung vorgebracht wird; es argumentiert, sucht zu überzeugen, statt zu verurteilen. Sie übernimmt damit jene "humanistische Offenheit", die Ph. F u n k als wesentliches Merkmal genuin katholischen Denkens in des Wortes umfassender Bedeutung rühmt und die er seit den johanneischen Schriften des Neuen Testaments immer wieder - wenn auch nicht durchgängig - in Theologie

---

7   DS 2901-2980 (1701-1780); 3001-3045 (1782-1820); 3401-3466 (2001 bis 2065 a); 3475-3500 (2072-2101); 3537-3550 (2145-2147).
8   DS 2980 (1780).
9   GS 4 - 11; 19 - 21.

und Kirche entdeckt (10).

Nun krankt allerdings die kirchliche und theologische Auseinandersetzung mit der neuzeitlichen Philosophie zu Beginn an mangelnder Kenntnis der Intentionen dieser Bewegungen. Sie trat weitestgehend gegen die vermutete Usurpation der Gottesfrage auf, unterstellte eine kontinuierliche und fortschreitende Abfallbewegung und sah in ihr den Versuch, alle Religion, alle Übernatürlichkeit zu beseitigen. Sie hat seit Kepler und Galilei die gesamte Neuzeit unter dieses Verdikt gestellt und so sich selbst weitgehend vom Gespräch mit der Zeit dispensiert und isoliert. Das Ergebnis ist betrüblich genug: Waren im Mittelalter in der Einheit von Theologie und Philosophie auch der Theologie noch große Erfolge und großer Einfluß zu eigen, so verkümmert sie nun. Erst zu Ende des 18. Jahrhunderts sind Namen zu nennen, die das Vergessen überdauern: Klüpfel, Stattler, Sailer, Zimmer, Lessing - sämtlich (von dem Aufblühen der Exegese seit R. Simon abgesehen) Theologen, die das im 17. Jahrhundert abgebrochene Gespräch mit der Philosophie wieder aufnahmen (11).

Gott in der neuzeitlichen Philosophie

Die von der Theologie alleingelassene Philosophie seit dem Beginn der Neuzeit steht also im Verdacht, abgefallen zu sein von dem, was vordem ihre wichtigste Aufgabe war: über das nachzudenken, was mit dem Begriff Metaphysik umschrieben war. Vor allem das Kernproblem der Metaphysik, die Gottesfrage, soll demnach zur Disposition stehen. Die Geistesgeschichte der Neuzeit wird vornehmlich als Geschichte der Subjektivität und der wachsenden Autonomie des Menschen beschrieben. Das besondere Anliegen der Aufklärung - so vielgestaltig sie im Einzelnen sein mag - wird hierin gesehen. Der im Aufschwung der Naturwissenschaften, der Entdeckungen selbstbewußt gewordene Mensch bestimmt sich selbst vom Denken, vom Erkennen her; analog seinem eigenen Selbstbewußtsein interpretiert er auch die Welt außer ihm nach diesen Kriterien (12). Offensichtlich zerbricht durch diesen Denkansatz beim Menschen, seiner Vernunft,

---

10 PH. FUNK, Aufklärung und christlicher Humanismus: Hochland 29 II (1932) 322.
11 Siehe dazu: H. FRIES - G. SCHWAIGER (Hrsg.), Katholische Theologen Deutschlands im 19. Jahrhundert, München 1975, bes. Bd. I. Zu LESSING s. u. I. Teil, Kapitel 1, II.
12 Vgl. W. KASPER, Einführung in den Glauben, Mainz 1972, 16-24.

seinem Freiheitsbewußtsein die bis dahin selbstverständliche Einheit von Glaube und Theologie auf der einen und der Philosophie auf der anderen Seite. Denn an der Einsicht, daß Gott als Inhalt und Ergebnis des Denkens nicht in gleicher Weise zu erkennen oder gar zu beweisen ist, bricht der seither lebendige Gegensatz zwischen Glauben und Wissen auf.

Die Welt ist nicht mehr der geordnete Kosmos und damit der fraglos anerkannte Ort Gottes. Die wissenschaftlich erforschbare und erforschte und technisch gelenkte Welt zeigt eher die Spuren des Menschen als die Gottes. Denken und Aktion schaffen und gestalten Welt. Sie sind Wesensmerkmale des Menschen. Gott als Grund und Ziel der Welt (so noch das Vat. I) tritt zurück; er wird höchstens noch als indirekter Lenker der Dinge anerkannt; ein reales, feststellbares oder gar meßbares Eingreifen Gottes in die Welt ist nicht aufweisbar. Ebenso wird die Erkenntnisbefähigung des Menschen höchstens noch als Vermögen aus dem gottebenbildlichen Charakter des Menschen akzeptiert; im Vordergrund aber steht das Bewußtsein des Selberkönnens. Das Denken ist Eigenleistung und primär Vermögen des Menschen.

Wo Gott nicht mehr die bis dahin fraglos anerkannte Mitte der Welt ist, weil Denken, Tun, Freiheit, Fortschritt als Signum und Eigenleistung des Menschen bewußt werden, dort stirbt Gott "den Tod der tausend Einschränkungen". Daß "dieser Tod nur das Sterben eines mit innerweltlicher Ursächlichkeit oder Gegenständlichkeit verwechselten" und damit falschen "Gottes" war und nicht zur Leugnung Gottes, sondern zur Läuterung des Gottesbildes beitrug, wie H. Fries betont (13), ist eine erst heute nach vielen Auseinandersetzungen und Mißverständnissen leidvoll und mühsam erworbene Erfahrung. In der Situation des Umbruchs schien es eine Frage auf Leben und Tod zu sein.

Es wäre müßig (und soll an anderer Stelle erfolgen), Einzelthesen als Beleg anzuführen. Die gesamte Philosophie der Neuzeit, besonders die Religionsphilosophien und der Deismus in England und die religionskritischen Ansätze in Frankreich (14) sind typisch für die aus der beschriebenen Einsicht resultierende Haltung: Die Gottesfrage wird kontrovers. Das Festhalten am Hergebrachten im Gegensatz zum Neuen; der Versuch, trotz unterschiedlicher Methoden beide Erkenntnisinhalte zu vermitteln; die wachsende Infragestellung des metaphysischen Bewußtseins kennzeichnen die Auseinandersetzung. Insofern gerät durch das neuzeitliche Denken neben dem Gegensatz von Glauben und Wissen die Metaphysik in die Krise; ihr Schicksal und Signum ist die Krise der Transzendenz.

---

13 H. FRIES, Die Gottesfrage in der heutigen theologischen Diskussion: Konturen heutiger Theologie, hrsg. v. G. BITTER - G. MILLER, München 1976, 135 f.
14 U. DIERSE, Art. Gott, VIII. Der philosophische Gottesbegriff vom 16. bis zum 18. Jahrhundert: HWPh III (1974) 756-783, bes. 767-773, 773-777.

Doch es wäre unbillig, darin nur Abfallsgeschichte, das Ende der Transzendenz, Atheismus zu sehen. Alle Philosophen der Zeit ringen um die Frage, welchen Stellenwert aufgrund der einheitlichen neuen Einsicht die Gottesfrage hat, behält oder neu bekommt. Mit W. Schulz ist es legitim und notwendig, die Geschichte der Subjektivität zugleich auch als Geschichte des Ringens um das Gottesproblem zu sehen (15). Dieses Ringen ist hart, kontrovers, aber ehrlich. Und in der gesamten Philosophie der Neuzeit bleibt unwidersprochen, daß Descartes die Themen Gott, Freiheit und Unsterblichkeit als die Grundfragen der neuen Philosophie erklärt (16). Hier äußert sich demnach keine Nostalgie, die retten will, was verloren ist; vielmehr zeigt sich darin die Frage, wie das, was bisher ungefragt galt, und das, was nach wie vor als wesentlich angesehen, aber nicht mehr unvermittelt eingesehen wird, dennoch zu vermitteln, zu verifizieren sei. Damit aber erhält die Philosophie eine eminente Bedeutung, auch und gerade für die Theologie. Sie wird von der bis dahin so gesehenen Magd (philosophia ancilla theologiae) zur gleichwerten Partnerin, die freilich der Theologie nicht mehr argumentierend assistiert, sondern kritisch-fordernd gegenübertritt. Inhalt und Kristallisationspunkte dieser Auseinandersetzung sind die Gottesfrage, die Einsicht in das Gemeinsame und Unterscheidende von Glaube und Wissen und schließlich die Frage nach den Kriterien und Methoden von Wissenschaft und Wissenschaftlichkeit.

Es sind dies, wie schon eingangs festgestellt, aber auch die Themen der Theologie heute, die sich dem Gespräch mit den Humanwissenschaften und den Weltanschauungen stellt - insbesondere der Fundamentaltheologie (17). So kann es für diese Disziplin und ihre heute zu leistende Aufgabe sinnvoll und nützlich sein, wenn dem Verhältnis von Denken und Transzendenz an einem konkreten gesichtlichen Beispiel nachgegangen wird. Als dieses Beispiel wurde der Streit zwischen **Friedrich Heinrich Jacobi** und **Friedrich Wilhelm Joseph Schelling** "über die Göttlichen Dinge und ihre Offenbarung" gewählt (18). In diesem Streit treffen die

---

15 W. SCHULZ, Der Gott der neuzeitlichen Metaphysik, Pfullingen ^{5}1974, passim, vgl. bes. 9; 10.

16 R. DESCARTES, Meditationes de prima philosophia (1641), Epistola, 2, Hamburg 1959, 2-3.

17 H. FRIES, Art. Fundamentaltheologie: SM II (1968) 140-150; J. SCHMITZ, Die Fundamentaltheologie im 20. Jahrhundert: Bilanz der Theologie im 20. Jahrhundert, II, Freiburg 1969, 197-245, bes. 203 f.; 244 f.; J. WOHLMUTH - H. G. KOCH, Leitfaden Theologie, Einsiedeln 1975, 113 f.; H. FRIES, Zum heutigen Stand der Fundamentaltheologie: TThZ 84 (1975) 351-363, bes. 357 f.; F. WOLFINGER, Die Fundamentaltheologie als theologische Wissenschaft: SKT 3, Einsiedeln 1975, 71-77.

18 F. H. JACOBI, Von den Göttlichen Dingen und ihrer Offenbarung, Leipzig 1811, neu in: Werke III, Leipzig ^{2}1816, 245-460 (Neudruck:

unterschiedlichen Auffassungen von zwei Männern aufeinander, die u. E. die religionsphilosophische Frage nach Gott in das Zentrum ihres Denkens gestellt haben, aber über Möglichkeit, Umfang und Inhalte der Erkennbarkeit Gottes ebenso wie über den Stellenwert des menschlichen Denkens in seinem Gottesbezug sehr kontrovers urteilen. Der Weg dieser beiden Philosophien bis zu diesem Streit sowie Ablauf, Inhalt und Argumentationsstrukturen desselben sollen hier untersucht werden.

Zum Thema und seinen Inhalten

Der Streit ist heute offensichtlich von geringem philosophiegeschichtlichem Interesse; denn die Versuche einer Darstellung und Bewertung sind selten (19). Das mag seine Ursachen in der polemischen Schärfe des Schlagabtausches ebenso haben wie in dem weiten und gründlichen Vergessen Jacobis, der erst in der neuesten Zeit wiederentdeckt wird (20). Außer-

---

Darmstadt 1968).
F. W. J. SCHELLINGS Denkmal der Schrift von den göttlichen Dingen ec. des Herrn Friedrich Heinrich Jacobi und der ihm in derselben gemachten Beschuldigung eines absichtlich täuschenden, Lüge redenden Atheismus, Stuttgart 1812, neu in: SW VIII, Stuttgart 1861, 19-136.

19 Trotz zunehmender Beschäftigung mit dem Verhältnis Jacobi - Schelling (vgl. M. BRÜGGEN, unten, Anm. 1) ist die Interpretation der Kontroverse eine Seltenheit geblieben; es gibt nur zwei größere Arbeiten: W. WEISCHEDEL, Vorbemerkungen; Teil I - IV: Streit um die Göttlichen Dinge, Darmstadt 1967 = abgedruckt in: DERS. (Hrsg.), Jacobi und Schelling. Eine philosophisch-theologische Kontroverse, Darmstadt 1969; M. BRÜGGEN, Jacobi und Schelling: PhJ 75 (1968) 419-429.

20 Literatur s. I. Teil, Kapitel 1, I.
Neben dem Altmeister und Neuentdecker der Bedeutung Jacobis, O. F. BOLLNOW (Die Lebensphilosophie F. H. Jacobis, Stuttgart 1933, [2]1966) sind für die neuaufbrechende Beschäftigung mit Jacobi vor allem zu nennen: G. FISCHER, Johann Michael Sailer und Friedrich Heinrich Jacobi, Freiburg 1955; V. VERRA, F. H. Jacobi. Dall' Illuminismo all' Idealismo, Turin 1963; H. NICOLAI, Goethe und Jacobi. Studien zur Geschichte ihrer Freundschaft, Stuttgart 1965; M. BRÜGGEN: s. o. Anm. 19; G. BAUM, Vernunft und Erkenntnis. Die Philosophie F. H. Jacobis, Bonn 1969; K. HAMMACHER, Die Philosophie Friedrich Heinrich Jacobis, München 1969; R. LAUTH bes. in: K. HAMMACHER (Hrsg.), Friedrich Heinrich Jacobi. Philosoph und Literat der Goethezeit, Frankfurt/M. 1971; K. HOMANN, F. H. Jacobis Philosophie der Freiheit, Freiburg - München 1973.
Der Sammelband: Friedrich Heinrich Jacobi. Philosoph und Literat

dem liegt der Schwerpunkt der Schelling-Forschung auf der Frühzeit (21) und (besonders bei den Theologen) auf der späten Phase seiner Philosophie, die - anders als der frühe und mittlere Schelling - tatsächlich größere Nähe zu Theologie und kirchlich geprägtem Christentum aufweist (22). Die Zeit der mittleren Schaffensperiode und die darin fälligen Systementwürfe, die Naturphilosophie und die Identitätsphilosophie - für Schelling selbst immer sehr zentral und unumgänglich geblieben und von den Zeitgenossen

---

der Goethezeit informiert sehr gut über das zunehmende Interesse an Jacobi; K. Homanns Arbeit enthält wichtige Bausteine zu einer Biographie Jacobis sowie ein umfassendes Literaturverzeichnis.

21 Vgl. die Übersicht bei H. ZELTNER, Schelling-Forschung seit 1954, Darmstadt 1975, 48-61; dazu neu: R. LAUTH, Die Entstehung von Schellings Identitätsphilosophie in der Auseinandersetzung mit Fichtes Wissenschaftslehre, Freiburg - München 1975; M. FRANK - G. KURZ (Hrsg.), Materialien zu Schellings philosophischen Anfängen, Frankfurt/M. 1975 (= stw 139); W. HARTKOPF, Die Dialektik in Schellings Transzendental- und Identitätsphilosophie, Meisenheim a.G. 1975; W. SCHULZ, Anmerkungen zu Schelling: ZphF 29 (1975) 321-336; W.E. EHRHARDT, F.W.J. Schelling. Die Wirklichkeit der Freiheit: Grundprobleme der großen Philosophen, Philosophie der Neuzeit II, hrsg. v. J. SPECK, Göttingen 1976, 109-144; H. HOLZ, Die Idee der Philosophie bei Schelling. Metaphysische Motive in seiner Frühphilosophie, Freiburg - München 1977; W. MARX, bes.: Aufgabe und Methode der Philosophie in Schellings System des transzendentalen Idealismus und in Hegels Phänomenologie des Geistes: DERS., Schelling: Geschichte, System, Freiheit, Freiburg - München 1977, 63-99; E. LANGE (Hrsg.), Die Philosophie des jungen Schelling. Beiträge zur Schelling-Rezeption in der DDR, Weimar 1977 (Collegium philosophicum Jenense, Heft 1).

22 Vgl. H. ZELTNER, a.a.O., 68-101.
Die grundlegenden Werke für die Interpretation: die Arbeiten von H. FUHRMANS, bes.: Schellings Philosophie der Weltalter, Düsseldorf 1954; W. SCHULZ, bes.: Die Vollendung des Deutschen Idealismus in der Spätphilosophie Schellings, Pfullingen 1955, ²1975; X. TILLIETTE, Schelling. Une philosophie en devenir, 2 Bde., Paris 1970; H. HOLZ, Spekulation und Faktizität, Bonn 1970; M. THEUNISSEN, Die Aufhebung des Idealismus in der Spätphilosophie Schellings: PhJ 83 (1976) 1-29; s.a. H.M. BAUMGARTNER (Hrsg.), Schelling. Einführung in seine Philosophie, Freiburg - München 1975 (Lit.).
Theologische Arbeiten: W. KASPER, Das Absolute in der Geschichte, Mainz 1965; K. HEMMERLE, Gott und das Denken nach Schellings Spätphilosophie, Freiburg 1968; H. CZUMA, Der philosophische Standpunkt in Schellings Philosophie der Mythologie und Offenbarung, Innsbruck 1969.

für die Beurteilung und philosophiegeschichtliche Einordnung Schellings als maßgebend angesehen (23) - tritt im Forschungsinteresse zurück; der Streit mit Jacobi gilt wohl als typisch, bleibt aber Episode. Dabei hatte gerade dieser Streit - wohl stärker als der "Atheismusstreit" um Fichte - die Gemüter der Zeitgenossen bewegt und zur Parteinahme geführt (24). Die Thematik des Streites, die Frage nach Gotteserkenntnis durch die Natur, das Verhältnis von Notwendigkeit und Freiheit, Möglichkeit und Ort von Religion, sowie Pantheismus, wird zur Zentralfrage der **philosophischen Besinnung** über das Thema **Gott und Denken**. In diesem Streit kulminiert die Diskussion, die von Descartes, Pascal und Spinoza begonnen, durch Lessing, Goethe, Hamann und den "Sturm und Drang" neu belebt worden war und erst eigentlich "Religion" als Gegenstand philosophischen Forschens, aber auch des theologischen Interesses - als eigenes Fach - etabliert hatte (25). Kirchlich-theologische Nachwirkungen dieser Diskussion und des Streites Jacobi-Schelling lassen sich mit Verweis auf Schleiermacher, Drey, Möhler, Kuhn (26) und die Ausführungen

---

23 Vgl. Schellings eigene Einordnung: Zur Geschichte der Neueren Philosophie. Münchener Vorlesungen (1827), Darmstadt 1974, 89-110, s. a. 83-86; 111-137; 153-156; 167-171.
24 Vgl. W. WEISCHEDEL, Jacobi und Schelling, a. a. O., 70-90.
25 S. u. I. Teil, Kap. 1, II.
   Eine gründliche und umfassende Analyse der philosophischen Beschäftigung mit Religion fehlt noch. Wichtige Arbeiten sind nach wie vor: B. PÜNJER, Geschichte der christlichen Religionsphilosophie seit der Reformation, 2 Bde., Braunschweig 1880; O. PFLEIDERER, Geschichte der Religionsphilosophie von Spinoza bis zur Gegenwart, Berlin ^{2}1893.
26 Hier darf auf einige einschlägige Werke der Sekundärliteratur verwiesen werden, die die Thematik behandeln:
   Zu Schleiermacher: M. REDEKER, bes.: Einleitung des Herausgebers: F. SCHLEIERMACHER, Der christliche Glaube, Bd. I, Berlin ^{7}1960, XV - XXXII.
   Zu Drey, Möhler und Kuhn: J. R. GEISELMANN, Die Glaubenswissenschaft der katholischen Tübinger Schule in ihrer Grundlegung durch Johann Sebastian Drey: ThQ 111 (1930) 49-117; DERS., Die theologische Anthropologie Johann Adam Möhlers, Freiburg 1955; DERS., Die katholische Tübinger Schule. Ihre theologische Eigenart, Freiburg 1964; PH. WEINDEL, F. H. Jacobis Einwirkung auf die Glaubenswissenschaft der katholischen Tübinger Schule: Aus Theologie und Philosophie, hrsg. v. TH. STEINBÜCHEL - H. MÜNCKER, Düsseldorf 1950, 573 bis 596; W. MAURER, Der Organismusgedanke bei Schelling und in der Theologie der Katholischen Tübinger Schule: KuD 8 (1962) 202-216; B. WELTE, Beobachtungen zum Systemgedanken in der Tübinger katholischen Schule: ThQ 147 (1967) 40-59; F. WOLFINGER, Der Glaube nach Johann Evangelist von Kuhn, Göttingen 1972 sowie die Darstel-

über Pantheismus auf dem I. Vatikanum belegen (27).

Mit dem Themenkomplex Gott - Religion - Natur im Zusammenhang mit und unter der Voraussetzung von Denken und Freiheit stellt sich das Problem des A b s o l u t e n (der zentrale Ansatz der Schellingschen Philosophie überhaupt) u n d d e r R e l a t i v i t ä t, und zwar sowohl in der Frage nach Gott (Kann das Absolute gedacht werden? Gibt es nur Relatives? Oder ist eine von Demonstrabilität unterschiedene Form des Schlußfolgerns möglich und nötig?) als auch in der Frage nach der absoluten Religion als der Form des Bekenntnisses zu Gott: Ist diese Religion im Denken? Ist sie als absolute wegen des Denkens unmöglich, mit dem Denken unvereinbar? Wie verhält sich das Absolute zum Relativen?

In diesem Kontext wird auch die Frage unausweichlich, w i e s i c h d a s A b s o l u t e - als Substanz, Grund - z u r S u b j e k t i v i t ä t u n d d a m i t z u r P e r s o n a l i t ä t v e r h ä l t. Nicht nur die unterschiedliche Ansicht, ob der Zugang zu Gott über die Erkenntnis oder über Freiheit und Sittlichkeit zu leisten ist, auch die Möglichkeit der Personhaftigkeit Gottes und damit die einer Selbsterschließung (Offenbarung) in Freiheit und Einsicht für Freiheit und Erkenntnis steht zur Diskussion.

Darin impliziert ist die Frage nach der W i r k l i c h k e i t ü b e r h a u p t. Ist sie zugänglich über Erfahrung, Glaube und Wissen oder nur alternativ über einen dieser Erkenntniswege? Wie gestaltet ist Wirklichkeit: Ist nur empirisch Faßbares Wirklichkeit? Können Freiheit und Geschichte - als Folge der Freiheit- Zugang zur gesamten Realität eröffnen? Ist Wirklichkeit unabhängig von ihrer Erfassung oder nur unter der Voraussetzung ihrer Erfassung wirklich? Und wer ist dann ihr Schöpfer, der denkende, sich verwirklichende Mensch oder - wie Glaube und Theologie meinen - Gott? Es ist offensichtlich: Hier sind wesentliche Elemente der heute noch offenen Diskussion über Theologie und Anthropologie angesprochen, die einen Vergleich der Diskussion Schelling-Jacobi mit Gegenwartsentwürfen und ihren Vermittlungsvorschlägen (solche sind bei beiden nicht intendiert) nötig machen.

Die Alternativ-Themen Transzendenz oder Immanenz Gottes in der Welt, Gott als Grund oder Gott als Schöpfer, Freiheit oder Denken, Freiheit oder Notwendigkeit, Wissenschaft oder Entscheidung (Dezisionismus) markieren die unterschiedlichen Standpunkte der Kontrahenten, die beide auf dem Boden des Christentums - wenn auch nicht des kirchlichen - stehend

---

lungen der Tübinger Theologen bes. im Bd. II des Sammelwerkes: Katholische Theologen Deutschlands im 19. Jahrhundert, hrsg. v. H. FRIES - G. SCHWAIGER, München 1975.

27 DS 3000-3003 (1781-1784); 3021-3025 (1801-1805); bes. 3023, 3025; s. a. H. J. POTTMEYER, Der Glaube vor dem Anspruch der Wissenschaft, Freiburg 1968.

die Fragen unterschiedlich angingen und dabei unterschiedliche Antworten der philosophischen Tradition einbrachten. Die angesprochenen Inhalte sind nur zu beantworten, wenn zugleich ein Blick auf die Frage der Voraussetzungen von Glaube und Wissenschaft geworfen wird, wenn das "erkenntnisleitende Interesse" bedacht und der erkenntnistheoretische Stellenwert und die Ermöglichung beider ins Auge gefaßt wird. Jacobi betreibt seine Philosophie auf dem Standpunkt der Religiosität und des Glaubens, freilich ohne sich dessen voll bewußt zu sein; Schelling hingegen will bewußt und überzogen davon abstrahieren. Wie kommen sie dazu? Die Auswertung des Streits muß demnach auch einen Beitrag zum Problem **Wissenschaftstheorie und Theologie** erbringen. So wird neben der Frage nach den Voraussetzungen auch die Methode und der Ablauf eines wissenschaftlichen Denkprozesses zu prüfen sein. Stehen Glaube und Praxis (praktische Vernunft, Sittlichkeit, "Herz") exklusiv-alternativ der Reflexion und Kritik gegenüber? Sind Religion, Glaube, Ethos nur in der Form der narrativen Überlieferung, des praktischen Tuns zu vermitteln? Oder sind der Glaube, sein Vollzug und sein zentraler Inhalt Gott der wissenschaftlichen Bewährung fähig und bedürftig?

Die theologische Forschung heute hat sich bisher Jacobis überhaupt nicht und Schellings nur in Bezug auf seine theologisch ergiebigen Spätschriften angenommen. Angesichts der möglichen Auswertung unter den genannten Problemkreisen ein eigentümlicher Sachverhalt! Denn mit dem Streit Jacobi-Schelling und dem Blick auf die Genesis beider Philosophen bis zur Kontroverse können die typischen Merkmale einer Auseinandersetzung von Glaube und Philosophie erörtert werden. Insofern soll nicht nur eine von vielen Episoden der Geistesgeschichte der Vergessenheit entrissen werden: Die Themen des Streits; die philosophie- und theologiegeschichtlichen Folgen, die die Weichen der Diskussion nicht nur für das 19. Jahrhundert stellten; die Frage nach den Methoden, Implikationen und Konsequenzen von Theologie und Philosophie als Wissenschaft; die Frage schließlich, wie weit die philosophische, reflexe und die erfahrungsorientierte, praxisnahe Behandlung des Themas Gott Gemeinsamkeiten, Unterschiede oder gar Unvereinbarkeiten aufweisen - alle diese Aspekte rechtfertigen die Wahl dieses Themas.

Methodisches

Mit der Skizze der Themen ist der Inhalt des Streites Jacobis mit Schelling umrissen. Der unterschiedliche Weg, den beider Philosophien in diesen Fragen und ihrem Grundthema Gott gegangen sind, ferner der Anlaß, Verlauf und Inhalt der Kontroverse selbst sowie ihre (theologische) Auswertung stehen im Mittelpunkt dieses Versuchs. Dazu erscheint es nötig, sowohl für Jacobi als auch für Schelling jeweils eine Skizze ihres

philosophischen Anfangs, ihrer Grundposition und ihrer Genesis bis zum
Zeitpunkt der Kontroverse zu erstellen. Diese Hinführungen wollen keine
erschöpfenden Darstellungen aller Themen und Anliegen beider Philosophen
sein, sondern wollen den religionsphilosophischen Aspekt in den Vordergrund stellen. Sie können auch nur in Hinweisen auf philosophiegeschichtliche Abhängigkeiten, Abgrenzungen und Synthesen eingehen. Auch soll
keine ausführliche Diskussion der zahlreichen Interpretationen Jacobis
und Schellings geleistet werden. Die Überlegungen der beiden ersten Kapitel tragen Hinführungscharakter; sie thematisieren Inhalt und Methode
der Positionen, die zur Kontroverse führen. Diese soll dann - im 3.
Kapitel - systematisch zusammengefaßt dargestellt werden, damit die
zeitgeschichtliche Situation, das Zeitbedingte, das gegenseitige Mißverständnis und das sachlich Bleibende und Anregende dieses Streites deutlich werden. - Dementsprechend bleibt auch die spätere Entwicklung unberücksichtigt; das betrifft im wesentlichen Schelling; denn Jacobis Philosophie ist zu diesem Zeitpunkt so gut wie abgeschlossen, er steht am Ende
seines Lebenswerkes.

Nach dieser philosophiegeschichtlichen Erörterung will der zweite Teil
die sachlichen Probleme diskutieren. Dabei bedürfen die Themen und die
gegensätzlichen Theorien einer Akzentuierung und einer theologischen
Problemstellung. Solches scheint am besten erreichbar, wenn sie in ihrer
Abhängigkeit, in ihrer philosophiegeschichtlichen Genesis gesehen und mit
thematisch analogen Entwürfen der zeitgenössischen und der Gegenwartstheologie verglichen werden. Gegenseitige Anregung, Abgrenzung und
Kritik wird so Schwächen und Stärken der Diskussionsinhalte zeigen, aber
auch die entscheidenden Impulse und das Bleibende dieses Streites im Blick
auf die verschiedenen Dimensionen der Gottesfrage, der Frage nach der
Wirklichkeit und der Form und Möglichkeit des Denkens in der Theologie
aufweisen.

Um es zusammenzufassen: Die Arbeit will anhand eines philosophiegeschichtlichen Beispiels, das heute noch für die Theologie von Bedeutung
ist, systematische Überlegungen über die Aufgabe und die Möglichkeit,
"Gott zu denken" (28), leisten und damit zur Sach-Thematik und zum dialogischen Charakter der Arbeitsweise der Fundamentaltheologie einen
Beitrag erbringen.

Neben den formalen Hinweisen über die gezielte, punktuelle Auswahl des
philosophischen Werkes Schellings und Jacobis, sofern es über das gestellte Thema hinausreicht, und über notwendige Auswahl und Parteinahme
bezüglich der Sekundärliteratur bedarf es noch eines Hinweises über die
Zitationsweise. Für beide Philosophen sind kritische Ausgaben in Vorbereitung bzw. im Entstehen, so daß für die vorliegende Arbeit noch nicht

---

28   Nach C. BRUAIRE, Die Aufgabe, Gott zu denken, Freiburg 1973.

auf sie zurückgegriffen werden kann (29).

Zur Verfügung steht für J a c o b i die von seinen Schülern F. R o t h und F. K o e p p e n redigierte und von Jacobi autorisierte Ausgabe von 1812-1825 in sechs Bänden sowie Band 1 des kritisch editierten Briefwechsels (30). S c h e l l i n g s Werke liegen in drei verschiedenen Ausgaben vor, wobei die Edition M. S c h r ö t e r s und die der Wissenschaftlichen Buchgesellschaft auf der Ausgabe des Schelling-Sohnes Karl Friedrich August basieren und die Texte in jeweils neuer Anordnung bringen (31). Hinzu kommen die von M. S c h r ö t e r separat herausgegebene Ausgabe der "Weltalter" (32), die von G. L. P l i t t, H. F u h r m a n s und W. S c h u l z besorgten Ausgaben des Briefwechsels (33) sowie Einzelausgaben von Texten (34).

---

29 FRIEDRICH HEINRICH JACOBI, Briefwechsel. Historisch-kritische Gesamtausgabe, hrsg. v. M. BRÜGGEN - S. SUDHOF, Stuttgart 1978 ff.; FRIEDRICH WILHELM JOSEPH SCHELLING, Historisch-kritische Ausgabe, im Auftrag der Schelling-Kommission der Bayerischen Akademie der Wissenschaften hrsg. v. H. M. BAUMGARTNER - H. KRINGS - H. ZELTNER (+), Stuttgart 1976 ff. - Band I, 1 der Schelling-Ausgabe ist 1976 erschienen.

30 F. H. JACOBI, Werke, 6 Bände, hrsg. v. F. ROTH - F. KÖPPEN, Leipzig 1812-1825 (Neudruck: Darmstadt 1968).
Bd. I der kritischen Briefausgabe: s. o. Anm. 29.

31 1. Gesamtausgabe: F. W. J. SCHELLING, Sämtliche Werke, hrsg. v. K. F. A. Schelling, 1. Abteilung, Bd. I-X; 2. Abteilung, Bd. I-IV (= gewöhnlich zit. als XI-XIV);
2. Ausgabe: Schellings Werke. Nach der Originalausgabe in neuer Anordnung hrsg. v. M. SCHRÖTER = Münchener Jubiläumsdruck, 6 Hauptbände, 6 Ergänzungsbände, München 1927-1954 (Nachdruck: 1965);
3. Ausgabe: Schelling-Studienausgabe in 10 einzelnen Bänden, Reprograph. Nachdruck der Wissenschaftlichen Buchgesellschaft (Auswahl), Darmstadt 1974-1976.

32 F. W. J. SCHELLING, Die Weltalter. In den Urfassungen von 1811 und 1813 hrsg. v. M. SCHRÖTER, München 1946 (= Schellings Werke, Nachlaßband).

33 G. L. PLITT (Hrsg.), Aus Schellings Leben. In Briefen, 3 Bde., Leipzig 1869/70; H. FUHRMANS (Hrsg.), Briefe und Dokumente, 3 Bde., Bonn 1962-1975; H. FUHRMANS - L. LOHRER (Hrsg.), Schelling und Cotta. Briefwechsel 1803-1849, Bonn 1965; W. SCHULZ (Hrsg.), Fichte - Schelling. Briefwechsel, Frankfurt/M. 1968.

34 W. SCHULZ - R. E. SCHULZ (Hrsg.), F. W. J. Schelling, System des transzendentalen Idealismus, Hamburg 1959; H. FUHRMANS (Hrsg.), Über das Wesen der menschlichen Freiheit, Stuttgart 1964; H. FUHRMANS (Hrsg.), Initia philosophiae universa. Erlanger Vorlesung, Wintersemester 1820/21, Bonn 1969; F. W. J. SCHELLING, Zur Geschichte der neueren Philosophie. Münchener Vorlesungen, Foto-

Die Methode des Zitierens wird der gängigen Form angepaßt. Bei Schelling bedeutet dies: Die Werke werden nach der ersten Ausgabe K. F. A. Schellings zitiert (werden also auch - wie bei Jacobi - in der Orthographie der Erstausgaben übernommen), wobei die Bände der zweiten Abteilung als Bände XI bis XIV gezählt werden. Das Literaturverzeichnis legt keinen Wert auf Vollständigkeit, weder in der Jacobi- noch in der Schelling-Bibliographie noch in der behandelten Thematik. Es berücksichtigt nur die zum Thema einschlägigen Werke (35). Ein anderer Verfahrensmodus würde die Arbeit ausufern lassen.

---

    mechanischer Nachdruck der Ausgabe von 1953, Darmstadt 1974; M. FRANK - G. KURZ (Hrsg.), Materialien zu Schellings philosophischen Anfängen, Frankfurt/M. 1975; M. FRANK (Hrsg.), Schelling, Philosophie der Offenbarung, Frankfurt/M. 1977.
35 S. Literaturverzeichnis.
    Auf weiterführende Literatur wird an den jeweiligen Stellen verwiesen.

I. TEIL: Die Kontroverse. Ihre philosophiegeschichtliche Einordnung, ihr Inhalt und Verlauf, ihre Bedeutung.

ANLASS, INHALT, TEILNEHMER

Der Streit, der den Anlaß zu unserer Untersuchung gibt, wurde von F. H. Jacobi mit der Schrift "Von den Göttlichen Dingen und ihrer Offenbarung" (1) eröffnet. Obwohl Jacobi allgemein den Vorwurf des nihilistischen und atheistischen Naturalismus erhebt, ohne Namen zu nennen, war für die Zeitgenossen und für den unmittelbar Betroffenen klar, wer gemeint war: Schelling erwiderte auf die im November 1811 erschienene Kampfschrift innerhalb von zwei Monaten. Ende Januar 1812 erscheint "F. W. J. Schellings Denkmal der Schrift von den Göttlichen Dingen usw. des Herrn Friedrich Heinrich Jacobi und der ihm in derselben gemachten Beschuldigung eines absichtlich täuschenden, Lüge redenden Atheismus" (2). Die Schärfe der Auseinandersetzung - die in der Darstellung möglichst zugunsten des sachlichen Gehalts zurücktreten soll - ist in der Mentalität der Kontrahenten begründet. Sie ist aber auch Ausdruck des Engagements, mit dem beide ihre Sache vertreten.

Die Sache - das sind die Fragen nach Gott und seiner Offenbarung bzw. nach der Möglichkeit und Erkennbarkeit derselben von unterschiedlichen philosophischen Standpunkten aus. Bereits aus den Überschriften werden die Unterschiede in den Standpunkten der Kontrahenten deutlich: Theismus - der Gedanke eines persönlichen Gottes, der sich offenbart und sich damit der Erkenntnis des Menschen erschließt - contra Atheismus (sc. Pantheismus); die nach Jacobi allein wahre Erkenntnis Gottes contra Unwahrheit als Vorwurf gegenüber dem philosophischen Versuch der anderen Seite, anders als mit den Kategorien einer am christlichen - traditionellen - Denken orientierten Einsicht von einem persönlichen Gott, der im Glauben erfaßt wird, über die göttlichen Dinge - Gott und seine Welt - nachzusinnen.

Beide haben ein gemeinsames Thema: Gott. Beide empfinden die Notwendigkeit, darüber zu reflektieren; Gott ist für sie keine Marginalie, kein Supererogatorium, kein Sondergebiet der Philosophie. Daß Gott, das Göttliche, seine Erfassung von Seiten des Menschen und die Bedeutung dieses Faktums für das Menschsein unabweisbar mit dem Denken zu tun haben, ist beiden gemeinsam. Konsequentes Denken, konsequentes Menschsein überhaupt stellt die Frage nach der Wahrheit. Die Wahrheit in ihrer letzten unbedingten Gestalt berührt das Absolute. Denken und Wahrheit als

---

1 Leipzig 1811, neu in: F. H. JACOBI, Werke III, 247 bzw. 263 bis 460 (s. o. Anm. 18).
2 Stuttgart 1812, neu in: F. W. J. SCHELLING, S W VIII, 19-136 (s. o. Anm. 18);
zur Chronologie des Streits: M. BRÜGGEN, Jacobi und Schelling: PhJ 75 (1968) bes. 422 f., wo detailliert aus HENKE, FUHRMANS und PLITT die Daten erhoben sind.

Inhalt der Erkenntnis führen zu Gott. Diese unaufhebbare Gemeinsamkeit teilen beide mit der gesamten philosophischen Tradition vor ihnen. Es wird zu zeigen sein, daß die neuzeitliche Philosophie unzureichend beschrieben ist, wenn sie - wie seit Hegel üblich - nur als notwendiger Gang zum Sich-begreifen des Geistes und damit als Geschichte des autonomen Selbstbewußtseins beschrieben wird (3). Sie ist vielmehr geprägt von dem Bewußtsein der Spannung zwischen der Entdeckung des Denkens und seiner daraus resultierenden Autonomie und Subjektivität einer- und dem auch im Denken unabweisbaren Bedürfnis andererseits, Gott, ein Absolutes, einen Grund, einen Sinn und ein Ziel des Denkens anzuerkennen. So gesehen, sind die Frage nach der Subjektivität und die Frage nach Gott gemeinsam Sinn und Signum der neuzeitlichen Metaphysik; Gott, Freiheit und Unsterblichkeit bleiben Themen der Philosophie, auch nachdem sie sich aus den Denkkategorien von Glaube und Kirche gelöst hat (4).

Die Gemeinsamkeit in der Intention schließt U n t e r s c h i e d e in der Beantwortung der Frage nicht aus. Die unterschiedlichen Standpunkte Schellings und Jacobis sind auch in dieser Hinsicht begründet in der philosophischen Tradition vor ihnen, die eine sehr bewegte Geschichte der Auseinandersetzungen über die Möglichkeit, über die Voraussetzungen, die Wege und Grenzen der Gotteserkenntnis kennt. Damit Schellings und Jacobis philosophische Voraussetzungen deutlich und verständlich werden, wird es auch hier unabdingbar sein, den Versuch einer Einordnung zu machen.

Beide Kontrahenten streiten vornehmlich über das Vermögen, das diese Erkenntnis zu leisten vermag, und über den Ausgangspunkt und den Umfang dieser Erkenntnis. Die leitenden Grundsätze, die in ihre Unterschiedlichkeit der Kontroverse ihre Schärfe geben, bleiben bei beiden im Wesentlichen in ihrer jeweiligen Genesis gleich. Insofern ist es wichtig, diese "erkenntnisleitenden Interessen" in der jeweiligen Philosophie jedes Gesprächpartners bis zum Zeitpunkt der Kontroverse zu erarbeiten, sie in den größeren Rahmen der Abhängigkeiten und Abgrenzungen zu stellen, für die Zeit nach der Kontroverse aber höchstens noch rückblickende Beurteilungen (aber nicht etwaige Weiterentwicklungen) aufzuzeigen, die Rückschlüsse auf das Ergebnis des Streites zulassen.

Daß mit der Frage nach Gott wesenhaft die Frage nach Größe und Grenze des Denkens - eine wissenschaftstheoretische Seite -, und umgekehrt mit der Analyse des Denkens Gott als Ziel, Grenze oder Ergebnis des Denkens - die

---

3   G. F. W. HEGEL, Vorlesungen über die Geschichte der Philosophie: S W XV, 685 f. ; s. a. W. SCHULZ, Der Gott der neuzeitlichen Metaphysik, Pfullingen [5]1974, 7 f.
4   Vgl. W. SCHULZ, a. a. O. , 10; s. a. R. DESCARTES, Meditationes de prima philosophia (1641), Epistola, 2, Hamburg 1959, 2-3; I. KANT, KrV, Hamburg 1956, 42 * (= B 7); 364-368; 437-604; DERS. , KprV, Hamburg 1967, 138-154, bes. 152.

theologische Seite - zur Diskussion steht, erhellt aus dem angesprochenen Sachverhalt. Aus der Einordnung in größere Zusammenhänge soll deutlich werden, daß sowohl Jacobi als auch Schelling Vertreter und Wortführer großer Bewegungen, Denkrichtungen, keine Einzelgänger sind. Es sind die großen Richtungen des Skeptizismus, der entgegen den Anfängen neuzeitlichen Denkens dem Verstand mißtraut, und des Erkenntnisoptimismus, der trotz der Kritik Kants und an ihrer Hand neue, umfassende Wege zur Lösung des Problems angehen will. Entsprechend heißt Schellings Grundsatz von Anfang an, den er rückschauend noch 1827 in seinen Münchener Vorlesungen "Zur Geschichte der neueren Philosophie" uneingeschränkt aufrecht erhält: "Die Philosophie d a r f sich aber nicht bloß mit dem Höchsten abgeben, sie muß, um wirklich alles befassende Wissenschaft zu sein, das Höchste mit dem Tiefsten w i r k l i c h verknüpfen" (5). Er weiß dabei (freilich in der Überzeugung, selbst so umfassend und richtig anzusetzen): "D e r Punkt, in welchem j e d e Philosophie mit dem a l l g e m e i n e n menschlichen Bewußtsein immer entweder in Übereinstimmung oder in Konflikt sich finden wird, ist die Art, wie sie sich über das Höchste, über Gott erklärt" (6). Deshalb will er alle Vermögen des Geistes einsetzen.

Darin gründet der Widerspruch Jacobis, der nicht zulassen will, daß anderes als der Mensch in dem, was ihn als Mensch betrifft, zu Gott führen kann. Diese "Sehnsucht der Seele nach Gott" ist grundsätzlich der Wahrheit fähig; Jacobi nennt sie Vernunft, Glaube, Sittlichkeit. Diese - im Grunde ganzheitlich - personale Gotteserkenntnis entzieht sich - entgegen Schelling - jeder wissenschaftlichen Vermittlung und jedem Umweg über das logisch stringente Denken, über Natur, Kosmos u. a. Diese Grundeinsicht Jacobis ist festzustellen vom ersten Werk bis hin zur resümierenden Zusammenfassung des alten Jacobi - so leitet er die Endredaktion der philosophischen Schriften und hier speziell des 4. Bandes ein, der als letzter erscheint und die ersten Schriften von 1783 bzw. 1785 neu auflegt (7).

Der Konflikt, der 1811 losbricht und erbittert geführt wird, kommt also nicht unvermittelt. Die Grundanschauungen beider Kontrahenten haben sich - beim einen seit langem nahezu unverändert, beim anderen in einer stürmischen Entwicklung in knapp einer halben Generation - zu entschiedenen Gegensätzen herausgebildet. Bei der engen Berührung (8), in der

---

5   F.W.J. SCHELLING, S W X, 177.
6   Ebd., 123.
7   F.H. JACOBI, WW IV 1, XIX.
8   Zum persönlichen Verhältnis zwischen Jacobi und Schelling vgl. M. BRÜGGEN, a.a.O., 420-423 mit den entsprechenden Belegstellen.

ihre beiden Träger - der eine, Jacobi, als Präsident der Akademie der Wissenschaften in München; der andere, Schelling, Mitglied dieser Akademie und Generalsekretär der Akademie der bildenden Künste Münchens - ständig stehen, und bei der geradezu messianischen Überzeugung, mit der jeder für seine Sache eintritt, kann der Bruch nicht ausbleiben. Beide sind Exponenten grundlegender philosophischer Positionen, die vor ihnen erarbeitet wurden - ihre Themen liegen also in der Luft -; beide sind jedoch so eigenständige philosophische Köpfe, daß sie ihre jeweilige Tradition eigenständig fortentwickeln und so ihre eigenen Systeme gegeneinander führen.

Welche Systeme sind dies, aufbauend auf welchen Traditionen?

Kapitel 1

JACOBIS PHILOSOPHIE UND DIE GOTTESFRAGE -
MORAL, GEWISSEN, FREIHEIT, GLAUBE

I. Jacobis Persönlichkeit und Philosophie:
die Frage nach der rechten Interpretation

Jacobi und seine Zeit: Rezeption und Anregung

Friedrich Heinrich J a c o b i , der den Streit beginnt, ist nicht nur der ältere von beiden. Er steht bereits mit der Elite des damaligen deutschen Geistes in persönlichem oder brieflichem Kontakt, bevor Schelling - als Frühreifer - mit ersten philosophischen Arbeiten hervortritt. Jacobi, am 25. 1. 1743 in Düsseldorf geboren (9), im Unterschied zu seinem Bruder Johann Georg Jacobi (1740-1814), dem Dichter und Anakreontiker, vom Vater für unbegabt gehalten und zur Übernahme des elterlichen Kaufmannsgeschäftes bestimmt, hat nie die Philosophie fachkundig studiert und hat sie nie auf einem Lehrstuhl an einer Universität vertreten; er ist Autodidakt und hat nur während seiner Genfer Jahre (1759-1763) Unterricht bei L e S a g e , lernt die Philosophie der französischen Enzyklopädisten und R o u s s e a u s kennen. Diese früh erlernte Form des Selbststudiums und persönlichen Kontaktes wird zu seiner zeitlebens praktizierten Art, Philosophie zu treiben. Trotz fehlender Studienvoraussetzungen ist er - immer neben seiner Tätigkeit als Kauf- und Finanzmann - ständig mit der Philosophie seiner Zeit befaßt, ist mit seiner Stellungnahme und seinem Urteil in einer Weise und in einem Ausmaß präsent, daß er, je nach Einstellung und Betroffenheit, als Freund und Gesinnungsgenosse geschätzt (so von H a m a n n , L a v a t e r , C l a u d i u s , H e r d e r , W i e l a n d , J e a n P a u l , S t o l b e r g , der G r ä f i n v o n G a l l i t z i n , S a i l e r , S c h l e i e r m a c h e r , B e t t i n a v o n B r e n t a n o , W. v o n H u m b o l d t , F r i e s) (10), als Gesprächspartner und philosophischer Anreger akzeptiert

---

9   Zur Biographie vgl. bes. K. HOMANN, F. H. Jacobis Philosophie der Freiheit, Freiburg - München 1973, 21-37, wo sämtliche früheren Biographien und biographischen Aufrisse erwähnt und bewertet werden.
10 Hier darf - soweit nicht die Ausführungen unten in den Abschnitten II und III erfolgen - zusammenfassend auf die Angaben von K. HOMANN an der in Anm. 9 genannten Stelle verwiesen werden; s. a. F. WOLFINGER, Der Glaube nach J. E. von Kuhn, Göttingen 1972, 16 Anm. 1.

(neben den Genannten besonders von Lessing, Goethe, Kant, Fichte (11), dem frühen (12) und späten Schelling von 1827 (13) und Hegel) (14) oder als Gegner heftig bekämpft wird - hier sind vor allem die "Berliner" Nicolai und Mendelssohn (15), F. Schlegel (16) und der Schelling der Kontroverse von 1811/12 (17) - unser Thema - zu nennen.

Die genannten Namen stellen je für sich weltanschaulich-literarische oder philosophische Programme dar. Doch ist ihre Zahl so groß, ihre Vielgestaltigkeit so verwirrend, daß aus ihnen eine Einordnung oder Beurteilung

---

11 Über LESSING und GOETHE: S. u. Abschnitt II; dazu H. NICOLAI, Goethe und Jacobi, Stuttgart 1965; W. WEISCHEDEL, Jacobi und Schelling, Darmstadt 1969, 84-90.
Über KANT und FICHTE: S. u. Abschnitt III. Lit.: I. KANT, Was heißt: Sich im Denken orientieren? (1786): DERS., Werke in zehn Bänden, hrsg. v. W. WEISCHEDEL, V, Darmstadt ^{4}1968, 265-283; DERS., Von einem neuerdings erhobenen vornehmen Ton in der Philosophie (1796): ebd., 375-397; F. H. JACOBI, WW III, 520-524; 525-533; ebd., 1-57, bes. 42; 45. Dazu: H. SCHOLZ (Hrsg.), Die Hauptschriften zum Pantheismusstreit, Berlin 1916, bes. CIX bis CXIX; K. HAMMACHER, Die Philosophie Friedrich Heinrich Jacobis, München 1969, bes. 131-166; 166 - 184; R. LAUTH, Fichtes Verhältnis zu Jacobi...: Friedrich Heinrich Jacobi. Philosoph und Literat der Goethezeit, a. a. O., 165-197; K. HOMANN, a. a. O., 32 f.; 135 bzw. 149-160.

12 Vgl. M. BRÜGGEN, a. a. O., 420 - Anm. 2 gibt dort die Stellen in Schellings Werk an; darüber hinaus: Brief Schellings an Hegel, 6.1. 1795: Materialien zu Schellings philosophischen Anfängen, Frankfurt/ M. 1975, 120; Schelling an Hegel, 4. 2. 1795: ebd., 126 f.; M. FRANK - G. KURZ, Einleitung: ebd., 28; H. FUHRMANS, Schelling im Tübinger Stift Herbst 1790 - Herbst 1795: ebd., 58 f. S. a. Kap. 3, Abschnitt I.

13 Zur Geschichte der neueren Philosophie. Münchener Vorlesungen, Darmstadt 1974, 142-164, bes. 144 f.; vgl. W. WEISCHEDEL, a. a. O., 69 f.

14 Glauben und Wissen (1802): Theorie-Werkausgabe, II, Frankfurt/M. 1970, 287-433, bes. 333-399.

15 Schriften zum Pantheismusstreit, a. a. O., LXXXI-LXXXV. s. u. Abschnitt II.

16 F. SCHLEGEL, Jacobis Woldemar: Kritische Friedrich-Schlegel-Ausgabe, II, hrsg. v. H. EICHNER, München - Paderborn - Zürich 1967, 57-77; DERS., Recension: Friedrich Heinrich Jacobi von den göttlichen Dingen und ihrer Offenbarung: Deutsches Museum, hrsg. v. F. SCHLEGEL, I, Wien 1812, 79-98; s. a. F. H. JACOBI, WW III, XVI - XXXVI.

17 In der S. 29 Anm. 2 genannten Schrift.

Jacobis unmöglich ist. Wie immer bei großen Gestalten der Geistesgeschichte, die in lebendigem geistigen Austausch stehen, so vereinigen sich auch bei Jacobi Anregungen von Seiten der Freunde und Gesprächspartner mit eigenständiger Rezeption und Weiterführung zu eigenen Entwürfen, die sich schließlich zu einer selbständigen Philosophie verdichten und als solche Anregung für andere oder kritische Stellungnahme zu vielen Problemen und Philosophien der Zeit werden. So ist Jacobi nicht nur lernend, sondern bald selbst mitgestaltend und engagiert im geistigen Leben der Zeit präsent; und diese Präsenz, die oft geschäftig, aufdringlich, rechthaberisch und selbstbewußt wirkt, die aber nie Zweifel an einer ehrlichen, gelebten Überzeugung aufkommen läßt, macht sein philosophisches Werk zu einer unverwechselbaren, etwas erratisch fremd wirkenden Größe, die aus dem an geistigen Leistungen reichenden Jahrhundert nicht wegzudenken ist.

Mit solcher formalen Würdigung ist über Jacobis Philosophie noch nichts ausgesagt, während diese doch in ihrer Genesis und Abhängigkeit für den Streit mit Schelling wesentlich ist. Die bereits erwähnte Vielfalt der Gesprächspartner hat auch zu vielfältigen Äußerungen Jacobis geführt, die sein Werk damit alles andere als einheitlich machen. Jacobi tritt auf als Übersetzer und Herausgeber des "Teutschen Merkur" [18]; er publiziert - dem Stil der Zeit entsprechend - philosophische Romane, den "Allwill" und "Woldemar" [19]; er ist durch die Gespräche mit Lessing und durch den einseitig von ihm ohne des Briefpartners Zustimmung veröffentlichten Briefwechsel mit Moses Mendelssohn an der Spinoza-Renaissance der achtziger Jahre maßgeblich beteiligt [20]. Durch die Gespräche über Idealismus und Realismus von 1787 greift er in die Diskussion über den Rationalismus, über die Kantische Philosophie und den Idealismus ein [21] und führt diese Diskussion in Briefen an Kant, in dem großen, zu einer eigenen Abhandlung ausgewachsenen Brief an Fichte (1799) [22] und in der Auseinandersetzung mit Schelling fort. Er ist schließlich in vielen Briefen und kleinen Abhandlungen mit der Frage der Religion befaßt, besonders in Gesprächen mit Hamann, in Auseinandersetzung mit Herder und vor allem in den Spinoza-Briefen und der Schelling-Kontroverse. Jacobis Themen lassen sich in der Abgrenzung formulieren: Er tritt an gegen Spinoza und den Neuspinozismus; er setzt sich mit dem Rationalismus im weitesten Sinne des Wortes einschließlich des Idealismus auseinander [23]; er adaptiert und kritisiert das damalige "Lebensgefühl" und

---

18 S. K. HOMANN, a.a.O., 25-27.
19 1775-1796: WW I, Leipzig 1812; WW V, Leipzig 1820; s. u. SS. 42-46
20 1783-1786: WW IV 1 u. 2, Leipzig 1819; s. u. Abschnitt II.
21 1787: WW II, Leipzig 1815, bes. 3-310.
22 1789, 1799: WW III, Leipzig 1816, 525-533; 3-57; zu Anm. 21 und 22 s. u. Abschnitt III.
23 Neben den folgenden Ausführungen in Abschnitt II und III s. a. K. HOMANN, a.a.O., 14 f.

steht so mitten in der Auseinandersetzung des "Sturm und Drang" (24). Inhalt seiner Gespräche, Kontroversen, Darlegungen sind die Themen Erkenntnis, Leben, Freiheit, Moral, Religion, Gottesfrage. Damit trifft er sich mit den Anliegen seiner Zeitgenossen. Nur die Art seiner Antwort ist untypisch für die Zeit - so will es scheinen; und daher steht Jacobi mehr oder minder fremdartig, als Einzelgänger in der Philosophiegeschichte. Er hat mehr Gegner als Parteigänger; er kann nicht beanspruchen - anders als Spinoza, Leibniz, Wolff, Kant, Fichte, Hegel, aber ähnlich Schelling -, eine Schule gegründet zu haben.

Jacobis vielgestaltiges Werk - Versuch typologischer Deutungen

Jacobi erfreut sich in der gegenwärtig sehr regen Erforschung der Geistesgeschichte des 18. und 19. Jahrhunderts einer ausgesprochenen Renaissance, die anders als zu Zeiten einer übermächtigen Kant-, Fichte- oder Hegelrezeption in ihm einen wesentlichen Anreger seiner Zeit sieht. Doch seine Beurteilung fällt vielschichtig aus. Große Gestalten haben es an sich, daß ihre Epigonen sie nach ganz konkretem erkenntnisleitendem Interesse adaptieren und interpretieren und für bestimmte Weltanschauungen in Anspruch nehmen (etwa Kant als Erkenntnistheoretiker, als Begründer eines philosophischen Glaubens, als Agnostiker, Hegel als Staatsphilosophen, als Gesellschafts- und Religionskritiker). Ähnlich engagiert wird Jacobis Werk nicht ausgelegt; dafür ist es noch zu fremd; dafür ist möglicherweise auch seine Sprache zu zeitverhaftet. So läßt sich die Vielfalt der Jacobi-Interpretationen vornehmlich auf sein vielgestaltiges Werk zurückführen.

Im Rahmen des Zieles der vorliegenden Arbeit kann es nicht ganz umgangen werden, auf dieses vielschichtige Werk Jacobis und seine Deutungen in gebotener Kürze einzugehen; denn - das ist die Überzeugung des Verfassers - Jacobis viele Schriften konvergieren in einer Grundüberzeugung, aus der heraus Jacobi denkt und - für uns maßgeblich - auch die Kontroverse mit Schelling führt.

Für Jacobi selbst scheint es unmöglich auszumachen, welches Werk ihm am wichtigsten erschien. Seine zahlreichen Briefe (von denen bisher nur ein kleiner Teil veröffentlicht ist) und die wiederholten Neuausgaben aller seiner Werke, die stets ergänzt, erweitert, überarbeitet wurden und doch meist die Urgestalt - in einer erstaunlich modern anmutenden textkritischen Absicht - beibehalten wollten, zeigen, daß er am jeweiligen Thema grüblerisch und pedantisch haften blieb, dieses für das im Augenblick gerade wichtigste hielt, bis ihn die Anregung von außen auf ein neues Thema führte. Dennoch, so scheint es, gehen seine Grundgedanken in jedes seiner Werke ein. Insofern ist wohl von einer von Anfang seines Denkens und

---

24 Vgl. die Ausführungen und Belege zu Abschnitt II.

Forschens an erstaunlich gleichbleibenden Grundgestalt seiner Philosophie oder Weltsicht zu sprechen, die nicht eigentlich Entwicklungsphasen als vielmehr Applikationen seines Denkens auf bestimmte äußere Anlässe bzw. philosophische Systeme deutlich werden läßt.

Wer also war Jacobi? Wie läßt sich - möglichst knapp - der Grundduktus, das gemeinsame Grundprinzip aller Werke Jacobis bestimmen? Wie kommt es zur Kontroverse mit Schelling?

Der Versuch, Jacobis Werk auf ein Grundprinzip zurückzuführen, ist in den zahlreichen Werken der gegenwärtigen Jacobi-Renaissance immer gemacht worden. Es ist unerläßlich, kurz darauf einzugehen, zumal da an ihrer Hand gewisse Leitideen vorgestellt und Jacobis vielgestaltiges Werk besser charakterisiert werden kann.

Unter den Interpretationen der Jacobischen Philosophie kann man - etwas schematisiert - vier Typen unterscheiden, den "lebensphilosophischen", den "erkenntnistheoretischen Deutungstypus" (25), den Typ, der Freiheit zum Grundprinzip erklärt (26) und die Arbeiten, die Jacobis Religionsphilosophie als Grundtyp seines Werkes herausstellen (so bes. Th. Steinbüchel und V. Verra (27)). - Einen nicht geringen Anhaltspunkt haben diese Typisierungen in den Werken, die die Interpretatoren jeweils zur Verifizierung ihrer Deutungen heranziehen und in welchen schwerpunktmäßig das jeweilige Prinzip durchaus dominiert. Doch ist auch der jeweilige philosophische Standpunkt des Interpretatoren von Belang für die Grundcharakterisierung und die Schwerpunktsetzung in Jacobis Werk.

"Lebensphilosophie" oder Erkenntnistheorie?

Der "lebensphilosophische Deutungstypus", als dessen Hauptvertreter O. F. Bollnow als einer der ersten und K. Hammacher als vorläufig letzter Interpret zu nennen sind (28), nennt als Jacobische Grundkategorie "Leben". Dieser vieldeutige, aber nichtsdestoweniger philo-

---

25 Zu Jacobis "lebensphilosophischer" Deutung: s. Anm. 28; den "erkenntnistheoretischen" Deutetyp vertritt bes. G. BAUM, Vernunft und Erkenntnis, Bonn 1969; R. LAUTH: Friedrich Heinrich Jacobi. Philosoph und Literat der Goethezeit, Frankfurt/M. 1971, bes. 1-4; 165-197.
26 K. HOMANN, a.a.O., passim; vgl. bes. 16-19.
27 TH. STEINBÜCHEL, Das Grundproblem der Hegelschen Philosophie, Bonn 1933, 31-39; V. VERRA, F.H. Jacobi. Dall' Illuminismo all' Idealismo, Turin 1963.
28 O.F. BOLLNOW, Die Lebensphilosophie F.H. Jacobis, Stuttgart 1933, ²1966; K. HAMMACHER, Die Philosophie Friedrich Heinrich Jacobis, München 1969.

sophisch immer relevante Begriff ist kaum zu definieren; es kann immer nur umschrieben werden, was er meint (29). In der Philosophiegeschichte lassen sich Grundzüge festhalten: Leben, philosophisch bedacht, heißt mehr als biologische Vitalität. Leben, besonders menschliches Leben, beschreibt den Zusammenhang zwischen Dasein und Denken als ein Grundkonstitutiv. Dieser elementaren Zusammengebundenheit und Bezogenheit von Materie und Denken entspricht eine theoretische (theoretisierbare) Differenz. Leben ist also eine grundlegende Zusammengehörigkeit von Geist und Materie, die Dasein schafft, die aber nicht unbedacht - rein vital - existieren kann, sondern zu realisieren ist, um dieses Dasein zu werden. Die dazu befähigte Kraft ist der Geist; er leistet eine "Identifizierung des Denkens mit anderem, Nichtdenkendem" (30).

Doch "Leben" im Sinn solcher Lebendigkeit durch Geistigkeit ist noch nicht Lebensphilosophie im üblichen Sinne. Das Verhältnis des Denkens zum nichtdenkenden Anderen, genauer: der Stellenwert dieses Anderen, die Stufen des zu sich selbst kommenden Geistes entscheiden, ob "Lebensphilosophie" oder "Geistesphilosophie" herrscht. "Leben" ist so eine Art "Kategorisierung eines Teils der Natur" (wie etwa in der Biologie Leben verstanden wird) und das, was das Subjekt substanziell ausmacht; es ist der Grund, aus dem heraus Erkennen geschieht. Es ist die erlebte Umwelt des Erkennens und die Erkenntnis dieser Umwelt, die sie anregt, ermöglicht und leitet. Insofern ist in der "Lebensphilosophie" der Begriff Erfahrung wesentlich. Damit tritt ein Zug von Irrationalität in den Erkenntnisvorgang, weil die Erfahrungen des Bewußtseins durch den (nicht immer logischen) Lebenszusammenhang bedingt sind. Irrationalität, Unmittelbarkeit der Erfahrung, Entscheidung und damit Praxis, Geschichte und Freiheit dominieren in der Lebensphilosophie vor der methodisch strengen Erkenntnis (31). In diesem (Diltheyischen) Sinne ist auch Jacobis Philosophie als Lebensphilosophie zu charakterisieren. Jacobis Philosophie ist ein durchgehender Einwand gegen das rationale, abstrakt-logische Denken, gegen Geistmonismus und Verstand. Die "Unmittelbarkeit des Lebens gegenüber der formalbegrifflichen Abstraktion des Verstandes" (32) ist Jacobis Grundanliegen wie J. S i m o n präzis umschreibt, was in B o l l n o w s und H a m m a c h e r s Deutungen ausführlich belegt wird.

Diese Unmittelbarkeit des Lebens als dessen Grundvollzug ist für Jacobi zugleich Ausgangspunkt des Nachdenkens über dasselbe. Insofern ist sie der grundlegende Lebensvollzug ebenso wie die Voraussetzung und Normierung des Denkens, das in seinem Vollzug diesem nachzugehen und es so

---

29 J. SIMON, Art. Leben: H ph G, hrsg. v. H. KRINGS - H. M. BAUMGARTNER - CH. WILD, II, München 1973, 844-859; hier: 844.
30 A. a. O., 844.
31 A. a. O., bes. 856.
32 A. a. O., 849.

vom Unbewußten ins Bewußtsein zu erheben hat. Dadurch wird das Leben des Menschen zu einer spezifischen, den Menschen als Menschen qualifizierenden Form des Lebens durch das Denken (33).

Aber es ist angeregt, ja sogar erst ermöglicht durch dem abstrakt-logischen Denkvorgang vorgegebene Anlässe, die mit Erlebnis, Erfahrung, Begegnung und damit als Sprache und Dialog zu bezeichnen sind.

Zurückschauend auf seine Anfänge, beschreibt Jacobi selbst in seinem "letzten Wort" an seine Zeitgenossen (34), wie die Grundüberzeugung: Leben und Erfahrung vor Denken sich erstmals in ihm regte und von da an ihn nie mehr losließ. Es ist die oft zitierte Stelle aus den "Spinoza-Briefen": "Ich ging noch im Polnischen Rocke, da ich schon anfing, mich über Dinge einer andern Welt zu ängstigen. Mein kindischer Tiefsinn brachte mich im achten oder neunten Jahre zu gewissen sonderbaren - Ansichten (ich weiß es anders nicht zu nennen), die mir bis auf diese Stunde ankleben. Die Sehnsucht, in Absicht der besseren Erwartungen des Menschen zur Gewißheit zu gelangen, nahm mit den Jahren zu, und sie ist der Hauptfaden geworden, an den sich meine übrigen Schicksale knüpfen mußten. Ursprüngliche Gemüthsart, und die Erziehung, welche ich erhielt, vereinigten sich, mich in einem billigen Mißtrauen gegen mich selbst, und nur zu lange in einer desto größeren Erwartung von dem, was andere leisten könnten, zu erhalten" (35).

Das "Mißtrauen", die "sonderbaren Ansichten" erläutert er in der Beilage III der "Spinoza-Briefe" (36): Das "Nachgrübeln über die Ewigkeit" erzeugte damals - beim Kind - und fortan immer neu in ihm "eine von allen religiösen Begriffen ganz unabhängige Vorstellung endloser Fortdauer", die ihm ebenso wie der Gedanke der Vernichtung - wegen der unbefriedigenden Ergebnisse des Denkens - Angst und Verzweiflung einflößte. Für Jacobi "... wird es ... immer merkwürdig bleiben, daß eine vom Menschen selbst in ihm hervorgebrachte bloß speculative Vorstellung auf ihn selbst so fürchterlich zurück wirken könne, daß er die Gefahr, sie zu wecken, mehr scheut, als jede andere Gefahr". Die Verzweiflung beruht nicht etwa auf der Inkongruenz zwischen dem tatsächlichen Verhalten und dem als gesollt Erkannten; sie hat auch nichts mit psychisch gestörtem Verhalten zu tun. Vielmehr offenbart sich in ihr ein Mangel der Spekulation, des Nachdenkens: Es ist für Jacobi unvoll-

---

33 Vgl. K. HAMMACHER, a.a.O., 27; 38-41.
34 Die Einleitung zu Bd. IV 1 und 2 der "Werke" (SS. VI-LIV) ist dieses von Jacobi geplante "letzte Wort" vor seinem Tod (1819) geworden, das eigentlich im Anschluß an die Schelling-Kontroverse eine Zusammenfassung seines Denkens bringen sollte; vgl. K. HOMANN, a.a.O., 37.
35 F.H. JACOBI, WW IV 1, 48 f.
36 A.a.O., IV 2, 67-70.

ziehbar, daß in Fragen, die den Menschen existenziell betreffen - die "Dinge einer anderen Welt" -, das diskursive Denken keine eindeutige, unbestreitbare Einsicht erlangen kann.

In den Spinoza-Briefen erläutert Jacobi dies anhand der Beispiele der Kreissegmente, die von beliebigen Punkten aus angesetzt werden können und so weder für alle Erkenntnis gleich sein noch je das Ganze des Kreises erfassen können, also immer beschränkt, unvollständig bleiben (37). In der "Beilage" wird er mit Hamanns Worten noch deutlicher: "Quot capita, tot sensus. Also giebt es so viel Welten, als es Menschen giebt, und dennoch nur Eine gemeinschaftliche Natur, die unser Geschlecht von allen übrigen Geschöpfen der Erde, des Abgrundes und des Himmels unterscheidet. Im genauen Verstande ist nur Eine Welt, wie Ein Urheber, Ein Despot seines Werks und seines Eigenthums. D i n g e e i n e r a n d e r n W e l t sind daher nichts als g e w i s s e s o n d e r b a r e Ansichten der uns allein gegebenen gegenwärtigen, veränderlichen sinnlichen Natur. Die Splendida miseria unserer Sprache giebt zu unzähligen Mißverständnissen von ähnlicher Art Anlaß. Alle entia rationis, alle Anschauungen und Erscheinungen von Irrthum und Wahrheit, alle Vorurtheile und Voraussetzungen menschlicher Begriffe und Theorien sind gleichsam Dinge einer a n d e r n - als w i r k l i c h e n Welt, die unmöglich mit dem für uns unermeßlichen Zusammenhange übereinstimmen können: sondern die willkührlichsten Verstümmelungen desselben, welche nach den willkührlichsten Gesetzen unserer Einbildungen und Leidenschaften, und den Schranken unserer mannichfaltigen Kräfte gemäß, theils abgesondert, theils zusammengesetzt werden" (38).

Das zentrale Kindheits- und Jugenderlebnis hat bei Jacobi diese radikale Infragestellung der Erkenntnis verursacht. Das zunächst individuelle Erlebnis weitet sich zu einer allgemeingültigen Erfahrung, die es verbietet, Jacobis - pietistische oder vom "Sturm und Drang" angeregte - Individualität hier dominieren zu sehen: F. S c h l e g e l sprach darüber in einer Rezension von Jacobis Roman "Woldemar" von der "Friedrich-Heinrich-Jacobiheit", die nichts weiter sei als "schwärmerisch-empfindsame Seelenhaltung" (39). Für Jacobi ist ein grundlegender Erkenntnis-Skeptizismus angebracht, der "zu einer radikalen Umorientierung der philosophischen Problematik bei ihm führt" (40). Die schlußfolgernde Erkenntnis - in der Zeit des Rationalismus und der Hochblüte der Wolffschen Philosophie d i e Grundgestalt von Erkenntnis - vermag keine wahre, weil einheitlich-eindeutige Erkenntnis zu liefern. Mehr noch: Sie erkennt

---

37 A. a. O., IV 1, 50.
38 A. a. O., IV 2, 70 f.; s. a. 72 f.
39 F. SCHLEGEL, Jacobis Woldemar: Kritische Ausgabe, II (s. o. Anm. 16), 58; 68.
40 K. HAMMACHER, a. a. O., 21; vgl. 20-37.

nicht von sich aus, hat als Erkenntnisobjekt keine tabula rasa, sondern wird überhaupt selbst erst konstituiert durch ihr vorgängige Anregungen. Jacobi erfährt, "daß hinter den scheinbar bloß psychisch verknüpften Erregungen etwas nicht allein den individuellen psychischen Zusammenhängen Entstammendes lag, eine Struktur, die er nicht auf seine Phantasie etwa, seine zufälligen Vorstellungsfolgen zurückführen kann" (41). Die Erfahrungen, die Sinneseindrücke, die sie begleitenden Umstände wie Gefühle, Empfindungen leisten bereits das Wesentliche der Erkenntnis; sie konstituieren Wirklichkeit, richtiger: Sie lassen Wirklichkeit erfahrbar und damit gewiß, wahr werden. Das Anliegen der Philosophie, Dasein zu enthüllen, wird so von Jacobi sehr fundamental auf seine Grundlagen zurückgeführt, gegründet, indem Dasein erfahren dem diskursiven Denken entzogen und dem ihm voraus- und zugrundeliegenden Leben und seiner konkret erfahrenen Gewißheit zugeschrieben wird. H a m m a c h e r weist darauf hin, daß hier gegenüber dem rationalistischen Denktypus ein grundlegender Durchbruch hin zu einem ganzheitlich-personalen Erkennen gelungen ist: "Was in dieser Erfahrung erstmals geschieht, ist nicht nur die Entdeckung des Charakters allen folgenden Denkzusammenhanges, sondern daß diese Entdeckung nur in einem E r l e b n i s sich ergibt. Dieses bringt das 'Sein' daran zu Tage, und zwar aus der Vergewisserung als 'Dasein' " (42).

Jacobis Anfang und Grundgedanken philosophischen Arbeitens ist - wie in der Zeit durchaus üblich - die Frage nach der rechten Erkenntnis. Im Grunde kann philosophische Reflexion als Suche nach der Wahrheit und als Frage nach dem rechten Stand in der Welt gar nicht anders als bei der Frage nach der Erkenntnis von Welt und Sinnzusammenhang einsetzen. Insofern ist das Anliegen, das G. B a u m als das zentrale und leitende bei Jacobi herausstellt, durchaus mit "Vernunft und Erkenntnis" (43) richtig beschrieben. Baum und Hammacher können darin übereinstimmen, daß das Problemfeld Vernunft - Evidenz - Intuition einen weiten Bereich der Jacobischen Philosophie abdeckt (44).

Mit dieser Bemerkung ist bereits eine Einschränkung angedeutet: Jacobis Philosophie ist angeregt von der Frage nach rechter und wahrer Erkenntnis. Aber bereits die Art, wie er von Anfang an Erkenntnis beurteilt, wie er dem diskursiven Denken als vielgestaltig und unfähig, das Ganze von Welt und Dasein zu bestimmen, gegenüber allen sonstigen philosophischen Unternehmungen der Zeit eine Einschränkung zuerkennt, wie er Erkenntnis zuerst und vor allem als rezeptiv beschreibt - alles das läßt deutlich werden, daß Jacobi keine rationalistische Erkenntnistheorie entwirft, daß

---

41 Ebd.; 22.
42 Ebd., 22 f.
43 Im Anschluß an G. BAUMS Formulierung.
44 Nach K. HOMANN, a.a.O., 16.

also der Konflikt mit dem Idealismus der Zeit nach Kant schon von Anfang an programmiert scheint. - Wie diese Jacobische Erkenntnistheorie weitergeführt wird, soll in den nächsten Kapiteln weiter untersucht werden. Hier ist zunächst festzuhalten: Erkenntnis ist unvollkommen, ja falsch, wenn sie nur auf diskursives Denken beschränkt bleibt; sie ist mehr: Sie ist Wirklichkeit vernehmen durch Erfahrung, Dasein enthüllen durch Lebensvollzug, Dasein vollziehen als Vertrauen in das, was man erfährt. Erkenntnis ist also mehr als Denken, Verstand. Sie ist andererseits nicht Selbstzweck, sondern Mittel zum rechten Daseinsvollzug; Jacobis Philosophie hat so mehr Nähe zum scholastischen Axiom cognitio est adaequatio intellectus ad rem (Erfahrungs-, Erlebnisphilosophie); sie hat eine Dimension der Praxis, die für die Erkenntnis unabdingbar ist und auf die die Erkenntnis angelegt sein muß.

Diese Dimension, in der Erkenntnis nicht Selbstzweck, sondern notwendiger Bestandteil des Daseinsvollzugs ist, kann durchaus treffend mit "Lebensphilosophie" im Sinne von "Dasein enthüllen" und "Dasein vollziehen" beschrieben werden. In den Romanen "Allwill" und "Woldemar" kann Jacobi exemplarisch vorführen, wie er diesen Lebenszusammenhang versteht.

Die Romane "Allwill" und "Woldemar" - "Menschheit wie sie ist"

Mit seinen beiden literarischen Werken "Allwills Briefsammlung" und "Woldemar, Teil I und II" legt Jacobi zwei eigentümliche und eigenwillige Veröffentlichungen seiner Philosophie vor. Offenbar sind es keine nebenher entstandenen Zufallsprodukte; vielmehr arbeitet Jacobi lange an ihnen. 1775 veröffentlicht er - übrigens in Schellings Geburtsjahr - einen Teil, ein Jahr später die gesamte erste Fassung des Romans in Briefform "Allwill"; 1792 bringt er eine Neuausgabe; 1812 wird der Roman mit ähnlichen Schriften (Sendschreiben an Erhard O., Zufällige Ergießungen eines einsamen Denkers; Die feinste aller Haderkünste) und mit erlesenen Briefen, besonders von und an J. G. Hamann als Band I seiner Werke zum dritten Mal veröffentlicht. Ähnlich verfährt Jacobi mit "Woldemar": 1777 erscheint ein erster Entwurf, 1779 eine Buchausgabe des I. Teils; 1794 wird der nunmehr vollendete Roman neu aufgelegt - er wird Goethe gewidmet; 1796 erfolgt eine Neuauflage; 1820 gibt Jacobis Freund und Schüler F. Roth den "Woldemar" als 5. Band der Werke neu heraus (45).

Was hat es mit diesen Werken auf sich, die Zustimmung (Lessing, Wieland) und Ablehnung gleichermaßen (Goethe, F. Schlegel) erfahren, die durchaus im Rokokostil ihrer Zeit mit aufklärerisch lehrhafter Aufdringlichkeit ihre Lehren vortragen und doch auch heute noch lesbar sind (46)?

---

45 S. o. Anm. 19; vgl. K. HOMANN, a. a. O., 25-37, 81-87.
46 Über Zustimmung und Ablehnung zusammenfassend: K. HOMANN, a. a. O., 81-87.

In der Vorrede zum "Allwill" gibt Jacobi sein Ziel klar an. Er schlägt vor, sich unter dem Herausgeber der Briefsammlung "einen Mann vorzustellen, dem es von seiner zartesten Jugend an, und schon in seiner Kindheit ein Anliegen war, daß seine Seele nicht in seinem Blute, oder ein bloßer Athem seyn möchte, der dahin fährt. Dieses Anliegen hatte bey ihm so wenig den bloßen g e m e i n e n Lebenstrieb zum Grunde, daß ihm vielmehr der Gedanke, sein gegenwärtiges Leben ewig fortzusetzen, gräßlich war. Er liebte zu leben wegen einer anderen Liebe ..." Er bezeichnet sich wegen des augenfälligen Unterschieds zu seinen rationalen, emotionslosen Zeitgenossen als Mystiker. Die Philosophen wollen erklären - deshalb lassen sie aus dem konkreten Leben so viel weg, das unerklärlich ist; sie verfälschen dabei die Wirklichkeit zugunsten der Lehre. Die Moralisten verschweigen vieles, was im Leben vor sich geht - sie bauen eine heile Scheinwelt, um ihren Einfluß nicht zu untergraben durch den Hinweis auf Verhaltensweisen, die ihren Normen nicht entsprechen; die Wirklichkeit wird entstellt. Seine, Jacobis Liebe gilt dieser Wahrheit der wirklichen Welt und den sie tragenden Kräften und Normen. Sein Werk soll nicht "erbaulicher als die Schöpfung, moralischer als Geschichte und Erfahrung, philosophischer als der Instinkt sinnlich-vernünftiger Naturen" sein; er schildert die Welt, wie sie ist; alle Erkenntnis, alle Überzeugung beruht auf unmittelbarer Anschauung, auf Tatsachen. Weil er der Realität gerecht werden will, muß er phänomenologisch "darstellend zu Werke gehen". Jacobi resümiert: "So entstand in seiner (Jacobis als des Herausgebers der fingierten Briefe) Seele der Entwurf zu einem Werke, welches mit Dichtung gleichsam nur umgeben, Menschheit wie sie ist, erklärlich oder unerklärlich, auf das g e w i s s e n h a f t e s t e vor Augen stellen sollte" (47). - Alle diese Aspekte werden in der Vorrede zu "Woldemar" ausdrücklich als Leitideen auch dieses Werkes eigens übernommen (48).

Jacobis Hinweise sprechen für sich selbst: Die Verstandesabstraktion verfälscht Wirklichkeit; Moralvorschriften wollen eine blutleere, unrealistische Welt konstruieren - die Wahrheit ist umfassender, lebendiger. Wie sich in ihr zurechtfinden? Woher Orientierung und Norm nehmen?

Die Welt, in der Allwill lebt, ist das höfisch-bürgerlich-rokokohafte Leben mit Ordnung, Idylle, Betulichkeit, Intimität und Pietät - eine heile Welt, in der der Eigenständige, das "Genie" (des "Sturm und Drang") nicht zu bleiben vermag. Allwill, der alles will, bringt gewollte Unordnung in diese Welt durch maßlose Gefühle, Überschwang des Naturgefühls, des Freiheitsbewußtseins; er protestiert, zerstört, um Neues, Besseres, Größeres in seinen Augen aufzuerbauen; er besteht für sich, das Genie, auf Ausnahmen. Natur, Liebe, Herz beanspruchen sowohl die in Ordnung

---

47 F. H. JACOBI, WW I, XI-XVI; Zitate: XI; XIII f. ; XIII.
48 DERS. , WW V, XV.

lebende Welt als auch Allwill für sich; das Organ, Wahrheit in diesen Gegensätzen zu erfahren, ist beiden das G e w i s s e n - offenbar ein untaugliches Instrument, Norm für rechtes Verhalten abzugeben. - Es ist nun nicht zu verkennen, daß Jacobi dem Ungestüm Allwills Interesse und Anteilnahme nicht versagt; der Zwiespalt zwischen Zustimmung zu solch proklamierter Autonomie und Unbehagen gegenüber der Radikalität des Verhaltens und gegenüber den Folgen solchen Genietums verunsichert die Gesellschaft - Jacobi schildert sicher treffend den Zwiespalt seiner Zeit. Die rechte Mitte, den richtigen Stand im Auf und Ab dieses bewegten Lebens finden intuitiv begabte, Welt und Menschenherz empfinden verstehende Frauenseelen: die schwermütige Sylli, die ideale Gattin Amalia, vor allem aber die ähnlich wie Allwill empfindende und doch tiefer verstehende Luzie, Allwills frühere Freundin und jetzt seine Kritikerin, die das rechte Lot herzustellen vermag.

Luzie hält nun Allwill vor, daß er seine Unschuld zu verlieren droht. Dagegen zeigt die naive Erfahrung des Volkes, daß in Pflichterfüllung die Seligkeit des ewigen Lebens, die Beglückung durch Gott besteht. Solche Heiligkeit entbehrt, wer mit Allwills "Flitterphilosophie" alle Form verbannt wissen, alles "aus freier Hand geschehen" lassen will; Allwill verkennt, "daß menschlicher Charakter einer flüssigen Materie gleicht, die nicht anders als in einem Gefäße G e s t a l t u n d B l e i b e n haben kann". "Ich kann Ihnen alle moralistischen Systeme, als wirkliche Haltung ertheilende Form, Preis geben; und bin dazu bereit, da ich selbst nur der g a n z e n M e n s c h h e i t eines Menschen traue, und mich wenig auf die Weisheit und Tugend, die nur in und an ihm ist, verlasse. Aber zur Menschheit eines j e d e n Menschen gehören Grundsätze, und irgend ein Zusammenhang der Grundsätze; und es ist barer Unsinn, hievon als von etwas Entbehrlichem zu reden. Was nützen Erfahrungen, wenn nicht durch ihre Vergleichung s t a n d h a f t e Begriffe und Urtheile zuwege gebracht werden; und was wäre überall mit dem Menschen vorzunehmen, wenn man nicht auf die Wirksamkeit solcher Begriffe und Urtheile zu fußen hätte? Auch nehmen wir so allgemein für den eigenthümlichsten Vorzug der Menschheit an, nach Grundsätzen zu handeln, daß der Grad der Fertigkeit hierin den Grad unserer Hochachtung oder Verachtung bestimmt. Wir preisen denjenigen, bey welchem der Empfindung das Gefühl, und dem Gefühl der Gedanke die Wage hält. Also nicht unsere Gefühle verringern, nicht sie schwächen will die Weisheit; sie nur reinigen will sie; und dann bis zur Lebhaftigkeit des Gefühls den Gedanken erhöhen: also der Empfindung überhaupt - schärfen, vergrößern". Damit behält der Gedanke "die Obermacht" über sinnliche Triebe und es bleiben Anstand und Menschlichkeit gewahrt. Andernfalls nimmt die Verstellung, die Lüge überhand und zerstört das Zusammenleben. Es gibt keine Lüge, die an Kraft zum Guten, an Erhabenheit dem Willen zur Wahrheit gleich zu schätzen wäre. Luzie erwähnt Montaigne, der eine einmalige Schlechtigkeit, Untreue als Ausgangspunkt und Anfang fortgesetzter Untreue ansieht. "Man muß eine Sache G o t t überlassen, sagt er, wenn m e n s c h l i c h zu helfen unmöglich ist; und was ist unmöglicher, als daß ein r e c h t s c h a f f e n e r

Mann Treue und Glauben verlasse? Was kann weniger geschehen, als was ein Mann von Ehre nur auf Unkosten der Ehre und Treue bewerkstelligen könnte?" (49)

Die Themen kehren im "Woldemar" wieder. Auch hier ist der Held ein Genie, hin- und hergerissen von extremen Neigungen, von extremer Rationalität ebenso wie von überschwenglichem Gefühl, pochend auf Bindungslosigkeit. Diese Lebensart macht Woldemar zum Feind des Kaufmanns Hornich, dem Nüchternheit, Verstand und gesetzliche Bindungen über alles gehen. Woldemar muß die Falschheit seines Lebens am eigenen Leib erfahren, indem er, der sich von allen Konventionen, von der Mach menschlicher Bindungen frei glaubt, gerade deren Macht, das Leben zu tragen, schmerzlich entbehren muß. Des Kaufmanns Tochter Henriette, Woldemar an Mentalität ähnlich und seine vertraute Freundin wegen dieser Genialität, verspricht - da sie nie an Heirat mit Woldemar denkt, sondern nur ständig Umgang mit seiner Geistesart haben will - ihrem Vater, Woldemar nie zu heiraten. Woldemar erfährt erst spät und auf Umwegen von diesem Versprechen - und fühlt sich von Henriette verraten. Wohl haben weder Henriette noch er je an Heirat gedacht; insofern hat sie sich nicht gegen ihn verfehlt. Aber er glaubt einen Zug von Unehrlichkeit entdeckt zu haben, der das Vertrauen des Zusammenlebens zerstört. Nun wird Woldemar bewußt, wie wenig frei er - anders als er selbst glaubte - von menschlichen Bindungen ist. Mit sich allein gelassen, ohne die Erfahrung der Mitmenschlichkeit, treibt seine Enttäuschung auf die Selbstzerstörung zu. Erst das offene Gespräch, die Bitte um Schuldvergebung durch Henriette lassen ihn in die menschliche Gemeinschaft zurückkehren, lassen Bindung, Nachsicht in ihm wachsen - er bekennt sich dazu und will "Demut lernen".

Erst in der konkreten Lebenserfahrung hat er existenziell vollzogen, was er vorher erkannt und vertreten hat: "Den Gebrauch des Gewissens abzuschaffen ist allein verderblich; und dahin geht, minder oder mehr, in längeren oder kürzeren Umwegen, alles auf Sittlichkeit sich beziehende P o s i t i v e , das sich auf eigenes Urtheil und Gewissen nicht verlassen will und darf, und sich am Ende doch allein darauf verlassen m u ß . Der Buchstabe der Vernunft, der Religion, der bürgerlichen= und Staats= Gesetze, sind einer wie der andere; vermögen alle gleich wenig. Kein Mensch hat je einem Gesetz, blos als Gesetz, gehorcht; sondern immer nur der Gewalt, von der es ausging, und die es begleitete; immer nur dem Nachdruck, den ihm Trieb, Neigung und Gewohnheit gaben. Was g u t ist, sagt dem Menschen unmittelbar und allein sein H e r z ; kann allein sein Herz, sein T r i e b unmittelbar ihm sagen: es zu lieben ist

---

49 Im "Allwill" bes. Brief XXXI: Luzie an Eduard Allwill: WW I, 200 bis 226. Zitate: 216; 216 f.; 218 f.; 221 f.; s. a. K. HOMANN, a. a. O., 82 f.

sein Leben. Das Dienliche zum Guten, lehrt ihn der überlegene Verstand erkennen und gebrauchen. Gewohnheit macht erworbene Weisheit ihm zu eigen, erhält sie ihm, giebt ihm Beständigkeit. 'Bestimme dich für das Beste, sagt Pythagoras, und Uebung wird es dir bald zum Angenehmsten machen'" (50). Der existenzielle Vollzug dieser theoretischen Aussagen lehrt Woldemar nun, daß Erfahrung nie individuell, sondern nur in der Begegnung, in dem Erlebnis der Mitmenschlichkeit, Wahrheit, Treue möglich ist.

Mit Recht kann Hammacher daher feststellen, daß das Leben (und damit die Erkenntnis) nicht in theoretischer Rechtfertigung einzufangen sind. Das Leben transzendiert die Einzelerfahrung, die in ihrer Jeweiligkeit wohl Dasein erfährt und Dasein als gegründet erfährt, aber eben auch bewußt werden läßt, daß Leben als dieses Leben der Menschen miteinander dem einzelnen und seiner Verfügung entzogen und in dieser Transzendenz "der ständig unerreichbare Maßstab für die wahre Gründung des Menschen" ist und auch in den Negativerfahrungen den Wahrheitsgehalt der Erkenntnis bestimmt (51). Jacobi hat mit seiner ganzheitlich-personalen Erkenntnis (52) das "dialogische Prinzip" entdeckt und zum Ausgangspunkt und Kern seiner Philosophie gemacht (53).

Freiheit - Vernunft - Religion: Woher nimmt das "Leben" seine Norm?

Die "Transzendenz des Lebens" (Hammacher) ist also die menschliche Grunderfahrung. Des Menschen Bedürfnis nach Erkenntnis mündet hier ein; es läßt bewußt werden, wie abstrakt, wirklichkeitsfremd das Denken ist, wie es Welt und Sinnzusammenhang konstruiert. Eine Geschichte aus "Allwill" macht dies deutlich: Allwill, schon als Kind maßlos in seinen Wünschen, will seinem Schaukelpferd eine Fliege einnötigen, weil er hofft, es dadurch lebendig machen zu können. Was er sich ausdenkt, scheitert an der Unmöglichkeit der tatsächlichen Welt. Allwill scheitert, weil sein Denken weltfremd, eigenmächtig ist, weil er die Welt nach seiner Vorstellung konstruiert, statt ihre Realität in sich aufzunehmen. Sich auf die Realität einzustellen, ist aber ebenso Leistung des Willens wie der Erkenntnis, wie umgekehrt Welt nach eigener Vorstellung zu schaffen, Welt zu denken nicht nur falsche Erkenntnis, sondern eine Fehlleitung des Willens ist. Der Zusammenhang beider, von Erkenntnis und Willen, ist ebenso Teil dieser Ganzheit, Teil dieser Transzendenz. Der Gedanke, das Konstrukt der ewigen Fortdauer, der den jungen Jacobi ergriff (wovon zu

---

50 "Woldemar", bes. Teil 2. Zitat: WW V, 114 f.
51 K. HAMMACHER, a. a. O., 35-37. Zitat: 36.
52 TH. STEINBÜCHEL, a. a. O., 35-39.
53 Vgl. K. HAMMACHER, a. a. O., 38-48.

Beginn unserer Interpretation die Rede war), ist hier einzuordnen. "Diese Spekulation führt keineswegs über das hinaus, was die Existenz in ihrer Jeweiligkeit gewiß macht, sondern macht die Leere, die innere Haltlosigkeit des (nur - der Vf.) gedanklichen Zusammenhanges, wenn er über das menschliche Schicksal urteilt, offenbar. Die Jenseitsspekulation erweist sich ... als mehr als ein Gedankenexperiment, sie bedeutet unter diesen Voraussetzungen, die Kontrolle, die solche Folgerungen in den 'begleitenden' Erlebnissen erhalten könnten und die allein noch auf die Existenz verweisen könnten, aufzugeben. Deshalb wird dies Experiment Jacobis als tödliche Gefahr empfunden" (54).

Denken ohne Erfahrung, ohne Rückbindung an die begegnende Realität, ist also falsch, gefährlich, ja sogar menschenunwürdig. Woher aber begegnet dem Menschen die Realität, die Fülle der gesamten Realität, das Leben? In dem dem "Allwill" beigefügten "Sendschreiben an Erhard O" sucht Jacobi diese Zusammenhänge. In Anschluß an ein Flugblatt der Französischen Revolution, wonach alles, was fortdauern soll, "auf die ewigen Felsen der Natur gegründet seyn (soll), welche die strengen Demonstrationen der Vernunft gleichsam - baar gemacht haben", erklärt er seine Weltanschauung: Es muß für ihn, "da überhaupt Vernunft vorhanden ist, auch eine reine Vernunft, eine Vollkommenheit des Lebens vorhanden seyn". Alle andere Vernunft ist von dieser nur Erscheinung oder Widerschein. Dieses Göttliche bleibt für den Menschen "hinter dem Vorhange"; er, der vor demselben steht, braucht sinnliche Hilfen. Die reine Vernunft mit ihrem überall guten Willen, die in allen Menschen gegenwärtig ist und doch dieselbe bleibt, kann nicht die Grundlage der Verschiedenheit unter den Menschen ausmachen. Die je eigene Sinnesart des Menschen, die Herzensbildung, die seelische Energie - das was den Person konstituiert - das ist erkennbar, wirkmächtig im Leben. "Es entscheidet und stehet da im Vermögen - nicht des Syllogismus (welches man mit dem Vermögen der Einen Hälfte einer Scheere oder Zange vergleichen könnte) - sondern der Gesinnungen ..." Auf Grund dieser Gesinnung kann ich mich auf einen Menschen verlassen, kann ich der reinen, immer gleichen Vernunft innewerden. "Ich gründe meinen Bund mit ihm auf den Bund, den er mit sich selbst hat, wodurch er ist der er seyn wird". Daher muß er, Jacobi, statt Syllogismus jene Werte behalten, die der Aufklärung suspekt und überflüssig erscheinen: "Ich will Glauben behalten, und Liebe, und Scham, und Ehrfurcht und Demuth; will behalten tief im Auge Ewigkeit; Ernst und feyerlichen Aufschwung tief in der Brust; hohe und höhere Ahndungen im Geiste; vollen wirklichen Genuß des unsichtbaren in der Seele".

Das Herz des Menschen, menschliches Dasein, so wie ich es in mir und im anderen in seiner Reinheit erfahre, verweist über sich hinaus. "Der

---

54 Ebd., 36.

Trieb der vernünftigen Natur zum an sich Wahren und Guten ist auf das Daseyn an sich, auf ein v o l l k o m m e n e s Leben, ein L e b e n in s i c h s e l b s t gerichtet; er fordert Unabhängigkeit; Selbstständigkeit; Freyheit! - Aber in wie dunkler, dunkler Ahndung nur!" Die Äußerungen der Seele sind Äußerungen des ewigen Lebens - die Seele als "ein Altar des Ewigen, um den von jeher alle Völker sich versammelt haben: Gewissen, Religion" (55).

Hier könnte ein umfassender Nachweis geführt werden, wie Jacobi in Abhängigkeit von H a m a n n und insbesondere von L a v a t e r die theologia cordis F é n e l o n s rezipiert und gegenüber dem Rationalismus seiner Tage und den gerade in den Fakten der Französischen Revolution sichtbar gewordenen Folgen neu zur Geltung bringt - diese Abhängigkeit kann hier nur angedeutet werden; sie ist nicht unsere Aufgabe (56).

Der hier wesentliche Aspekt Jacobischen Philosophierens ist seine Sachaussage: Im konkreten Verhalten bekennt oder verweigert sich der Mensch in seiner grundlegenden Bestimmung; er verhält sich menschenwürdig oder -unwürdig. Das konkrete Leben ist ermöglicht durch Freiheit; in ihr transzendiert der Mensch sein konkretes Dasein auf seine Bestimmung hin; das Ewige, das in ihr aufscheint und das Humane im Menschen ausmacht, hat eine religiöse Dimension. So kann im "Woldemar" das der Versöhnung Henriettes mit Woldemar vorausgehende Gespräch der Freunde, das auch die Vergebung vorbereitet, die Freiheit als die Grundkraft und Ermöglichung des sittlichen Verhaltens, der Menschenwürde, und damit als die Grundlage und Voraussetzung menschlichen Zusammenlebens und gegenseitigen Verstehens preisen: "Ja, Freyheit ist der Tugend W u r z e l; und Freyheit ist der Tugend F r u c h t. Sie ist die r e i n e Liebe des Guten, und die A l l m a c h t dieser Liebe. Ein hohes Wesen! Wie die Gottheit verborgen - und z u d r i n g l i c h, wie die Gottheit! Denn allein durch Freyheit fühlt sich der Mensch als Mensch; durch sie allein ist Selbstachtung und Zuversicht, Wort und Glaube, Friede, Freundschaft, feste Treue möglich, worauf unter Menschen alles beruht. Wie man die Gottheit geläugnet hat; so läßt sich auch an Freyheit und Tugend zweifeln: weil wir nicht ergründen und erklären können, wie sie s i n d, und wie sie w i r k e n; weil wir sie nicht sinnlich machen, sie dem Sinnlichen nicht u n t e r w e r f e n, dem Sinnlichen nicht d i e n s t b a r machen - Freyheit und Tugend nicht in ihr G e g e n t h e i l verwandeln, in ihr N i c h t s e y n

---

55 F. H. JACOBI, WW I, 228-253, bes. 233-241. Zitate: 233 f.; 235 f.; 236 f.; 235; 239 f.; 241.
56 Siehe dazu: R. SPAEMANN, Reflexion und Spontaneität, Stuttgart 1963, 258-270; G. FISCHER, Johann Michael Sailer und Friedrich Heinrich Jacobi, Freiburg 1955, bes. 195-214; schon früher: W. DÜRIG, J.M. Sailer, Jean Paul, Fr. H. Jacobi. Ein Beitrag zur Quellenanalyse der Sailerschen Menschauffassung, Breslau 1941.

auflösen können" (57).

Das Verhältnis von Vernunft und Freiheit, wichtig für die Frage nach ihrem Zusammenhang und ihrer gegenseitigen Ermöglichung, hat für Jacobi - und damit für seine Erkenntnislehre - eine neue Dimension. H e g e l wird später die philosophische Tradition auf den Nenner "Freiheit als Einsicht in die Notwendigkeit" bringen und damit der Einsicht, dem noetischen Moment die Dominanz zuerkennen - S c h e l l i n g steht vor ihm in dieser Tradition. Jacobi dagegen sieht in dem auch für ihn notwendig zusammengeordneten Begriffspaar die Rollen von Ermöglichung und Wirkung vertauscht. Die Erkenntnis hat sich am vorgegebenen Leben, in dem sich Freiheit realisiert, auszurichten. "Darum finden sich auch in unserem Bewußtseyn Vernunft und Freyheit unzertrennlich mit einander verknüpft, nur nicht dergestalt, daß von der Vernunft (dem Adjectivo) das freye Vermögen; sondern so, daß von dem freyen Vermögen (dem Substantivo) die Vernunft abgeleitet werden muß" (58).

Die reine Vernunft, Gott, ist Grund und Ursache, alles Lebens. Die menschliche Vernunft hingegen gibt nur in der Brechung der Vielfältigkeit des Lebens, in der Vielgestaltigkeit, in der sich Freiheit realisiert, Kunde von diesem Göttlichen.

K. H o m a n n hat aufgrund dieser Dominanz, die der Begriff Freiheit in Jacobis Werk einnimmt, den Interpretationen von G. B a u m und K. H a m m a c h e r unterstellt, sie verfehlten den Freiheitsbegriff bei Jacobi in seinem ganzen Umfang. Für Homann ist Freiheit der Grund- und Schlüsselbegriff des Jacobischen Philosophierens. In intensiven und detaillierten Interpretationen des Gesamtwerkes vermag Homann den Freiheitsbegriff als immer gegenwärtig und tragend herauszustellen. Insofern als dieser Begriff ja nie einen nur philosophischen Freiraum hat und in der konkreten Anwendung immer "politisch" im Sinne einer öffentlichen Relevanz und Verbindlichkeit (analog der "politischen Theologie" im Verständnis von J. B. M e t z) wird, kann Homann Freiheit auch in Jacobis zeitkritischen Stellungnahmen aktualisiert sehen. Jacobis Persönlichkeit wird daher zu einem politisch-öffentlichen Faktor in seiner Zeit; Jacobis Philosophie verliert daher auch - zu Recht - den ihr immer nachgesagten Beigeschmack des Individualismus. Sie ist wohl eine Philosophie, die das Subjekt im Blick hat, es aber in seiner Subjektivität und Einmaligkeit zu einem sozial relevanten Faktor, zum bestimmenden Subjekt der Geschichte macht. Insofern macht auch die Interpretation Homanns auf einen wesentlichen Zug in Jacobis Denken aufmerksam, der zu Unrecht übersehen worden ist: Jacobis Philosophie ist "Philosophie der Freiheit" (59).

---

57 F. H. JACOBI, WW V, 447 f.
58 A. a. O., II, 316 f.
59 Entsprechend dem Titel und der Aussageabsicht des Werkes von K. HOMANN.

Unsere Aufgabe braucht es nicht zu sein zu entscheiden, ob Jacobis Werk besser als "Lebensphilosophie", als Erkenntnislehre oder als Freiheitsphilosophie interpretiert wird. Die Anlehnung an diese Interpretationsmodelle sollte deutlich machen, daß Jacobi wie jeder Denker seiner Zeit bei der Frage nach der rechten Erkenntnis als dem Anfang seines Philosophierens auf die Problematik des aufklärerischen Erkenntnisideals vom diskursiven Denken als der alleinigen Erkenntnisform stößt - analog und zeitlich parallel zu I. K a n t -, wie er dann im Interesse der wahren Erkenntnis eine ganzheitlich-personale Erkenntnistheorie entwickelt, die Elemente der Phänomenologie und der dialogischen Philosophie vorausnimmt und als Grundgegebenheit alles Daseins und der davon abgeleiteten bzw. daran ausgerichteten Erkenntnis die Person ins Zentrum stellt. Insofern könnte man Jacobis Philosophie auch eine personalistisch-dialogische Erkenntnislehre oder eine Lebensphilosophie nennen.

Ein Aspekt hingegen, so scheint es, ist aber weder bei Hammacher, noch bei Baum, noch bei Homann in der Deutlichkeit hervorgehoben, die für Jacobis Verständnis entscheidend ist: Das Leben, das dem Zugriff des diskursiven Denkens enthoben ist, die Person, die allem Erkennen als Inhalt und Objekt vorausgeht und es erst anregt und ermöglicht - alle diese Grundvorgegebenheiten des Daseinsvollzugs sind Ausdruck und Abbild der einen, allem zugrunde liegenden Vernunft. Mit anderen Worten: Die "Transzendenz des Lebens", von der Hammacher sprach, hat bei Jacobi immer eine r e l i g i ö s e D i m e n s i o n , genauer: einen r e l i g i ö s e n U r s p r u n g . Religiös ist bei Jacobi aber nicht die Naturerfahrung und ihre tragende Geborgenheit wie bei G o e t h e ; auch nicht wie bei der Spinozarenaissance ein gewissermaßen pantheistisches Alleinheitsbewußtsein (wovon noch zu handeln sein wird (60)). Abbild Gottes ist der Mensch; religiös ist das, was den Menschen zum Menschen macht: Glaube, Liebe, Ehrfurcht, Demut, alle Tugenden, die in Freiheit realisiert werden. Sie sind "Äußerungen des ewigen Lebens", "Altar des Ewigen", "Schöpfung". Der bei Jacobi ständig gegenwärtige Korrespondenzbegriff zu Freiheit ist G e w i s s e n ; Gewissen hat bei Jacobi - wie schon im normalen Sprachgebrauch - eine unabwendbar religiöse Grundlegung. Nicht zuletzt aus diesem Grunde ist Jacobis Philosophie sachlich z u e r s t und z u t i e f s t R e l i g i o n s p h i l o s o p h i e von ihrem Ansatz und ihrer Fundierung her. Was hier aus sachlichen Erwägungen behauptet wird, findet seine Bestätigung in Jacobis Selbstverständnis: Jacobis "letztes Wort an seine Zeitgenossen", die Einleitung zur letzten Auflage der Spinoza-Briefe betont den religiösen Charakter seines Denkens (61), die Streitschrift gegen Schelling sieht Jacobi als sein "philosophisches Testament" an (62). Jacobi

---

60 S. u. Abschnitt II, Die Parallelen im "Sturm und Drang".
61 F. H. JACOBI, WW IV 1, XVIII f.; XXII-IL.
62 Aus F. H. Jacobi's Nachlaß, hrsg. v. R. ZOEPPRITZ, II, Leipzig 1869, 85. S. a. W. WEISCHEDEL, Jacobi und Schelling, Darmstadt 1969, 8; 13 u. ö.

will mit seiner Philosophie die letzten grundlegenden Fragen des Menschseins, die Religion - die Gottesfrage - angehen.

Ein vorläufiges Resümee

Unter Zuhilfenahme typologischer Jacobi-Deutungen sollte ein erster Einstieg in Jacobis Werk versucht und eine Strukturierung seines vielschichtigen Denkens geleistet werden. Jacobis eigene - späte - Reflexionen auf seine philosophischen Anfänge, sowie die Romane, die von einem sehr frühen Zeitpunkt seiner Tätigkeit an und sein ganzes Leben über sein Nachdenken bewegen, konnten den von Anfang an gültigen Verlauf und die Voraussetzungen seiner Philosophie aufzeigen. Es wird im folgenden nötig sein, diese Grundstruktur noch an einigen markanten Werken nachzuzeichnen, bevor die Konsequenz, die Anwendung seines Denkens in der Kontroverse mit Schelling, gezogen wird. Denn was in den Romanen gleichsam frei für sich, ohne Polemik entfaltet wird, das erfährt seine Erprobung in den philosophisch-literarischen Kontroversen, an denen Jacobis Lebensweg reich ist. Besonders in der Spinoza-Renaissance und in der Auseinandersetzung mit dem Deutschen Idealismus, vor allem in den Briefen an Kant und Fichte zeigen sich - noch vergleichsweise versöhnlich - die klaren Abgrenzungen, die Jacobi, von der Wahrheit seiner Einsicht überzeugt, ohne Ansehung seiner Person zu ziehen gewillt ist; die massivste Abrechnung mit dem "verkehrten Zeitgeist" erfolgt in der Schelling-Kontroverse.

Jacobis Philosophie ist am markantesten dort, wo sie in solcher Abgrenzung steht. Rationalismus - Idealismus und Neuspinozismus sind die vornehmlichen Gegner; anhand der Frage nach wahrer Erkenntnis wird die Diskussion vornehmlich geführt. Das Anliegen, das ihm zentral erscheint (und das er in anderen, gleichfalls gut gemeinten Versuchen nicht richtig gewahrt sieht), ist die Frage nach der wahren Religion. Jacobi diskutiert es vornehmlich unter dem Aspekt: Wie kann die wahre Religion in der Fülle der falschen Ansätze rein erhalten werden? Insofern ist Jacobi ein Konservativer, der oftmals nicht bereit und nicht in der Lage ist, die Anliegen seiner Gesprächspartner (Gegner) zu würdigen. Sein Rekurs auf den Menschen, an dem Religion einsichtig werden kann, erweist sich - so soll deutlich werden - hingegen nicht als Rückzug in die Innerlichkeit oder als Reduktion, sondern als die Eröffnung einer umfassenden Anthropologie als Ermöglichung von Religionsphilosophie und Theologie.

Die folgenden Untersuchungen sollen diese Thesen bestätigen.

II. Jacobis Eingreifen in die Spinoza-Renaissance

Die Parallelen im "Sturm und Drang" (63)

Jacobis Romane, besonders der "Allwill", sind angeregt durch die Begegnung mit Goethe. Werther, Faust, Prometheus sind Gestalten, die dem Lebensgefühl der Zeit Ausdruck verleihen, mit denen sich daher auch die Zeitgenossen identifizieren können. Es ist nicht einfach, dieses Lebensgefühl auf einen Begriff zu bringen. Werther fühlt ebenso wie Allwill, daß "Gotterfülltheit und Gottverlassenheit, distanzlos Nähe und unnahbare Ferne unvermittelt ineinander umschlagen (...)" (64). Der Mensch, der einzelne, das Genie erfährt in sich bewußtseinsmäßige Beschränktheit und fühlt dennoch die Offenheit auf ein geahntes Ganzes hin, dem er geheimnisvoll verbunden ist, ohne es je erreichen zu können. Dieses Ganze fasziniert. Die Erfahrung der Endlichkeit ernüchtert, ja schockiert und treibt an den Rand der Verzweiflung. Das Ich weiß sich durch sein Wesen dem Ganzen verbunden und verpflichtet, in seiner Individualität aber davon getrennt. So ist die innere Zerissenheit die Folge; H. Timm nennt dies "die Labilität der Unmittelbarkeit", den "Widerstreit von Freiheit und Endlichkeit seines totalitätshungrigen Bewußtseins" (65).

Mit diesen wenigen Sätzen sind grundlegende Elemente nicht nur des zeitgenössischen Lebensgefühls angesprochen; auch die Philosophie des Idealismus wird hier grundgelegt: Das Ich hat in dem, was es im Bewußtsein gegenwärtig hat, das Vermögen, mit dem (Sinn-) Ganzen der Welt in Verbindung zu sein oder es zu umfassen. Allerdings kann es dies nicht - und also auch nicht Welt gestalten - in seiner empirischen Beschränktheit. Es muß daraus hervortreten; man muß das Absolute im Ich sehen. Dieses absolute Ich vermag dann Welt zu begreifen, zu umgreifen und zu integrieren. An dieser Stelle beginnt die Doppeldeutigkeit in der Interpretation des Ich, die dem Idealismus in allen Phasen des Philosophierens eigen ist: Dieses Ich kann rezeptives Vermögen der Welterfahrung - Vernunft als Vermögen des Vernehmens - ebenso sein, wie weltgestaltendes, welterzeugendes, aktives Prinzip. Es kann darüber hinaus Vermögen des Ganzen und damit des Göttlichen im Sinne von Teilhabe am Göttlichen

---

63 Zum Folgenden: H. A. KORFF, Geist der Goethezeit, 2 Teile, [10]1977; H. NICOLAI, Goethe und Jacobi, Stuttgart 1965; K. HAMMACHER, Die Philosophie Friedrich Heinrich Jacobis, München 1965, bes. 49-95; K. HOMANN, F. H. Jacobis Philosophie der Freiheit, Freiburg-München 1973, bes. 140-149; H. TIMM, Gott und die Freiheit. Studien zur Religionsphilosophie der Goethezeit, I, Frankfurt/M. 1974.
64 H. TIMM, a. a. O., 176.
65 Ebd., 173 (ff); 176.

ebenso sein wie Teil (Ausfluß) desselben. Hier also scheiden sich die Geister; und Jacobi ist einer der ersten, die die Konfrontation um der Sache willen suchen.

Ein Zweites wird in diesem Lebensgefühl der "Sturm und Drang"-Mentalität aktuell: Die unmittelbar erfahrene Ganzheit wird r e l i g i ö s gedeutet. Damit ist die Bewegung zutiefst religiös; ein säkularisiertes Totalitätsbewußtsein, wie es in der linkshegelianischen Bewegung Platz greift, ist hier noch undenkbar. Die Tradition lebt ungebrochen fort, in welcher auch die Philosophie am göttlichen Ursprung von Welt und Mensch, am ständigen Durchdrungensein alles Seienden von göttlicher Fülle festhält. Doch entwickelt sich diese Religiosität zu einem Protest gegen das Christentum. Der eine, einzige, allmächtige und allgegenwärtige, aber dennoch in seiner Gottheit von Mensch, Natur, Welt ferne Gott, der - um der Welt nahe zu sein, sie zu retten - seinen Sohn dorthin schickt: dieser Gott wird als fremd, unnahbar, als nicht wirklicher Helfer empfunden; er wird als Vorstellung abstrakt-unterkühlter (Verstandes-) Orthodoxie abgelehnt. Das konkrete Empfinden, die Lebendigkeit der Erfahrung des Genies verlangt nach einem lebendigen, nahen, erlebbaren Gott; Gott muß so nah sein, wie er in der bergenden Natur schützend erfahren wird, wie er im gottbegeisterten Nächsten lebt und wirkt, wie ihn die Welt überall symbolisiert. Kurz: Gott ist alles, und umgekehrt: Alles ist Gott. Was die kirchlich-orthodoxe Lehre immer als schwärmerisch und pantheistisch empfunden hat, das ist im eigenen Selbstverständnis ein Protest gegen zu wenig Frömmigkeit, wie sie das kirchliche Christentum an den Tag legt.

Goethes Vorbild

Wiederum ist Goethe exemplarisch für alle Vertreter. Sein W e r t h e r durchlebt die Höhe und Tiefe der "Maßlosigkeit des universal fühlenden Ichs"; er erlebt den Zwiespalt zwischen geahnter und gewollter Empfindung und realer beengter Wirklichkeit, in der er leben muß; und er zerbricht daran, genauer: er durchbricht die Schranken, um zu dieser ersehnten Freiheit zu gelangen. So ist Gott im Ganzen von Welt und Natur höchste Erfüllung und Beglückung, aber neben der Geborgenheit wird auch tiefste Begrenzung erfahren: "Mußte denn das so sein, daß das, was des Menschen Glückseligkeit macht, wieder die Quelle seines Elends würde?" Die Konsequenz heißt: "Ich möchte mir eine Ader öffnen, die mir die Freiheit schaffte" (66). Werther ist das reine Muster des so empfindenden Menschen.

F a u s t durchlebt die "religiöse Odyssee der Generation" (67) in gleicher Weise. Die Szene in der Studierstube ist exemplarisch für sein Lebens-

---

66 J.W. GOETHE, Die Leiden des jungen Werther: Werke (Hamburger Ausgabe), VI, 51 f.; 71; s.a. H. TIMM, a.a.O., 176-178.
67 H. TIMM, a.a.O., 175.

gefühl: Alle Wissenschaft hat ihm nicht bringen können, wonach er dürstet; so beschwört er den Erdgeist, der sich kurzfristig bannen läßt. Fausts Beglückung ist groß: "Bin ich ein Gott, mir wird so licht!" Doch der Geist verschwindet: "Du gleichst dem Geist, den du begreifst, nicht mir". Die unaussprechliche Nichtigkeitserfahrung, die sich einstellt, läßt Faust nach der Giftphiole greifen; sie würde dem Entsetzen nicht nur ein Ende machen, sie würde auch das bessere Ganze der heilen Welt eröffnen: "Vermesse dich, die Pforten aufzureißen, vor denen jeder gern vorüberschleicht! Hier ist es Zeit, durch Taten zu beweisen, daß Manneswürde nicht der Götterhöhe weicht". Nicht Feigheit hindert ihn, sondern christliches Ostergeläute. Doch ist dies nicht die in aller Wissenschaft vermißte und nun endlich im konkreten Leben gefundene Wahrheit, die das Christentum bringt. Vielmehr bringt Ostern die Erinnerung an die ungetrübte Reinheit und Fülle von Fausts Religiosität der Kinderzeit. Das Christentum ist mit seiner Botschaft, seinen Symbolen ein Bild, das die Empfindung des religiösen Genies auszudrücken vermag, ein unzureichendes Bild freilich: "Die Botschaft hör' ich wohl, allein mir fehlt der Glaube". Es ist ferner unzureichend, weil es durch das verkündigte stellvertretende Leiden des Gotteslammes den religiös empfindenden Menschen davon dispensiert, Gottbegegnung ganz konkret und voll (im Selbstauslöschen) zu realisieren. So ist das Christentum nicht letzter religiöser Vollzug. Aber es erhält den Menschen dieser Erde und sichert ihr durch seine Taten den nötigen Fortschritt; Faust durcheilt fortan die Welt, um ihre Höhen und Tiefen auszumessen. Im Grunde - das scheint anerkannt - schafft das Christentum die Anerkennung der Realität der Welt, so wie sie ist, vermag aber ihre letzte religiöse Tiefe nicht auszuloten.

Eine dritte Symbolfigur des Lebensgefühls der "Genicreligion" ist P r o m e t h e u s. Er vertritt den Protest des aufgeklärten, emanzipierten Genies, das die Einsicht gewonnen hat: Eine Umschreibung des religiösen Gegenstandes als personalen Gottes sei Einschränkung, Begrenzung der umfassenden Fülle des Göttlichen einerseits, wie auch Ausschließung des Anteils des Menschen an diesem göttlichen Einen und Ganzen. Die Unterscheidung Gottes von Welt und Mensch richtet Schranken auf, die Religion ihrem Wesen nach nicht hat; sie vermenschlicht das Göttliche. Sie schreibt ihm andererseits in der Form der allmächtigen Person Züge des Autoritären zu, kraft derer dann Gott Forderungen an die Menschen stellt, die von Religion nicht gewollt sind, die eher ein der Religion fremdes Verhältnis von Herr und Knecht statuieren - nicht zufällig ist (der wiederum von Goethe exemplarisch vorgeführte) Prometheus die Symbolfigur von K a r l   M a r x, der Religion unter den Stichworten Ausbeutung, Entfremdung, Opium kritisiert (68).

---

68 Vgl. Goethes Gedicht "Prometheus"; dazu H. TIMM, a.a.O., 178; H.A. KORFF, a.a.O., II, 27. Ferner: K. MARX, Dissertation, Vorrede: Werke, hrsg. v. H.J. LIEBER - P. FURTH, I, Darmstadt 1975, 21 f.

Die Geniereligion ist ein vielschichtes Gebilde; die hier skizzierten Ableitungen mögen knapp, die Gründe für dieses Lebensgefühl differenzierter sein als hier dargestellt. Die Grundzüge des Protests gegen die religiöse Tradition, soweit sie Religion in konkreten Bekenntnissen verpflichtend vorschreibt, der Anerkennung des Christentums als e i n e r unter vielen möglichen religiösen Ausdrucksformen und schließlich die pantheisierende Beschreibung des Gott-Mensch-Welt-Verhältnisses als $\overset{\text{\textasciigrave}}{\varepsilon}\nu\,\kappa\alpha\acute{\iota}\,\pi\bar{\alpha}\nu$ sind durchgehende Momente ebenso wie die Problematik des Menschen, der - zu sich selbst gekommen - an der Größe seiner Gottesbeziehung zerbricht, weil seine Endlichkeit ihn an letzter Gemeinsamkeit (Identität) mit dem göttlichen Ganzen hindert.

An dieser Stelle ist darauf zu verweisen, daß J a c o b i in seinen Romanen diesen Zwiespalt ebenso thematisiert wie Goethe und andere: Allwill und Woldemar sind ähnlich zerrissene Typen wie Werther und Faust; Jacobi ist ebenso ein Suchender, der nicht ungefragt und unangefochten der religiösen Tradition vertraut. Und dennoch enden Allwill und Woldemar anders als Werther. Ihre Integration in das Ganze, die sie ersehnen, die ebenfalls im Namen der menschlichen Freiheit erfolgt und die religiöser Vollzug ist - diese Integration erfolgt nicht im Sprengen der Grenzen des Menschlichen, sondern in der Einordnung: Rechtes Menschsein, rechter Vollzug des Religiösen in mir und um mich ist Eins-Sein durch Eins-Werden mit dem, was im Menschen wahr ist. Die Texte in "Allwill" und "Woldemar" sind eindeutig; ihr Resümee lautet: "Der Eingang ins Allerheiligste ist im Menschen selbst, oder nirgend" (69). In der Interpretation durch H. T i m m heißt das: "Die vermeinte Unmittelbarkeit des Gefühls ist eine Verblendung. ... In Wahrheit ist das eine Flucht vor sich selbst. Der Mensch steht nicht in der Alleinheit mit Gott, der Welt und sich. Er ist nicht identisch, nicht versöhnt. Das sind Glaubensgehalte, ohne deren Transzendenz alles Reden von Gott, Freiheit und Persönlichkeit zum frommen Selbstbetrug entartet" (70). So kann H. Timm zu Recht resümieren, "Werther" habe "den ersten Heilsmythos des Pantheismus der Freiheit geschaffen", während "'Allwill' dessen erster Entmythologisierer gewesen" sei. Denn Jacobi sei der philosophisch Orientierteste unter den Vertretern des "Sturm und Drang" gewesen. Sein Versuch, das Lebensgefühl metaphysisch zu erfassen, habe ihn zu dessen Überwindung geführt (71).

---

69 Jacobi an Herder, 30.6.1784: WW III, 491.
70 H. TIMM, a.a.O., 179.
71 Ebd., 176; 184; vgl. K. HOMANN, a.a.O., 82 f.

Jacobi als metaphysischer Überwinder der Geniereligion

Der Versuch, das Lebensgefühl des Genietums metaphysisch zu erfassen, bestand für Jacobi in der Konfrontation desselben mit seinen philosophischen Forschungen. Seit der Zeit der Genfer Privat-Studienjahre (1759-1763) hat ihn diese Liebe zur Philosophie nicht mehr losgelassen. Sie veranlaßt ihn nicht nur, mit allen philosophischen Strömungen seiner Zeit befaßt und im Gespräch zu sein; sie lehrt ihn auch - wenngleich in sehr beschränktem Ausmaß -, die Tradition kennenzulernen. Mit diesem Wissen unternimmt er es, die Gegenwart zu erfassen, zu verstehen, aber auch zu beurteilen. So verfällt die schwärmerische Haltung der All-Einheit von Gott, Natur und Mensch in der Konfrontation mit den philosophischen Aussagen der Tradition über Freiheit und Gewissen dem Verdikt: Montaigne (auf den er durch die Genfer Freunde Rousseaus und die französischen Enzyklopädisten aufmerksam gemacht wird), Platon, Aristoteles treten in den Romanen als der Freunde Kronzeugen gegen Allwill und Woldemar auf; sie vertreten philosophisch, was ihn seine christliche Überzeugung lehrt. Und diese Lehrtradition ebenso wie die eigene Überzeugung stehen gegen den Universalanspruch des Genietums; der absolute Freiheitsanspruch dieses Lebensgefühls hätte nur ein Recht, wenn er durch die All-Einheit von Gott, Welt und Mensch getragen wäre. Doch läßt sich eine solche für Jacobi nicht als berechtigt erweisen. Dem innerlich bejahten Lebensgefühl muß daher von der sittlichen Pflicht der Person her seine Schranke gewiesen werden.

Der philosophische Berechtigungsnachweis, von dem sich die Sturm-und-Drang-Generation dispensierte, mußte für Jacobi in dem Aufweis bestehen, inwieweit Gott in diesem Lebensgefühl anwesend war und in welcher Form diese Anwesenheit beweisbar schien. Die religiöse Dimension der Bewegung ist unbestritten. Für Jacobi fragte es sich nur, ob Gott als die innere Kraft von Mensch (menschlichen Fähigkeiten) und Natur zu verstehen oder als der transmundane Schöpfer und Partner des Menschen zu sehen sei. Es mußte also den Versuchen, Gott zu beweisen, besondere Aufmerksamkeit geschenkt werden. Seit Jacobis Rückkehr aus Genf sah er auch die deutsche geistig rege Öffentlichkeit mit dieser Frage befaßt: Die Berliner Akademie stellte als Preisaufgabe das Thema "Über die Evidenz in metaphysischen Wissenschaften". Die preisgekrönte Arbeit von Moses Mendelssohn griff den ontologischen Gottesbeweis auf. In der Neuformulierung durch René Descartes war dieses Argumentum der gebildeten Welt präsent; Leibniz hatte ihm zu neuer Anerkennung verholfen. - Jacobi konnte der Argumentation Mendelssohns nicht folgen; zu wenig schien ihm dabei Gottes Selbstsein und Einzigkeit gewahrt; zu sehr schien es ihm ein Erzeugnis des menschlichen Geistes. So machte er sich daran, die historische Entwicklung dieses Argumentes zu erforschen. In den autobiographischen Notizen über seinen wissenschaftlichen Werdegang in "David Hume über den Glauben oder Idealismus und Realismus. Ein Gespräch" (1787) berichtet Jacobi davon: "Ich griff ohne weiteres die

Sache an, indem ich, nach meiner Gewohnheit, rastlos den historischen Faden verfolgte. Und hier ist die Epoche meiner näheren Bekanntschaft mit den Schriften des Spinoza" (72).

Diese Entdeckung wird für Jacobi geradezu schicksalhaft. B a r u c h S p i n o z a, der holländische Philosoph des 17. Jahrhunderts (1632-1677), wird für ihn zum philosophischen Repräsentanten der All-Einheit, der seine Zeit noch unreflektiert huldigt. Descartes war der Überzeugung, Gottes sicherer sein zu können als des eigenen Ichs, des ohnehin Sichersten, dessen Gewißheit aus dem Denkvermögen resultiert. Die Gottesidee als idea innata eines vollkommensten Wesens zwingt uns die Annahme der realen Existenz Gottes notwendig auf und stellt uns auch Gottes Eigenschaften als bewiesen vor Augen. Diese Sicherheit ist more geometrico vollzogen (73).

Jacobi "hatte in Leibnitz (!) gelesen, daß der Spinozismus d e r ü b e r t r i e b e n e C a r t e s i a n i s m u s s e y" (74). Aus Spinozas "Principia Philosophiae Cartesii", deren Studium sich Jacobi widmet, gewinnt er die Bestätigung für die Überinterpretation Descartes' durch Spinoza ("... ich erinnerte mich aus den angehängten Cogitatis Metaphysicis, was für eine von der Cartesianischen ganz verschiedene Anwendung der Beweis vom Daseyn Gottes aus dem Begriffe dort erhielt"). Das Studium der "Ethik" Spinozas, die nur knapp zwei Jahrzehnte vorher in deutscher Übersetzung erschienen war (75), bringt ihm Klarheit: "Hier stralte mir der Cartesianische Beweis in seinem vollen Licht entgegen; nämlich für welchen Gott er gelte, und für welchen durchaus nicht" (76). Bei Spinoza schien Jacobi die Gottunmittelbarkeit des Zeitgeistes philosophisch auf

---

72 F. H. JACOBI, WW II, 187.
73 Vgl. R. DESCARTES, Meditationes de prima philosophia, III, Hamburg 1959, 61-97; s. a. U. DIERSE, Art. Gott, VIII, 2: HWphG, hrsg. v. J. RITTER, III, Basel - Darmstadt 1974, 759 f. ; 763 f.
74 F. H. JACOBI, WW II, 187.
75 CH. WOLFF hatte im 2. Teil seiner "Theologia naturalis", Frankfurt - Leipzig 1737, §§ 671-716, die Philosophie des Spinoza kritisiert und damit maßgebend das Spinoza-Bild des frühen 18. Jahrhunderts geprägt. Der Text: H. SCHOLZ (Hrsg.), Die Hauptschriften zum Pantheismusstreit zwischen Jacobi und Mendelssohn, Berlin 1916, XLIII-LIX. - Diese Kritik wurde von J. L. SCHMIDT (einem offensichtlich nur angeblichen Wolffianer) zusammen mit Spinozas "Ethik" ins Deutsche übersetzt, damit Spinoza als endgültig widerlegt vor den deutschsprachigen Lesern gelten konnte, wie Schmidt vorgibt: B. v. S. Sittenlehre, widerlegt von dem berühmten Weltweisen unserer Zeit Herrn Christian Wolf, Frankfurt - Leipzig 1744 (S. a. H. TIMM, a. a. O. , 162). - Auf diese Ausgabe stützt Jacobi sein Spinoza-Studium.
76 F. H. JACOBI, WW II, 187 f.

den Begriff gebracht; die Überzeugung, Gott in sich zu haben, wird in
Spinozas Gottesbegriff theoretisch begründet: Nur weil Gott identisch mit
Welt und Mensch, weil die Welt in den Dimensionen des Denkens und der
Ausdehnung Gott ist, ist Gott beweisbar; nur so ist das Lebensgefühl des
ἕν καὶ πᾶν auch theoretisch begründbar. Spinoza wird damit zum Begründer des Fühlens und Denkens der Zeit. - Es wird von da an Jacobis
Bestreben nachzuweisen, daß es das Wesen des Idealismus ausmache,
das Lebensgefühl der All-Einheit auf den Begriff zu bringen, theoretisch
abzusichern und die geschichtliche Kontinuität von Descartes/Spinoza bis
zu Fichte und Schelling nachzuweisen. - In dieser Hinsicht ist Jacobis
gesamter philosophischer Diskurs zu sehen; er macht den Streit mit Schelling ebenso verständlich wie die Kontroversen vorher. Doch das erste
Mal bricht er offen aus in den Kontroversen mit Lessing, Mendelssohn,
Herder und Goethe, die unter dem Stichwort "Pantheismus-Streit" in die
Philosophiegeschichte eingegangen sind.

Das Gespräch mit Lessing über den Spinozismus: Anlaß, Wirkung

Der Anlaß zu diesem "Pantheismus-Streit" ist eigenartig und ungewöhnlich, aber nichtsdestoweniger typisch für Jacobis Beharren auf Prinzipien
und für seinen Wahrheitsfanatismus. G. E. Lessing (1729-1781) hatte
auf "Allwill" und "Woldemar" - im Unterschied zu Goethe, dem der "tugendhaft-empfindsame Geruch" des "Woldemar" unerträglich war - positiv
reagiert; er hatte zuerst durch Zwischenträger freundliche Botschaften
überbringen lassen und schließlich im Mai 1779 ein Exemplar seines
"Nathan" mit freundlicher Widmung übersandt: "Der Verfasser des Nathan
möchte dem Verfasser des Woldemar die unterrichtende und gefühlvolle
Stunde, die ihm dieser gemacht hat, gern vergelten" (77). Jacobi, erfreut
über das Lob von Seiten des verehrten Mannes, nützte die Gelegenheit,
sich in seiner Antwort nach Wolfenbüttel bei Lessing einzuladen. "... die
Begierde, näher mit ihm bekannt zu werden, hatte sich erst seit seinen
theologischen Streitigkeiten, und nachdem ich die Parabel gelesen hatte,
lebhafter in mir geregt", schreibt Jacobi später an M. Mendelssohn;
und an Lessing heißt es: "Ich sehne mich unaussprechlich nach jenen
Tagen; auch darum, weil ich die Geister einiger Seher in Ihnen beschwören und zur Sprache bringen möchte, die mir nicht genug antworten" (78).
Hier ist ein Verdacht angedeutet, den Jacobi in seiner gradlinigen Art
bei Lessing selbst verifizieren oder falsifizieren möchte - und der sich
dann offenbar in jenem denkwürdigen Gespräch des 6. Juli 1780 bewahrheitete, jedenfalls in Jacobis Augen bewahrheitete; Jacobi faßte es in den

---

77 Friedrich Heinrich Jacobis auserlesener Briefwechsel, hrsg.
F. ROTH, I, Leipzig 1825, 284 f. Zum Folgenden s. a.: Die Hauptschriften zum Pantheismusstreit, a. a. O., LIX-LXIII.
78 F. H. JACOBI, WW IV 1, 50; 51 Anm.

lapidaren Satz zusammen: "daß Lessing in seinen letzten Tagen ein entschiedener Spinozist war" (79).

Jacobi knüpft das Gespräch mit Lessing bezeichnenderweise dort an, wo der "Sturm und Drang" eine seiner Symbolfiguren gesehen hatte: Er reichte seinem Gastgeber das damals noch unveröffentlichte (und erst durch Jacobi in der ersten Auflage der Spinoza-Briefe 1785 wider Goethes Wissen und Willen publizierte) Gedicht "Prometheus": "Sie haben so manches Aergerniß gegeben, so mögen Sie auch wohl einmal eines nehmen ..." Dieser Goethesche Protest gegen die Personifikation Gottes, die - dem altgriechischen Vorbild nachgezeichnet - Leidenschaften, Anmaßung, Bevorzugung oder Benachteiligung der Menschen zum Ausdruck bringt, wenn Gott anthropomorph als Person(en) beschrieben wird, beinhaltet mehr: Er ist Ausdruck des religiösen Befreiungserlebnisses "aus den Fesseln autoritärer Gottgläubigkeit", die im Grunde nur ohnmächtige Wunschträume projiziert und Gott zu einem Wesen der Bedürfnisse ("Opfersteuern und Gebetshauch") degradiert. Prometheus ist auch Ausdruck der Gottebenbildlichkeit des schaffenden Geistes, ein gottgleich Leben schaffender Künstler, der in der Kraft Gottes Göttliches schafft und sich daher nicht unter autoritative Zwänge eines extramundanen Willkürgottes der theistischen Tradition unterordnen kann und will (80).

Jacobi testet also, ob dieser Geist der Geniereligion in Lessing lebt. Nicht nur die "Parabel", die im Anschluß an die Veröffentlichung der "Fragmente" den sog. "Fragmentenstreit" insbesondere mit dem Hauptpastor J.M. G o e z e auslöste; besonders die "Erziehung des Menschengeschlechts" und hier der § 73 mit seiner Theorie von der transzendentalen Einheit des Gottesbewußtseins hatten ihn auf diese Vermutung gebracht (81).

Jacobis Erwartung, Lessing könnte ausweichend antworten ("Sie überraschten mich, ... daß Sie mir es gleich so blank und baar hinlegen würden. Ich war großen Theils in der Absicht gekommen, von Ihnen Hülfe gegen den Spinoza zu erhalten"), bestätigte sich nicht; Lessing bekannte offen: "Der Gesichtspunct, aus welchem das Gedicht genommen ist, das ist mein eigener Gesichtspunct ... Die orthodoxen Begriffe von der Gott-

---

79 Ebd., 40 Anm.
80 Vgl. H. TIMM, a.a.O., 189.
81 G. E. LESSING, Eine Parabel: Ges. Werke, hrsg. v. P. RILLA, VIII, Berlin 1956, 151-162; Axiomata: ebd., 164-200; Über Johann Melchior Goeze: ebd., 201; Anti-Goeze: ebd., 202-253; 377-406; Von Duldung der Deisten: a.a.O., VII, Berlin 1956, 651-671; Ein Mehreres aus den Papieren des Ungenannten, die Offenbarung betreffend: ebd., 672-853; Von dem Zwecke Jesu und seiner Jünger: a.a.O., VIII, 254-376; Die Erziehung des Menschengeschlechts: ebd., 590-615.

heit sind nicht mehr für mich; ich kann sie nicht genießen. Εν και παν
Ich weiß nichts anders. Dahin geht auch dieses Gedicht; und ich muß bekennen, es gefällt mir sehr". Das Gespräch fährt fort: "Ich: Da wären
Sie ja mit Spinoza ziemlich einverstanden. Lessing: Wenn ich mich nach
jemand nennen soll, so weiß ich keinen andern. Ich: Spinoza ist mir gut
genug: aber doch ein schlechtes Heil, das wir in seinem Namen finden!
Lessing: Ja! Wenn Sie wollen! ... Wissen Sie etwas besseres? ..." (82)

Damit beginnt eine Auseinandersetzung, in deren Verlauf die unterschiedliche Beurteilung Spinozas ebenso eine Rolle spielt wie der Versuch, der Frage nach Gott und dem Verständnis seiner Nähe und Ferne, der Möglichkeit, ihn durch Denken zu erfassen, gerecht zu werden. Jacobi bestimmt die Philosophie Spinozas nach Inhalt und Form als die einzig mögliche Form von Philosophie und will an ihren Konsequenzen die schlimmen Folgen für jeden Versuch, Gott zu denken, aufweisen. Lessing hingegen beansprucht aus Spinoza nur die Intention, die dem Gottverständnis neu gerecht zu werden vermöge; er will auch keine Gotteserfahrung zulassen, die auf die Möglichkeit und Bedeutung des Denkens verzichtet. Die unterschiedlichen Standpunkte werden normgebend für die nachfolgende Beschäftigung mit der Gottesfrage. Damit wurde dieses Streitgespräch in der von Jacobi überlieferten Form - unabhängig von der Frage, ob es als ganzes historisch ist und ob die Verquickung von Prometheus-Thema und Spinoza so unmittelbar gestellt war (83) - zu einem entscheidenden Ereignis der neuzeitlichen Philosophiegeschichte.

Jacobis Spinoza-Briefe - der genaue Titel lautet: Ueber die Lehre des Spinoza, in Briefen an Herrn Moses Mendelssohn. Δος μοι που στω
- haben dann auch in der ersten publizierten Fassung ungeheueres Aufsehen erregt; das Buch hat Epoche gemacht. Jacobis Name ist von da an der philosophischen Öffentlichkeit bekannt. Dabei scheint die Vorgeschichte dieser Veröffentlichung für Jacobi höchstens ein willkommener Anlaß gewesen zu sein, ein Werk in die Tat umzusetzen, das er ohnedies vorhatte: Eine erste Veröffentlichung über Spinoza Mitte der sechziger Jahre hatte keinen Verleger gefunden (84).

---

82 F. H. JACOBI, WW IV 1, 54; das Zitat vorher: 55.
83 Die Historizität wurde von den Zeitgenossen nur selten in Frage gestellt, nur einige Freunde Lessings zweifelten; doch REIMARUS, HERDER und selbst MENDELSSOHN hielten die Wiedergabe für echt. Vgl. die Belege: Hauptschriften zum Pantheismusstreit, a. a. O., LXIII. Die schroffe Verbindung von Prometheus-Problem und Spinozismus wurde noch von H. SCHOLZ, ebd., als Problem gesehen. Doch eingehende Forschungen über die geistige Situation der Zeit (u. a. H. A. KORFF, a. a. O.; O. WALZEL, Das Prometheussymbol von Shaftesbury zu Goethe, München ²1932) haben die Auffassung bestätigt, daß beide Themen damals zusammengesehen wurden. S. a. H. TIMM, a. a. O., 190.
84 Vgl. F. H. JACOBI, WW II, 188 f.

Die Möglichkeit, das Thema anhand der Auseinandersetzung mit dem inzwischen verstorbenen Lessing (+1781) zu behandeln, sicherte mehr Aufmerksamkeit. Die Gelegenheit bot sich, als Jacobi über E l i s e R e i m a r u s erfuhr, daß M. Mendelssohn seinem verewigten Freunde ein literarisches Denkmal setzen wolle, in welchem Lessings Charakter und Schriften der Wahrheit gemäß vorgestellt werden sollten ("Denn ... auch unseres besten Freundes Name soll bey der Nachwelt nicht mehr und nicht weniger glänzen, als er es verdient") (85).

Jacobi ließ Mendelssohn eine erste Nachricht von Lessings "Spinozismus" zukommen und konnte so sicher sein, dessen Aufmerksamkeit zu finden. Seit dem Herbst 1783 korrespondierte er mit Mendelssohn über das Thema. Im Sommer 1785 entschloß er sich, mit dieser Korrespondenz an die Öffentlichkeit zu treten; dabei bewog ihn die Furcht, eine von Mendelssohn für den Herbst angekündigte Arbeit über den Pantheismus könnte seinen - Jacobis - Part in der Kontroverse nicht in der gebührenden Weise darstellen und er könnte in die Rolle eines Advocatus diaboli gedrängt werden. So publizierte er innerhalb kürzester Zeit die Korrespondenz mit Beilagen, historischen Erläuterungen und zusätzlichen Darstellungen (86).

Diese Erstlingsschrift war also für die Begründung von Jacobis Ruf entscheidend. In ihr hat er aber auch die für s e i n e Philosophie maßgebenden Erkenntnisse erstmals niedergeschrieben und ist ihnen in ungewöhnlicher Hartnäckigkeit zeitlebens treu geblieben. Insofern ist dieses Werk auch für die Beurteilung der Schelling-Kontroverse bedeutsam. - Zu ihrer Zeit provozierten die Spinoza-Briefe trotz ihrer formalen Probleme (87) engagierte Reaktionen. Jacobi konnte nur der Zustimmung seiner Freunde H a m a n n und L a v a t e r sicher sein (88); K a n t versuchte - offenbar mit Spinozas Philosophie wenig vertraut - ausweichend zu antworten, nachdem er sowohl von dem tief betroffenen Mendelssohn als auch von Jacobi zur Stellungnahme gebeten worden war; aufgrund seiner Philosophie konnte

---

85 A. a. O., IV 1, 45.
86 Zur Vorgeschichte der Publikation: ebd., 37-40; 214-216; 226 f.; IV 2, 171-183.
87 H. TIMM referiert darüber: "Dies Buch - wenn man es überhaupt so nennen will - ist eine 'fast monströse Geburt ... der Kopf von Goethe, der Leib Spinoza und die Füße Lavater ... ein seltenes Gemisch' (zit. nach: Mendelssohn an Kant, 16.10.1785: Kant X, 414). Überhäuft mit Katenen von Zitaten aus Lessing, Hemsterhuis, Leibniz, Hamann, Herder, Claudius - ein wahres Kompendium aller Grundgedanken der 'Kraft- und Wunderpartei', wie sie in Berlin genannt wurde. Mit Goethe-Gedichten ('Das Göttliche' und 'Prometheus') begann und mit Homilien des sprichwörtlichen 'Schwärmers' Lavater endete Jacobi". (a. a. O. 185). - S. a. Hauptschriften zum Pantheismusstreit, a. a. O., LXXV f.
88 Hauptschriften zum Pantheismusstreit, a. a. O., CXIX-CXXII; CXXII bis CXXV.

er sich weder mit Mendelssohns metaphysischen Versuchen, Gott rational zu beweisen, noch mit Jacobis These von Offenbarung und Glauben als alleinigem Zugang zur Gotteserkenntnis identifizieren (89). Dafür waren die Reaktionen der Parteigänger Mendelssohns und Lessings um so stärker: Die Anhänger Mendelssohns, wie er der rationalistischen Philosophie der Wolff-Schule zugehörig - besonders N i c o l a i und die Zeitschriften "Berlinische Monatsschrift" und "Allgemeine Deutsche Bibliothek" -, vermuteten in Jacobi einen Parteigänger der Sturm-und-Drang-Richtung und versuchten, Jacobi als bisher philosophisch Unbekannten zu desavouieren ("Im metaphysischen Fache hatte ich nie etwas von ihm gesehen") (90). Sie spürten, daß mit dieser Schrift, ähnlich wie mit Kants "Kritik der reinen Vernunft" (1781) der Rationalismus der Aufklärung in Frage gestellt war. Sie verkannten allerdings, daß Jacobi nicht eigentlich Mendelssohn zum Gesprächspartner haben wollte (91), sondern seine Freunde in Weimar: Goethe, Herder, die Wortführer des Sturm-und-Drang, deren ins Grundsätzliche erhobenes Lebensgefühl seiner (theistischen) Grundüberzeugung widersprach.

Die Auseinandersetzung ließ sich also anhand des - offenbar nicht fingierten - Gesprächs mit Lessing führen. Mendelssohn ging es bei seinen Voten nicht um Darstellung seiner eigenen Philosophie - diese war bekannt genug und galt ihm als so gesichert, daß er keine Rechtfertigung beabsichtigte. Ihm ging es um die Rechtfertigung Lessings, dessen Andenken der Nachwelt rein bewahrt werden sollte. Mendelssohn sah in Lessing offensichtlich einen Parteigänger der neuen rationalen Theologie gegen die traditionelle Orthodoxie, wie das besonders im "Fragmentenstreit" und im Streit mit dem Hauptpastor Goeze deutlich zu werden schien: Lessing, als Anhänger der Aufklärung bekannt, hatte immer versucht, die Wahrheiten der Religion radikal zu d u r c h d e n k e n . Goeze als Gegner und die Berliner Freunde glaubten, in Lessings Eintreten für Vernunft gegen die erstarrten Formen der Tradition eine Reduzierung des Christentums auf die Grundelemente von Religion im Sinne des Deismus und eine Beseitigung der göttlichen Offenbarung zu sehen. Doch Lessings Anliegen geht tiefer: Er unternimmt ernstlich den Versuch, die Möglichkeit einer vernunftgemäßen Durchdringung auch der sog. "strengen Offenbarungswahrheiten" zu leisten; der von Jacobi besonders verdächtigte § 73 der "Erziehungsschrift" ebenso wie einige andere Publikationen zur Gottes- und Trinitätsfrage zeigen diese letzte Radikalität Lessings, die über die typisch rationalistischen Versuche der Zeitgenossen - R. S c h w a r z

---

89 Ebd., CIX-CXIX.
90 Ebd., LXXXI-LXXXV; s.a. H. TIMM, a.a.O., 185 f.
91 "Mit ihm verhandelte er nur die historisch-philologische Frage bezüglich des Lessingschen Spinozismus", wie H. TIMM, a.a.O., 186, zu Recht betont.

erwähnt besonders S. J. Baumgarten - hinausreichen (92). Jacobi unterstellt solchen Versuchen Spinozismus; die Begründung wird noch zu untersuchen sein. Er entdeckt auch mit Recht als einer der ersten hier einen Zusammenhang mit dem späteren Versuch Schellings, dessen Anliegen mit dem Lessings identisch ist: dem Versuch, alle Möglichkeiten auszuschöpfen, um über Gott nicht nur per viam negationis - durch Ausschluß anthropomorpher Elemente - nachzudenken, sondern um das Geheimnis positiv mit der Vernunft aufzulösen, "Gott zu denken". - Jacobi hat hier richtige Zusammenhänge entdeckt; er hat auch - etwa anhand von Lessings Schrift "Durch Spinoza ist Leibniz nur auf die Spur der vorherbestimmten Harmonie gekommen" (93) - vermuten können, daß Lessing mit Spinoza vertraut sei.

Mendelssohn wollte diese Vertrautheit jedoch nicht mit den Konsequenzen mißverstanden wissen, die man gemeinhin damals mit Spinoza verband: Seit J. G. Wachters Rückführung von Spinozas Philosophie auf die mittelalterliche Kabbala (94), seit P. Bayles Aussage vom "athée de système" (95) und besonders seit Ch. Wolffs Kritik (96) galt Spinozas Philosophie als akosmisch, fatalistisch und atheistisch. "Ja sie ist gewissermaßen noch schädlicher, als die Gottesleugnung", denn er dichtet einen Gott, der vom wahren Gott ganz unterschieden ist, von höchster Weisheit und Freiheit. Dieses Pauschalurteil der Zeit, von Wolff vertreten, differenziert Mendelssohn: Er sieht in Spinozas Werk selbst Unterschiede vom "Tractatus Theologico - Politicus" zu den "Principia Philosophiae Cartesianae"; er hält die von L. Mayer erstveröffentlichten Werke, insbesondere die "Ethik" für schlecht ediert; er beansprucht für Spinoza bessere als die genannten Interpretationen. Vor allem aber geht er davon

---

92 Vgl. etwa G. E. LESSING, Ges. Werke VIII, Berlin 1956, 608 bis 609 - 615; Das Christentum der Vernunft (1753): a. a. O., VII, 197-200; Über den Beweis des Geistes und der Kraft (1777): a. a. O., VIII, 9-16; Des Andreas Wissowatius Einwürfe wider die Dreieinigkeit (1773): a. a. O., VII, 489-535. S. a. R. SCHWARZ, Lessings "Spinozismus": ZThK 65 (1968) 271-290, bes. 283 (Lit.).
93 A. a. O., VII, 307-309.
94 J. G. WACHTER, Der Spinozismus im Jüdentumb, oder die von dem heutigen Jüdentumb und dessen Geheimen Kabbala Vergötterte Welt, o. O., 1699. Vgl. H. TIMM, a. a. O., 156-159.
95 Dictionaire historique et critique, Paris 2^1702.
Vgl. N. ALTWICKER, Spinoza. Tendenzen der Spinoza-Rezeption und -kritik: Texte zur Geschichte des Spinozismus, hrsg. v. N. ALTWICKER, Darmstadt 1971, 24 f.
96 CH. WOLFF, Theologia naturalis, Frankfurt - Leipzig 1737, §§ 671 bis 716, zit. nach: Hauptschriften zum Pantheismusstreit, a. a. O., XLIII - LIX, bes. LVII - LIX. Das folgende Zitat: LVIII.

aus, daß Lessing in Spinoza Elemente entdeckt habe, die über die herrschende Philosophie hinausreichende Weiterführungen des Nachdenkens über Gott ermöglichen - er will einen geläuterten Spinozismus aus Lessing herauslesen; er entwirft auch ein System solcher Weiterführungen (97). - In dieser Hinsicht hat Mendelssohns Interpretation Maßstäbe gesetzt, während Jacobis Warnungen vergeblich blieben, ja sogar ihr Gegenteil bewirkten. Doch darüber ist später zu berichten.

Zunächst hatte sich Jacobis Befürchtung nicht bewahrheitet, daß Mendelssohn seinen, Jacobis, Part in dem Disput schlecht darstellen würde - die "Morgenstunden" gehen nicht näher auf Jacobis Auslassungen gegen Lessings Spinozatreue ein. Stattdessen empfindet Mendelssohn Jacobis Berichte über Lessing schwerwiegend genug, daß er sich zu einer Verteidigung Lessings veranlaßt sieht. Diese Schrift "An die Freunde Lessings" (98) ist Mendelssohns letzte Veröffentlichung; ihre eilige Ausarbeitung zusammen mit dem Ärger über Jacobi scheinen Mendelssohns Kräfte erschöpft zu haben, so daß er an Herzversagen starb. Mendelssohns Freunde, voran K. Ph. Moritz, gaben Jacobi die Schuld an Mendelssohns frühem Tod (99), sodaß Jacobi noch 1786 antwortete. Diese Schrift "Wider Mendelssohns Beschuldigungen in dessen Schreiben an die Freunde Lessings" ist in erster Linie eine Rechtfertigung des eigenen Tuns, im Ton sehr gereizt (wie dies bei Jacobi häufig der Fall ist); sie bringt kaum Neues in die philosophische Diskussion. Erst die um "Vorbereitende Sätze über die Gebundenheit und Freyheit des Menschen" und um acht Beilagen erweiterte Neuauflage der "Spinoza-Briefe" von 1789 erweiterte und vertiefte die Sachdiskussion (100).

---

97 F. H. JACOBI, WW IV 1, 43 f.; M. MENDELSSOHN, Morgenstunden oder Vorlesungen über das Daseyn Gottes, Berlin 1785, ²1786, bes. XIII. Spinozismus - Pantheismus ...; XIV. Fortgesetzter Streit mit den Pantheisten ...; XV. Lessing - Dessen Verdienste um die Religion der Vernunft. - Seine Gedanken vom geläuterten Pantheismus, a. a. O., 211-232; 233-256; 257-283.
98 Berlin 1786. Abdruck in: Hauptschriften zum Pantheismusstreit, a. a. O., 283-325.
99 Vgl. die Berichte: Hauptschriften..., LXXVI und bei K. HOMANN, a. a. O., 29.
100 Die dritte Ausgabe umfaßt in den "Werken", Bde. IV 1 und 2, sämtliche Texte. Sie ist zusammen mit der großen Einleitung, dem "letzten Wort an die Zeitgenossen", 1819, kurz nach Jacobis Tod, erschienen. Vgl. auch K. HOMANN, a. a. O., 29; 37.

Jacobis Spinoza-Interpretation als Kriterium zur Beurteilung aller Philosophie

Jacobi interpretiert Spinoza zuerst gegenüber Lessing und dann gegenüber Mendelssohn. Die zweite Deutung unterscheidet sich von der ersten nur durch umfangreicheres Material, das als Beleg hinzugefügt wird; die Beurteilung Spinozas ist schon abgeschlossen; sie zeigt, daß Jacobis Beschäftigung mit Spinoza schon lange währt - die autobiographischen Angaben im "David Hume" sind glaubwürdig; ebenso hat die Forschung schon viel über Einzelheiten dieses langen Umgangs erhoben (101), der hier unvermittelt ins Licht der Öffentlichkeit tritt.

Dem Bekenntnis Lessings "Wenn ich mich nach jemand nennen soll, so weiß ich keinen andern" hatte Jacobi im ersten Gespräch entgegengehalten: "Spinoza ist mir gut genug: aber doch ein schlechtes Heil, das wir in seinem Namen finden!" (102) Das weitere Gespräch steht unter zwei Gemeinsamkeiten, zu denen sich Jacobi und Lessing bekennen: "Über unser Credo wollen wir uns nicht entzweien" und "Es gibt keine andere Philosophie als die des Spinoza". Dennoch bleiben die Gegensätze unüberbrückbar. Lessing will "sich alles natürlich ausgebeten haben", Jacobi glaubt "eine verständige persönliche Ursache der Welt", die "extramundane Gottheit", die den freien Willen des Menschen bewirkt. - Bestehen hier Gegensätze? Die Theologie, besonders die - vom Rationalismus (Wolff) angeregte - natürliche Theologie, kannte doch das Hereinwirken des Übernatürlichen ins Natürliche. Es scheint, als ob hierin das gemeinsame Credo zwischen Lessing und Jacobi sich erschöpfte, wonach Gott in der Welt anwesend ist. Die nähere Bestimmung dieser Anwesenheit wirft offenbar die trennenden Probleme auf. Es geht nicht nur um die unter protestantischen Christen (die sie beide waren) übliche Abneigung gegen jede Form natürlicher Theologie. Vielmehr deutet einiges darauf hin, daß das Maß der Inkarnation des Göttlichen in Welt und Mensch zwischen Jacobi einer- und Lessing und den Genossen des "Sturm und Drang" andererseits Anlaß der Kontroverse bildet. Für Jacobi bleibt Gott nur dann er selbst, wenn er frei von Welt gedacht wird; nur dann sei sein Wesentlichstes, frei auf die Welt einwirken zu können, voll anerkannt. Den anderen gilt dies wenig: Ihnen ist die Erfahrung des göttlichen Willens und der göttlichen Allwirksamkeit unverständlich, wenn sie sich nicht inkarniert. Deshalb wollen sie sich "natürlich ausgebeten haben".

Nun besteht zwischen Lessing und Jacobi Einverständnis darüber, daß in Spinozas Philosophie ein Anspruch erreicht ist, der diesem "natürlichen Sich-ausgebeten-haben" gerecht wird. In seiner Philosophie hat somit das

---

101 S. o. Anm. 72. Vgl. H. NICOLAI, Goethe und Jacobi, Stuttgart 1965, bes. 42-50; 150-177.
102 F. H. Jacobi, WW IV 1, 54. Zum Folgenden: ebd., 55-74.

Denken eine Höhe erreicht, die schwerlich zu überbieten ist - darin gehen
beide einig. Lessing kann daher nur auffordern: Da es nichts Besseres
gebe, da es keine andere Philosophie als die des Spinoza gebe, solle
Jacobi doch lieber ganz sein Freund werden; er selber - so drücken diese
Worte aus - ist es bereits geworden. Heißt dieses Freundsein schon: im
Sinn des von Jacobi so verstandenen Spinoza den welttranszendenten Gott
zu leugnen? Für Jacobi ist die Antwort eindeutig; bei Lessing ist die Antwort schwer - seine Freunde wollten sie sehr differenziert geben.

Es ist hier nötig, den Argumenten genau zu folgen. Sie werden der Philosophie je unterschiedliche Aufgaben und Vermögen zuweisen. J a c o b i
leitet - von W a c h t e r dazu veranlaßt (103) - Spinozas Philosophie von
der mittelalterlichen Kabbala ab. Entsprechend hält er die Idee des kabbalistischen E n s o p h s für den Geist des Spinozismus. Diese Grundidee
soll demnach "jeden Übergang des Unendlichen zum Endlichen; überhaupt
alle Causas transitorias, secundarias oder remotas" verwerfen; sie setzt
"an die Stelle des emanirenden nur ein immanentes Ensoph; eine innewohnende, ewig in sich unveränderliche Ursache der Welt, welche mit
allen ihren Folgen zusammengenommen - Eins und dasselbe wäre" (104).
Mit dieser Idee wird wohl ein Entstehen oder eine Schöpfung aus Nichts -
ein im Grunde unvorstellbarer Vorgang - aufgehoben und durch eine immer
und überall jeder Wirklichkeit innewohnende Ursache, einen göttlichen
(Ur-) Grund erklärt. Damit werden jedoch die Dinge durch ihren immanenten Grund als unendlich erklärt; sie sind - in Spinozas Diktion - das Unendliche, Göttliche in den Modi der Ausdehnung und des Denkens (105).
Jacobis Spinoza-Interpretation ist hier zutreffend.

Spinozas Philosophie

S p i n o z a s Anliegen ist es, Gott als den "repräsentative(n) Träger des
ganzen Seinszusammenhangs" erscheinen zu lassen (106). Es geht darum,
den Zusammenhang von Gott und Welt als innerlich-organisch zu erfassen.
Das Vermögen dazu ist das Denken; die mathematisch-logische Methode
vermag dabei diese innere Verbindung, das "System", ans Licht zu heben.
Der gedachte Seinszusammenhang erweist sich als die Realität, die eine

---

103 S. o. Anm. 94. Vgl. bes. H. TIMM, a. a. O., 156-159.
104 F. H. JACOBI, WW IV 1, 56.
105 B. SPINOZA, Ethica Ordine Geometrico demonstrata, hrsg. v.
    K. BLUMENSTOCK, Darmstadt 1967, Pars I, 86-159; dazu: K. JASPERS, Spinoza, München 1978 (aus: DERS., Die großen Philosophen,
    I, München 1957, 752-897), bes. 14-33; U. DIERSE, Art. Gott,
    VIII 3: HWph G III, hrsg. v. J. RITTER, Darmstadt - Basel 1974,
    763-767; W. SCHULZ, Der Gott der neuzeitlichen Metaphysik,
    Pfullingen [5]1974, bes. 62-69.
106 W. SCHULZ, a. a. O., 63.

einzige Realität Gottes mit der Welt ist. Das Descartessche Anliegen, in seinen beiden Gottesbeweisen dargelegt, wonach Gott als absolut vollkommenes Wesen nicht täuschen wollen kann und wonach zum Wesen der Vollkommenheit Gottes neben der gedachten auch die reale Existenz gehört, - dieses Anliegen wird nicht nur vorausgesetzt; er wird hypostasiert. Bei Descartes war das ontologische Argument erst möglich geworden, nachdem er die Gewißheit aufgewiesen hatte, "daß alles, was ich klar und deutlich als zu einer Sache gehörend erkenne, auch dieser Sache zugehört" (107). Für Spinoza ist das, was Descartes bewiesen hat, die Voraussetzung des Denkens und Beweisens überhaupt: Nur deshalb ist Denken und Beweisen möglich, weil es von Gott vorgegeben ist. Der "amor dei intellectualis" ist der menschliche Anteil an dieser Gottheit. Gott aber ist - nach der 6. Definition der Pars I - "das schlechthin unendliche Seiende, d.h. die Substanz, die aus unendlichen Attributen besteht, von denen jedes ein ewiges und unendliches Wesen ausdrückt". "Schlechthin unendlich" heißt: "zu dessen Wesen gehört Alles, was Wesen ausdrückt und keine Negation in sich schließt" (so die Erläuterung). Was aber Dasein in sich schließt, was seiner Natur nach nicht anderes als daseiend begriffen werden kann, das heißt, "Ursache seiner selbst" (1. Definition).

Damit sind zwei wesentliche Entscheidungen getroffen: "Ursache seiner selbst" heißt - analog der produktiven Kraft des Denkens - sich tatsächlich verursachen. Für die Tradition ist dieser Gedanke unvollziehbar; sie argumentiert: Um sich zu verursachen, müsse man schon vor seinem Dasein existieren, um sich hervorzubringen - das aber ist Nonsens. Der Begriff "esse a se" sei lediglich negativ, Ausschluß eines "esse ab alio"; über eine positive Selbstverursachung (Gottes) könne nicht ausgesagt werden. Anders Spinoza im Anschluß an Descartes: "Spinoza geht mit seiner Bestimmung der causa sui über die gesamte Tradition hinaus. Selbstverursachung bedeutet nicht, daß ein Wesen sich in der Zeit einmal selbst hervorbrachte, dieser Begriff sagt aber auch nicht, daß Gott auf Grund seiner Allmacht im Sein verharrt, sondern er ist vielmehr eine logisch-ontologische Bestimmung. Dieser Begriff bezeichnet die Unbedürftigkeit einer Substanz , die als das, was in sich ruht, nicht durch anderes, sondern allein durch sich selbst begreifbar ist und daher einzig und einmalig in ihrer Art, nur als 'ens absolute infinitum', das heißt als Gott zu denken ist" (108). Substanz, unendliches Wesen, Absolutheit, (durchsich-) Selbstsein sind Synonyma für das, was das Denken als Gott definiert. Der Gedanke einer positiven Selbstverursachung impliziert die Vorstellung eines sich selbst bewegenden Bewegers, eines werdenden Gottes, im Unterschied zum "unbewegten Beweger" der philosophischen (scholastischen)

---

107 R. DESCARTES, Meditationes de prima philosophia, Hamburg 1959, V, 115-129; hier zit. nach W. Schulz, a.a.O., 62. S.a. H. KÜNG, Existiert Gott?, München 1978, 23-63.
108 W. SCHULZ, a.a.O., 64.

Tradition: "Gottes Sein ist im Werden": Dieser Satz E. Jüngels (109) gilt schon für Spinozas Philosophie.

Der zweite Grundgedanke: "Schlechthin unendlich" ist definiert als "zu dessen Wesen alles gehört, was Wesen ausdrückt". Alles Seiende ist daher nur von dieser unendlichen Substanz her zu bestimmen, ist von ihr umfaßt. Die Tradition drückte das mit dem Begriff der creatio ex nihilo durch Gott aus: Alles welthafte Sein existiert nicht außer durch (anders gesagt: nur durch) Gottes Schöpferkraft. Philosophisch schien dabei das Problem unlösbar, wie sich solche welthafte Seiende zum Sein des Absoluten verhalten; es blieb die offene Frage, ob sie Substanz sind und wie ihre Substanz der Substanz Gottes zuzuordnen sei. Die Scholastik behalf sich mit den Konstruktionen der participatio und der privatio: Endliches Sein existiert in der Form der Teilhabe am göttlichen Sein; es besitzt aber durch seine Endlichkeit nicht die Fülle des Seins und des Gutseins und ist in seiner Ambivalenz in der Gefahr, zum Malum zu depravieren (109a).

Mit Spinoza beginnt eine neue Tradition, für die solche Aussagen den inneren Seinszusammenhang und damit die Wirkmacht Gottes zu gering veranschlagen. Wer das Verhältnis Gott-Welt in der Form der Teilhabe einer endlichen Substanz an der göttlichen Substanz beschreibt, der denkt den Begriff Gott nicht radikal genug; "denn er begrenzt das göttliche Sein durch ein anderes Sein, das ihm äußerlich entgegensteht. Von Spinoza her gesehen, stellt die christliche Lehre den unsinnigen Versuch dar, Gott einerseits als allmächtig anzusetzen und andererseits ihm gegenüber den Menschen als ein Wesen zu bestimmen, das bei aller Abhängigkeit doch relativ selbständig ist" (110). Damit ist der Gedanke der Allmacht Gottes aufgegeben; ebenso ist Gott in dem Gedanken seiner umfassenden Fülle (der ja als Gedanke nur möglich ist, weil ihm - nach dem ontologischen Argument - die Realität entspricht) begrenzt: Gott ist als begrenzter nicht mehr "alles". Durch die Setzung von zwei Substanzen wäre auch die Einheit des Seins nicht in letzter, Gott adäquater Weise durchgehalten. Die Lösung kann für Spinoza daher nur in der Zusammenbindung aller dieser Momente liegen: Wenn der Mensch, das welthafte Sein überhaupt nicht ohne Gott gedacht werden kann, wenn er/es keine Substanz im Sinne der eigenständigen Existenz ist, dann beweist dies, daß der Mensch nur eine Bestimmung der einen und einzigen göttlichen Substanz ist.

Das bedeutet umgekehrt, daß Gott nicht von der Welt abgesetzt gedacht werden kann. Die Welt existiert mit Gott, wenn auch nicht in seiner Identitä

---

109 Unter Verwendung des Titels: E. JÜNGEL, Gottes Sein ist im Werden, Tübingen 1977.
109a Vgl. THOMAS v. A., de ver. 22-24; ScG III; Sth I 48-49. S. a. B. WELTE, Über das Böse, Freiburg 1959; F. WOLFINGER, Leiden als theologisches Problem: Catholica 32 (1978) 250.
110 W. SCHULZ, a.a.O., 64.

denn Gott ist Substanz, die Welt kann nur eine bestimmte Art und Weise des Seins Gottes sein; die Substanz aber liegt logisch der Bestimmung der Modi voraus. "Gott ist zwar die causa der Dinge, aber diese causa ist nicht außerhalb der Dinge, sondern ihnen einwohnend (causa immanens)", interpretiert W. Schulz. - An dieser Stelle hat Spinozas Lehre von der Substanz und den Attributen ihren Platz. Gott kommen unendlich viele Attribute, d. h. Bestimmungen zu, die sein Wesen ausmachen. Die Attribute Ausdehnung und Denken sind die zentralen, weil unserem Denken allein zugänglichen. Die unendlich vielen Attribute, die unserer Erkenntnis unzugänglich sind, bedeuten Gottes Transzendenz; so können wir sagen, Gott sei unbestimmbar und unvorstellbar - Gott bleibt der "ganz Andere", der Ferne. Denken und Ausdehnung sind die Attribute, in denen Gott uns zugänglich wird; sie bilden die Immanenz Gottes (111).

Denken und Ausdehnung sind somit die Weisen, in denen Gott für uns erkennbar ist. So umfaßt die cogitatio als Attribut Gottes alle einzelnen Gedanken; diese wiederum sind die "Modi, die Gottes Natur auf gewisse und beschränkte Weise ausdrücken" (112). Die einzelnen Gedanken sind dabei nicht frei; sie sind durch den Gesamtzusammenhang, als modus des Attributs Gottes, durch Gott ebenso determiniert wie das körperliche Sein des Menschen. - Alles, was ist, ist in Gott und folgt als Modus notwendig aus der göttlichen Natur. So "ist alles durch die Notwendigkeit der göttlichen Natur bestimmt, nicht nur zu sein, sondern auch auf gewisse Weise zu sein und zu wirken" (113). In diesem Zusammenhang kann Spinoza Gott und Natur - gelegentlich - identifizieren: deus seu natura, deus natura naturans: Alles folgt "mit Notwendigkeit aus der inneren Natur und Wesensverfassung eines prinzipiirenden Seinsgrundes" - Gottes. Die Schlußfolgerung: das Universum sei Gott, ist durchaus im Sinne Spinozas interpretiert. Erkenntnis und Handlungsweise des Menschen - in ihrer Art nicht frei, sondern von Gott determiniert - sind durch das Sein in Gott in ihrem Anspruch, Endliches zu transzendieren, legitim (114). Als solche Handlungen sind die Gedanken "adäquat", d. h. sie gehen von mir aus, und ich überschaue sie in ihrer Wirkung vollständig; sie sind aus Gott und als solche vernünftig, real, frei von Willkür; sie sind auch ethisch, während uns von außen aufgezwungene Gedanken, deren Wirkung unüberschaubar ist, das Wesen des Leidens ausmachen und ethisch wertfrei sind. Die Spitze dieser Immanenz Gottes in Welt und Denken ist der "amor dei intellectualis": Er ist aus der Natur des menschlichen Geistes hervorgegangen, ist aber als solcher von Gott als der alles umgreifenden Substanz bewirkt. Unsere Liebe zu Gott als Modus unseres Geistes ist letztlich zu begreifen als von Gott, der einzigen Ursache, bewirkt: Wir lieben Gott, insofern sich

---

111 Vgl. K. JASPERS, a. a. O., 21 f.
112 B. SPINOZA, Ethik, II propos. I, a. a. O., 162 f.
113 Ebd., I, a. a. O., 130 f.
114 Vgl. N. ALTWICKER, Spinoza, a. a. O., 18 f.; U. DIERSE, Art. Gott, a. a. O., 764.

Gott selbst als das einzig Seiende in uns liebt. Anders gesagt: Unsere Liebe zu Gott ist die Liebe, mit der Gott sich selbst liebt, insofern er durch die (endliche) Wesenheit des menschlichen Geistes erklärt wird.

Das Schicksal der Philosophie Spinozas: Spinozarezeption und -Beurteilung

In diesem - insbesondere aus der "Ethik" erhobenen - System Spinozas sind die Immanenz Gottes in Welt und Mensch (richtiger: Welt und Mensch als Seinsmodi Gottes), das Fehlen von Willkürfreiheit und die Rückführung dieses geschlossenen Einheitssystems auf die mathematisch strenge Logik zentral. Die Selbständigkeit des welthaft Seienden ist aufgehoben zugunsten des allein seienden Gottes. Menschliche Eigenständigkeit - Freiheit - fehlt; der Mensch kann nur mehr von Gott her seinsgerecht und ethisch verstanden werden. "Der Mensch wird entmächtigt aus 'theologischem' Grunde um Willen (!) eines Gottes, der an ihm selbst die Notwendigkeit ist, denn auch Gott ist nicht frei im Sinne der Willkür, er folgt nur uneingeschränkt den Gesetzen seines eigenen Wesens" (115). W. Schulz vergleicht im Anschluß an diese Aussagen den Gott Spinozas mit dem von Descartes: Bei letzterem war dem Menschen in der Kraft des Denkens aufgegangen, daß diese Kraft nur begreifbar ist in der Entgegensetzung gegen Gott, demgegenüber die höchste Kraft des Denkens als Ohnmacht erscheint. Spinoza hat diese metaphysische Spannung, die für seinen Lehrmeister Descartes grundlegend war, beseitigt: "Nachdem Descartes die mathematische Methode sicherte, mußte nun ein Denker kommen, der diese Methode aufnahm und zeigte, daß Gott selbst durch diese Methode systematisch erfaßt werden kann. Es ist gerade die Größe Spinozas, diese Notwendigkeit begriffen und befolgt zu haben" (116).

Die andere metaphysische und zugleich theologische Konsequenz des Systems ist im Grunde eine Verendlichung Gottes. Es mutet wie sophistische Spitzfindigkeit an, wenn viele, unerkennbare Attribute Gottes behauptet, aber nur die erkennbaren von Denken und Ausdehnung für die Beschreibung des Wesens Gottes als ausschlaggebend verwendet werden. Gott als der ganz Andere - Spinoza hält an dieser typisch jüdischer Gottesauffassung entlehnten Haltung fest. Doch wenn Gott nur auf dem Weg des Denkens erfahrbar wird, nimmt er die Kategorien des Denkens an. Ein nur ferner Gott wäre kein Gott für die Menschen. Ein den Menschen im Denken naher Gott, in den Kategorien des Denkens ausgesagt, ist ein verendlichter Gott. Der Weg der theologia negativa, Gottes Wesen aus der Negation oder der Überhöhung menschlicher Eigenschaften zu umschreiben, ist hier verlassen. Was das Denken positiv feststellt - was Descartes insbesondere als Vermögen und Ergebnis der Denkkraft eruiert hatte, das wird positiv als Gottes Wesen vorausgesetzt. K. Jaspers' Urteil trifft

---

115 W. SCHULZ, a.a.O., 68.
116 Ebd., 68 f.

sicher ganz wesentliche Schwachstellen in Spinozas System: "Der Gott Spinozas erscheint wie ein logisches Etwas, das doch mit Mitteln gedacht wird, die die endliche Logik überschreiten (denn Spinozas Denken geht von Grundsätzen und Definitionen aus, die logisch unhaltbar sind)" (117). Das logisch Unhaltbare liegt in der Anwendung der menschlichen Logik und ihrer Grundgesetze (Satz vom Widerspruch, vom ausgeschlossenen Dritten, Kausalsatz), die nur im Bereich von Endlichkeit, von Unsächlichkeit anwendbar sind, auf den Bereich des Unendlichen, des Subjektiven und Freien. Die Konsequenz, die Jaspers konstatiert, ist nur folgerichtig: Der Gott Spinozas hat keine Geschichte und bewirkt keine Geschichte; eine solche existiert nur in der Welt der Modi; und diese Welt ist als Ganzes so ewig wie die Substanz gedacht. Die Unveränderlichkeit des Ganzen, Gottes, wird wie in den hehrsten Aussagen des Alten Testamentes gedacht. Aber eben: sie wird bloß gedacht. Spinozas Gott ist ohne Persönlichkeit; er ist ohne Bewußtsein und Selbstbewußtsein (118); er bleibt ein "geschichtlose(s), persönlichsönlichkeitslose(s), logische(s) Etwas" (119) - ein Gedachtes und damit letztlich doch Endliches. Auf Spinozas Ontologie ist weit mehr als auf Hegels Geistontologie B. Weltes Kritik anzuwenden, daß die Identität von Sein und Denken nicht in der Verschiedenheit der Modi gesehen wird. Die Ebene des Ontologischen - die Übereinstimmung des Seienden mit seinem Logos im Denken - wird zur allein seienden, Wirklichkeit schaffenden erhoben. Die ontische Sphäre, der Bereich der Rückgebundenheit des Seins in sich selbst, wird eliminiert: Nur das gilt als wirklich, was auch gedacht wird (120).

An dieser Stelle wird verständlich, wie sich gegen Spinozas Philosophie massive Kritik erhebt. Spinozas Gott ist nicht mehr der Gott, von dem Bibel, Kirche und Theologie reden. Spinozas Abgrenzung zu einem emotionalen (zürnenden, liebenden) Gott ist beabsichtigt; Gott wäre als Person mit deren Eigenschaften nicht mehr Gott; er wäre der Veränderung, der Unvollkommenheit unterworfen, wenn er in diesen - der prophetischen Verkündigungstradition angepaßten - Weisen enthropomorph gedacht wird (121). Doch Spinozas Absicht und die Art und Weise, wie er sich Gott denkerisch konstruiert, bringen ihm den Vorwurf des A t h e i s m u s ein: Von P. B a y l e über B. P a s c a l, Ch. W o l f f, J. G. W a c h t e r bis hin zu F. H. J a c o b i formiert sich die Front der Kritiker. Ch. W o l f f unternimmt es, mit den Mitteln der Logik die Voraussetzungen von Spinozas System zu

---

117 K. JASPERS, a. a. O. , 22.
118 Vgl. dazu auch: H. G. HUBBELING, Hat Spinozas Gott (Selbst) Bewußtsein?: ZphF 31 (1977) 590-597; W. G. JACOBS, Faktizität und System. Überlegungen zu Spinozas "Ethik"; ebd. , 583-589.
119 K. JASPERS, a. a. O. , 22; vgl. 16-23.
120 Vgl. B. WELTE, Auf der Spur des Ewigen, Freiburg 1965, 211 bis 218, bes. 216.
121 Vgl. U. DIERSE, a. a. O. , 764.

erschüttern; sein Versuch ist beachtlich, doch zu lehrhaft-scholastisch, um als endgültige Widerlegung zu gelten (122). P. Bayle , der Skeptiker, bezeichnet - wie bereits erwähnt - Spinozas Werk als ein atheistisches System. Doch dem Menschen Spinoza zollt er Anerkennung: er ist in seinen Augen ein "homme vertueux". Selbst Kritiker der Zeit, des Machtanspruchs der Religion, der Repression von Freiheit, sieht er das Neue, Weiterführende in Spinoza. Doch scheint ihm eine vom Denken bestimmte Aussage über Gott, die über die Erkenntnis einer unendlichen Substanz hinausreicht, als unmöglich. Aus der wunderbaren Konstruktion der Welt könne man - so Bayle - auf ein "Etre infinement sage, et infinement puissant" schließen. Doch weiter reichen die philosophischen Spekulationen nicht; "nicht die 'forces de la Raison', sondern die Gnade G.(ott)es vermag angesichts der Unbegreiflichkeit G.(ott)es weiterzuhelfen" (123).

Bayle steht mit dieser Skepsis gegen das Vermögen des Denkens, wie es Spinoza postulierte, in Analogie zu B. Pascal, der schon Descartes' Vernunftoptimismus verworfen hatte. Er hatte Vernunft und Glauben, Philosophie und Religion strikt getrennt - für einen Mathematiker ein erstaunliches Faktum; doch ergaben ihm die mathematisch-naturwissenschaftlich exakten Beweise nur einen Urheber geometrischer Wahrheiten und der exakten Weltordnung, nicht aber den lebendigen Gott, der zum Herzen spricht: Der "Gott der Philosophen" ist nicht "der Gott Abrahams, Isaaks und Jakobs". Das Denken macht wohl die Würde des Menschen aus; doch angesichts der Unbegreiflichkeit Gottes erweist es sich als dumm. So flieht Pascal in den Glauben als in die Gegenwelt zum Denken. Er bezeugt als erster Denker der Neuzeit - etwa zur gleichen Zeit, als Spinoza Gott im Denken erfassen will - den Verlust des metaphysischen Denkens. Pascal wird zum wandelnden Sinnbild dieser Abkehr von Metaphysik, die mit der falschen Methode mathematisch-logischer Beweise betrieben wird: Was er in jener Nacht des Mémorial am 23.11.1654 innegeworden war, das notiert er auf einen Zettel und näht diesen an der Innenseite seines Rockes fest, um immer an diese Wahrheit erinnert zu werden (124). - Pascals Beispiel gegenüber Descartes und Spinozas wird für Jacobi wesentlich. Er ahmt jenen gewissermaßen nach, wenn er Goethes "Prometheus", jenes Gedicht, in dem er den Protest des Denkens und Fühlens gegen den

---

122 CH. WOLFF, Theologia naturalis, Frankfurt - Leipzig 1737, §§ 671 bis 716. S. o. Anm. 96.
123 P. BAYLE, Dictionaire historique et critique, Rotterdam ³1720, 2589 f.; vgl. N. ALTWICKER, a.a.O., 24 f.; U. DIERSE, a.a.O., 766. Hier auch das Zitat.
124 B. PASCAL, Memorial: Werke, hrsg. v. L. Brunschvig, Paris 1903-1914, 13; DERS., Pensées, a.a.O., 13. Vgl. L. LAFUMA, Art. Pascal: LThK 8 (²1963) 125 f.; W. SCHULZ, a.a.O., 40 f.; U. DIERSE, a.a.O., 760 f.; H. KÜNG, Existiert Gott?, München 1978, bes. 64-118.

lebendigen, transzendenten Gott zusammengefaßt wähnt, gleichsam als negatives Mémorial ständig in seiner Brieftasche mit sich trägt (125). Und wie Pascal begegnet er dem Versuch, sich im Denken einen Gott zu erschaffen, mit der Flucht in den Glauben. - Doch davon ist später zu handeln.

Zunächst fragt es sich, wie Spinoza zu der besprochenen Hypostastierung der ontologischen Sphäre kommt. Was veranlaßt ihn zu der Festlegung: Nur das ist wirklich, was auch gedacht wird (gedacht werden kann)?

B. W e l t e beschreibt den Zusammenhang: "Die ontische Ebene begründet und ermöglicht in unserem Bereich die ontologische, aber die ontologische umfaßt die ontische und damit alles Seiende und macht es als solches erst offenbar, worin sichtbar wird, daß Sein doch im e r s t e n Ursprung G e i s t ist, da es ja je und je im G e i s t e zu sich kommt. Aber unserem Geist ist vor seinem Denken das Sein vorgesetzt" (126). Dieser letzte Grundsatz galt für D e s c a r t e s ; für ihn was das Denken ermöglicht von Gott. Das Denken des menschlichen Subjekts war ihm die über die Dinge überlegene Macht; insofern ist sie Anteil am Göttlichen. Aber wenn dieses Denken die menschliche Subjektivität denkt, erfährt es die Ohnmacht seiner selbst. Deshalb nimmt es über der als endlich erkannten Subjektivität eine nicht ausdenkbare Macht als deren Wesensgrund an. Der Zweifel ist das Vermögen der Weltüberlegenheit; er ist aber letztlich doch Zeichen der Ohnmacht. Weil ich also endlich bin und dennoch die Idee eines Unendlichen habe, muß ich die Wirklichkeit dieser Idee mir als Maß voraussetzen, an welchem ich meine Endlichkeit messe und die Unendlichkeit innewerde. Diese Unendlichkeit ist die Macht, die die Dinge nicht - wie ich - bezweifelt, sondern sie souverän setzt; sie ist Gott. Dieser Gott ist nicht mehr der Gott, von dem Thomas im Anschluß an jeden seiner "quinque viae" sprach, der identisch ist mit dem lebendigen Gott des Glaubens. Er ist die der Idee des Subjekts entsprechende höchste Wirklichkeit, die aber außerhalb meiner ist: Sie ist Transzendenz. Dazu W. S c h u l z (127): "Transzendenz heißt hier: im Denken und durch das Denken wird die Grenze des Denkens, das Undenkbare, erfahren. Die sich begreifen wollende Subjektivität begrenzt sich s e l b s t , denn sie weiß: es gibt keine Grenze des Denkens, die nicht Grenze f ü r das Denken ist, und eine Grenze für das Denken kann nur eine d u r c h das Denken gesetzte Grenze sein. Das aber besagt: d i e T r a n s z e n d e n z   i s t   d a s   d e r   e n d l i c h e n   S u b j e k t i v i t ä t   m i t   i n n e r e r   N o t w e n d i g k e i t   z u g e h ö r e n d e   A n d e r e   i h r e r   s e l b s t".

W. S c h u l z hat im gleichen Zusammenhang darauf verwiesen, daß die Bestimmung von Transzendenz in die unterschiedlichen Wandlungen vom Verständnis der eigenen Subjektivität einbezogen ist. Bei der seit Descartes

---

125 Vgl. H. TIMM, a. a. O. , 188.
126 B. WELTE, Auf den Spuren des Ewigen, a. a. O. , 216.
127 A. a. O. , 27 f. ; vgl. auch bis 30.

und Spinoza einsetzenden Philosophie, die über Fichte, Schelling bis zu
Hegel reicht (Schulz führt sie von Nikolaus von Kues bis Heidegger), ist
das Denken grundlegende Bestimmung der Subjektivität. Entsprechend
wird Gott durch das Denken bestimmt; wir können - Schulz weiterführend -
ergänzen: Es ist das an Mathematik, Geometrie und Logik einseitig orientierte Denken. Gott gilt dabei als Abbild dieser Subjektivität. Für Descartes (ebenso wie für den Cusaner) ist "dieses Abbild ... das wahre Urbild,
denn die endliche Subjektivität kann sich einzig und allein dann begreifen,
wenn sie sich an dieser von ihr abgebildeten Transzendenz als dem Urbild
bemißt". Daß Ur- und Abbild zusammengehören, versteht sich; das Umgreifende ist der ontologische Zusammenhang, die Möglichkeit, dieses
Absolute im Bild des Geistes zu denken. Doch die strenge Beachtung der
Grenze, der Ermöglichung der Subjektivität durch Gott, wird nach Descartes aufgegeben. Den neuen Weg hat Spinoza gewiesen.

Bei Spinoza wird die ontologische Differenz zwischen Sein und dem Seienden,
zwischen Gott und Welt (und Denken) in den (entscheidenden) ontologischen
Zusammenhang integriert. Spinoza fühlt sich dazu berechtigt. Denn wenn
die Dinge und Gott clare et distincte gedacht werden können, dann ist die
Ermöglichung von Gott gegeben. Soll aber denkerisch hier nicht ein Sprung
nötig sein, weil man nach Descartes ja nur negativ auf Gott rückschließt
als auf den anderen meiner Subjektivität, soll Gott vielmehr als Ermöglicher des Denkens positiv zu erfassen sein, dann muß Gott im Denken (und
in den anderen Weisen des Weltseins) als der Grund gegenwärtig sein. Was
bis dahin Ordnung des Denkens - von der Ordnung des Seins unterschieden -
war, wird nun zur Ordnung des Seins ohne jede Differenz der beiden Ordnungen. Sie wird als göttlich erklärt: Gott ist ihre Ermöglichung; genauer:
er ist als ihr Grund diese Ordnung, diese Wirklichkeit selbst. In dieser
Hinsicht wird also Gott real gedacht; er gilt als Ursprung, Anfang, Grund
und Ursache aller seiner Seinsmodi, insbesondere derer von Denken und
Welt. Und doch: Es ist immer ein gedachter, nicht der selbstmächtig sich
offenbarende Gott der Bibel und des Glaubens.

N. Altwicker verweist in seiner schon wiederholt zitierten Interpretation darauf (128), daß dem Philosophen aus Amsterdam die Problematik
dieser (gewaltsam aufgelösten) Denkdialektik nicht bewußt werden konnte.
Er ist überzeugt von der "Sachhaltigkeit und Objektbezogenheit vernunftbestimmter, rational begründeter Ideen". Wenn das so ist, wenn das Denken
der Wirklichkeit entspricht, dann ist das Denken (und die Ausdehnung) mit
seinem Urgrund "zur Einheit eines Ganzen der Wirklichkeit verbunden".
Die Ideen sind in der Seinsgestalt des Gedankens auf den Kosmos im Ganzen
bezogen; die ausgedehnten Dinge und die Gedanken hängen darin zusammen;
sie konstituieren den Kosmos. Als Formen des Bewußtseins = Gedankeseins (und als Formen des Ausgedehntseins) sind alle diese Attribute jedoch
nicht wesenhaft mit dem Kosmos, dem Sachprinzip, mit Gott identisch

---

128 A.a.O., 15-21.

gedacht - insofern scheint dem Spinoza die ontologische Differenz gewahrt. In seiner Definition von Denken und Ausdehnung als Attributen Gottes gilt ihm die Einheit des einen Ganzen der Wirklichkeit und die Verursachung dieser Einheit durch Gott besser gewahrt als in der Metaphysik vor ihm. Die Übereinstimmung von Begriff und Wirklichkeit, die Sachmäßigkeit (essentia objectiva) der Gedanken sprechen für diese innige und innerliche Einheit mit ihrem Grund. Die Restriktion des menschlichen Geistes auf Einzelnes, Endliches begründet seine Realität und Wahrheit nur dann hinreichend, "wenn sein Wissen und Sichwissen 'eine adäquate Erkenntnis der ewigen und unendlichen Wesenheit Gottes' impliziert und einreflektiert". Der einzelne Gedanke, der denkende Mensch ist Modus des göttlichen Denkens; er hat als ermöglichende Grundlage nicht die Subjektivität (die bei Fichte und Hegel später ihre relative Geltung wiederbekommt), sondern das ens realissimum. - Altwicker macht darüber hinaus aufmerksam, daß diese streng monistische Erklärung von Zusammengehörigkeit und Abhängigkeit von Gott und Welt und die darin implizierte Ablehnung von Willkürfreiheit (bei Gott und beim Menschen) als Kritik an den Gottesvorstellungen des "nominalistischen Voluntarismus" zu verstehen sind: Die großen, aber unfruchtbaren Kontroversen um Vorherbestimmung, Gnade und Freiheit, Natur und Übernatur bilden den negativen Hintergrund, gegen den Spinoza positiv einen seinsmäßig e i n e n Kosmos der Zusammengehörigkeit und Abhängigkeit von Gott und Welt betonen will, der dem Wesen Gottes und der Würde seines Gottseins gerecht wird. Das mathematisch stringente Denken bot ihm die Methode dazu.

"Geläuterter Spinozismus"?

In diesem zwar traditionskritischen, aber in der Sache einer rechten Wesensbestimmung Gottes positiven Anliegen macht Spinoza nach einem Jahrhundert des Atheismus-Vorwurfs Schule. Der junge G o e t h e hat bei seinem ersten Zusammentreffen mit J a c o b i , dem ebenfalls schon mit Spinoza befaßten, über Spinoza diskutiert; zunächst war besonders die ethische Wirkung Spinozas stark; der Akzent verlagert sich immer mehr auf die pantheistische Unendlichkeitssehnsucht, die Goethe im Spinoza vorgebildet wähnt. Der "Sturm und Drang" ist durch Goethe, seinen wortgewaltigsten Vertreter, im Sinne Spinozas pantheistisch geworden. Dessen Idee des All-Einen, der göttlichen Wirkkraft in allen Dingen, führt in die Naturreligiosität. Den Vertretern dieser Richtung - für H. A. K o r f f macht sie zusammen mit dem Vernunftidealismus das Wesen der deutschen K l a s s i k aus - war es dabei gleichgültig, daß Spinozas ἓν καὶ πᾶν ein denkerischer Pantheismus war; ihnen ging das All-Eine als gemeinsame Summe der spinozistischen Erkenntnis und ihrer eigenen romantisierenden Erfahrung über die Frage nach der Methode, mit der dieses Ergebnis erzielt wurde (129).

---

129 Vgl. H. NICOLAI, Goethe und Jacobi, Stuttgart 1965, bes. 42-50; 51-82; aber auch: 83-177 über die Entfremdung beider bezüglich

Es stimmt also nicht mehr, wenn Lessing im Gespräch mit Jacobi meint, die Leute redeten "doch immer von Spinoza, wie von einem todten Hunde" (130). Als Jacobi mit seinen Spinoza-Gesprächen und -Briefen an die Öffentlichkeit geht, vornehmlich um seine Freunde in Weimar mit den fürchterlichen Folgen des Spinozismus zu konfrontieren, erreicht er das Gegenteil: Was er als religiösen "Einheitsglauben" aus der schöpferischen Erkenntniskraft ebenso wie aus der Genialität des künstlerischen "Herzens" analysiert und als Atheismus kritisiert, das wird "von den anderen als befreiende Idee höherer Wiedervereinigung der Antagonismen ergriffen, in die die genialisch-sentimentale Aufbruchsbewegung resignierend verendet war" (131). Durch Jacobis Zusammenbinden der Geniereligion mit dem Denkmonismus spinozistischer Provenienz wird Lessing und seinen Freunden die Artverwandtheit mit Goethes Genie- und Naturphilosophie bewußt; Goethe und Herder erfahren eine theoretische Grundlage ihrer unreflexen Thesen. So wird Jacobi zum Überwinder des "Sturm und Drang", zum Anreger für die deutsche Klassik und zum - ungewollten - Förderer der nun aufbrechenden Spinozarenaissance. Ihre religiös bedeutsamste Ausfaltung erfährt diese Renaissance bei H e r d e r, dessen Schrift "Gott, einige Gespräche von J. G. Herder" (1787) - "das entscheidende Dokument in der Geschichte des klassischen Pantheismus" (132) - für die Folgezeit einschließlich Schellings von unübersehbarer Wirkung wurde.

Herders Gespräche über Gott wurden vorbereitet durch einen regen Briefwechsel mit Jacobi, der noch vor der Publikation der Korrespondenz mit Mendelssohn diese den Weimarer Freunden Goethe und Herder zur Beurteilung überließ und in einem ausführlichen Gespräch sich ihrer Zustimmung versichern wollte - ohne Erfolg freilich, wie Herder zeigt. In den "Gesprächen" ebenso wie im Briefwechsel rechtfertigt Herder zunächst den Spinoza, sodann lehnt er Jacobis Personbegriff für das Gottesverständnis ab, um daraus sein eigenes (mit Goethe abgestimmtes) Gottesbild zu zeichnen (133).

Nach Herder (und Goethe) ist Spinozas Philosophie so ethisch hochstehend, so sehr von reiner Gottesliebe durchglüht, daß Spinoza nicht Atheist, son-

---

    Spinoza. Ferner: H. TIMM, Gott und die Freiheit, a.a.O., 147-184; s.a. H.A. KORFF, Geist der Goethezeit, II, a.a.O., 11-111.
130 F.H. JACOBI, WW IV 1, 68.
131 H. TIMM, a.a.O., 186.
132 H.A. KORFF, a.a.O., II, 24.
133 Zum Folgenden: Aus Herders Nachlaß, hrsg. v. H. DÜNTZER - F.G. HERDER, II, abgedruckt in: Hauptschriften zum Pantheismusstreit, a.a.O., XC-CI; J.G. HERDER, Gott. Einige Gespräche: S W, hrsg. v. J. MÜLLER, Bd. 8, Karlsruhe 1820. Vgl. F.H. JACOBI, WW IV 2, 74-96. S. a. H.A. KORFF, a.a.O., II, 25-31; H. TIMM, a.a.O., 275-339.

dern vielmehr "theissimus, ja christianissimus" genannt werden müsse; Spinoza "beweist nicht das Dasein Gottes, das Dasein ist Gott". Das Problem Spinozas liegt nach Herder darin, daß er in Abhängigkeit von Descartes zwischen Denken und Ausdehnung unterschieden habe, so daß Gott in letzterem Attribut in die Materie hinabgezogen erscheine. Doch sei "Ausdehnung" eine rein mathematische Abstraktion, die nicht das Wesen der Natur, sondern die Bedingung ihrer Erscheinung sei. Das Wesen der Natur, der Materie ist jedoch die K r a f t. Damit ist über Spinoza hinaus, der hier - bedingt durch den unzureichenden Erkenntnisstand seiner Zeit - auf halbem Wege stehen geblieben sei, der Mittelbegriff zwischen Geist und Materie gefunden; nun könne man Spinozas Attributenlehre weglassen und sagen: Der Sinn der Philosophie heißt, "daß sich die Gottheit in unendlichen Kräften auf unendliche Weise offenbare". Gott ist so "die Urkraft aller Kräfte, die Seele aller Seelen". Welt, Mensch und Natur bilden so einen O r g a n i s m u s, in welchen sich die Macht der Gottheit gleichsam beschränkt hat, dem aber trotzdem eine innere Unendlichkeit einwohnt. Es liegt ein "Unendliches in jeder Naturkraft"; "in jedem Punkte seiner Wirkung, der für uns nur ein Punkt ist, trägt das Wesen des Ewigen seine Unendlichkeit in sich". - Hier ist ein Schlüsselbegriff erstmals genannt, der von Schelling bis zur Romantik noch maßgebend rezipiert werden wird.

In solcher Mentalität kann Herder e i n e n p e r s ö n l i c h e n, a u ß e r - w e l t l i c h e n G o t t n u r a b l e h n e n; Jacobi und das tradierte Christentum verfallen seiner Kritik. Er greift Lessings Wort aus dem Jacobi-Gespräch auf: "Die orthodoxen Begriffe der Gottheit sind nicht mehr für mich; ich kann sie nicht genießen"; er fügt hinzu: "Ich auch nicht, das müßige Wesen, das außerhalb der Welt sitzt und sich selbst beschaut, ist nicht für mich". Schon vor den "Gesprächen", in den Briefen an Jacobi scheint ihm wenig mit einem extra- oder supramundanen Gott anzufangen zu sein: Gott ist nicht die Welt, Welt ist nicht Gott, sondern seine Kraft. "Gott ist freilich außer Dir und wirkt zu, in und durch alle Geschöpfe (den extramundanen Gott kenne ich nicht); aber was soll Dir der Gott, wenn er nicht in Dir ist und Du sein Dasein auf unendlich innige Art fühlest und schmeckest und er sich selbst auch in Dir als in einem Organ seiner tausend Millionen Organe genießet! Du willt (!) Gott in Menschengestalt, als einen Freund, der an Dich denkt. Bedenke, daß er alsdann auch menschlich, d. i. eingeschränkt an Dich denken muß, und wenn er parteiisch für Dich ist, es gegen andere sein wird. Sage also, warum ist er Dir in einer Menschengestalt nötig? ..." (20. 12. 1784). Und am 6. 6. 1785: "Der reele Grund alles Denkens ist in Gott und ihm auf die höchste Weise eigen, nur keine Vorstellungsweise irgend eines Individuum". Der "liebste, beste extramundane Personalist" Jacobi ist in seinen Augen in Gefahr, Gott "anthropopathisch" zu beschreiben; ein leidenschaftlicher Gott, eine zu Person und Bewußtsein verengte Gestalt Gottes wird der Größe, Würde und Kraft Gottes nicht gerecht.

Deshalb ist Gott nicht richtig zu bestimmen, wenn man ihn ens entium nennt - das ist abstrakt. Gott ist "das allerreellste, tätigste E i n s, das allein zu sich spricht: 'Ich bin, der ich bin, und werde in allen Veränderungen meiner Erscheinung (diese beziehen sich nicht auf ihn, sondern auf die Erscheinungen untereinander) sein, was ich sein werde'. Nicht also von der Verneinung des Satzes: Ex nihilo nihil fit (134), fängt die Philosophie der wahren Entität an, sondern von dem ewigen Satze: Quidquid est, illud est". (6.2.1784). Gott und Welt sind nicht gleichzusetzen; die Welt ist "wie ein endliches Gefäß, in das sich ein unendlicher Strom ergießt, der deshalb dieses Gefäß wohl durchlaufen, aber nie von ihm erfaßt werden kann" (135).

Hier liegen folgenschwere Unterschiede zu Spinoza, die Herder wohl bewußt geworden, die er aber für seinen "geläuterten Spinozismus" als nötig erachtete: Bei Spinoza war der unendliche Gott in den Attributen Welt und Geist mit der Endlichkeit identifiziert worden; hier ist seine Unendlichkeit gewahrt: Aus dem Pantheismus ist ein Panentheismus geworden. Spinoza hat die Gesetze der Logik, insbesondere das Kausalitätsprinzip mit unerbittlicher Strenge auf Gott übertragen; absolute Notwendigkeit des Natur- und Geistesablaufs war die Folge gewesen. Hier hingegen ist dieser naturgesetzliche Fatalismus, gegen den Jacobi immer ankämpft, umgedeutet in eine geistige Notwendigkeit, die Ausdruck göttlichen Wollens, göttlicher Liebe ist. Die bei Spinoza noch vorhandene materialistische Welt- und Gottesvorstellung ist hier transformiert zu einer positiven Theosophie. Welt, Natur realisiert in einem Prozeß die Kraft Gottes; aber der Fatalismus der kausalen Notwendigkeit ist durchbrochen. Damit wandelt sich der denkerische Pantheismus zu einem der Freiheit, in welchem das Genie, die Kunst, das Gemüt einen Platz haben, der bei Spinoza keinen Raum hatte.

In ähnlich wohlwollender Form interpretiert M. Mendelssohn die Sympathieäußerungen Lessings für Spinoza (136). Spinozas System gilt ihm nach wie vor - im Anschluß an Ch. Wolff - als falsch und atheistisch. Doch Lessings Intention ging auf Vermittlung der genuin religiösen Anliegen mit denen Spinozas. Die Frage der Denkbarkeit Gottes ("Muß zum Gedanken Gottes noch etwas hinzukommen, wenn er außer Gott würklich werden soll?") und die Frage nach dem Verhältnis Gottes zur Welt sind die Grundfragen, denen Spinoza in zu subtiler Art nachgeht. Doch ist die Freiheit bei ihm letztlich gewahrt; denn es gibt bei Spinoza den Willen in der Form, daß in der Erkenntnis des Guten ein Gedanke vor dem anderen den Vorzug erhält. Und zur Frage des Denkens Gottes: "Ich, Mensch, Gedanke der Gottheit, werde nie aufhören, ein Gedanke der Gottheit zu bleiben, und werde in dieser unendlichen Folge von Zeiten glückseelig oder elend seyn,

---

134 Vgl. F.H. JACOBI, WW IV 1, 56.
135 H.A. KORFF, a.a.O., II, 28.
136 Zum Folgenden: Morgenstunden, Abschnitte XIII, XIV, XV: Hauptschriften zum Pantheismusstreit, a.a.O., 3-44; An die Freunde Lessings: ebd., 291-325.

je nachdem ich ihn, meinen Denker, mehr oder weniger erkenne, mehr oder weniger liebe; je nachdem ich mich bestrebe, ... dieser Quelle meines Daseyns ähnlich zu werden, und seine übrigen Gedanken zu lieben, wie mich selbst" (137). Mendelssohn ist überzeugt, daß Lessing in diesem wohlwollenden Sinn Spinoza interpretieren wollte und sieht darin Moral und Religion - entgegen Jacobis Vorwurf - geborgen. "... so unterscheidet sich ... diese Schule von unserem System blos in seiner Subtilität, die niemals praktisch werden kann ...". Für Mendelssohn verwendet Spinoza bloß Bilder, die im Grunde nichts anderes besagen als das, was in der rationalen Vernunftbegründung von Religion und Moral ausgesprochen worden ist.

Unter diesen Umständen ist es nicht verwunderlich, daß Mendelssohn Jacobis Spinoza-Interpretation nicht folgen konnte. Wo sich die Erklärung Spinozas auf einfache, einsichtige Vernunftgründe reduziere, da brauche man so spitzfindige Deutungen nicht, die noch unverständlicher seien als Spinoza selbst. "Sie treiben mich also in einem Zirkel herum, aus welchem ich mich nicht finden kann"; denn einmal werde die Substanzialität in das unendlich Eine verlegt, so daß das Endliche, Mannigfache als akzidentell erscheine; dann wieder soll die Substanzialität in der Empirie liegen und die Transzendenz nur ein rationales Einheitsdenken sein. - Mendelssohn hat offensichtlich Spinoza vereinfacht und verkürzt verstanden; seine auf rationale Einsicht reduzierte Interpretation hat bei den Zeitgenossen nur insoweit Eindruck hinterlassen, als sie seiner Denkrichtung zugehörten - etwa Nicolai, die Autoren der "Allgemeinen Deutschen Bibliothek" u.a. Den Weimarern, Kant, Fichte war die Problematik wohl bewußt. Doch übernahmen sie gern von Mendelssohn den Begriff des "verfeinerten", "geläuterten Spinozismus", um ihre Spinoza-Interpretation und -Rezeption damit zu bezeichnen.

Jacobis Beharren auf pantheistischer Deutung

Als Jacobi Mendelssohn "im Zirkel herumtrieb", war das ganz im Sinne Jacobis. Er blieb trotz aller Vermittlungsversuche bei seiner Interpretation und den Konsequenzen, die sich für ihn aus Spinoza ergaben. Für ihn war klar, daß das System eine Zirkularstruktur hat, aus der man nicht heraustreten kann, ohne seine Geschlossenheit zu durchbrechen. Das Wesen des Systems liegt darin, daß es ein "logisches Bestimmungsverhältnis des Ganzen zu seinen Teilen, des implizit Einen zu seiner expliziten Allheit" (138) ist. Wenn philosophiert, wenn gedacht, wenn Kunst produziert wird, wenn das Genie empfindet - immer ist die Logik des Denksystems zugrundegelegt. Damit ist immer Totalität gesetzt; ein Übergang des Unendlichen zum Endlichen, zeitlicher Anfang, Kreatürlichkeit sind verworfen - und dennoch ist das System nicht das Gottes, sondern das des Denkens. Diese

---

137 Ebd., 28; s.a. 21; 39.
138 H. TIMM, a.a.O., 187.

Folgen sind in Spinoza grundgelegt; und sie werden in allen sog. geläuterten Formen beibehalten, weil man aus dem System nicht ausbrechen kann. Das ist der Sinn des Wortes vom "immanenten Ensoph", das bereits vorgestellt wurde: "Der Gott des Spinoza ist das lautere Principium der Wirklichkeit in allem Wirklichen, des Seyns in allem Daseyn" (139).

Jacobi formuliert seine Kritik mehrmals, oft in den gleichen Worten: Nach dem Gespräch mit Lessing, über das er Mendelssohn berichtet (140), wiederholt er seine Kritik gegenüber Mendelssohn mehrmals (141) und schließlich gegenüber der publizistischen Öffentlichkeit im 2. Band der Ausgabe in einigen Beilagen (142).

Der Tenor ist gleichbleibend: Die den Dingen innewohnende unendliche Ursache vergöttlicht die Welt und das Denken; sie läßt den christlichen Begriff der Schöpfung nicht mehr zu, wonach Endliches besteht; ein realer und denkbarer Übergang von endlich zu unendlich wird geleugnet. Damit wird die Realität der Wirklichkeit verfälscht (143), wird eine Scheinwelt vorgetäuscht.

Doch auch das Bild Gottes wird gegenüber der Tradition entstellt. Der Ausspruch Spinozas, um Gottes Größe willen ihn nicht in Aussageweisen menschlichen Denkens fassen zu können, entwürdigt ihn letztlich. Gott hat als immanente unendliche Ursache der Dinge explizit weder Verstand noch Willen. Denn er kann als solche Immanenz der Dinge keinen Gegenstand des Denkens und Wollens haben; das Vermögen, einen Begriff vor dem Begriff oder als Ursache aller Begriffe (wie noch bei Descartes) hervorzubringen, wird hier "ungereimtes Zeug" ebenso wie ein Wille, der das Wollen bewirken und sich selbst völlig bestimmen könnte. Gott als unpersönliche Weltursache kann letztlich die höchsten Vermögen der Welt nicht umfassend erklären; er ist letztlich kein selbständiges Gegenüber zur Welt. "Das Denken ist nicht die Quelle der Substanz; sondern die Substanz ist die Quelle des Denkens. Also muß vor dem Denken etwas Nichtdenkendes als das Erste angenommen werden..." (144).

Ein anderer Gedankengang behandelt das Verhältnis endlich - unendlich. Das Denken geht davon aus, daß allem Werden ein Sein vorausgeht, das nicht geworden ist. Das Ewige, Unendliche hätte als Beharrendes im Wandel nie ein Werden hervorgebracht. Bei Spinoza und in jeder Philosophie, die sich an ihn anlehnt, ist das Wandelbare, Endliche im Ewigen, Unwandel-

---

139 F.H. JACOBI, WW IV 1, 56; 87.
140 Ebd., 51-74.
141 So z.B. WW IV 1, 86-88; im Brief an HEMSTERHUIS, den er Mendelssohn zustellt: ebd., (123 -) 139-162; 172-205; 216-223.
142 Nach vielen Vorerörterungen über G. BRUNO u.a. bes. WW IV 2, 88-96; 97-115.
143 A.a.O., IV 1, 56; 60; 87 f.; 128-145; 172-205.
144 A.a.O., IV 1, 67; s.a. 57; 180 f.; 183 f. u.ö.

baren, "und wer ein Beginnen des Endlichen annimmt, der nimmt ein Entstehen aus dem Nichts an". Wenn etwas außerhalb des spinozistischen Gottes wäre, wäre es ein gottgleiches selbständiges Wesen, oder es wäre aus Nichts geschaffen. In Spinozas System ist dies - was der Schöpfungstheologie selbstverständlich ist - nicht möglich; denn wegen der Innewohnung des Unendlichen im Endlichen (und umgekehrt) müßte die produktive Kraft ebenfalls aus Nichts entstanden sein. Die Konsequenzen dieser Ableitung heißen wieder: Vergöttlichung der Welt, Verendlichung Gottes, Herabwürdigung ins Unterpersonale, Leugnung von Vernunft und Willensfreiheit in Gott. Jeder "Begriff eines jeden Körpers, oder einzelnen Dinges, es sey was es wolle, muß das unendliche Wesen Gottes in sich fassen, vollständig und vollkommen" (145). Die Konsequenz heißt: Der Vorwurf der Ungereimtheit, des Fatalismus und Atheismus, der Konstruktion der Wirklichkeit statt "Daseinsenthüllung" des wahren Verhältnisses Gottes zu Welt und Denken ist gerechtfertigt: "Jeder Weg der Demonstration geht in den Fatalismus aus" (146).

Ebenso problematisch wird auch das Wesen des Menschen beschrieben. Die Aussagen über Vernunft und Willensfreiheit Gottes gelten auch für den Menschen. Auch bei ihm ist es in Spinozas System ungereimt, selbständige Vernunft, Eigenbestimmung anzunehmen. Denn in der unendlichen Reihe von Ursachen und Wirkungen kann es keine wirklich einzelnen Gedanken, keine einzelne Bestimmung geben; jede vermeintliche Einzelheit ist Modus der Allheit. "Im Grunde ... ist, was wir Folge oder Dauer nennen, bloßer Wahn ...". "Wenn es lauter wirkende und keine Endursachen giebt, so hat das denkende Vermögen in der ganzen Natur bloß das Zusehen; sein einziges Geschäft ist, den Mechanismus der wirkenden Kräfte zu begleiten". Kunst, Erfindung, jede menschliche Leistung, die dieses Prädikat verdient, sind im Letzten Wahnvorstellungen. "In allen diesen Fällen ist im Grunde das, was uns bewegt, ein Etwas, das von allem dem nichts weiß, und das, in so fern, von Empfindung und Gedanke schlechterdings entblößt ist. Diese aber, Empfindung und Gedanke, sind nur Begriffe von Ausdehnung, Bewegung, Graden der Geschwindigkeit, u. s. w." (147) - Der Darstellung dieser Problematik ist in großer Ausführlichkeit der Brief an Hemsterhuis gewidmet (148).

Die Konsequenzen heißen auch hier: Keine menschliche Vernunft, keine Freiheit der Entscheidung; statt dessen nur blind, fatalistisch wirkende Mechanik, die sich nach den naturgesetzlichen Abläufen der Geometrie vollzieht. Gerade an diesem Punkt zeigen sich für Jacobi die fatalen theologischen und anthropologischen Konsequenzen der von Spinoza inaugurierten Philosophie, die in gutem Glauben meinte, die naturwissenschaftliche Denk-

---

145 A. a. O., IV 1, 172-205. Zitate: 173; 204 f.
146 A. a. O., IV 1, 223; 216-223; IV 2, 125-144.
147 A. a. O., IV 1, 57-60. Zitate: 58; 59; 60.
148 Ebd., 123-162.

methode zur einzigen und umfassenden Erkenntnis und wissenschaftlichen Methode erklären zu müssen. Vernunft, Freiheit, wie sie wirklich sind, das Dasein so zu verstehen, wie es uns begegnet - das alles wird unmöglich. Es gibt dann keine Geschichte im recht verstandenen Sinn des Wortes, weder eine Geschichte des Menschen, der in Vernunft und Freiheit dem Dasein begegnet und es nachvollzieht, noch eine Geschichte Gottes mit den Menschen, die freie Selbsterschließung Gottes, machtvolle Führung und Fügung (Vorsehung) und freie, liebende, vernünftige Antwort des Menschen umfaßt. Statt dessen soll es nur den mechanisch ablaufenden Weltprozeß, die Kausalwirkung, die Seelen- und Geistlosigkeit geben. - Seit Jacobi mit Lessing sich darüber auseinandergesetzt und in Lessing eine Sympathie für Spinozas Philosophie, eine tiefe Skepsis gegenüber Freiheit entdeckt hat, hat er seine anfängliche Intention: Über unser Credo wollen wir uns nicht entzweien, aufgegeben. Nun stellt er resigniert fest: "Wir waren in unserer Philosophie sehr wenig auseinander, und nur im Glauben unterschieden" (149).

Grundzüge des Jacobischen Antisystems

Mit seiner heftigen Kritik an aller Spinoza-orientierten Einheitsphilosophie ist Jacobi auf die Themen Geschichte und Freiheit gestoßen - Themen, die er schon in den Romanentwürfen in den Blick gezogen hatte, die aber in der Kontroverse um Spinoza zentral wurden. In einer Zeit, die sehr ungeschichtlich dachte, die den Geist als zeit- und raumübergreifend verstand und nicht von ungefähr in den absolutheitsbetonenden transzendentalen Idealismus mündete, ist die Entdeckung epochemachend; Jacobi steht damit am Anfang einer Entwicklung, die als Gegenbewegung gegen den Idealismus die Fragen Geschichte und Freiheit thematisiert und als zentrale Inhalte von Philosophie und Theologie unwiderruflich ins Gespräch bringt. Jacobi ist einer der ersten Anreger dieser Geschichts- und Freiheitsphilosophie; er ist einer der wichtigsten Kritiker der neu etablierten Methode, das naturwissenschaftlich-logisch orientierte Denken als das allein Wirklichkeit erfassende, wissenschaftliche zu erklären. Insofern ist er gleichbedeutend mit I. Kant ein "Alleszermalmer", wie Mendelssohn den Königsberger in der Einleitung zu den "Morgenstunden" titulierte (150).

Dennoch ist Jacobi nicht in gleicher Weise wie Kant bedeutsam geworden, der mit seinem Entwurf einer Philosophie der praktischen Vernunft einen philosophisch bedeutsamen Weg über das Systemdenken hinaus wies. Fragt man nämlich nach Jacobis Vorschlag, wie Spinoza philosophisch zu überwinden sei, so verliert sich seine Antwort in Skepsis. Zu sehr hat er sich in Spinozas System hineingesteigert, zu sehr ist er von der logischen

---

149 Ebd., 81.
150 M. MENDELSSOHN, Morgenstunden, Berlin 1785, [2]1786, Vorwort S. 2.

Folgerichtigkeit und der Geschlossenheit derselben überzeugt, als daß er einen denkerisch fundierten Ausweg wüßte. So endet seine Kritik in A p o r i e . Spinoza ist ihm "gut genug"; er stimmt Lessing zu, daß es "keine andere Philosophie, als die des Spinoza" gibt. Er widerspricht auch Spinozas Anspruch nicht: "non praesumo, me optimam invenisse philosophiam, sed veram me intelligere scio"; er bewundert vielmehr "eine solche Ruhe des Geistes, einen solchen Himmel im Verstande, wie sich dieser helle reine Kopf geschaffen hatte ..." (151). Lessing konstatiert im Gespräch folgerichtig: "Auf Ehre, so müssen Sie ja, bey Ihrer Philosophie, aller Philosophie den Rücken kehren" (152). Diese Konsequenz ist überzogen; Jacobi schätzt die Philosophie und setzt sich zeitlebens mit ihr auseinander. Das Denken - später wird es Jacobi ausschließlich "Vernunft" im Gegensatz zu "Verstand" nennen - hat seine wesentliche Aufgabe darin, Dasein zu enthüllen und damit zu vernehmen, was dem Geist als Wirklichkeit begegnet (153).

So sind die gegensätzlichen Interpretationen, die H. S c h o l z in den "Hauptschriften zum Pantheismusstreit" (154) über Jacobi gibt, nicht ganz schlüssig: Danach soll Spinoza für Jacobi einerseits in die Klasse der Rationalisten gehören, die alles erklären wollen (Lessing und Mendelssohn gehören nach Jacobi ebenso dorthin); andererseits soll Jacobi bei Spinoza eine Umkehrung des natürlichen Gefälles vom Denken zu einem Sein, das durch das Denken hervorgebracht wird, feststellen: An seine Stelle trete ein Sein, das denkt. Scholz behauptet hier Ungereimtheiten, die bei Jacobi so nicht gemeint sind. Spinozas Problem - das Problem jeder monistischen Systemphilosophie - sieht Jacobi darin, daß hier Denken und Sein identisch gesetzt sind. Wenn das Denken das alles in sich schließende Sein ist, dann werden Denken und Sein voll konvertibel; dann ist das Denken das unendliche Sein, das alles hervorbringt; dann ist auch alles rational erklärbar - und doch verfehlt solches Denken die Wirklichkeit. Denn Denken ist für uns immer endliches Denken und als solches Vernehmen von Wirklichkeit. Als Vernehmen ist es mehr als nur rationales Schlußfolgern, auch mehr als Kants in den Schemata und Kategorien operierendes Vermögen zur Wirklichkeitsgestaltung (davon wird noch zu handeln sein): Es ist ganzheitliches G l a u b e n oder l e b e n d i g e r N a c h v o l l z u g dessen, was begegnet ("Leben"), nicht aber aktive Wirklichkeitssetzung.

Wenn das Denken im spinozistischen Sinn mit dem unendlichen Sein identifiziert wird, hat es letztlich das Nachsehen (155); es endet in Fatalismus. Es wird vom - wesenlos, mechanisch beschriebenen - Sein absorbiert.

---

151 F.H. JACOBI, WW IV 1, 54; 55; 69.
152 Ebd., 69.
153 Ebd., 72 u.ö.; bes. 248; 249.
154 Hauptschriften zum Pantheismusstreit, a.a.O., XVIII f., bes. Anm. 2, auch: XXVI.
155 F.H. JACOBI, WW IV 1, 59.

Besonders an Leibniz geht Jacobi im Gespräch mit Lessing auf, daß diese exklusive Einheit in dieser Aporie endet. Leibniz, so Jacobi, konnte letztlich der pantheistischen Konsequenz von der All-Einheit nur entgehen, weil er das Denken nicht zum Ganzen hypostatierte, sondern weil er lauter einzelne denkende Substanzen, die Monaden, annahm und dadurch die Vielfalt der Wirklichkeit gegen Spinoza retten konnte: "Wären keine Monaden, so hätte Spinoza recht" (156).

Die Grenze des Denkens ist für Jacobi also dort erreicht, wo es den ihm zugänglichen Bereich der rein weltimmanenten Erkenntnis und Gestaltung übergreifen will; reines Denken hat mit der Kraft seiner Naturgesetzlichkeit nur hier seinen Ort. Wo es auf übergreifende Sinnzusammenhänge ausgeht, wo die Transzendenz in den Bereich der Erkenntnis tritt, dort gilt die Alternative: mit der Philosophie Gott denken und damit die Wirklichkeit verfehlen oder die Grenze des (immer bewußtseinsimmanent bleibenden) Denkens überspringen und glauben, daß die uns begegnende Wirklichkeit so ist, wie sie uns durch die Sinne vermittelt begegnet. "Ich liebe den Spinoza, weil er, mehr als irgend ein andrer Philosoph, zu der vollkommenen Ueberzeugung mich geleitet hat, daß sich gewisse Dinge nicht entwickeln lassen: vor denen man darum die Augen nicht zudrücken, sondern sie nehmen muß, wie man sie findet. Ich habe keinen Begriff, der mir inniger als der von den Endursachen wäre; keine lebendigere Ueberzeugung, als, daß ich thue was ich denke; anstatt, daß ich nur denken sollte was ich thue. Freilich muß ich dabey eine Quelle des Denkens und des Handelns annehmen, die mir durchaus unerklärlich bleibt. Will ich aber schlechterdings erklären, so muß ich auf den zweyten Satz gerathen (der Satz vorher: "anstatt... thue", d. Vf.), den, in seinem ganzen Umfange betrachtet, und auf einzelne Fälle angewandt, kaum ein menschlicher Verstand ertragen kann". "Wer nicht erklären will was unbegreiflich ist, sondern nur die Grenze wissen wo es anfängt, und nur erkennen, daß es da ist: von dem glaube ich, daß er den mehresten Raum für ächte menschliche Wahrheit in sich ausgewinne" (157). Mit dieser Einstellung, die eine Skepsis gegenüber dem Optimismus der Zeit, nicht eine Skepsis gegenüber einer Erkenntnismöglichkeit der Transzendenz ist, gelangt man nach Jacobi in das Licht, das Spinoza erreichen wollte; er hatte die "Erkenntnis der obersten Gattung" leisten wollen und hatte sie der "Erkenntnis der untern Gattung" geopfert, das "Auge der Seele" verschlossen, "um desto unzerstreuter mit den Augen nur des Leibes zu betrachten" (158).

Schon im Gespräch mit Lessing fallen die zwei entscheidenden Begriffe, mit denen Jacobi fortan bis zuletzt seine "Unphilosophie" charakterisiert: "... Nach meinem Urtheil ist das größte Verdienst des Forschers, Daseyn zu enthüllen, und zu offenbaren... Erklärung ist ihm Mittel,

---

156 Ebd., 63-68; IV 2, 97-116. Zitat: ebd., 100.
157 A.a.O., IV 1, 70; 71.
158 Ebd., 72; 73.

Weg zum Ziele, nächster - niemals letzter Zweck. Sein letzter Zweck ist, was sich nicht erklären läßt: das Unauflösliche, Unmittelbare, Einfache". - Er weiß, daß er mit diesem Lösungsvorschlag aus der Bewußtseinsimmanenz des Denkens herausgetreten ist. So nennt er sein Unternehmen einen Sprung, der, weil er eben das Gewohnte verläßt, gefährlich ist: "Ich helfe mir durch einen S a l t o   m o r t a l e aus der Sache" (159).

In drei umfangreichen Darstellungen versucht Jacobi näher zu umschreiben, was er in der Kritik an Spinoza und Lessing thesenhaft angerissen, aber nicht wirklich philosophisch stringent herausanalysiert hatte. Was dabei herauskommt, sind wiederum nur Umschreibungen, keine präzisen Begriffsbestimmungen, wie sie etwa Spinoza oder Kant auszeichnen, die daher so ansprechend auf die Zeitgenossen wirkten. Einerseits mangelt es Jacobi an der nötigen sprachlichen Gewandtheit, die ihm wie den Genannten oder wie Goethe das ungeteilte Interesse gesichert hätte. Andererseits war das, was er zu vertreten hatte (und was er mit ungebrochenem Selbstbewußtsein auch zeitlebens vertrat in der Gewißheit, daß es Wahrheit sei und daß sich die Wahrheit durchsetzen werde (160), so neu, daß es in den gängigen Begriffen gar nicht zu fassen war. In der deskriptiven Art seiner Philosophie beginnt alles das, was der rationalistischen Begriffsphilosophie zuwiderläuft oder - von einem anderen Standpunkt aus geurteilt - vorausliegt: Lebensphilosophie, Phänomenologie.

Kehren wir zurück zur Darstellung, die das Gesagte belegt: M e n d e l s s o h n , ganz von der rationalistischen Grundeinstellung durchdrungen, kann mit Jacobis Skepsis, mit seinem Sprung in den Glauben nichts anfangen: Zweifeln, ob es etwas gibt, das über aller Denkbarkeit liegt, ist für ihn unvorstellbar. "Eine Frage, die ich nicht begreife, kann ich auch nicht beantworten; ist für mich so gut, als keine Frage. Es ist mir niemals eingefallen, auf meine eigenen Schultern steigen zu wollen, um freyere Aussichten zu haben". Er führt Jacobis Anliegen auf dessen Religion zurück, die ihm die Pflicht auferlegt, Zweifel durch Glauben niederzuschlagen, während seine eigene Religion keine Verpflichtung kennt, "dergleichen Zweifel anders als durch Vernunftgründe zu heben ... Ich habe also einen Grund mehr, Ueberzeugung zu suchen" (161). Jacobi erwidert darauf mit jenen bekannten und grundlegenden Worten, die ein halbes Jahrhundert später den Tübinger J o h a n n e s   E v .   K u h n zum Entwurf eines eigenen Erkenntnissystems anregen: "Lieber Mendelssohn, wir alle werden im Glauben geboren, und müssen im Glauben bleiben, wie wir alle in Gesellschaft geboren werden, und in Gesellschaft bleiben müssen. Wie können wir nach Gewißheit streben, wenn uns Gewißheit nicht zum voraus schon bekannt ist; und wie kann sie uns bekannt seyn, anders als durch etwas, das wir mit Gewißheit schon erkennen? Dieses führt zu dem Be-

---

159 1. Zitat: ebd., 72; 2. Zitat: ebd., 59; 74. Vgl. auch: ebd., 109; 110. - Die Hervorhebungen stammen vom Vf.
160 Ebd., 246.
161 Ebd., 110; 115 f.

griffe einer unmittelbaren Gewißheit, welche nicht allein keiner Beweise bedarf, sondern schlechterdings alle Beweise ausschließt, und einzig und allein die mit dem vorgestellten Dinge übereinstimmende Vorstellung selbst ist, (also ihren Grund in sich selbst hat). Die Ueberzeugung durch Beweise ist eine Gewißheit aus der zweiten Hand, beruht auf Vergleichung, und kann nie recht sicher und vollkommen seyn. Wenn nun Jedes **Fürwahrhalten**, welches nicht aus Vernunftgründen entspringt, Glaube ist, so muß die Ueberzeugung aus Vernunftgründen selbst aus dem Glauben kommen, und ihre Kraft von ihm allein empfangen (in der 2. Auflage erläutert er in der Anmerkung: Aus der bloßen Autorität der Vernunft, womit sie das Princip setzt.)" (162).

Die unmittelbare Gewißheit, der Glaube ist also die mit dem vorgestellten Ding übereinstimmende Vorstellung. Das heißt erkenntnistheoretisch gesprochen: Die Wirklichkeitserfahrung ist unmittelbar, wie sie uns in den Sinnen begegnet, ohne daß das - später präzisierte - Vermögen der Vernunft des Ablaufs des Denkens und seiner Gesetze (im Sinne der Descartes-Spinoza-Tradition) oder der Verstandesarbeit (im Sinne der Kategorien Kants) bedarf. Wirklichkeit wird unmittelbar erfahren; und sie ist so, wie sie vernommen wird, unverfälscht, wahr. Es ist dabei gleichgültig, ob es sich um Selbstgewißheit oder um die Gewißheit empirischer Wirklichkeit oder um die Erfahrung der (transzendenten) "ewigen Wahrheiten" handelt; Jacobi nennt sie in jedem Fall "eine wahrhafte, wunderbare Offenbarung", eine "Offenbarung der Natur, welche nicht allein befiehlt, sondern alle und jede (!) Menschen zwingt zu glauben" (163).

Für **Descartes** war nur die Selbstgewißheit unmittelbar; die Gewißheit anderer Wirklichkeit war nur im Analogieschluß nach dem Selbstbewußtsein des "Cogito, ergo sum" möglich. Ähnlich ist die Überzeugung, die seit **Kant** in der Philosophie, besonders bei **Fichte**, **Hegel**, **Kuhn** u. a. lebendig bleibt: Die Unmittelbarkeit der Erkenntnisgewißheit bedarf der Sicherung durch das Denken, durch Analogieschluß, kategoriale Vergleichung, durch einen Rezeptionsprozeß, der das von außen Begegnende zu einem Besitz des eigenen Erkennens, des Bewußtseins macht. Jacobi begegnet - von den Folgen des Monismus Spinozas schockiert - allen derartigen Versuchen mit Skepsis; er wird daher auch später - gegenüber **Kant**, **Fichte** und besonders **Schelling** - sehr heftig polemisieren. Denn wo die Unmittelbarkeit der Begegnung, der (später sogenannte Vernunft-) Glaube nicht als einzige und allein wahre Erkenntnisform akzeptiert wird, dort wird die Wirklichkeit nicht akzeptiert, wie sie ist, sondern

---

162 Ebd., 210 f. Vgl. J. E. KUHN, Jacobi und die Philosophie seiner Zeit, Mainz 1834; DERS., Einleitung in die katholische Dogmatik, Tübingen 1846; DERS., Die dogmatische Lehre von der Erkenntnis, den Eigenschaften und der Einheit Gottes, Tübingen ^{2}1862 (Dazu: F. WOLFINGER Der Glaube nach Johann Evangelist von Kuhn, Göttingen 1972.)

163 F. H. JACOBI, WW IV 1, 211.

nach eigenen Vorstellungen (um)gedeutet. Mit geradezu naiver Unbekümmertheit hält er an seiner (grundsätzlich richtigen, aber der denkenden Weitervermittlung bedürftigen) Einsicht von der Unmittelbarkeit, Einfachheit und Wahrheit der ersten Erkenntnis fest - ähnliche Erkenntnislehren ließen sich anfangs des 20. Jahrhunderts bei M. Schelers Phänomenologie und bei M. Bubers Dialogphilosophie vergleichen; zu Jacobis Zeit jedenfalls war der Konflikt mit den anderen Entwürfen unvermeidlich.

Jacobi glaubt sich auch gegen das Christentum absetzen zu müssen; denn diese Religion hat nicht unmittelbar die ewigen Wahrheiten zum Inhalt, sondern "die endliche zufällige Natur des Menschen". Das Christentum lehrt dabei die Menschen, wie sie sich von der Erfahrung der Endlichkeit zum höheren Bewußtsein der Gottbegegnung hinaufschwingen können. Der Christen Hauptverdienst ist die Annahme der göttlichen Verheißung, während Jacobi - hier ganz Pietist und allem kirchlichen Christentum fern - in einem göttlichen Leben Gottes selbst und unmittelbar innewerden kann. "Geist meiner Religion ist also das: der Mensch wird, durch ein göttliches Leben, Gottes inne; und es giebt einen Frieden Gottes, welcher höher ist denn alle Vernunft; in ihm wohnt der Genuß und das Anschauen einer unbegreiflichen Liebe". Und weiter: "Liebe ist Leben; sie ist das Leben selbst; und nur die Art der Liebe unterscheidet jede Art lebendiger Naturen. Er, der Lebendige, kann im Lebendigen allein sich darstellen; Lebendigem sich zu erkennen geben, nur - durch erregte Liebe". Es ist dies ein Weg vom Ich zum Du und vom Du zum Ich: "... ohne Du ist das Ich unmöglich". Es ist ein Weg der praktischen Erkenntnis, die die verarmte, weil spekulativ gewordene Vernunft (hier ist Vernunft noch nicht wie später von Verstand unterschieden) nicht erfassen kann (164).

Die beiden folgenden Darstellungen umschreiben das hier skizzierte System Jacobis mit anderen Worten; sie wollen andere Gesichtspunkte seiner "Erkenntnis durch Leben", seiner Religionsphilosophie - entsprechend den Ausführungen, die unsere Überlegungen zu Jacobi eingeleitet haben - in den Blick bringen. Dabei verdienen folgende Aspekte, erwähnt zu werden:

Jacobis Gewährsleute sind B. Pascal (165) und J. C. Lavater (166). Mit ihnen sieht Jacobi Leben, Liebe, Glaube und Offenbarung nicht als Ergebnis der "Denkungsart", sondern umgekehrt diese als Resultat von Erfahrung und Geschichte. Wir können nichts a priori wissen; es muß uns aus der Erfahrung zukommen. Alles Wissen, auch alle Philosophie wächst uns aus lebendiger Geschichte zu. Die Vorstellungen sind dabei an ihrem Gegenüber (den "Gegenständen") orientiert; diese geben ihrerseits das Muster für die "Neigungen und Leidenschaften" ab, und diese

---

164 Ebd., 211-214. Die Zitate: 212 f.
165 Ebd., bes. 230 f.
166 Ebd., 251-253.

wiederum bestimmen unser Handeln. Aus dem Handeln aber - auf diesem Weg der Praxis - ergeben sich erst die menschlichen (sittlichen wie religiösen) Grundsätze und die Erkenntnis. "Die Philosophie kann (daher) ihre Materie nicht erschaffen; diese liegt immer da in gegenwärtiger oder vergangener Geschichte" (167). Erziehung, Gesetze (168) oder grundsätzlicher: Vernunft und Sprache (169) und ihre Befähigung zu Begegnung, Leben, Liebe und Erfahrung sind grundlegend im Leben des einzelnen; sie sind notwendige Hilfen (hier greift Jacobi die Anliegen seiner Romane wieder auf). Und doch vermögen sie nicht über das hinauszuführen, was sie erst ermöglicht: die lebendige Erkenntnis, die "aus dem Leben selbst erwuchs". Hier summiert sich die gesamte Menschheitserfahrung, die als ihr erstes, grundlegendes und zugleich letztes, höchstes Bedürfnis artikuliert: Gott, der Mensch und Gesellschaft trägt, der ihr Garant in allem Guten ist, dem man anheimgegeben und unterworfen ist. Es genügt nicht, sich dieser erfahrbaren und real erfahrenen Wahrheit gegenüber passiv zu verhalten; man muß sie aktiv mittragen, sie in sich wirken lassen: "Aus dem Genusse der Tugend entspringt die Idee eines Tugendhaften; aus dem Genusse der Freyheit, die Idee eines Freyen; aus dem Genusse des Lebens, die Idee eines Lebendigen; aus dem Genusse des Göttlichen, die Idee eines Gott Aehnlichen - und Gottes"; denn der Wille ist ein Funke des ewigen göttlichen Lichtes. Wer mit diesem Lichte geht, gelangt in die lichte Helle der Wahrheit, die nicht spekulative (syllogistische, mechanische) Einsicht, sondern geheimnisvoll beglückende Gewißheit der Wahrheit ist (170).

Jacobis Antwort auf die durch Spinoza erfolgte Herausforderung und sein Antisystem, das den Sprung aus dem Wissen in den Glauben fordert, ist damit abgeschlossen. Es wurde in steter Auseinandersetzung mit, in steter Abgrenzung gegen Spinoza und seine tatsächlichen oder vermuteten Gesinnungsgenossen erstellt. Und doch ist in diesem - letztlich imponierenden, weil an Erfahrung und Wahrheit orientierten - Gegenentwurf nicht eigentlich eine Widerlegung Spinozas anhand konkreter Nachweise geleistet, daß die Gesetze der Logik nicht eingehalten seien. Jacobi ist sich dessen zeitlebens bewußt; deswegen nennt er seine Lehre "Glauben", "Glaubensphilosophie", "Salto mortale". Er bekennt noch 1817 in einem Brief an R e i n h o l d , daß ihn die Geistphilosophie fasziniert, aber die Einsicht in die Wahrheit ihm keine Wahl für oder gegen s e i n System läßt. Das ist der Sinn des berühmten Wortes: "Durchaus ein Heide mit dem Verstande, mit dem ganzen Gemüte ein Christ, schwimme ich zwischen zwei Wassern, die sich mir nicht vereinigen wollen, so daß sie mich gemeinschaftlich trügen ..." (171).

---

167 Ebd., 230-239. Zitat: 236.
168 Ebd., 241.
169 A.a.O., IV 2, 131 f.
170 A.a.O., IV 1, 240-253, bes. 241 f.; 243; 248 f. parallel IV 2, 129-141; 147-159.
171 Friedrich Heinrich Jacobis auserlesener Briefwechsel, hrsg. v. F. ROTH, II, Leipzig 1827, 478 (Brief vom 8.10.1817).

Auf eine einzige Ausnahme von dieser obigen Feststellung muß hingewiesen werden, die wesentlich für Spinozas Widerlegung ebenso wie für Jacobis Rechtfertigung (und später für die Kontroverse mit Schelling) ist: In der umfangreichen und wichtigen Beilage VII der 2. Auflage (172) verweist Jacobi auf Spinozas entscheidenden Denkfehler: Er habe, von der Richtigkeit des Denkens im menschlichen Bereich überzeugt, dieses als die Kraft des Göttlichen angesehen; damit sei ihm der Fehler unterlaufen, Erfahrungsbegriffe aus ihrer Endlichkeit herauszuheben und sie zu metaphysischen Begriffen, unendlichen, ewigen Aussagen emporzuheben. Gerade dadurch wird das Endliche unendlich, Zeitlichkeit, Geschichte, Leben als ungültig erklärt und die verhängnisvolle All-Einheit konstruiert. Ausführlich und schlüssig weist Jacobi dies an der Identifizierung ("Vermischung") des Begriffes der Ursache mit dem des Grundes nach. Der Begriff der Ursache ist ein Erfahrungsbegriff, "den wir dem Bewußtseyn unserer Causalität und Passivität zu verdanken haben". Als solcher läßt er sich nicht aus dem "bloß idealistischen Begriff des Grundes herleiten", noch in diesem auflösen, weil er sonst - entgegen der damit verbundenen Erfahrung - ein bloß logisches Wesen der Spekulation erhält. - Wo dies geschieht (in großer Deutlichkeit ist hier die Ineinssetzung von Spinozismus und Idealismus ausgesprochen), dort ist die folgenschwere Lösung des Spinoza und des Idealismus nicht zu vermeiden. Sie schafft damit jedoch ein "Unding"; denn die Vorstellung von Zeitlosigkeit ist unmöglich. Menschliche Erfahrung läßt sich nicht von Endlichkeit lösen. Rechte metaphysische Einsicht muß den Überschritt vom Endlichen zum Unendlichen tun; sie muß den Übergang vom Unendlichen zum Endlichen erläutern können, wie dies etwa der Begriff der Schöpfung tut. "Auch der Idealismus, mit allen seinen Künsten, kann hier nicht aushelfen, und verschafft nur eine kurze Frist" (173).

---

172 F.H. JACOBI, WW IV 2, 125-162, bes. 140-147.
173 Ebd., 147; s.a.: ebd., 140-144; 144-147.

III. Jacobis Kritik am Idealismus Kants und Fichtes

Zusammenhänge

Anlaß, Umstände, Verlauf und Inhalt der Kontroverse Jacobis mit seinen Zeitgenossen Lessing, Mendelssohn, Goethe und Herder über die Philosophie Spinozas wurden in großer Ausführlichkeit dargestellt. Dieses Vorgehen ist in zweifacher Hinsicht gerechtfertigt: War in Jacobis Romanen das Lebensgefühl des "Sturm und Drang" beschrieben und kritisiert worden, so ist es in Spinoza-Briefen philosophisch auf den Begriff gebracht, auf die All-Einheits-Philosophie des Amsterdamer Weisen zurückgeführt und - in Jacobis Augen - widerlegt worden. Jacobis Spinoza-Briefe waren im 8. Jahrzehnt des 18. Jahrhunderts neben Kants Kritiken das große philosophische Ereignis; ihre Wirkung war unübersehbar: Für die einen galt der unchristliche Zeitgeist des Materialismus, der Naturvergötterung und der Egozentrik als widerlegt; die anderen sahen sich gerade durch Jacobi veranlaßt, sich eingehender mit Spinoza zu befassen. Mendelssohns "Morgenstunden", Herders "Gespräch über Gott" und später Schellings Naturphilosophie sind die bekanntesten Früchte dieser Anregung Jacobis, die freilich so von ihm nicht gewollt war. Dennoch: Jacobi hatte den Zeitgeist erspürt und ihm kritisch Konturen verliehen; die philosophische Diskussion nach ihm konnte daran nicht mehr vorbeikommen.

In einer zweiten Hinsicht ist die Spinoza-Kontroverse bedeutsam: In ihrem Verlauf hat Jacobi erstmals und zugleich endgültig seinen eigenen philosophischen Standpunkt gefunden. Er ist in erster Linie aus kritischer Abgrenzung erwachsen. Daß das Leben nur Sinn hat, wenn es religiös verstanden wird, das hatte Jacobi aus der gesamten Tradition erfahren; das war der Inhalt des Denkens und Wirkens seiner vielen Freunde, zu denen besonders Lavater, Hamann, Herder, Goethe, Claudius gehörten; das war auch Jacobis ureigenste, in den Romanen artikulierte Erfahrung geworden. Die Analyse von Spinozas Philosophie, deren Inhalt Gott war und die sich als Religionsphilosophie verstand, eröffnete Jacobi die Einsicht, daß das Denken als menschlicher Versuch, zu Religion zu kommen, nicht das ganze Leben erfaßt, daß die fehlende Ganzheit also nicht die Sinntotalität der Religion bieten kann, kurz: daß das Denken als - nur menschlicher - Teil der Gesamtwirklichkeit letztlich nicht den wahren Gott erfaßt. Es begrenzt die Wirklichkeit, es verengt die Erfahrung durch Abstraktion und verfehlt daher die erfahrene und gefühlte Ganzheit des wirklichen Lebens. Das Denken oder das Vermögen des Denkens - hier noch undifferenziert Vernunft und Verstand genannt - vermag, erkenntnistheoretisch gesprochen, nicht aus dem Bewußtsein herauszutreten; seit Descartes' Axiom "cogito ergo sum" gilt diese Theorie unumstritten. Für Jacobi ist sie indessen nicht positiv, sondern einschränkend: Das Denken bleibt bewußtseinsimmanent. Damit vermag es - als Filter der ins Bewußtsein getretenen Außenwirklichkeit - nicht die gesamte Wirklichkeit zu erfassen; es verkürzt und verfälscht sie. Vom Denken führt kein

Weg zur Transzendenz aller Wirklichkeit, erst recht nicht zur Transzendenz der Gegenstände der Philosophie: Gott und Freiheit. Die wissenschaftstheoretische Einsicht von der Grenze des Denkens hat so ihre metaphysische Konsequenz: Jeder Versuch, Gott zu denken, denkt Gott nach den Vorstellungen des Bewußtseins, bestimmt ihn nach dessen Kategorien. Damit wird wohl die Einheit von Gott und Denken bewahrt, aber es ist die falsche Einheit der Identität von Gott und Denken; denn Gott ist so begrenzt wie es das System des Denkens nur vermag. Gott ist, das war für Jacobi die Konsequenz der spinozistischen Philosophie, zur endlichen Materie geworden. Ähnliche spätere Versuche unterliegen der nämlichen Wertung. Damit ist der Konflikt mit Schelling ebenso programmiert wie mit den früheren Verteidigern Spinozas, den Gesprächspartnern der Spinoza-Briefe.

Es erschien nun Jacobi, als ob im Begründer der Kritischen Philosophie ein Gesprächspartner erwachse, der gleich ihm - aber beide unabhängig voneinander - dem Optimismus der Aufklärung kritisch begegnete und ihren verschiedenen Formen des Rationalismus (Wolff, Mendelssohn, Nicolai u. a.) und des klassizistischen Natur-Welt-Einheitsmonismus (Lessing, Goethe, Herder) die Falschheit ihrer Überzeugung vor Augen führte, die meinte, alles vernünftig einsichtig machen zu können. Jacobi begrüßte denn auch I. Kants Philosophie freudig. Seit der Publikation der Preisarbeiten der Berliner Akademie über "Die Evidenz in metaphysischen Wissenschaften" fühlte er sich Kant mehr verbunden als dem Preisträger Mendelssohn (174); Kants Schrift "Der einzig mögliche Beweisgrund zu einer Demonstration des Daseyns Gottes" faszinierte ihn (175). Als dann die beiden Kritiken (176) erschienen, wandelte sich Jacobis

---

174 Vgl. F.H. JACOBI, WW II, 183 f.
Mendelssohns und Kants Arbeiten wurden zuerst veröffentlicht als "Abhandlung über die Evidenz in Metaphysischen Wissenschaften, welche den von der Königlichen Akademie der Wissenschaften in Berlin auf das Jahr 1763 ausgesetzten Preis erhalten hat, von Moses Mendelssohn aus Berlin. Nebst einer Abhandlung über dieselbe Materie, welche die Akademie nächst der ersten für die beste gehalten hat. Berlin, bei Haude und Spener, Königl. und der Akademie der Wissenschaften Buchhändlern, 1764".
Kants Abhandlung neu: S. Anm. 187.
175 Vgl. F.H. JACOBI, WW II, 189-191; 192-194.
Das Werk: Der einzig mögliche Beweisgrund zu einer Demonstration des Daseyns Gottes, von M. Immanuel Kant, Königsberg 1763, ^{2}1770, ^{3}1783.
176 I. KANT, Kritik der reinen Vernunft, Riga 1781 (= KrV, A), ^{2}1787 (= KrV, B); neu: hrsg. v. R. SCHMIDT, Hamburg 1956 (PhB, 37a); DERS. , Kritik der praktischen Vernunft, Riga 1788 (= KpV), ^{2}1792; neu: hrsg. v. K. VORLÄNDER, Hamburg ^{9}1967 (PhB, 38).

Begeisterung zu stetig wachsender Kritik, die immer drastischere Formen annehmen sollte. Die erste Auseinandersetzung mit Kant erfolgt im Jahr des Erscheinens der 2. Auflage der "Kritik der reinen Vernunft" und ein Jahr vor der Erstausgabe der "Kritik der praktischen Vernunft": In der Schrift "David Hume über den Glauben, oder Idealismus und Realismus. Ein Gespräch" (1787) (177) geht er ein erstes Mal der Frage nach, ob philosophischer Realismus nur im Sinne Kants als empirischer Realismus möglich sei und der Einsicht jede Erkenntnis übersinnlicher Realitäten verborgen bleibe. Die Erörterung mündet in den Vorwurf der Inkonsequenz gegenüber Kant, der den Erkenntnisrealismus preisgegeben und sich ganz dem Idealismus verschrieben habe. Demgegenüber betont er, ausgehend von D. Humes Begriff der "faith" den Glaubens- und Unmittelbarkeitscharakter des umfassenden Realismus, der der metaphysischen Inhalte unmittelbar, ohne jede denkerische Vermittlung innewerden könne.

Dieser Gesprächsduktus wird beibehalten in der Beilage "Ueber den transzendentalen Idealismus" (178); doch ist hier der Ton viel schärfer, entschiedener, während Jacobi in seinem Brief an Kant vom 16.11.1789 in sehr devotem Ton lediglich auf die Unterschiede in seiner und Kants Auffassung von Erkenntnis verweist (179). Sehr kritisch, geradezu polemisch äußert sich Jacobi gegen Kant schließlich in der Schrift "Ueber die Unzertrennlichkeit des Begriffes der Freyheit und Vorsehung von dem Begriffe der Vernunft" (1799) (180), im Fichte-Brief (181) und schließlich in dem großen Aufsatz "Ueber das Unternehmen des Kriticismus die Vernunft zu Verstande zu bringen und der Philosophie überhaupt eine neue Absicht zu geben" (182). - Der Inhalt seiner Kritik ist in allen Publikationen ähnlich.

In gleicher Weise ergeht es Jacobi mit J. G. Fichte. Angetan von dessen Vorlesungen "Über die Bestimmung des Gelehrten" (1794/96) (183), glaubte er, in ihm einen Widerpart zu Kant zu finden, mußte aber bald, besonders nach Erscheinen des "Versuch(s) einer neuen Darstellung der Wissenschaftslehre" (1797) (184), sehen, daß Fichte einen konsequenten Idealismus ver-

---

177 F.H. JACOBI, WW II, 125-288.
178 Ebd., 291-310.
179 A.a.O., III, 525-533, bes. 526; 528-532.
180 A.a.O., II, 311-323.
181 A.a.O., III, 1-8; 9-57.
182 Ebd., 59-195 (ab S. 158 Bearbeitung von F. KÖPPEN).
183 J.G. FICHTE, Einige Vorlesungen über die Bestimmung des Gelehrten, Jena - Leipzig 1794 u.ö.: J.G. Fichte-Gesamtausgabe, hrsg.v. R. LAUTH - H. JACOB, I 3, Stuttgart-Bad Cannstadt 1966, 1-22; 23-68, bes. 28-32.
184 J.G. FICHTE, Versuch einer neuen Darstellung der Wissenschaftslehre: Philosophisches Journal, hrsg.v. J.G. FICHTE - F.I. NIETHAMMER, V, Jena - Leipzig 1797/98, I 419-534; neu: Gesamtausgabe I 4, 167-182; 183-281; vgl. bes. ebd., 195 f.

trat. In seinem großen Brief "Jacobi an Fichte" vom März 1799 (185) betont er, daß er Fichtes Konsequenz gegenüber Kant schätzt, daß er sich aber mit seinem Idealismus nie einverstanden erklären kann. In die Kritik des "Unternehmen(s) des Kriticismus" ist Fichte ebenso eingeschlossen wie Kant. In der Schelling-Kampfschrift "Von den Göttlichen Dingen" sind Kant und Fichte gleichermaßen angegriffen wie Schelling; in der Einleitung zum II. Band seiner Werke von 1815 rechnet er mit allen diesen falschen Systemen ab (186). - Aus dieser Identifizierung wird schon deutlich, daß Jacobi Schelling letztlich auf den Idealismus genauso zurückführt wie auf Spinozas All-Einheits-Philosophie. Aus diesem Grunde muß auch auf Jacobis Kritik am Kantischen und Fichteschen Idealismus etwas näher eingegangen werden, bevor die Schelling-Kontroverse thematisiert werden kann.

Gemeinsamkeit und Unterschied in der Beurteilung der Metaphysik zwischen Jacobi und Kant

Der Königsberger Philosoph vom Fach hatte schon 1764 dem Pempelforter Autodidakten Hilfe gebracht, als sich dieser über der Frage nach Evidenz und nach der Gotteserkenntnis erstmals gründlich mit Descartes, Spinoza, Wolff und Mendelssohn beschäftigte.

Kant hatte mit seiner Schrift "Untersuchung über die Deutlichkeit der Grundsätze der natürlichen Theologie und Moral" (187) nicht das Wohlwollen der Akademie gefunden, die die herrschenden philosophischen Grundsätze der Wolff-Schule hier nicht so gewahrt sah wie bei dem Preisträger Mendelssohn. Kant hatte in seiner Schrift erstmals den rationalistischen Grundsatz von der absoluten Evidenz der Metaphysik in Frage gestellt. Er wollte nur sichere Erfahrungssätze seinen Überlegungen zugrundelegen. Doch waren diese nicht identisch mit mathematischen Gewißheiten; im Gegenteil: Die Erfahrungssätze wiesen darauf hin, daß Methode und Evidenz von Metaphysik und Mathematik - entgegen der landläufigen Auffassung seiner Zeit - nichts miteinander gemein hätten. Mathematische Definitionen sind synthetisch, philosophische hingegen analytisch; ihr Weg geht über die Abstraktion, der der Mathematik über die Konkretion; in der letzteren sind nur wenige unauflösliche Begriffe, in der Philosophie aber unzählige. Aus diesen Gegenüberstellungen zieht Kant das Resümee, "daß nichts der Philosophie schädlicher gewesen sei als die Mathematik, näm-

---

185 S. o. Anm. 181.
186 F.H. JACOBI, WW II, 3-123.
187 Untertitel: Zur Beantwortung der Frage, welche die Königl. Academie der Wissenschaften zu Berlin auf das Jahr 1763 aufgegeben hat, Berlin 1764: KANT, Werke, hrsg. v. W. WEISCHEDEL, II, 739-773; s. a. ebd., 1005 f.

lich die Nachahmung derselben in der Methode zu denken, wo sie unmöglich kann gebraucht werden; denn was die Anwendung derselben in denen Teilen der Weltweisheit anlangt, wo die Kenntnis der Größen vorkommt, so ist dieses etwas ganz anders, und die Nutzbarkeit davon ist unermeßlich" (188).

Für die Metaphysik fordert Kant wohl, daß sie keine anderen "formalen oder materialen Gründe der Gewißheit" habe als die Mathematik; doch seien deren Grundsätze der Logik, der Satz vom Widerspruch und der Identitätssatz, nur höchste, negativ eingrenzende Endurteile der Vernunft. Nicht jedes unterhalb dieser Denkregel ausgesprochene Urteil sei schon so evident wie diese Urteile - und in dieser Hinsicht sei die Metaphysik eben differenzierter als die Mathematik. Dennoch ist die Metaphysik einer Gewißheit fähig, die Überzeugung schafft. Diese Gewißheit ist von keiner anderen Art als in jeder anderen vernünftigen Erkenntnis außerhalb der Mathematik; doch ist sie weniger anschaulich als die mathematische Erkenntnis. Für die Gotteserkenntnis als den Höchstbegriff der Metaphysik ergibt sich nun eine besonders günstige Form von allgemein anerkannter, vernünftiger Gewißheit. Denn Gott als Erkenntnisobjekt der Philosophie ist "die alleinige erste Ursache" - so definiert die Metaphysik Gott. Wenn aber ein Erkenntnisgegenstand der einzig mögliche seiner Art ist (etwas, was im obigen Urteil ausgesagt ist), dann ist "die leichteste und deutlichste Unterscheidung eines Dinges von allen andern möglich". Die Frage nach der Möglichkeit, ob gar nichts existieren könne, erweist sich als erfahrungsgemäß unsinnig. Die Frage nach der Notwendigkeit des Existierens führt von allen kontingenten Weltdingen auf den Begriff vom "Dasein desjenigen, was aller Möglichkeit zum Grunde liegen muß". "Dieser Gedanke wird sich erweitern und den bestimmten Begriff des schlechterdings notwendigen Wesens festsetzen". Aus dieser Grundeinsicht von Gott ergeben sich nach Kant die übrigen Bestimmungen Gottes mit Notwendigkeit, so daß mit dieser Einsicht "mehr erreicht ist als in den herkömmlichen Gottesbeweisen" (189). - Nur "die ersten Gründe der Moral sind nach ihrer gegenwärtigen Beschaffenheit noch nicht aller erforderlichen Evidenz fähig" (190).

In ähnlicher Weise hatte Kant schon vorher in seiner Abhandlung "Der einzig mögliche Beweisgrund zu einer Demonstration des Daseyns Gottes" (191) die gesunde Vernunfteinsicht als den Weg der Gotteserkenntnis erklärt: "Ich habe keine so hohe Meinung von dem Nutzen einer Bemühung wie die gegenwärtige ist, als wenn die wichtigste aller unserer Erkenntnisse: Es ist ein Gott, ohne Beihülfe tiefer metaphysischer Untersuchungen wanke und in Gefahr sei. Die Vorsehung hat nicht gewollt, daß unsre zur

---

188 A. a. O., 752 f.; s. a. 744-752.
189 S. bes. a. a. O., 761-770.
190 Ebd., 770 (- 773).
191 Königsberg 1763: ebd., 617-738; zum Folgenden: 621.

Glückseligkeit höchstnötige Einsichten auf der Spitzfindigkeit feiner Schlüsse beruhen sollten, sondern die dem natürlichen gemeinen Verstande unmittelbar überliefert, der, wenn man ihn nicht durch falsche Kunst verwirrt, nicht ermangelt, uns gerade zum Wahren und Nützlichen zu führen, in so ferne wir desselben äußerst bedürftig sein. Daher derjenige Gebrauch der gesunden Vernunft, der selbst noch innerhalb den Schranken gemeiner Einsichten ist, genugsam überführende Beweistümer von dem Dasein und den Eigenschaften dieses Wesens an die Hand gibt, obgleich der subtile Forscher allerwärts die Demonstration und die Abgemessenheit genau bestimmter Begriffe oder regelmäßig verknüpfter Vernunftschlüsse vermißt".

Die Durchführung analysiert das Dasein überhaupt; sie beschreibt es als die absolute Setzung eines Dinges, die das Dasein nie als Prädikat am Ding, sondern als es selber in seiner Gründung definiert. Eine zweite Betrachtung über die Möglichkeit als logische Beziehung führt zu der Behauptung, daß alle Möglichkeit in etwas Wirklichem gegeben ist, "entweder in demselben als eine Bestimmung, oder durch dasselbe als eine Folge". Die Weiterführung dieses Gedankens führt zu dem Schluß: Es existiert ein schlechterdings notwendiges Wesen, denn dessen Verneinung würde alle Möglichkeit vertilgen, was erfahrungsgemäß nicht möglich ist. Dieses schlechterdings notwendige Wesen, das nicht wir selbst sind (wie uns die Erfahrung lehrt), ist einig, einfach, ewig, von höchster Realität; es ist Geist, der als Ursache des denkenden menschlichen Geistes nicht unter diesem als Gewirkten stehen kann. - Diese logische Ableitung kann trotz aller Beweiskraft nicht die Natur dieser Notwendigkeit begreiflich machen (192).

Die zweite Abteilung (193) betrachtet die Gottesbeweise und bezeichnet sie als aposteriorische Wege, die das Ergebnis der logisch-apriorischen Ableitung der absoluten Notwendigkeit Gottes wiedergeben. Die dritte Abteilung (194) unterwirft dann diese Beweise einer eingehenden Kritik. Für den Einfluß auf Jacobi bedeutsam ist hierbei insbesondere die Widerlegung des Descartesschen ontologischen Arguments. Kant sieht in dem Versuch, sich einen Begriff von einem möglichen Ding, in welchem alle Vollkommenheit vereint ist, zu machen und von ihm aus auf die größere Vollkommenheit des tatsächlichen vor dem gedachten Vollkommenen=Gottes zu schließen, einen logischen Fehler, der das Dasein zu einem Prädikat degradiert (195).

Jacobi hat die hier kurz interpretierten Schriften Kants offensichtlich mit einem voreingenommenen "erkenntnisleitenden Interesse" gelesen. Er sah seine eigene Philosophie aus Kant bestätigt bzw. er las bei Kant nur Philosopheme, die ihm selbst wichtig erschienen: Die Infragestellung der

---

192 Ebd., 627-654.
193 Ebd., 655-728.
194 Ebd., 729-738.
195 Vgl. bes. ebd., 730 f.

mathematisch genauen Evidenz der Metaphysik; die Betonung der Einzigkeit Gottes, die nur unmittelbar in sich selbst erfahrbar ist; die Heranziehung der Erfahrung im Sinne eines Realismus des Innewerdens der übernatürlichen Realität ohne schlußfolgerndes Denken und schließlich die Ablehnung des Descartesschen Axioms, das für Jacobi schon frühzeitig gleichzusetzen war mit Spinozas Philosophie der All-Einheit von Gott, Welt und Denken - alle diese Aussagen stützten Jacobi bei der Entwicklung seiner "Unphilosophie", die den Realismus des unmittelbar erlebten, gefühlten Gottinnewerdens ohne nachfolgende Verstandesanalyse schließlich zur einzig möglichen Form der Gotteserkenntnis werden ließ. Die Spinoza-Briefe hatten als Ergebnis festgestellt, "Alle menschliche Erkenntniß gehe aus von Offenbarung und Glauben"; seine Grundlehre blieb von da an die These "von einer über das Vermögen demonstrierender Wissenschaft sich erhebenden Kraft des Glaubens" (196), die er beim frühen Kant vorgebildet wähnte.

Jacobi hat dabei übersehen, daß Kant auf der Suche nach dem Wesen der metaphysischen Erkenntnis wohl von der Erfahrung ausgeht und diese als Grundlage jeder weiteren Bewährung beibehält, daß er aber die Verwurzelung im Geist und die Möglichkeit einer Korrespondenz dessen, was von außen rezipiert wird, und dessen, was die Vernunft daraus macht, erfragen will. Kant hatte ausdrücklich erklärt, daß es das Bedürfnis der Vernunft sei, die Demonstration zu suchen, die über die gemeine Erfahrung hinausreiche (197); und der Entwurf seines Arguments war im Grunde ein - wenn auch gegenüber Descartes modifizierter - ontologischer Gottesbeweis gewesen. Unter diesen Voraussetzungen war es nur konsequent, daß Kant in seiner "Kritik der reinen Vernunft" der Frage nach dem Wesen der Erkenntnis in der Metaphysik als Metaphysik weiter nachgehen würde, daß ihm die Frage wesentlich blieb, was das reine Denken in Bezug auf die Gegenstände der Metaphysik (Gott, Freiheit, Unsterblichkeit) zu leisten vermöge. Daß Kant hier - kritischer als in den frühen Schriften - dem Denken in der Metaphysik weniger Raum ließ, bestätigte Jacobi in seiner Auffassung von der Unmöglichkeit, Gott mit den Mitteln der Logik erkennen zu wollen - in dieser Hinsicht gehen Kant und Jacobi eins. Doch gibt sich Kant nicht mit der unkritischen Feststellung der Unfähigkeit des Denkens in metaphysicis zufrieden, weil er dem Vermögen des Denkens zu sehr Notwendigkeit zuspricht und dem Bedürfnis der bewährten Gewißheit Rechnung tragen will, während Jacobi dies für illegitim, für bloße Neugier erklärt. An diesem Punkt bricht die Kontroverse auf.

Für Kant und Jacobi ist der herkömmliche Weg der Metaphysik zu Gott, der Weg des logischen Schlußfolgerns, nicht wirklich begehbar. Beide setzen einen anderen Weg an seine Stelle. Kant muß "die Vernunft beseitigen, um dem Glauben Platz zu schaffen"; Jacobi nennt seinen Weg den des

---

196 F.H. JACOBI, WW II, 3 f.; 7 f.
197 I. KANT, Der einzig mögliche Beweisgrund: a.a.O., 621.

unmittelbaren Vernunftglaubens, der Erfahrung, die das Leben bietet. Trotz gleicher Begriffe meinen beide etwas Unterschiedliches. Und beide fühlen die Verpflichtung, "die Verbindlichkeit und Ausweisbarkeit jener Gewißheit" des Lebens (Jacobi) oder der sittlichen Verpflichtung (Kant) darzutun, nachdem "die Sicherheit der Erkenntnis in ihrer unzureichenden Begründung sichtbar geworden ist" (198).

Kants kritische Schriften zum Thema

Kant vollzieht in seinen Kritiken den Nachweis dieser zweifachen Aufgabe in drei Schritten: in einer Analyse des Erkenntnisvermögens, in der Kritik der herkömmlichen Gottesbeweise und schließlich im Entwurf einer praktisch-philosophischen Gotteslehre.

1. Im Rahmen unserer Aufgabe, die Voraussetzungen der Kontroverse Jacobis mit Schelling zu beschreiben, erübrigt es sich, ausführlich Kants Philosophie zu referieren; sie darf als bekannt vorausgesetzt werden. Es sollen nur in Stichworten die Grundsätze seiner Transzendentalphilosophie skizziert werden. Diese lassen sich so zusammenfassen: Die Inhalte der Metaphysik lassen sich erst beantworten, wenn man weiß, was Philosophie, was Wissenschaft ist. Den Fragen: Was soll ich tun? Was darf ich hoffen? Was ist der Mensch? ist also die Grundfrage vorgelagert: Was kann ich wissen? Der Ausgangspunkt philosophischen Fragens ist die empirische Erfahrung einerseits und die Vernunftforderung nach objektiver, allgemeingültiger Erkenntnis andererseits; Erfahrung und Vernunft markieren die Pole und den Umfang der Erkenntnis.

Der erste Grundsatz der Philosophie als Frage nach Erkenntnis, nach Wissen-können und Wissenschaft lautet daher: "Die Philosophie hat davon auszugehen, daß alle Erkenntnis mit der Erfahrung anfängt und an die empirisch feststellbaren Bedingungen der Erfahrung gebunden ist. Sie hat also davon auszugehen, daß alle Erkenntnis ursprünglich als solche in synthetischen Urteilen a posteriori gelten muß" (199). Erfahrung ist Affizierung der Sinne durch unmittelbar Vorgegebenes, das "Ding an sich"; sie ist etwas Zusammengesetztes: Den Grundstoff bilden die Empfindungen, die aus der Begegnung mit den Dingen genommen sind; die Formen der Erfahrung, Anschauung und Denken, zeigen die Verarbeitung des Empfundenen - das Empfangen von Eindrücken (ein passives Verhalten) und die Verarbeitung des Erkenntnisvermögens (ein selbstbestimmtes Tätigsein des Subjekts) kommen zusammen. Das aktive Prinzip, das Selbstbewußt-

---

198 Vgl. K. HAMMACHER, Die Philosophie Friedrich Heinrich Jacobis, a.a.O., 131.
199 Zitat aus W. TEICHNER, Kants Transzendentalphilosophie. Grundriß, Freiburg - München 1978, 27. Diese neueste, gründliche Arbeit wird neben Kants Kritiken der Interpretation zu Grunde gelegt.

sein, schafft Synthesen, es urteilt. Das sinnlich rezipierte Erkenntnismaterial ist geformt durch die Formen des Rezipierens= der Anschauung, durch Raum und Zeit. Die Rezeptivität ist bestimmt von der Art, wie wir von den Gegenständen affiziert werden; sie ist also sinnlich, ist abhängig von den Dingen, wenngleich sie die Dinge an sich nicht als solche voll aufnimmt. Denn Raum und Zeit sind Schemata des Subjekts, sind also bereits Vermögen des erkennenden Subjekts.

Das Ding an sich, von dem wir annehmen, "daß es vor aller Erfahrung an sich selbst gegeben sei", ist völlig formlos. Es kann nur in Bezug zu einem Erkennenden überhaupt als gesetzt gelten; anders hat es keinen Sinn. Als solches in Bezug Gesetztes erst und damit schon als die Sinne Affizierendes oder als Noumenon ist es sinnvoll; "unter dem Vorzeichen einer objektiven Erkennbarkeit betrachtet, ist daher das Ding an sich sowohl seiner Realität als auch seinem Sein nach das schlechthin Unbestimmte und das schlechthin Nichtseiende" (200). Mit anderen Worten: Das Ding wird erst als Erkanntes zum Ding. Damit ist es bereits in den Erkenntnisprozeß einbezogen und erhält Form durch die Erkenntnisvermögen. Erst durch das Subjekt und sein Erkenntnis- und Gestaltungsvermögen wird der Erkenntnisgegenstand als solcher konstituiert. Der Zusammenhang zwischen dem Ding und der Erkenntnis ist dabei unerklärlich; vor allem bleibt geheimnisvoll, ob das Ding durch seine Art die Anschauung beeinflussen kann, ob also die von außen der Erkenntnis begegnende Realität so beschaffen ist, daß sie in dieser oder jener Weise die Sinnlichkeit bestimmen kann. Für J a c o b i ist dies unhinterfragbare selbstverständliche Voraussetzung und Ermöglichung von Erkenntnis; für K a n t bleibt dies immer unaufhellbar, weil erst durch den Bezug auf das erkennende Subjekt das Ding zum Ding, zum Gegenstand der Erkenntnis wird. Erkenntnis ist bereits in ihren empirischen Formen, als Rezeptivität und als Anschauung Vermögen des Subjekts.

Doch bleibt es nicht bei dieser empirischen Erkenntnisform; sie ist subjektiv, zufällig, im nachhinein festgestellt, nicht allgemein. Diese Erkenntnis sagt uns, "daß etwas so oder so beschaffen sei, aber nicht, daß es nicht anders sein könne" (201). Die Erkenntnis als solche braucht keine Verifikation; sie braucht für ihr Sosein keine Ableitung aus Gründen. Nun läßt sich aber mit dieser (empirischen) Erkenntnis nicht feststellen, ob es andere Erkenntnisarten gibt bzw. geben kann. Wenn es solche gibt, müssen sie über die empirische Erfahrung hinausgehen, ohne freilich von ihr gänzlich absehen zu können. Es besteht offensichtlich eine Antinomie zwischen der Tatsache, daß die empirische Erkenntnis so erkennt, wie die Realität ist, und der Tatsache, daß diese Erkenntnis unvollkommen, nicht allgemein gültig ist. So erhebt sich über dem Erkennen das Bedürfnis, das Erkannte zu b e g r e i f e n. Dieser Weg des Begreifens zeigt die

---

200 Ebd., 59.
201 KrV, B 3.

Bedingungen der Möglichkeit der Erkenntnis unter der Voraussetzung ihrer Wirklichkeit auf; er kann also nur als Analyse der Erfahrung vollzogen werden. Die auf der Sinnlichkeit aufbauenden "höheren" Erkenntnisvermögen, die dies leisten sollen, sind "Verstand, Urteilskraft und Vernunft" (202).

Die Funktion dieser Erkenntnisvermögen braucht nicht ausführlich erörtert zu werden; sie läßt sich kurz beschreiben: Der **Verstand** ist Quelle der Formen, mit denen die Anschauung zum Bewußtsein gebracht wird. Bewußtsein ist die Beziehung der Vorstellungen (der Anschauung) auf das Bewußtsein meiner selbst und damit auf die Apperzeption. Der Verstand ist somit die Erkenntnisquelle der Denkformen des Subjekts, der Kategorien von Quantität, Qualität, von Relation und Modalität. - Die **Urteils- oder Einbildungskraft** ist das Grundvermögen, durch das die Mannigfaltigkeit der Anschauung "mit der Bedingung der notwendigen Einheit der reinen Apperzeption" in Verbindung gebracht wird. Sie leistet die Verbindung von Sinnlichkeit und Kategorien und erhebt dadurch die sinnliche Erkenntnis zur Verstehbarkeit. Über den Vermögen der Rezeptivität der Sinnlichkeit, des Verstandes und der Einheit beider in der Einbildungskraft steht das **Vernunftvermögen**. Es ist aus seiner Wirkung in der Erkenntnis zu erschließen als Bedürfnis der Unbedingtheit, der transzendenten Erkenntnis (die über die Erfahrung hinausreicht, indem sie sie umschließt) oder auch als Bedürfnis nach Systematik. Die Vernunft weitet die anderen Erkenntnisvermögen ins Absolute aus; die absoluten Ideen sind die des absoluten Objekts=Welt, des absoluten Subjekts=Seele und die Idee eines absoluten Subjekt-Objekts=Gott. Es sind die Gegenstände der Metaphysik.

Die Vernunft will das Begreifen der Erkenntnis ermöglichen, indem es deren Möglichkeit aus unbedingten Gründen ableitet. Das kann nur durch Ausweitung der durch die Analyse der Erfahrungserkenntnis aufgedeckten Bedingungen der Möglichkeit von Erkenntnis zu absoluten Bedingungen ihrer Wirklichkeit geleistet werden. Eine solche "Erkenntniserweiterung, die in ihrer Geltung unabhängig von der Empirie ist und der schlechthin allgemeingültigen Norm des reinen 'Ich denke' folgt", ist das "synthetische Urteil a priori", das es aufgrund der obigen Ableitung geben muß. - Es wird zudem deutlich, "daß die Annahme solcher transzendenter Prinzipien aus einem Interesse oder Bedürfnis entspringt, das ... als das Interesse der Vernunft an ihrer Autonomie bezeichnet werden muß". Es ist eine Forderung des Primats der praktischen Vernunft vor der theoretischen. Zugleich erhebt sich aber die grundlegende Frage: "Wie sind synthetische Urteile a priori möglich?", eine Frage, die selber wiederum nur a priori zu lösen ist (203).

---

202 KrV, B 169.
203 W. TEICHNER, a.a.O., 17-22; 27 f.

Die Analyse, die dies leistet, braucht nicht beschrieben zu werden. Es
genügt, ihre Aufgaben zu skizzieren. Sie hat in erster Linie zu erweisen,
wie Erfahrung(serkenntnis) und Apriorität miteinander vereinbar sind.
Wenn es gelingt, die subjektive Sinneserkenntnis, die durch die Verstandeskategorie ihre Objektivität erwiesen hat, mit der Subjektivität der Einbildungskraft in Übereinstimmung zu bringen, wenn also die Vernunfterkenntnis die notwendige Bezogenheit von Subjektivität und Objektivität,
also die Subjekt-Objekt-Haftigkeit erwiesen hat, dann ist Allgemeingültigkeit der Wahrheit erreicht. Dieses Begreiflichmachen der Erkenntnis ist
transzendental; d.h. es übersteigt die (Erfahrungs-)Erkenntnis. Diese
Aufgabe der Transzendentalphilosophie hat das theoretische Vermögen der
Vernunft - die "reine Vernunft" - zu vollbringen. Es ist ein rein funktionales, technisches Wissen. "Aber es ist konstitutiv für die Möglichkeit
der Allgemeingültigkeit der Erkenntnis, für die Möglichkeit synthetischer
Urteile a priori". Kant reduziert damit den Gehalt der Vernunfterkenntnis
von den traditionellen Inhalten der Metaphysik auf Wissenschaft von der
Möglichkeit objektiven, allgemeingültigen Erkennens - mehr kann Philosophie als Wissenschaft, mehr kann die theoretische Vernunft nicht leisten
(F i c h t e wird diese Aufgabe als "Wissenschaftslehre" bezeichnen). Als
solche ist Philosophie Einschränkung der Erkenntnis auf ihren tatsächlichen, umgrenzten Möglichkeitsbereich; sie ist daher auch Einschränkung
des menschlichen Wissenkönnens. In diesem Sinn ist sie gegenüber dem
bisherigen Verständnis von Philosophie Reduktion, ja Kant gilt für M e n -
d e l s s o h n als "Alleszermalmer". Es ist verständlich, daß die Kritik
der herkömmlichen Gottesbeweise im Anschluß an die Darlegung der
transzendentalen Analytik einen breiten Raum in der "Kritik der reinen
Vernunft" einnimmt (204).

Doch ist Kant nicht an der Vernichtung der Metaphysik und ihrer Inhalte
gelegen. Er eröffnet ausdrücklich diesen Weg, freilich in einem neuen
Sinn, der das Moment der Praxis, des Interesses in Anschlag bringt und
damit auf seine Weise die Tendenz markiert, philosophisch-anthropologische Erkenntnis als ganzheitlich-personal zu bestimmen. Für die Zeitgenossen freilich war dies nicht einsichtig; ihnen galt die Eingrenzung
ihres Erkenntnisoptimismus als Leugnung der Metaphysik oder - so besonders Jacobi - die Reduktion ihrer Vermögen als Aufhebung des Realismus der Erkenntnis und als Flucht in die idealistische Konstruktion der
Wirklichkeit.

2. Der neue W e g der metaphysischen Gotteserkenntnis führt über die
Unbedingtheit des moralischen Anspruchs. Es gibt das Bedürfnis der Vernunft, über den Erfahrungsbereich hinaus bis zu den Inhalten der Metaphysik zu gelangen. Das erweist sich als unmöglich; denn hier handelt es

---

204 KrV, A 406-704, B 433-732; s.a. W. TEICHNER, a.a.O., bes.
   28 f.; 52; 62; 68 f.

sich nicht um Erfahrung. Der einzige Ort, an welchem die Forderung der theoretischen Vernunft nach Unbedingtheit einen Anhaltspunkt für metaphysische Inhalte bietet, ist eben das "unbedingte praktische Gesetz" des kategorischen Imperativs. Die allgemein gültige Verbindung von moralischer Verpflichtung und Glückswürdigkeit, die mit der Sittlichkeit einhergehende Glückseligkeit und die im menschlichen Dasein antreffbare Nichtübereinstimmung von Glückseligkeit und Glückwürdigkeit verlangen nach einem Wesen, das die Macht hat, die Natur so einzurichten, "daß in ihr tatsächlich der moralischen Forderung Genüge getan und zugleich die Glückseligkeit im gleichen Verhältnis dazu ermöglicht wird, 'es sei in diesem, oder einem anderen Leben'" (205). Gott ist also ein Postulat der praktischen Vernunft; das moralische Gesetz postuliert notwendig die Existenz Gottes als zur Möglichkeit des höchsten Guts notwendig gehörig (206).

Gottes Dasein ist nach Kant theoretisch nicht zu sichern; nur über die Moral führt ein Weg zu seiner Annahme. Diese Annahme ist Voraussetzung vernünftigen Verhaltens, nicht Ergebnis vernünftigen Demonstrierens. Dieses Postulat "lediglich in praktischer Absicht" teilt Gott mit der gesamten Wirklichkeit der (nur) intelligiblen Welt, die als "Reich der Zwecke" ein Ideal ist. - Das verhindert negativ, daß über Gott unangemessen gedacht wird; die Art, Gott zu demonstrieren, ist dies. Es bedeutet positiv, daß das Dasein Gottes objektive Realität ist. Denn dieser Glaube, dem durch die Aufhebung des Wissens Platz gemacht wurde, ist Vernunftglaube, entspringt also aus Vernunft, ist allgemeingültig und notwendig. Als solcher ist er theoretisch nicht abgesichert, steht aber dem Grade nach dem Wissen nicht nach; er ist "in einer praktisch-wohlgegründeten, theoretisch aber unwiderleglichen Voraussetzung völlig gesichert". Kant ist überhaupt der Auffassung, daß es für den Menschen im Felde der Metaphysik weniger auf das Wissen als auf den Glauben ankomme (207).

Jacobis Vorwurf der Inkonsequenz in der Erkenntnislehre an Kant

Jacobi nennt es ein "Irrsal", daß seit Aristoteles das Bestreben der Philosophie dahin geht, "die unmittelbare Erkenntniß überhaupt der mittelbaren, das ursprünglich alles begründende Wahrnehmungsvermögen dem durch Abstraction bedingten Reflexionsvermögen, das Urbild dem Abbilde, das Wesen dem Worte, die Vernunft dem Verstande unterzuordnen, ja in diesem jene ganz untergehen und verschwinden zu lassen" (208).

---

205 Vgl. W. WEISCHEDEL, Der Gott der Philosophen, I, Darmstadt 1975, 204; zum Ganzen neben Kants KpV auch: a. a. O., 200-211.
206 Nach KpV, A 223 (Ausgabe PhB 38, 158 f.).
207 I. KANT, Einige Bemerkungen von Herrn Professor Kant, Leipzig 1786, LI (Ausgabe W. WEISCHEDEL III, 287);
Das letzte Zitat: W. WEISCHEDEL, a. a. O. , 210 f.
208 F. H. JACOBI, WW II, 11 f.

Die Philosophie setzt so sehr auf die Beweise, das Werk der demonstrierenden Logik, daß die ursprüngliche Wahrnehmung als wahrer Erkenntnis unfähig angesehen wurde. Sie, der ursprüngliche Grund der Erkenntnis, wurde nun als blind und grundlos, als eben durch Beweis nicht begründet angesehen. Damit wurde - so Jacobi - das Vermögen des Verstandes über das der Wahrnehmung=Vernunft erhoben, weil es erst die Gewißheit der unmittelbar erkannten Wahrheit verbürgt. So kam es nach Jacobi auch, daß die Scholastik die sinnliche Wahrnehmung an den Verstand gebunden hat (in dem Axiom: Nihil est in intellectu, quod non antea fuerit in sensu) und damit die Erfahrung übersinnlicher Wirklichkeit nicht unmittelbar, erfahrungsgemäß, sondern nur "durch fortgesetztes Abstrahieren und Reflektieren" erreichen konnte. Mit J. F. Fries stellt er als Kennzeichen der Philosophie von Aristoteles über die Scholastik bis Wolff heraus, daß sie das System der Metaphysik aus der Logik heraus erschaffen wollte (209).

Aufbauend auf dieser Philosophie, durchdachte Kant radikal ihre Voraussetzungen und entwarf eine Kritik, die die Grenzen dieser Form von Erkenntnis aufwies. Kants Kritizismus gipfelt im Nachweis, daß es mit der als einzige Philosophie ausgegebenen Erkenntnis, die Empirie, Verstand und Abstraktion allein anwendet, unmöglich sei, metaphysische Wahrheiten zu erkennen und ihre Realität als gesichert darzutun; "was man für Erkenntnisse des Uebersinnlichen ausgebe, seyen nur durch Negationen erzeugte Ideen, deren objective Gültigkeit ewig unerweislich bleiben müsse". In letzter Radikalität lautet Kants Folgerung, daß "eine wahrhafte und wirkliche Erkenntniß des den Erscheinungen zum Grunde liegenden An - und In sich Wahren durchaus nicht zu gewinnen" sei (210).

Die bisherigen Aussagen lassen sich so zusammenfassen: Jacobi stimmt Kant ausdrücklich - und zwar vom "Gespräch über Idealismus und Realismus" an bis zur "Einleitung in sämtliche philosophische Schriften", mit zunehmender Dauer eher noch mehr als anfangs - darin zu, daß er der Fähigkeit des Denkens gegenüber dem Erkenntnisoptimismus der Philosophie bis in die jüngste Vergangenheit die Grenze weist. Abstraktion von der Erfahrung, Reflexion und Demonstration als eine Art zweite, das unmittelbar in sinnlicher Wahrnehmung Erkannte sichernde Neuerkenntnis sind unsinnige Erkenntnisbemühungen. Das Denken, der Verstand als Vermögen des Denkens kann nicht mehr leisten, als vorher schon in der Wahrnehmung als wahr, existent erkannt ist. Wenn das Denken darüber hinaus gelangen will, verläßt es seine Basis der Realität; es wird zur inhaltsleeren wirklichkeitsfremden Spekulation. Jacobi nennt es hämisch "bloßen Nominal-Rationalismus" (211). In dieser Hinsicht ist jede rational-abstrakte Er-

---

209 Ebd., 15 Anm.
210 Beide Zitate: ebd., 17.
211 Ebd., 21 u. ö.

kenntnissicherung von der Alltagserkenntnis bis zur Spekulation über die Wahrheiten der Metaphysik gleich, die Mathematik als empirisch - logische Erkenntnis ausgenommen. Insofern stimmt Jacobi mit Kant auch in der Ablehnung der Gottesbeweise überein; er will auch mit Kant den Weg der Abgrenzung von der Art gehen, wie das Christentum auf autoritativem Weg die Wahrheit lehrt; die in den Spinoza-Briefen gemachten Äußerungen stimmen mit Kants Abgrenzungen gegenüber der christlichen Theologie überein (212).

Für Jacobi bleibt es jedoch unverständlich - und damit beginnt er **als einer der Ersten** überhaupt mit massiver **Kritik an Kant**-, wie Kant bei dieser einmal gefundenen Einsicht, bei seinem so richtigen und notwendigen Kritizismus an dieser Erkenntnistheorie festhalten konnte. Kant nimmt den Ausgangspunkt seiner Philosophie von dieser Erkenntnisauffassung, er kennt wie kein zweiter ihre Problematik und - verbleibt in ihr. Jacobi verkennt hier ganz offensichtlich Kants Intention, dessen Ideal empirisch-rationaler Wissenschaft trotz des Kritizismus grundlegend gültig bleibt. Die Problematik besteht für Jacobi nicht im Ausgangspunkt dieser Erkenntnis: die Erfahrung ist und bleibt unüberbietbarer Anfang. Problematisch ist jedoch schon, Erfahrung nur als durch die Sinne vermittelt, also als rein empirisch zu bestimmen. Falsch jedoch wird die Erkenntnislehre, wenn nicht die unmittelbare Wahrnehmung - entgegen dem Wortsinn - Wahrheit und Gewißheit verschafft, sondern wenn diese durch die zweite Gewißheit dem Verstand und seiner Demonstrations- und Abstraktionskunst zugeschrieben wird. Das Wort Kunst ist hier angebracht; es ist aber als fragwürdiges Vermögen anzusehen. Denn nicht die Realität des Daseins erscheint dem Verstand, sondern eine nachkonstruierte, **künstliche** (Verstandes-) Wirklichkeit. Wird diese zur entscheidenden Instanz über Wahrheit und Gewißheit und wird andererseits die reale Wirklichkeit, das "Ding an sich", nach ihr bestimmt, dann ist der Realismus wahrer Erkenntnis verlassen, dann ist Wirklichkeit verfälscht; dann ist die konstruktive Kraft des Verstandes die einzige Wirklichkeit, die er - der Verstand - als solche gelten läßt. Kant treibt nach Jacobi diese falsche Erkenntnismethode wider bessere Einsicht auf die Spitze.

Diese Reduktion von Erkenntnis auf den Verstand, die nicht ohne den Ausgang von der Erfahrung möglich wäre, diesen Anfang aber völlig preisgibt, führt in **Aporien**. Diese Aporien fallen in Jacobis Verständnis erst im Bereich der **Metaphysik** ins Gewicht. Die **Alltagserfahrung** bedarf der Verstandesarbeit weitgehend nicht; sie räsoniert nicht, sondern nimmt das Wahrgenommene als wahr an. Sie bestimmt das Alltagsleben, ohne sich wichtig zu nehmen. Die **Wissenschaft** und der durch sie bedingte Fortschritt beruhen auf der Leistung des Verstandes; Mathematik

---

212 Vgl. F. H. JACOBI, WW IV 1, 212; W. WEISCHEDEL, Der Gott der Philosophen, a. a. O. , I, 211.

und Naturwissenschaft sind eben das Feld, in welchem diese Erkenntnislehre ihren Ort und ihre Berechtigung hat; von hier aus konnte sie sich auch anmaßen, zum Leitbild aller Erkenntnis zu werden. In der M e t a - p h y s i k hingegen gelangen die Reflexion und Demonstration ans Ende. Denn sie sind Äußerungen des Subjekts, verbleiben im Rahmen und Vermögen des Selbstbewußtseins, reichen darüber nicht hinaus. S p i n o z a hatte diese Grenze einfachhin überschritten, indem er die Kraft des Denkens als göttlich erklärt hatte; sie war damit nicht mehr Vermögen und zugleich Grenze des Subjekts, sondern weltkonstituierendes Attribut Gottes geworden. K a n t bestimmt demgegenüber für Jacobi das Denkvermögen des Verstandes realistisch als subjektiv und an die Sinneserfahrung gebunden; es bleibt damit in seiner Fähigkeit begrenzt. Der Verstand erreicht daher als subjektives Vermögen die Wahrheiten der Metaphysik nicht; er kann das nach Jacobi nicht leisten, weil sie nicht Ergebnis der Bemühungen des Subjekts, sondern Geschenk der vorgegebenen und vorgebenden höchsten Wirklichkeit - Gott - sind. Gott ist also der Erkenntnis in der herkömmlichen Form nicht zugänglich: Kant hat dies anders als seine Vorgänger von Aristoteles bis Wolff klar erkannt. Aber auch er diagnostiziert ein notwendiges, unabweisbares Bedürfnis des (subjektiven) menschlichen Geistes nach der Wahrheit der Inhalte der Metaphysik, nach Gott, Freiheit und Unsterblichkeit. Wie soll dieses Bedürfnis Erfüllung finden (können)? An dieser Stelle flüchtet Kant in den Idealismus. Diese Zusammenhänge sind noch eingehender zu erläutern.

Das bisher Gesagte beinhaltet nach Jacobi drei kantische grundlegende Normen für die Erkenntnis: 1) Die durch die Sinne vermittelte Anfangserkenntnis (Wahrnehmung) ist notwendiger Einstieg in die Erkenntnis; ohne sie ist Erkenntnis überhaupt unmöglich. Und doch entwertet sie Kant: Sie gilt ihm als zufällig, subjektiv, letztlich als der Wahrheit nicht fähig.
2) Erkenntnis, Wahrnehmung, Erfahrung kann nur empirisch sein.
3) Die Unmöglichkeit einer empirischen Erkenntnis Gottes macht es nötig, in den Idealismus zu flüchten.

Was besagt das im Einzelnen? - In diesen drei Grundthesen besteht der wesenhafte Unterschied zwischen Kants und Jacobis Erkenntnislehre; ihn herausstellen, heißt zugleich Jacobis eigene Erkenntnislehre skizzieren.

1. K a n t nennt Sinnlichkeit und Verstand Erkenntnisquellen, die beide empirisch sind; beide beziehen sich aufeinander; beide sind gleich wichtig. Denn Gedanken ohne Inhalte sind leer, Anschauungen ohne Begriffe sind blind (213). Menschliche Erkenntnis besteht in der Übereinstimmung beider. Jacobi interpretiert sicher richtig, wenn er sagt, es gebe nach Kant außer der empirischen und reinen Anschauung=Wahrnehmung "keine ändre (!) Erkenntnisquelle ..., aus welcher der Verstand objectivgültige, seine Erkenntniß wahrhaft erweiternde Begriffe schöpfen könne" (214). Den Anstoß zur Erkenntnis gibt einzig die Wahrnehmung. Doch unmittelbar nach

---

213 Vgl. I. KANT, KrV, A 75 f.
214 F. H. JACOBI, WW II, 31; zum Folgenden: ebd., 31-45.

dieser Einsicht beginnt die unüberwindliche Differenz zwischen beiden Philosophen. Für Jacobi ist die Anfangserkenntnis die objektive, maßgebende und bleibend wahre Vorgabe des Verstandes; "man kann nicht denken ohne zu wissen, daß etwas ist außer dem Denken, dem das Denken gemäß seyn, das er bewahrheiten muß". Die Wahrnehmung ist also Erkenntnis schlechthin, auch wenn das Wie dieser Erkenntnis uneinsichtig bleibt. Kant beläßt es nicht bei dieser Unerklärbarkeit. Er sucht zu erläutern, wie der Gegenstand der Wahrnehmung anregt; denn es ist entscheidend, daß in der Erkenntnis das Ding an sich von einem Gegenüber zum Angeeigneten meiner Erkenntnis und dadurch von einem "an sich" zu einem "für mich" wird. Erkenntnis ist immer Affiziertwerden durch den Gegenstand und Aneignung im verständigen "Be-greifen". Eindruck - Empfindung - Vorstellung als der Weg dieser Aneignung machen aus dem Ding an sich eine Erscheinung für mich; darin liegt der Sinn des Kantischen Satzes, daß das Ding an sich uns immer verschlossen und nur als Erscheinung uns zugänglich sei und erst als solche der Synthese des Verstandes und dem Urteil unterliege. Kant supponiert, ohne dies je ausdrücklich zu sagen, daß die Erkenntnis sich an der sinnlichen Rezeption - im Grunde also am Ding an sich - orientiert und nur dadurch wahrhaft Erkenntnis der Wirklichkeit ist; die Tätigkeit der nachfolgenden Erkenntnisvermögen Verstand, Urteilskraft und Vernunft erweist dann nur noch Einheit, Gültigkeit und Notwendigkeit des Erkannten und unseres Erkenntnisvermögens. Insofern scheint zwischen Kant und Jacobi kein Widerspruch zu bestehen.

Doch Jacobi interpretiert anders: Dadurch, daß der Verstand und das Urteil über wahr, objektiv und notwendig entscheidet, macht er sich zum entscheidenden Erkenntnisvermögen. Wo der Verstand sich nicht an der Wirklichkeit als einziger und entscheidender Norm orientiert, dort entfällt für ihn das Kriterium über real und bloß gedacht=erträumt oder erdichtet. Die Allgemeinheit und Notwendigkeit dessen, was wahr ist und für Kant erst im Begriff aufscheint, ist für Jacobi schon mit der Wahrnehmung mitgesetzt oder aber nie mehr zu verifizieren. Kant scheidet zwar sehr entschieden aus, daß sich der Verstand über die sinnliche Rezeptivität hinwegsetzen und "mit seinem Fluge eine von der Anschauung unabhängige höhere Wissenschaft" des Übersinnlichen konstituieren könne - Kant will deshalb Nicht-Idealist sein (215). Doch da der Verstand im Sinne Kants nur die Vorstellung, die Vernunft aber nur den Verstand reflektieren kann, kann Erkenntnis nie über die sinnliche Wahrnehmung und ihre verstandesmäßige Durchdringung hinausreichen; "das Ergeifen eines Übersinnlichen oder an und in sich Wahren" bleibt daher immer unmöglich. Ebenso unlogisch ist es, Notwendigkeit, Objektivität und Allgemeingültigkeit nur in das erkennende Subjekt zu verlegen. "So führt der Weg der Kantischen Lehre nothwendig zu einem System absoluter Subjektivität ..." Wo alles nur als Modifikation unseres Selbst erscheint, dort ist Idealismus;

---

215 Vgl. ebd., 32 f.; 39-41.

wo Raum und Zeit nicht real, sondern Idee sind, dort ist der unvollständige Idealismus eines Descartes und anderer radikalisiert; Kant hat einen "Universal-Idealismus" etabliert, der nicht radikaler gedacht, der nur ehrlicher behauptet werden kann, wie dies F i c h t e im Unterschied zu Kant tue (216). Jacobi sieht in dem halbherzig zugegebenen Idealismus Kants eine Inkonsequenz, nach der das System der Erkenntnis nicht mehr mit seiner Ermöglichung übereinstimmt. Er, Jacobi, wurde unaufhörlich darüber irre, "daß ich o h n e jene Voraussetzung (der Sinnlichkeit und der ihr korrespondierenden Realität) in das System nicht hineinkommen, und m i t jener Voraussetzung darinn nicht bleiben konnte" (217). Aufgrund dieses Idealismus meint Kant, so Jacobi, über die Anfangserkenntnis hinausgehen zu müssen, weil sie nur im Vergleich mit den apriorischen Kategorien allgemeingültig sein könne. Bei Kant, so darf man über Jacobi hinaus feststellen, scheint das scholastische Axiom von der adaequatio intellectus ad rem umgekehrt zu sein.

2. Diese Thematik des Wechsels von der rezipierenden Anfangserkenntnis in den Universalidealismus des die Erkenntnis reglementierenden Verstandes bildet den Haupteinwand Jacobis gegen Kant; sie nimmt auch den meisten Raum in seiner Idealismus-Kritik ein - im Grunde enthalten alle einschlägigen Schriften (218) die Kritik des für Jacobi unerklärlichen Wechsels vom Empirismus in den Rationalismus und Idealismus. Die U r s a c h e dafür liegt für Jacobi in dem unausgesprochenen Grundsatz, den die Kritische Philosophie aus dem E m p i r i s m u s übernimmt: daß nämlich Erkenntnis n u r e m p i r i s c h im doppelten Wortsinn sein kann. Sie vermag nur über die Affektion der Sinne zu erfolgen und sie vermag sich so nur auf empirische Gegenstände zu richten. Mit dieser Grundeinschränkung der Erkenntnis auf die Empirie spricht die Philosophie der Neuzeit durchgängig in Jacobis Augen "dem Menschen ein der s i n n l i c h e n Anschauung nicht bedürfendes höheres Wahrnehmungsvermögen" ab (219).

Diese globale Beurteilung der neuzeitlichen Philosophie durch Jacobi entspricht nicht den Tatsachen. D e s c a r t e s ' und S p i n o z a s Erkenntnislehren suchen Erkenntnis more geometrico zu sichern, indem sie die ersten Bedingungen (Ursachen) sicher machen. Als diese gelten die Inhalte der Erkenntnis und die Selbstgewißheit; wahre Erkenntnis besteht in der Übereinstimmung beider, wobei der Inhalt nicht aus dem Formalen des Cogitare hervorgeht. An der Selbstgewißheit des Denkens ist nicht zu zweifeln; so geht es Descartes vor allem um die Methode, wie der dem Selbstbewußtsein adäquate Inhalt der dem Denken vorausliegenden Ursache - Gott - bewährt werden kann. Schwerpunktmäßig ist das Descartes-Spinoza-Denkmodell

---

216 Vgl. ebd., 36; 37-41; 304-310; III, 9-45 passim.
217 A. a. O., II, 303 f.; s. dazu auch die Interpretation von G. BAUM, Vernunft und Erkenntnis, Bonn 1969, bes. 51-68.
218 S. o. die Anmerkungen 177-182.
219 Vgl. F. H. JACOBI, WW II, 19.

idealistisch, weil dies die Idee leisten soll. Doch ist dieser Idealismus bei Descartes abbildhaft: die Idee ist Bild Gottes; sie erst ist Voraussetzung und Ermöglichung jeder weiteren Erkenntnis (220).

Anders die Empiristen. Hobbes, Locke, Hume lösen die gängigen rationalen-metaphysischen Begriffe auf und setzen an ihre Stelle noetische Gebilde, deren strukturelle Faktoren empirisch sind, wie Krings und Baumgartner formulieren. "Nich eigentlich die E(rkenntnis) ist empirisch; sie entsteht vielmehr durch Verbindung und Reflexion von E.-Elementen, die, ebenso wie das Formale der Verbindung (Wiederholung, Gedächtnis, Assoziation u. a.), empirischen Ursprungs sind" (221). "Die Notwendigkeit, außer den Tatsachenbeziehungen auch reine Gedankenbeziehungen... zu erklären, macht es unmöglich, auf empiristischem Weg zu einer geschlossenen Theorie der E(rkenntnis) zu kommen", fahren die o. g. Autoren fort. Kant versucht eine Synthese, die den offenen Problemen beider Richtungen gerecht werden will. Er bindet die objektive Erkenntnis strikt an die sinnliche Gegebenheit; doch er verbindet Sinnlichkeit und Apriorität des Verstandes, indem er die Kongruenz von sinnlicher Rezeptivität und den reinen Formen des Verstandes, von Sinnlichkeit und Apriorität darlegt. Dadurch wird eine Brücke zwischen sinnlicher Erkenntnis und "Gedankenbeziehungen" möglich. Doch muß die metaphysische Erkenntnis sachlich anders bestimmt werden als auf dem Wege des (hier skizzierten) Kritizismus; Kants Weg führt über den Vorschlag der praktischen Vernunft.

Jacobis Auseinandersetzung mit Kant sieht, wie erwähnt, hier den Höhepunkt der falschen neuzeitlichen Philosophie, die auf dem Weg über den Empirismus in barem Materialismus enden muß. Wenn nur empirische Erkenntnis überhaupt als Erkenntnis möglich sein soll, wenn auch der Verstand mit seinen Denkformen Raum und Zeit den Bedürfnissen und Bedingungen der Sinnlichkeit unterstellt wird, dann ist kein Entrinnen aus diesem Materialismus möglich. Der Verstand wird nach Kant als das entscheidende Vermögen der Erkenntnissicherung zum entscheidenden menschlichen Vermögen. Dadurch wird das Wesen des Menschen auf materielle Zwecke eingeschränkt. Der Mensch ist das auf diese materiellen Zwecke eingeschränkte Wesen, das sich diese Zwecke selbst apriorisch erschaffen kann. Wenn die Vernunft über den Verstand hinaus als das Vermögen bestimmt wird, das die Einheit und Notwendigkeit der Erkenntnis bewahrheiten kann, so bewahrheitet sie nur diese materialistische Vorgegeben-

---

220 S. o. die Ausführungen im Abschnitt II über Descartes; ferner: H. KRINGS - H. M. BAUMGARTNER, Art. Erkennen, Erkenntnis: H W Ph II, 651-653.
221 Ebd., 653; vgl. J. LOCKE, Über den menschlichen Verstand, 4 Bücher (1689), Hamburg - Berlin 1962, bes. 1. Buch; D. HUME, Ein Traktat über die menschliche Natur, 3 Bücher (1739/40), Hamburg 1973.

heit. Sie wird nur formell dem Verstand übergeordnet; in ihrer Erkenntniskraft hat sie dem Verstand und seinen Zwecken zu dienen. Es ist daher unklar, wie sich der Mensch vom Tier unterscheiden soll; es kann auch nicht einsichtig werden, wie der von alters her gültige Satz von der Vernunft als dem königlichen Vermögen der Erkenntnis des Wahren (alles Wahren) noch aufrechterhalten werden kann (222). Ein Ausweg kann nur darin bestehen, daß man Erkenntnis nicht auf empirische Erkenntnis einschränkt und daß man der Vernunft das - auch bei Kant erstrebte und dunkel gefühlte, ihr aber letztlich verweigerte - Recht zurückgibt, über den Verstand und seine Sinnengebundenheit hinaus diese höhere Erkenntnis leisten zu können.

3. Für Kant, der diesen Weg nicht geht, aufgrund seiner Voraussetzungen auch nicht gehen kann, bleibt nur der Weg in den Idealismus. Denn einerseits konstatiert er mit der Tradition das unabweisbare Bedürfnis nach der Erkenntnis Gottes; andererseits ist er mit Recht konsequent, eine empirische Erkenntnis Gottes als unmöglich abzulehnen (223). Es gehört zum Wesen der Wissenschaft, die mit den Mitteln und Vermögen des Verstandes betrieben wird, daß etwas aus der Empirie bewiesen wird. Das ist unmöglich für die Gotteserkenntnis; unter diesen Umständen müssen "wir uns unvermögend bekennen ..., die Realität der Gegenstände der Vernunftbegriffe, oder die objective Gültigkeit der Ideen: Gottes Daseyn, Freyheit, Substantialität und Unsterblichkeit des eigenen Geistes wissenschaftlich wahr zu machen oder zu beweisen" (224). Die Voraussetzung heißt allerdings, daß Wissenschaft nur auf Empirie aufbaut und nur mit den Mitteln der Logik, des apriorisch tätigen Verstandes arbeitet. In diesem Sinn wird bei Kant ja auch die Vernunft als höchstes Vermögen der Apriorität unserer Erkenntnis begrenzt. Wenn dies richtig sein sollte, dann gäbe es nur die Alternative: Entweder ist die Wissenschaft ihrem Wesen nach atheistisch oder sie konstruiert sich nach ihren subjektivapriorischen Strukturen einen Gott. Damit sind die Tendenzen der weiteren Auseinandersetzung Jacobis mit Vertretern des Idealismus markiert: Er sieht Fichte in der ersten Alternative behaftet, Schelling hingegen in der anderen. Davon wird noch zu reden sein.

Kant hingegen, der Inaugurator dieses "Skandals", scheut vor den Konsequenzen zurück; er bleibt in seinen Aussagen ambivalent. So betont er einerseits die wissenschaftliche Unmöglichkeit, Gott erkennen, beweisen zu können; andererseits soll es das höchste Ziel aller Vernunftbemühungen sein, die Philosophie als die Wissenschaft zu fördern, "für welche, ..., wenn sie zu erobern wäre, alle anderen Wissenschaften freudig hingegeben werden müßten, indem sie alle ja nur weissagen von dieser, als die da

---

222 Vgl. hierzu F. H. JACOBI, WW II an vielen Stellen, bes. 12-14; 15-17; 18; 19-25; 30-35; 65-67; 72-77 u. ö.
223 Ebd., 22 f.; 19 u. ö.
224 Ebd., 42.

kommen soll, 'um uns die Grundlage zu unseren größesten Erwartungen und Aussichten auf die letzten Zwecke, in welche alle Vernunftbemühungen sich endlich vereinigen müssen, zu verschaffen' ...". Wenn die Vernunft diese höchste Wissenschaft sein soll, aber wissenschaftlich Gott nicht verifizieren kann, so kann Vernunft nur als "den Verstand rastlos äffendes und neckendes Vermögen", als Organ des menschlichen Betrugs abzulehnen sein. Das ist die letzte, schlimmste Konsequenz des Idealismus in Jacobis Augen (225).

Nachdem Kant in den Idealismus und seine fatalen Folgen geführt hat, flüchtet er aus ihm. Sobald der theoretische Teil des kritischen Systems die Unbeweisbarkeit der Ideen (als Antinomien der Vernunft) eindringlich dargetan hat, ersetzt Kant in der praktischen Vernunft den Beweis für theoretische, objektive Gültigkeit durch einen "Vernunftglauben", der als solcher kein Köhlerglaube ist, sondern von der Vernunft diktiert wird "und als solcher mit vollem Recht über alles Wissen des (nach dem Kriticismus) nur auf Sinneserfahrung sich beziehenden Verstandes sich erhebt". Der Glaube, den die praktische Vernunft postuliert, erhebt sich - nach Jacobi "mit vollem Rechte" - über das ihm geradezu widersprechende gewisse Wissen. An diesem Punkte, den Kant, der "Tiefdenker", in seiner Konsequenz erreichen mußte, überholt sich der Kritizismus nach Jacobi selbst. Denn er merkt, daß das Verstandeswissen nicht die Gesamtwirklichkeit erfaßt, daß gerade die höchsten Realitäten ihm verschlossen bleiben, daß dies aber nicht sein dürfte. So ist die Flucht in die praktische Vernunft für Kant zwar ein Ausweg, der die Konsequenz des empirisch-abstrakt-apriorischen Denkvollzugs in Gültigkeit beläßt und die Wahrheit der höchsten Menschheitsideen dennoch - unabhängig vom Verstandesdenken - gelten lassen kann. Das ist formell falsch, weil nach Jacobi theoretisch nicht falsch sein kann, was praktisch gefordert ist, richtiger: was sich konkret als unabweislich aufdrängt. Der Ausweg ist für Kant überhaupt nur gangbar, weil "mittelst des transcendentalen Idealismus alles Wissen, als ein wahres objectives Wissen, im voraus schon ... aufgehoben worden" ist.

Die Objektivität der Wirklichkeit, der sich die Vernunft in ihrem praktischen Lebensvollzug nicht entziehen kann, siegt so über den Idealismus. "Der Kriticismus untergräbt zuerst, der Wissenschaft zu Liebe, theoretisch die Metaphysik; dann - weil nun alles einsinken will in den weitgeöffneten bodenlosen Abgrund einer absoluten Subjectivität - wieder, der Metaphysik zu Liebe, praktisch die Wissenschaft". - Kant ist in diesem Punkt in Jacobis Augen inkonsequent; ihn führt die strenge Analytik in den Idealismus, die Realität jedoch läßt ihn das System wieder verlassen; Kant wird der Wahrheit zuliebe inkonsequent. Denn: "Ihrem Geiste nach ... ist die Glaubenslehre, welche Kant an die Stelle der von ihm zerstörten bisherigen

---

225 Ebd., 42 f.; bei den Zitaten wurden die Sperrungen weggelassen.

Metaphysik treten läßt, eben so wahr als sie erhaben ist. Es sind Triebe im Menschen und es ist in ihm ein Gesetz, welche unablässig ihm gebieten, **sich mächtiger zu beweisen als die ihn umgebende und ihn durchdringende Natur**. Es muß demnach ein Funken von Allmacht, als das Leben seines Lebens, in ihm glühen; oder die Lüge ist die Wurzel seines Wesens. Sich selbst erkennend, müßte er im letzteren Falle, in sich selbst, verzweifelnd untergehen. Ist aber Wahrheit in ihm, dann auch Freyheit, und es quillt ihm aus seinem **Wollen** das wahrhafteste **Wissen**. Sein Gewissen offenbaret ihm, daß nicht eine, nach Gesetzen eiserner Nothwendigkeit ewig nur sich selbst umwandelnde, Natur das Allmächtige sey, sondern daß über der Natur sey ein **Allmächtiger**, dessen Nachgebild der Mensch ist" (226).

Diese Sätze, die der schon durch alle Kontroversen einschließlich der Schellingschen gegangene alte Jacobi zurückschauend über Kants kritische Philosophie sagt, markieren seine zeitlebens Kant gegenüber vertretene Ansicht. Die Grundeinstellung war ja schon aus den Spinoza-Briefen herübergekommen in die neue Kontroverse. Sie bewahrheitet sich für Jacobi gegenüber Kants kritisch-idealistischem Entwurf, gegenüber Fichtes reinem Idealismus als der Konsequenz der Kantischen Philosophie, und sie wird sich auch - in Jacobis Augen - gegenüber Schelling bewähren; denn Kants Inkonsequenz wird von den Späteren nicht mitgetragen; sie vollenden, was er begonnen, aber aus dem Instinkt für das Wahre nicht durchzuhalten vermochte: Ihre Lehre endet in der All-Einheits-Lehre - der Idealismus, auf den Kant geführt, entpuppt sich als "umgekehrter Spinozismus".

Damit ist die weitere Darstellung vorgegeben. Es wird nötig sein, besonders anhand des Fichte-Briefes die These zu belegen und darzutun, wie Wissenschaft entweder atheistisch uninteressiert an Gott ist oder sich einen subjektiv-apriorischen Gott konstruiert. Und es wird notwendig sein, Jacobis Gegenposition zu markieren. In dieser eigenen Jacobischen Glaubens- und Erkenntnislehre wird tragend sein, dem idealistischen Vernunftaxiom der Notwendigkeit gegenüber den Grundbegriff Freiheit als konstitutiv für die Vernunft darzutun, damit der Idealismus durchbrochen wird und die wahre Realität sich zeigen kann.

---

226 Ebd., 44 f.; zum Ganzen: 43-45.

Fichte, der "Messias der spekulativen Vernunft"

Jacobi hatte mit Fichte seit 1794 Kontakt, den offensichtlich Fichte gesucht hatte (227). Die Schrift "Über die Bestimmung des Gelehrten" hatte Jacobis Zustimmung erfahren; doch als ihm Fichte die "Wissenschaftslehre" nach und nach in frisch gedruckten Bogen zur Begutachtung zusandte, erkannte Jacobi in dem Verfasser den konsequentesten Vertreter des Idealismus. In dem langen philosophischen Brief an Fichte von 1799 (228) bringt er dies in sprachlich ungewöhnlich schöner Form zum Ausdruck. Er nennt Fichte "den wahren Messias der spekulativen Vernunft, den echten Sohn der Verheißung einer durchaus reinen, in und durch sich selbst bestehenden Philosophie", demgegenüber der "Königsberger Täufer" nur als "Vorläufer" anzunehmen ist (229). Das sind ungewohnt freundliche Worte. Sind sie etwa Anzeichen eines Gesinnungswandels bei Jacobi? An Jacobis Fichte-Brief bleibt verwunderlich, mit welch vornehm-freundlichem Ton er seine Kritik vorbringt. In der Sache bleibt Jacobi unerbittlich ablehnend.

Jacobi sieht es als den "Geist der spekulativen Philosophie" an, "die dem natürlichen Menschen gleiche Gewissheit dieser zwey Sätze: Ich bin, und es sind Dinge außer mir, ungleich zu machen" (230). Es mußte um der Einheit des Seins und des Erkennens willen der eine Satz aus dem andern ableitbar sein. Die Kantische Verstandes- und Erkenntnislehre hatten den Anstoß gegeben, den Fichte konsequent ausführte. Demnach ist das Ich dieses Einheit schaffende Prinzip, das alle Erkenntnis und mithin alles Sein aus sich entläßt. Fichte betont das, was die "Wissenschaftslehre" im System darstellt (was er im übrigen ohne jeden Anhaltspunkt in der Sache als Realismus, dem Jacobischen parallel, ausgeben will), im zweiten Brief an Jacobi (231): "... ich bin ja wohl transcendentaler Idealist, härter als Kant es war; denn bei ihm ist doch noch ein Mannigfaltiges der Erfahrung; ich aber behaupte mit dürren Worten, daß selbst dieses von uns durch ein schöpferisches Vermögen producirt werde". Doch ist Fichtes Ich nicht das Individuum, sondern das absolute, freie von Endlichkeit, Kausalität, das reine Denken. Aus diesem transzendentalen Ich kann, muß das Individuum deduziert werden, das dann in seiner Vereinzelung sinnlich, kausal beeinflußt, endlich ist und daher eine Welt des Nicht-ich anerkennen muß, das sich selbst Eigenschaften versagt, die es Gott zu-

---

227 S. Friedrich Heinrich Jacobis auserlesener Briefwechsel, hrsg. v. F. ROTH, II, Leipzig 1827, 183 f.; s. a. ebd., 207-211; 222-224; Aus Jacobis Nachlaß, hrsg. v. R. ZOEPPRITZ, I, Leipzig 1869, 212-217.
228 F. H. JACOBI, WW III, 9-57; s. a. Vorbericht: ebd., 3-8.
229 Ebd., 9 f.; 13 f.
230 Ebd., 10.
231 Brief vom 30.8.1795: a.a.O. (s.o. Anm. 227), 207 f.

schreibt, dies aber nur kann, weil es in seiner Vereinzelung in sich Ansätze zu diesem transzendentalen Ich findet, dem es zugehört. "In dem Gebiete dieses praktischen Reflexionspunctes herrscht der Realismus; durch die Deduction und Anerkennung dieses Punctes von der Speculation selbst, erfolgt die gänzliche Aussöhnung der Philosophie mit dem gesunden Menschenverstande, welche die Wissenschaftslehre versprochen" (232).

Man sieht: Jacobi hat Fichte richtig interpretiert, wenn er sagt, diese Philosophie wolle, daß nur ein Wesen und nur eine Wahrheit unter dem Auge der Spekulation werde; das aber ist All-Einheits-Philosophie in der Form des "Allein-Geistes". Aus der natürlichen Gleichheit, der Beziehung mannigfacher Seinder, ist eine künstliche Gleichheit der Herleitung der Nicht-Iche aus dem (absoluten) Ich geworden: "eine ganz neue Kreatur". Unter diesen Umständen "konnte es ihr alsdann auch wohl gelingen, eine vollständige Wissenschaft des Wahren alleinthätig aus sich hervorzubringen" (233). Über dieses Wesen der Wissenschaft ist noch zu handeln. Grundsätzlich aber ist über diesen gegenüber Kant radikalisierten Universal-Idealismus zu sagen, daß er als All-Einheitslehre der spinozistischen Philosophie korrespondiert: "Ich wähle dieses Bild, weil ich durch die Vorstellung eines umgekehrten Spinozismus meinen Eingang in die Wissenschaftslehre zuerst gefunden haben". Spinozismus war für Jacobi Materialismus im Sinne einer sich selbst und alles Seiende bestimmenden Materie. Der transzendentale Idealismus ist Idealismus im Sinne einer sich selbst und alles Seiende bestimmenden Intelligenz. Das gemeinsame Ziel beider Richtungen ist das Aufgehen ineinander; der spekulative Materialismus verklärt sich in Idealismus. Beiden Richtungen liegt die eine Substanz zugrunde, die, einmal als Materie des Daseins, einmal als dessen formendes Prinzip interpretiert, immer die absolute Identität alles Seienden als das eine, der Erkenntnis und dem Dasein vorgegebene göttliche Sein meint. Fichtes Philosophie ist eine notwendige Folge des Spinozismus. Aus diesem Grund kann Jacobi seine Philosophie nur in gleicher Weise wie die Spinozas beurteilen: Er bringt kein Verständnis für Fichtes "blos logischen Enthusiasmus" des Allein-Geistes auf, so wie er vorher Spinozas Enthusiasmus der All-Einheit ablehnte (234).

Jacobi hatte Kant Inkonsequenz vorgeworfen, weil dieser der Vernunft als theoretischem Vermögen absprach, was er ihr als praktischem Vollzug zusprach. Im Blick auf Fichte modifiziert er seine Auffassung: Offenbar ist der Vorläufer der Vornehmere; denn er wollte sich lieber an seinem System versündigen und Vernunft als Vermögen des Vernehmens gelten lassen. Fichte dagegen bleibt unberührt von Kants später Einsicht. So muß Jacobi Fichtes theoretische Konsequenz anerkennen; er muß ihr das Prädikat

---

232 Ebd., 209; s. vorher 208 f.
233 F.H. JACOBI, WW III, 10.
234 Ebd., 14 f.

Wissenschaftlichkeit zuerkennen; zugleich muß er aber dieser Art das Vermögen, die wahre Realität zu erfassen, absprechen. Denn Wissenschaft legt es nicht auf diese Erfassung an, die Kant noch so wichtig war, daß er sein eigenes System im Stich ließ. Wissenschaft ist nicht mehr Erfassen des Wahren, Wirklichen; vielmehr besteht sie "in dem Selbsthervorbringen ihres Gegenstandes" in Gedanken. Der Inhalt jeder Wissenschaft als solcher ist "nur ein inneres Handeln ..., und die nothwendige Art und Weise dieses in sich freyen Handelns (macht) ihr ganzes Wesen (aus)". "Jede Wissenschaft, sage ich, wie Sie, ist ein Object=Subject, nach dem Urbilde des Ich, welches Ich allein Wissenschaft an sich, und dadurch Princip und Auflösungsmittel aller Erkenntnißgegenstände, das Vermögen ihrer Destruction und Construction, in blos wissenschaftlicher Absicht, ist. In Allem und aus Allem sucht der Menschliche Geist nur sich selbst, Begriffe bildend, wieder hervor ..." Er löst sich dadurch aus dem augenblicklichen, bedingten Dasein in sein Selbstsein und rettet so seine Freiheit. Dies ist eine Notwendigkeit der Intelligenz, die nicht wäre, wo und wenn dieses Abstrahieren nicht stattfände. Jacobi will daher mit Fichte die Wissenschaft, speziell die Wissenschaftslehre als Wissenschaft vom Wissen fördern, "nur mit dem Unterschiede: daß Sie es wollen, damit sich der Grund aller Wahrheit, als in der Wissenschaft des Wissens liegend zeige; ich, damit offenbar werde, dieser Grund: das Wahre selbst, sey nothwendig außer ihr vorhanden". So ist Jacobi gehalten, zwischen dem Wahren und der Wahrheit zu unterscheiden (235).

Die Ableitung, die Jacobi trifft, ist parallel den Interpretationen des Idealismus bei Kant; sie brauchen hier nicht wiederholt zu werden. Neu ist nur, daß Jacobi an der Art, wie Fichte das Ich als Prinzip der Erkenntnis definiert, eine große Faszination entdeckt, von der er sagt, sie sei so verführerisch, daß man sich ihr schwerlich entziehen könne. Er fügt hinzu, daß wissen können, Wissenschaft treiben (können) einzig in dieser Form möglich ist. Er vergleicht schließlich diese Art der Erkenntnis mit einem Strickstrumpf: An ihm ist der Faden der freien, diskursiven Geistesbewegung in eine Form gefaßt; das, was entsteht, selbst wenn es die vielfältigsten Muster aufweist, ist eine rein vom menschlichen Verstand geschaffene Wirklichkeit, ohne alle Vorgegebenheit, geschaffen nach der Logik und Mechanik des Verstandes. Wenn der Strumpf nur um des geistigen Spiels seiner Entstehung willen gesehen wird, wird der Zweck, zu dem er gemacht ist, und der außerhalb seines Entstehens liegt, übersehen. Das Stricken und sein Resultat wäre nur Spiel; der menschliche Geist erfindet solche Spiele, um seine Unwissenheit zu organisieren. Und in diesem Tatbestand liegt die Gräßlichkeit, die mit dem Idealismus bloßgelegt wird. Diese gräßliche Folge, die mit dem Idealismus deutlich geworden ist, hat die Metaphysik - allerdings zu Recht - aufgehoben. Denn jetzt ist klar geworden, was die Metaphysiker vor Kant und Fichte nicht wußten: "... sie

---

235 Ebd., 15-17; hier auch die Zitate.

wollten das Wahre wissen - unwissend, daß, wenn das Wahre menschlich gewußt werden könnte, es aufhören müßte, das Wahre zu seyn, um ein bloses Geschöpf menschlicher Erfindung, eines Ein- und Ausbildens wesenloser Einbildungen zu werden". Im Klartext heißt diese Konsequenz: Wenn metaphysische Wahrheiten gewußt werden, wird das von außen herantretende Wahre zur menschlich konstruierten Wahrheit verfälscht; Gott wird zum Götzen des menschlichen Vorstellens depraviert. Das Wahre kann nicht gewußt, es kann nur geglaubt werden (236).

Eine zweite Konsequenz ergibt sich zwangsläufig: Wissenschaft als Organisation des menschlichen Geistes, auch wenn sie zu einem bestimmten Zweck geschieht, ist völlig wertfrei; sie ist ihrem Wesen nach atheistisch. Der Mensch ist - wie es an anderer Stelle schon hieß (237) - mit dem Verstande ein Heide. Doch diese Form des Atheismus, besser: des Agnostizismus kann niemand verwundern; denn die Wissenschaftslehre, die Organisation des Verstandes berührt metaphysische Fragen so wenig, wie dies die Mathematik tut (238). Der Vorwurf, der Fichtes Philosophie gerade zu jener Zeit gemacht wurde, daß sie atheistisch sei (239), ist ungerechtfertigt aufgrund des Wesens der Wissenschaft. Doch ist Fichte, anders als Kant, in Jacobis Augen inkonsequent, wenn er glauben machen will, was im System seiner Wissenschaftslehre niemals grundgelegt sein kann: Fichte will nach Jacobi dartun, daß seine Wissenschaftslehre einen neuen, einzig möglichen Theismus eingeführt und den alten der natürlichen Vernunft widerlegt habe. Aufgrund dieses falschen, unmöglichen Anspruchs habe sich Fichte selbst in seine schlimme Situation gebracht (240). Ein im Sinne Fichtes gewußter Gott wäre kein Gott, sondern ein künstliches Gebilde des Menschen; ein künstlicher = wissenschaftlicher Glaube ist ein Widerspruch in sich und als solcher die Aufhebung des natürlichen Glaubens, der allein den Theismus trägt (241). In diesem Sinne ist in Fichtes "spekulativer Vernunft" die Höchstform der Perversion von Erkenntnis metaphysischer Wahrheiten erreicht. In ihr ist aber auch die höchstmög-

---

236 Zum Ganzen: ebd., 19-23; 18 f.; 24-30; 30-32.
    Das Zitat: Ebd., 30 f.
237 S. o. Anm. 171.
238 F.H. JACOBI, WW III, 6.
239 Vgl. J.G. FICHTE, Die philosophischen Schriften zum Atheismusstreit, hrsg. v. F. MEDICUS, Leipzig [2]o. J.; H. KNITTERMAYER, Art. Atheismusstreit: R G G I ([3]1957), 677 f.; H.-W. SCHÜTTE, Art. Atheismus: HWPh I, Basel - Darmstadt 1971, 595-599, bes. 597; F. WAGNER, Der Gedanke der Persönlichkeit Gottes bei Fichte und Hegel, Gütersloh 1971, bes. 28-38.
240 Diesen Vorwurf aus dem "Vorbericht" (WW III, 6 f.) wiederholt Jacobi öfter, so z.B. gegenüber Reinhold in Briefen vom 25.6.1799 und vom 15.10.1799: Aus F.H. Jacobis Nachlaß, hrsg. v. R. ZOEPPRITZ, I, Leipzig 1869, 218-221; 221-223.
241 F.H. JACOBI, WW III, 7.

liche Form von Wissenschaftlichkeit erreicht. Erkenntnis des Wahren, insbesondere Erkenntnis der höchsten Menschheitsfragen, muß also anders als in den Formen von Wissenschaft bestimmt werden. Die Auseinandersetzung Jacobis mit dem Idealismus hat ihn zu dieser neuen Form von Erkenntnisbestimmung geführt.

IV. Das Wesen der Erkenntnis. Die Prinzipien der Jacobischen Philosophie

Spinozas Philosophie war nach Jacobi der großangelegte Versuch gewesen, Gott nach Art der Materie zu bestimmen. Jacobi hat es nicht gewürdigt, daß es Spinozas Anliegen war, Gottes Größe und Würde zu retten, die nach dem mächtigen Aufbruch des menschlichen Leistungsbewußtseins und des daraus resultierenden Selbstbewußtseins in Frage gestellt schienen. Die Alternative Mensch oder Gott gab es für Jacobi nicht; zu sehr lebte in ihm das Bewußtsein der Angewiesenheit des Menschen auf Gott ungebrochen fort. Descartes' Auffassung, das höchste Vermögen der Krone der Schöpfung, das menschliche Denken als die Eigenschaft anzusehen, die Gottes Wesen besonders ausmache, und aus ihr als dem Abbild die Idee Gottes zu bestimmen, hatte Spinoza veranlaßt, Gott nach Art des Denkens (more geometrico) zu bestimmen, aber dies als Ermöglichung von Gott her zu sehen. So war er zu der Aussage gekommen, das Denken in der Fülle seiner überall in der Welt antreffbaren Formen als eines der unendlichen Attribute Gottes zu erklären und daneben die Welt der übrigen Erscheinungsweisen, besonders die Räumlichkeit, als weiteres uns erkennbares Attribut der Ausdehnung Gottes zu benennen. Die Ermöglichung solcher Bestimmung Gottes war das Denken.

Für Jacobi hieß das: Gott und Welt aus einem einzigen Prinzip erklären. Da aber als dieses eine Prinzip die im Denken erkennbare Substanz (und nicht so sehr das Denken - dieses ist ja nur Attribut dieser Substanz) bestimmt wurde, war ihm Spinozas Prinzip für die Gotteserkenntnis die Materie. Spinozas Gott war die nur materialistisch erklärbare Substanz; seine Gotteserkenntnis war materialistisch. Aus der Materie sollten Geist, Ethos, Freiheit und alle höheren, dem Menschen und Gott je zugeschriebenen Vermögen und Eigenschaften abgeleitet sein. Das widersprach nach Jacobi aller Erfahrung und aller Ahnung, die der Mensch von Gott hat: Gott war für ihn zur Materie verendlicht. Wenn man Gott nicht anders als durch Substanz erklärbar erkennen, denken konnte, dann blieb als Konsequenz nur die Alternative: Entweder man muß darauf verzichten, Gott zu denken - er ist nur in Empfindung, sittlichem Verhalten zu erahnen -, oder der Monismus einer Erklärung Gottes aus einem (dem allein denkbaren Materie-) Prinzip ist falsch. Auch im letzteren Fall ist Gott aus Vermögen zu vernehmen, die mehr als das Denken den Menschen offen machen für Wirklichkeiten außer ihm: Vernunft als dieses Vermögen hat ihren Ort schon in dieser Kontroverse mit Spinozas Philosophie vornehmlich im praktischen Bereich.

Kants Kritizismus als Hintergrund von Jacobis Philosophie

Mit Kants kritischer Philosophie erwuchs dem Spinozismus - so erschien es Jacobi zunächst - ein Widerpart, der eine andere Richtung in der Erkenntnismetaphysik zu inaugurieren schien: der Sensualismus. Im Vordergrund dieser Richtung stand nicht so sehr das Vermögen der Gotteserkenntnis durch die Kraft des Denkens, als vielmehr die menschliche sinnenhafte, konkrete Daseinserfahrung. Nicht nur für Jacobi schien sie dem Menschen eher gerecht zu werden. Denn gerade die Erfahrung wehrt sich ja, Spinozas Gotteskonstruktion zu akzeptieren: Die Endlichkeit des Wissenkönnens, die Beschränkung aller menschlichen Vermögen verbietet es, Gott so und nur so aufzufassen, wie das Denken ihn faßt; schon gar nicht ist es logisch zwingend, das Denken in seinem begrenzten Umfang als Attribut Gottes und seines unendlichen Wesens zu sehen. Kants Reduktion der Erkenntnis auf empirische Tatsachen und in deren Konsequenz die Kritik aller bisherigen Gottesbeweise war eine befreiende Tat, die das menschliche Erkenntnisvermögen von Überforderungen entlastete, die es nicht zu erbringen vermochte. Denn was mit Descartes' und Spinozas Theorien der Gotteserkenntnis als menschliches Vermögen in metaphysicis behauptet worden war - und was trotz vieler gegenteiliger Behauptungen, daß Gott und Religion obsolet geworden seien, als Ausdruck des gesteigerten Selbstbewußtseins sich gerade in der Gotteserkenntnis Platz schaffte -, das war eine eminente Anspruchssteigerung gegenüber der scholastischen Erkenntnislehre: Die Erkenntnismodi der via negativa und der via analogiae sind völlig zurückgetreten gegenüber dem Anspruch der völligen und umfassenden Einsicht in Gottes wesentliche Eigenschaften. Dies darf auch dann als Übersteigerung des menschlichen Erkenntnisanspruchs festgestellt werden, wenn dieser nur ermöglicht wurde, weil das menschliche Dasein und Denken als Seinsmodi in Gott zurückverlegt wurden wie bei Spinoza. Kants Kritizismus hatte zu Recht der Vergöttlichung von Welt und Mensch und der Verendlichung Gottes eindeutig Einhalt geboten.

Nun hatte Kants Erkenntniskritik drei ganz wesentliche Prinzipien, die Ermöglichung und Umfang der Erkenntnis bestimmten:

1. Anfang und Ermöglichung von Erkenntnis ist ausschließlich die Sinneswahrnehmung; Erkenntnis bleibt immer empirisch und auf empirische Wahrnehmung eingeschränkt.
2. Die sinnliche Rezeptivität als Anfangserkenntnis ist zufällig, nicht notwendig; sie ist subjektiv statt objektiv. Sie ist unvollkommene Erkenntnis, da ihr die Sicherung ihrer Gewißheit fehlt.
3. Das Vermögen, das diese Gewißheit leisten kann, ist die Vernunft in ihrem theoretischen Vollzug. Denn sie besitzt in der Urteilskraft und der reinen Vernunft die der Sinnlichkeit fehlenden Vermögen, Objektivität, Notwendigkeit und Allgemeingültigkeit aus sich selbst heraus zu konstituieren.

Die **Konsequenzen** einer Erkenntnislehre anhand dieser drei Prinzipien sind schwerwiegend; sie stellen die gesamte Tradition in Frage. Allgemeingültige, objektive und notwendig einsichtige Erkenntnis, der keine Gewißheit mangelt, ist nur möglich in einem Bereich, der den Sinnen zugänglich und dem Urteilsvermögen voll unterworfen ist. Das - für Kant zeitlebens gültige - Ideal der Adäquatheit, der Gewißheit und Nachprüfbarkeit von Erkenntnis ist im Bereich der Inhalte der Metaphysik nicht möglich. Die hier mögliche Gewißheit ist nicht die der Nachprüfbarkeit; sie ist eine praktisch-ethische Gewißheit des Glaubens, die auf dem zum sittlichen, menschenwürdigen Dasein erforderten Postulat des Daseins Gottes beruht. Die Festigkeit und Gültigkeit dieser Gewißheit soll nach Kant nicht in Frage stehen; da aber ihre exakte Wissbarkeit ausgeschlossen ist, schien der Tradition immer auch ihre Letztgültigkeit verneint zu sein. Definitiv gilt jedenfalls: **Gott kann nicht gewußt, er kann nur geglaubt werden** (wobei in diesem Glauben nur negativ das nachprüfbare Wissen ausgeschlossen ist, während über die positiven Elemente von Erkenntnis nichts aussagbar ist). - Fichte überbietet diesen Glauben zu einem Wissen des denkenden Ich, an dem das individuelle Ich in abgeschwächter Form Anteil hat. Hier zeigt sich bereits, was später bei **Schelling** und **Hegel** zentral wird: Sie begnügen sich nicht mit Kants Verweis auf ein praktisches Postulat für Gott. **Das Wissen als höchste und sicherste Form von Erkenntnis ist für Gott erforderlich.** Da Fichte und in Abhängigkeit von ihm Schelling Kant auch darin folgen, daß das diskursive Verstandesdenken den empirischen Anfang nicht überbieten kann, dieser Anfang aber als subjektiv und unvollkommen überboten werden muß, gilt ihre Suche einer neuen Form von Wissen, die dies zu leisten vermag - die Lösung heißt: Spekulation. Hegel, durch Schellings Erfahrung mit der Problematik dieser Spekulation weiser geworden, vermag eine Lösung zu erarbeiten, die - über Kant hinaus - eine Überbietung der empirisch unvollkommenen Anfangserkenntnis behauptet.

Hier zeigt sich (unabhängig von der Frage nach der Richtigkeit der einzelnen Erkenntnislehren) ein bedeutsamer Wandel. Kant blieb bei seiner Überzeugung, daß Wissen über die Inhalte der Metaphysik unmöglich sei, weil die Adäquatheit und Nachprüfbarkeit entfällt; Jacobi folgte ihm in dieser Auffassung. Beide verlegen, wenn auch mit unterschiedlichen Akzenten, die metaphysische Erkenntnis in den **Glauben**, der ohne Nachprüfbarkeit auskommt. Die Späteren begnügen sich nicht mit dieser Ausgrenzung; sie suchen Wissensformen, die der Eigenart metaphysischer Inhalte gerecht werden, die aber dennoch das Prädikat Wissen verdienen. Sie schränken damit Erkenntnis und Wissen nicht auf die Empirie ein; Jacobi ist ihnen dabei ausdrücklich Führer über Kant hinaus, wenngleich er die Erkenntnis metaphysischer Inhalte wohl als Vernehmen, Innewerden (also Erkennen), nicht aber als Wissen deklariert. Die durch Kant angeregte kontroverse Fragestellung lautet also: Ist die Gewißheit metaphysischer Wahrheiten Wissen, und in welchem Sinn ist sie Wissen? Bei Kant ist über die Feststellung, daß der Glaube durch die Vernunft verbürgt und damit absolut gewiß sei, nichts weiter auszumachen; Wissensqualität hat er nicht. Jacobi definiert ihn als ein des (demonstrativen) Wissens unbedürftiges unmittelbares Innesein des Wahren. Die Späteren vindizieren den metaphysischen Inhalten Wißbarkeit. Da der Grad der Wißbarkeit anders ist als im Bereich der Empirie, kann der Begriff des Wissens selber nur auf A n a l o g i e beruhen, die hier indirekt wieder zu ihrem Recht kommt, nachdem sie bei Kant ausgefallen war (242) und Jacobi über der Einsicht in die konsequente Haltung Kants ihr noch nicht Ausdruck zu verleihen vermochte.

Ein Gutes hatte Kants Konsequenz: Von nun an konnte nicht mehr in vorkritischer Naivität als echtes Wissen im Sinn der Demonstrabilität ausgegeben werden, was nicht beweisbar war. Objektivität im Sinne logisch notwendiger, d. h. zwingender Beweise war und blieb von da an an die Empirie gebunden. Doch ist diese Form von Objektivität die einzig mögliche? Hier ist Jacobis Hinweis nachzugehen, daß dem Vernehmen als dem Begegnen von Wirklichkeit anstelle der logischen Notwendigkeit besser die Freiheit der Begegnung entspricht. Es ist sodann zu prüfen, ob in der Begegnung, im Vernehmen Wirklichkeit so eindeutig erschlossen wird, daß das nachfolgende diskursive Denken hier keine Bewährung mehr zu leisten vermag und daher gegenüber den Inhalten der Metaphysik überflüssig wird. Mit dieser schon gegenüber Spinoza aufgestellten und in der Auseinandersetzung mit dem Idealismus vertieften Behauptung steht Jacobi allein einer großen Tradition gegenüber, die mit Kant die Überbietung der Anfangserkenntnis durch die nachfolgende Reflexion fordert. Jacobis "Vernunftglaube" oder "Unphilosophie" steht demgegenüber im Verdacht des naiven mangelnden Problembewußtseins. K. H a m m a c h e r verweist darauf, daß Kant gegenüber Jacobi und seinen Anhängern immer wieder auf der Verbindlichkeit der Jacobischen "Gewißheitsannahme" bestanden habe und es als Anmaßung verurteilt habe, wenn einige meinten, über eine höhere geistige Anschauung zu verfügen, die sie der Mühe des diskursiven Denkens enthebe. Eine solche "intellektuelle Anschauung", die auf die unmittelbare Gewißheit des Vernehmens vertraut, entzieht sich jeder Kontrolle; sie verliert nach Kant den Anspruch der Allgemeinverbindlichkeit, den Urteilskraft und vergleichende Vernunft eruieren. Hammacher fügt hinzu, man müsse Kant insofern recht geben, als wenigstens eine "Anweisung" gegeben werden muß, "wodurch diese Gewißheit ins philosophische Bewußtsein kontrolliert eingeführt werden kann ..." (243).

---

242 Der polemisch gemeinte Vorwurf der Analogielosigkeit von C. DE VOGEL (MThZ 28 (1978) 142) hat gegenüber Kant seine Berechtigung.
243 I. KANTS Vorwürfe finden sich in den Schriften: Was heißt: Sich im Denken orientieren? (1786): I. KANT, Werke in 10 Bänden, hrsg. v. W. WEISCHEDEL, V, Darmstadt [3]1968, 267-283; DERS., Von einem neuerdings erhobenen vornehmen Ton in der Philosophie (1796): ebd., 377-396. K. HAMMACHER, a. a. O., 131-135.

Wie kommt Jacobi zu solch strikter Ablehnung des diskursiven Denkens und zu der Behauptung, daß es unfähig sei, die Anfangserkenntnis zu bewähren, ja daß die Inhalte der Metaphysik, um als solche wahr zu sein, dieser Bewährung gar nicht bedürfen? Bei Spinoza hatte Jacobi kritisiert, daß der Versuch, Gott nach Art des Denkens aus einem Prinzip zu verstehen ihn nicht in seiner Größe, Freiheit und Göttlichkeit erkennen, sondern nach der eigenen Vorstellung konstruieren heißt; Gott begegnet dann nicht als er selbst, sondern als Gedanke des Menschen. Es gehört zum Wesen des Denkens - darauf haben Kant und Jacobi zu Recht übereinstimmend aufmerksam gemacht -, daß der Verstand seinen Inhalt begreift und daß dieses Begreifen im Sinn von Besitz ergreifen und hernach als (geistigen) Besitz aus sich heraus setzen zu verstehen ist. Wo Denken in solcher Radikalität verstanden wird, dort fragt sich ernstlich, ob Gott Gegenstand dieses Denkens sein kann, ob er in diesem Sinn ins Verfügen des Menschen treten kann wie andere, tatsächlich manipulierbare Objekte. Kant wie Jacobi folgerten konsequent: Gott kann nicht erkannt werden. Und doch ist dem Menschen seine Existenz und seine Bedeutung gewiß. Diese drängen sich mit fester Gewißheit im praktisch-sittlichen Lebensvollzug auf. Kant begnügt sich mit diesem die Sittlichkeit ermöglichenden Postulat Gottes. Jacobi genügt dies nicht; für ihn erweist sich in diesem Innewerden Gottes auch die theoretisch sichere Gewißheit. Doch ist diese keine Gewißheit des Denkens, sondern der Vernunft als Erkenntnisvermögen.

Mit diesem der Vernunft zugeschriebenen Vermögen einer theoretischen Erkenntnis und der Befähigung zur Einsicht in das Wahre setzt Jacobi sehr deutliche Abgrenzungen gegen Kant. Für letzteren ist die Vernunft wohl höchstes Erkenntnisvermögen, das letztlich die Zuordnung von subjektiv und objektiv, von Empirie, Kategorien und Urteil leistet und damit die Erkenntnis vollendet und reguliert. In diesem Sinn ist Kants Vernunft kein Erkenntnisvermögen im strengen Sinn, sondern ein regulatives Organ (244). Es steht an der Spitze der Vermögen, die apriorisch das Subjekt befähigen, daß es über Realität, Sinn und Gewißheit der Außenwelt befinden kann. Diese Apriorität, die von der Behauptung der Subjektivität von Raum und Zeit bis zur letzten Gewißheitsentscheidung der reinen Vernunft reichen soll, ohne daß sie eine Abhängigkeit oder auch nur eine Korrespondenz gegenüber der Außenwirklichkeit aufzuweisen braucht, - sie hatte Jacobis besonderen Verdacht gegen Kants Erkenntnislehre erweckt. Von ihr aus führte der gerade Weg zu Fichtes transzendentalem Idealismus, in welchem Jacobi in letzter Konsequenz die Konstruktion der Wirklichkeit durch das Ich behauptet sah und mit Recht die Parallele zu Spinoza sah; nur war hier Gott als das absolute Ich=Subjekt allein durch Denken der Schöpfer von Welt, die Ausdehnung im Sinne des materiellen Seins war im Denken allein zugänglich.

---

244 I. KANT, KrV, B 672; s.a. F. WAGNER, Der Gedanke der Persönlichkeit Gottes bei Fichte und Hegel, Gütersloh 1971, 118.

Vernunfterkenntnis als Ort der Gotteserkenntnis

Jacobi hat mit seiner Kritik an Kants Behauptung von den apriorischen Vermögen und ihrer fehlenden (in Kants Werk jedenfalls nirgends thematisierten) Korrespondenz zur Wirklichkeit auf ein entscheidendes Manko in Kants Philosophie hingewiesen. An dieser Stelle bleibt bei Kant unklar, wie der Bezug von der in den Sinnen rezipierten Außenwelt zu den erkennenden Vermögen des Subjekts zu beschreiben ist; man fragt sich, wie dieses Erkennen überhaupt ein Aneignen im Sinne einer Übernahme eines von außen kommenden Objekts sein soll - zu sehr dominiert das Moment der apriorischen Gestaltgebung. Das scholastische Axiom der adaequatio intellectus ad rem scheint - wie schon erwähnt - zu einer adaequatio rei ad intellectum umgekehrt zu sein. Aus dieser Undeutlichkeit oder gar Umdeutung Kants resultiert Jacobis Mißtrauen gegen alle Verstandestätigkeit überhaupt. Ihr gegenüber rekurriert er auf das, was auch für Kant Anfang und Ermöglichung von Erkenntnis war: die Rezeptivität der anfänglichen Erfassung von Außenwirklichkeit. Aber auch hier wird sofort eine Grenze zu Kant deutlich: Kant hatte erklärt, diese Anfangserkenntnis als Ermöglichung von Erkenntnis bleibe immer empirisch und auf empirische Objekte eingeschränkt; darüber hinaus sei sie subjektiv, unvollkommen, ohne letzte Gewißheit. Demgegenüber behauptet Jacobi, daß Erkenntnis nicht wirklich Erkenntnis im Sinne von Rezeptivität und Rezeption (Vermögen und Vorgang von Aneignung der außersubjektiven Vorgaben der Erkenntnis) wäre, wenn man diesem Anfang, der zugleich Initiation und Ermöglichung von Erkenntnis sein soll, Realitätsbezug, Wirklichkeitsbegegnung und damit Erkenntnis von bleibender Gültigkeit abstreiten würde. Die Eröffnung und Ermöglichung von Erkenntnis in der Wirklichkeitsbegegnung ist zugleich bleibende Norm und unüberbietbare Vorgabe der Erkenntnis. Nur wenn Wirklichkeit begegnen, wenn außerhalb des Bewußtseins vorgegebene Wirklichkeit ins Bewußtsein treten kann, ist von Erkenntnis im strengen Wortsinn zu reden. Wenn dies so ist, wenn Erkenntnis Wirklichkeit als wahr erschließt, kann für Jacobi die Denkmanipulation des Subjekts das Wahre nicht erst konstituieren; es ist durch seine Selbsterschließung da. Damit ist ein weiteres deutliches Korrektiv an Kant markiert.

Es erhebt sich nun die Frage, ob Wirklichkeit durchweg intelligibel ist. Für Kant ist sie dies nur insoweit, als sie durch die Sinne vermittelbar ist. Daher seine Feststellung, daß Erkenntnis strikt an Empirie gebunden ist. Die metaphysischen Inhalte, die der Tradition höchster Sinn und lohnendste Aufgabe der Erkenntnis zu sein schienen, bleiben in einer eigentümlichen Ambivalenz von Gewißheit und doch fehlender Erkennbarkeit. W. Weischedel, der sich zeitlebens intensiv mit Kant befaßt und ihn immer hochgeschätzt hat, urteilt letztlich resigniert: "... das Ergebnis kann nicht als zureichend angesehen werden". Der nach der Zerstörung der traditionellen metaphysischen Theologie versuchte neue Weg "einer moralisch begründeten Philosophischen Theologie" erweist sich als "ungangbar" (245). - Jacobi betont gegenüber Kant, daß das wie immer geartete Wissen oder Bewußtsein oder Gewiß-sein Gottes, wenn auch durch die Moralität der Person vermittelt, eben auf einer auch theoretisch gewissen Intelligibilität beruht. Erkenntnis kann nicht ihre Grenze dort haben, wo für sie der höchste Sinn anfängt und wo die Würde des Menschen ihre Ermöglichung empfängt. Erkenntnis kann daher nicht nur an die Empirie gebunden sein. Und auch diese über die Empirie hinausreichende intelligible Welt der Metaphysik muß von der vom Verstand unabhängigen Anfangserkenntnis voll und umfassend, objektiv und unzweifelbar gewiß erkannt werden.

Das Vermögen, das diese Erkenntnis zu leisten vermag, ist die Vernunft. Jacobi bestimmt sie mit Kant als höchstes Erkenntnisvermögen. Doch erhält sie eine ganz andere Funktion als bei jenem: Sie ist nicht höchstes Regulativ von Erkenntnis, sondern höchstes Vermögen von Erkenntnis. Sie ist ihrem Wortsinn entsprechend als das Vermögen zu bestimmen, das die begegnende Außenwelt vernehmen kann, aber eben nicht die Welt, die in den Sinnen aufscheint und vom Verstand nach Zwecken des Bedarfs und der Notwendigkeit angeeignet wird. Der Vorzug der Vernunft, das, was sie zum höchsten Erkenntnisvermögen macht (was ihren "königlichen Namen" ausmacht (246)), ist ihr "Vermögen" oder "Sinn für das Übersinnliche" (247). Nur dadurch, nicht als höchstes regulatives Vermögen ist Vernunft höchstes Erkenntnisvermögen; sie hat den Zugang zu den höchsten Wahrheiten. Insofern konstituiert Vernunft auch die Philosophie, wie die übrigen Wissenschaften durch Sinnlichkeit und Verstand konstituiert werden, mit dem Unterschied freilich, daß Philosophie unmittelbares Wissen des Wahren von Gott, Tugend, Freiheit und unsterblicher Person ist (248), während Wissenschaft im strengen Sinn der regulativen Tätigkeit des Verstandes unterliegt. Demgemäß entspricht auch der Ermöglichung der sinnlichen Erkenntnis eine "Erkenntnisquelle" des Übersinnlichen; der "Anschauung durch den Sinn" parallel ist eine "rationale Anschauung durch die Vernunft". Sie ist "das Vermögen ... einer von der Sinnlichkeit unabhängigen, ihr unerreichbaren Erkenntnis". Alle unsere Erkenntnis beruht daher entweder "auf Sinnes-Empfindung oder auf Geistes-Gefühl". Beide Vermögen oder Erkenntnisquellen sind voneinander unableitbar, stehen sich gegenüber. Beide schaffen keine Begriffe, bauen keine Systeme, urteilen nicht, sondern sind "bloß offenbarend, positiv verkündend". Beide stehen auch in ihrer Erkenntniskraft über dem Verstand; denn alles Demonstrieren kann nur ein Zurückführen der Begriffe auf die Anschauung sein, die "in Beziehung auf Naturerkenntniß das Erste und Letzte, das unbedingt Geltende,

---

245 W. WEISCHEDEL, Der Gott der Philosophen, I, Darmstadt 1975, (211-) 213.
246 Vgl. F. H. JACOBI, WW II, 14; s. a. ebd., 21-29.
247 A. a. O., IV 1, XXI par. II, 9; 10 f. u. ö.
248 A. a. O., II, 10 f.; 63 u. ö.

das Absolute" ist. "Aus demselben Grunde gilt auch keine Demonstration wider die rationale oder Vernunftanschauung, die uns der Natur jenseitige Gegenstände zu erkennen giebt, d. h. ihre Wirklichkeit und Wahrheit uns gewiß macht".

Sinnesempfindung und Geistesgefühl sind also die zwei grundlegenden, unmittelbar und gewiß Wahrheit erschließenden Erkenntnisquellen, die nicht überbietbar sind. Es wäre jedoch eine unzulässige Vermischung der zwei gesonderten Erkenntnisarten, wenn man das Wissen, das aus sinnlicher Anschauung resultiert und im Verstand regulativ bewährt wird, - allein deswegen, weil es im gewöhnlichen Sprachgebrauch Wissen im eigentlichen Sinn heißt - über das Geistgefühl und sein Wissen stellen würde. Das ist so wenig richtig, wie das Tier und sein Zweckerkennen über dem Menschen, die Materie über dem Intellekt, die Natur über ihrem Urheber steht (249).

Die Bedeutung des Gefühls

Das Geistesgefühl als das die übersinnlichen Wirklichkeiten erkennende Wissen ist seiner Wissensqualität nach Gefühl. Dieses affiziert die Vernunft, woraus das unmittelbare Wissen resultiert. - Nun ist Gefühl ein philosophisch vielschichtiger Begriff, der seit Beginn der Neuzeit eine komplexe Geschichte hat (250). Kant etwa bestimmt Gefühl als "inwendigen Sinn", als "Empfänglichkeit des Subjekts", in der das Subjekt sich selbst fühlt, während "gar nichts im Objekt bezeichnet" wird. Demgegenüber ist die Empfindung eine objektive Vorstellung der Sinne. Am Beispiel interpretiert: Die grüne Farbe der Wiese ist eine objektive Empfindung; sie sagt etwas über deren Erkennbarkeit aus; dagegen gehört das Angenehme der Farbe zur subjektiven Empfindung, die keinen Gegenstand vorstellt. Es ist Objekt des Wohlgefallens, und dieses ist kein Moment von Erkenntnis. Das Gefühl trägt also nichts zur Erkenntnis bei. Dagegen verschafft das Gefühl der Lust etwas, "das die fühlende Vergegenwärtigung des Naturschönen wie auch des Kunstschönen begleitet", die "subjektive Vorstellung der Zweckmäßigkeit". Darin drückt sich die Angemessenheit des Gegenstandes zu den Erkenntnisvermögen aus; die Affektion, die der Gegenstand bewirkt, beeinflußt nicht die Erkennbarkeit, sondern die subjektive Gestimmtheit, die den Bezug von der Erkenntnis zur Frage der Zweckhaftigkeit regelt und rein ästhetisch wirkt. Eine solche "ästhetische Vorstellung der Zweckmäßigkeit" ist kein Widerspruch; als unmittelbares Interesse an der Schönheit schafft es eine dem moralischen Gefühl günstige

---

249 Ebd., 58-60; dort auch die Zitate; Unterstreichungen wurden weggelassen.
250 Vgl. U. FRANKE - G. OESTERLE - H. EMMEL - S. RÜCKER, Art. Gefühl: HWPh III, Basel - Darmstadt 1974, 82-94.

Gemütsstimmung. Darin wiederum erweist sich die Achtung für unsere eigene Bestimmung als Vernunftwesen, d. h. das Gefühl für unsere übersinnliche Bestimmung (251). - Hier zeigt sich ein Zusammenhang mit der Erkenntnis, der nichts zur Förderung der Erkenntnis beträgt, der aber subjektive Gestimmtheit im Blick auf die höhere Bestimmung des Menschen ausdrückt: Das Gefühl leistet keine Erkenntnis; aber es vermag den Zusammenhang von Erkenntnis und höherer Bestimmung ahnen zu lassen. - Diese Einschränkung des Gefühls auf Subjektivität und Unbrauchbarkeit für die Erkenntnis übernimmt auch Fichte. "Es steht bei ihm für die nur eingeschränkte subjektive Reflexion des Ich. Doch setzt diese Beschränkung 'notwendig einen Trieb voraus, weiter hinaus zu gehen ...' " (252).

Eine andere Richtung deutet sich mit Goethe an. Hier drückt sich im Gefühl "die Unteilbarkeit einer den ganzen Menschen erfassenden, ihn selbst überraschenden, überstarken Bewegung (aus), die er als Antwort auf ein auf ihn Zukommendes empfindet, das Besitz von ihm ergreift und das er sich so zu eigen macht, daß jene Vereinigung von Innen und Außen, von Ich und begegnender Welt, sich vollzieht, die das Geheimnis und zugleich die Eigenart des Erlebnisphänomens ist, für das er 'keinen Namen' hat; 'Gefühl ist alles' ..." (253). Entsprechend ist Gefühl eine aus dem Innern sich entwickelnde Offenbarung, die den Menschen seine Gottähnlichkeit vorausahnen läßt. Gefühl ist hier der Erkenntnismodus, wie das Ganze des Lebens(sinnes) erkannt wird; entsprechend ist es der Modus und Ort der höchsten Erkenntnis. Gefühl als Höchst- und Vollgestalt von menschlicher Erkenntnis steht hier der Qualifikation entgegen, die von Kant bis Hegel im Gefühl eine subjektive, höchstens anfängliche, für die Erkenntnis (und damit für Wahrheit und Gewißheit) unzureichende Erkenntnisform sieht.

Dieser Ambivalenz unterliegt Jacobis Verwendung des Begriffs. Es ist offensichtlich, daß Jacobi mit Kant dem Gefühl den Raum des Ästhetischen, der Moral und der Übersinnlichkeit - der Metaphysik - zuweist; im Bereich der natürlich-empirischen Erkenntnis hat es keinen Platz. Insofern hat Gefühl bei ihm nicht den überschwänglich umfassenden Platz wie bei Goethe (im Sturm und Drang und in der Klassik). Aber in der Qualität, die diese Erkenntnisform in metaphysicis zu leisten vermag, folgt er Kant nicht: Weder die Indirektheit des Zusammenhanges von Gefühl und Übersinnlichkeit, noch die Untauglichkeit als Erkenntnis vermag er zu akzeptieren. Im Gegenteil: Hier, im Bereich der Metaphysik, leistet das Gefühl alles: Es erfaßt unmittelbar die sich ihm offenbarenden Ideen; es erkennt sie adäquat und umfassend; es ist das einzige Vermögen des Menschen, das dazu befähigt. Es ist die Erkenntnisform der Vernunft. "Und so gestehen wir denn ohne Scheu, daß unsere Philosophie von dem Gefühle, dem objectiven nämlich und reinen, ausgeht; daß sie seine Autorität für eine

---

251 Ebd., 84-86 mit Verweis auf I. KANT, KU.
252 Ebd., 92.
253 Ebd., 91.

allerhöchste erkennt, und sich, als Lehre von dem Uebersinnlichen, auf diese Autorität allein gründet" (254).

Man könnte nun urteilen, daß das Gefühl in der Skala der Erkenntnisäußerungen - und als solche muß man es, anders als Kant dies tat, durchaus akzeptieren; denn es vermag etwas zur Erkenntnis beizutragen - einen zwar anfänglichen, aber eben doch unvollständigen, ungenauen, ungesicherten Stand hat und von Anschauung, Reflexion, Vorstellung und Begriff überboten werden kann oder muß. In diese Erkenntnistheorie, der Hegel zu ihrem Recht verholfen hat, ist immerhin die totale Negativbewertung Kants und Fichtes entfallen; Hegel hat Jacobis Bedeutung in der Philosophiegeschichte als Korrektiv gegenüber dem Kritizismus viel zu hoch eingeschätzt, als daß er das Anliegen Jacobis verkannt hätte (255). Aber die Frage, ob die hierdurch umschriebene Erkenntnis die Qualität von Erkenntnis, Wissen oder gar den Anspruch der umfassenden Einsicht in ihren Gegenstand hat, ist in der Hegelschen Interpretation verneint. Jacobi vindiziert dem Gefühl wesentlich mehr: Unmittelbarkeit, Klarheit und Gewißheit, Vollständigkeit gegenüber den Inhalten der Metaphysik sind nach ihm in dieser Erkenntnisform als der in Sachen Metaphysik allein möglichen behauptet; Goethe ist ihm in dieser Ansicht vorausgegangen; Spätere wie Schleiermacher, Schlosser u. a. sind ihm hierin gefolgt (256).

Sind dies nun Utopisten? Aus Jacobis Interpretation ebenso wie aus Schleiermachers Ausführungen läßt sich eine andere Intention ersehen: Das Gefühl, das gerade gegenüber den Fragen nach Daseinssinn besonders lebendig ist, versteht sich nicht als ein Drittes neben Denken und Wollen, sondern liegt ihnen zugrunde; es ist eine bewußte Grundbefindlichkeit des Lebens, die nicht aus den Weltbezügen des Menschen resultiert, sondern auf unser Woher verweist. Man darf M. Redekers Schleiermacher-Interpretation auch auf Jacobi anwenden: Dieses "Gefühl als Bestimmtheit des unmittelbaren Selbstbewußtseins ist ... der Urakt des

---

254 F. H. JACOBI, WW II, 61; s. a. ebd., 60-67.
255 Zu HEGELS Philosophie wären im Grunde alle Schriften anzuführen; hier sei verwiesen auf seine "Vorlesungen über die Philosophie der Religion" in der Ausgabe G. LASSON, Hamburg ²1966, bes. Teil I. Zu Jacobis Beurteilung durch Hegel: J. G. W. HEGEL, Glauben und Wissen: Werke, Ed. Suhrkamp, II, Frankfurt/Main 1970, 333-393; DERS., Vorlesungen über die Geschichte der Philosophie, III: Werke, Ed. Suhrkamp, 20, Frankfurt/M. 1971, 315-329; DERS., Rezension zu: Friedrich Heinrich Jacobis Werke. Dritter Band: Werke, Ed. Suhrkamp IV, Frankfurt/M. 1970, 429-461.
256 Besonders bezeichnend hierfür ist F. E. D. SCHLEIERMACHER, Über die Religion. Reden an die Gebildeten unter ihren Verächtern (1799): neu hrsg. v. H. J. ROTHERT, Hamburg 1961.

Geistes vor der Differenzierung des Geistes in Denken, Fühlen und Wollen, besonders aber ein Vorgang des Selbstbewußtseins, der die Spaltung in Subjekt und Objekt, wie sie das gegenständliche Erkennen vollzieht, nicht anerkennt, und die Einheit der menschlichen Existenz als Voraussetzung aller geistigen Tätigkeit begründet" (257).

Die Entstehung der übersinnlichen Erkenntnis erwächst, wie Th. Steinbüchel feststellt, aus einem irrational undurchsichtigen, dem Gefühl der Ganzheit allein zugänglichen Seinszusammenhang von Mensch und Gott. Hier ist zweifellos der Beginn einer Theorie der ganzheitlich-personalen Begegnung als Erkenntnisform, die aus Skepsis gegenüber der Erkenntnisfähigkeit des diskursiven Denkens den Schwerpunkt in die Begegnung, in die Selbsterschließung Gottes und ihr Innewerden durch den Menschen verlegt (258).

Glaube - faith

Die Theologie nennt diese Gotteserkenntnis oder -erfahrung G l a u b e . Sie ist hierin nicht eigenständig. Denn Jacobi ist ihr hierin vorausgegangen. Parallel zu Kant und seiner These vom "Vernunftglauben" formuliert er: "Von dem, was wir wissen aus Geistes-Gefühl, sagen wir, daß wir es g l a u b e n . So reden wir Alle. An Tugend, mithin an Freyheit, mithin an Geist und Gott, kann nur g e g l a u b t werden". Dieser Glaube ist die Wesensäußerung der Vernunft: "Glaubenskraft" ist "das Vermögen der Voraussetzung des an sich Wahren, Guten und Schönen, mit der vollen Zuversicht zu der objectiven Gültigkeit dieser Voraussetzung" (259). - Daß dieser Glaube als ganzheitlich-personal bewußtes Inne- und Einssein mit der metaphysischen Wirklichkeit (und diese Wirklichkeit ist wesensmäßig G o t t) in der traditionellen Terminologie als u n m i t t e l b a r e s W i s s e n zu qualifizieren ist, diese Bestimmung teilt Jacobi insbesondere mit dem für Kant wichtigen D . H u m e . Nach diesem kommt den Sinnen zur Aufnahme der empirisch gegebenen Daten unmittelbare Gewißheit und direkter Realitätsbezug zu. Jacobi vindiziert der von ihm der Sinnesempfindung konstituierten Vernunftanschauung (=Geistesgefühl) die nämliche unmittelbare Gewißheit und Realitätsbezogenheit. Die gesamte Abhandlung "David Hume über den Glauben oder Idealismus und Realismus" dient dem Nachweis dieser parallelen Unmittelbarkeit. Die "faith" - Glaube - ist dieses Vermögen und dieser Weg. Jacobi zitiert Hume: "Ich sage also, daß Glaube nichts anders ist, als eine stärkere, lebendigere, mächtigere, festere,

---

257 M. REDEKER, Einleitung: F. E. D. SCHLEIERMACHER, Der christliche Glaube, Berlin [7]1970, XXXI; s. a. F. WOLFINGER, Der Glaube nach J. E. von Kuhn, Göttingen 1972, 17-22; 31 f.
258 Vgl. TH. STEINBÜCHEL, Das Grundproblem der Hegelschen Philosophie, Bonn 1933, 35-39.
259 F. H. JACOBI, WW II, 60; 10 f.

anhaltendere Vorstellung eines Gegenstandes, als die Einbildungskraft allein je zu erreichen im Stande ist". (Die Einbildungskraft ist ein Vermögen des diskursiv denkenden Verstandes nach Kant). Entsprechend kann die Philosophie wesensmäßig "nicht mehr herausbringen, sondern muß dabey stehen bleiben, daß Glaube Etwas von der Seele Gefühltes sey, welches die Bejahung des Wirklichen und seine Vorstellung, von den Erdichtungen der Einbildungskraft unterscheidet" (260).

Gott und die Freiheit

Der reale Ort dieser ersten Theorie eines "philosophischen Glaubens" (Der "David Hume" erscheint zeitgleich mit Kants zweiter Auflage der "Kritik der reinen Vernunft") ist weniger die Sinnenerkenntnis als vielmehr dort, wo Glaube dem Sprachgebrauch entsprechend anzutreffen ist: beim Menschen, genauer: bei dem, was das Menschsein in besonderer Weise ausmacht. Darin vertieft Jacobi Humes Glaubenstheorie. Das aber, was das Menschsein ausmacht, ist der untrennbare Zusammenhang von Vernunft, Freiheit und Gottes-Gewißheit. Die Freiheit spielt dabei die besondere Rolle des Führers der Vernunft zu Gott. Denn Gott ist - darin ist Jacobi durch die Negativerfahrung besonders seit Beginn der Neuzeit skeptischer als Augustin und Descartes, die meinten, vom Gottesbewußtsein erst auf das menschliche Selbstbewußtsein schließen zu dürfen - weniger eindeutig bewußt als die elementare und unmittelbare Gewißheit der Freiheit, die unmittelbar auf Schritt und Tritt begegnet und Voraussetzung menschenwürdigen Daseins ist. Die Freiheit anerkennen, deren man unmittelbar gewiß ist, heißt zugleich die mit ihr mitgesetzten übrigen Inhalte der Metaphysik mitanerkennen. Die Freiheit ist also sowohl der Führer der Vernunft zu Gott wie auch der von der Vernunft einzusehende Inhalt derselben neben Gott. Wo Freiheit anerkannt wird, ist Gott geglaubt. Die Unmittelbarkeit, mit der beide sich offenbaren, ermöglicht diese Doppelgestalt der Freiheit von Führung und Inhalt für die Vernunft. Vernunft und Freiheit sind unzertrennlich in dem Sinn, daß die Vernunft durch die Freiheit sich als höchstes Erkenntnisvermögen entdeckt, und in dem anderen Sinn, daß die Vernunft die Freiheit innewird. Freiheit und Gott, d.h. seine in der Freiheit mitgesetzte Vorsehung sind unzertrennlich, weil sie miteinander dem Menschen seine Würde und deren Vorgegebenheit durch Gott offenbaren (261). Der Freiheitsbegriff ist als Be-

---

260 Ebd., 125-288, bes. 162-163; von dort auch die Zitate. Sie sind entnommen aus D. HUME, Enquiry concerning Human Understanding, V: neu: D. HUME, The Philosophical Works, hrsg. v. TH. H. GREEN - TH. H. GROSE, IV, Aalen 1964, 1-135, bes. 40-47.
261 Vgl. Jacobis Abhandlung "Ueber die Unzertrennlichkeit des Begriffes der Freyheit und Vorsehung von dem Begriffe der Vernunft" (1799): WW II, 311-323.

griff des Unbedingten unvertilgbar verwurzelt im menschlichen Gemüt; er veranlaßt zu der über allem Bedingten liegenden Erkenntnis des Unbedingten. Ohne das Bewußtsein dieses Begriffs wäre es unmöglich, die Schranken des Bedingten als Schranken zu sehen. Doch ist der Begriff "un-bedingt" noch negativ als Negation des erfahrbaren Bedingten. Ein Negatives als Spitze der Philosophie zu setzen, ist widersinnig und kann höchstens vom Verstand vollzogen werden, der ja vom Gegebenen ausgeht und im Nachvollzug umgekehrt zur vorgegebenen Wirklichkeit, vom Gegebenen zum Vorgegebenen gelangen kann (Verstand als Vermögen des Nachvollzugs und der Umkehrung des Wahren, Vorgegebenen). Das Gefühl der Vernunft überwindet diesen Widersinn, setzt positiv statt des in der Abstraktion erreichten Absolut-Unbestimmten das Wahrhaft-Unbedingte. Damit überwindet die Vernunft, die von der Freiheit geführt ist, im vorausgesetzten Wissen um diese Freiheit den Kausalzusammenhang der Notwendigkeit, an die der diskursiv denkende Verstand gebunden ist. Die Notwendigkeit des Denkens, des Schlußfolgerns, Einbildens und Urteilens, die nur in dieser logisch zwingenden Kausalität möglich ist, wird überwunden im Bewußtsein der Freiheit. In ihr weiß sich der Mensch unmittelbar, instinktiv und objektiv gewiß mit einem Teil seines Wesens als nicht zur Natur gehörig, nicht aus ihr entsprungen und nicht an sie gebunden. Er fühlt diese Freiheit, indem er sie aktiv realisiert, sich über die Natur erhebt und sie sich dienstbar macht. Freiheit ist nur bewußt in ihrem praktischen Vollzug, nicht in der theoretischen (dem Verstand verhafteten) Reflexion. Die Freiheit als Überwindung der Bindung an (logisch-kausal zwingende) Notwendigkeit ist nur möglich als Praxis, als realisierte Freiheit. Realisierte Freiheit aber ist die Sittlichkeit als die Erhebung des Menschen über das Bedingte, Zweck- und Naturgebundene. Sie ist als Erhebung des Menschen auch über seine Natur die Erhebung zu Gott (262).

Überspringt damit der Mensch sein Menschsein? Kann er - wie Jacobi einmal spöttisch über Spinoza sagt - auf seine eigenen Schultern steigen, um eine freiere Aussicht zu haben? Wie also ist diese Erhebung zu Gott, diese Jacobische Art von Gotteserkenntnis möglich? Gott als der Unbegreifliche, der nicht in der Unmittelbarkeit und Klarheit des Freiheitsbewußtseins dem Menschen bekannt ist, wäre zum Lückenbüßer der theoretischen Vernunft degradiert, wenn er als die Aporie des Denkens in seinem höchsten Vollzug, der sein entscheidender sein soll, nur als die Grenze, der Unbegreifliche, der Unerkennbare zugänglich wäre. Er wäre andererseits nicht mehr Gott, wenn er im Sinne Spinozas (und später Schellings) als der tiefste Grund des Menschen (des Denkens) diesem Teilhabe an sich gewährte - wenn er Teil des Menschseins wäre (263).

Daß Gott nicht im Menschen, daß der Mensch nicht Gott ist, das zeigt sich in der Redeweise, die diese von der Freiheit geleitete Erhebung des

---

262 Ebd., 80 f.; 65-67; 315-319.
263 A.a.O., III, 42; 37-41; 42 f.

Menschen zu Gott, die mit der Sittlichkeit einhergeht, Glaube nennt. "Glaube ist (daher) die Abschattung des göttlichen Wissens und Wollens in dem endlichen Geiste des Menschen. Könnten wir diesen Glauben in ein Wissen verwandeln, so würde in Erfüllung gehen, was die Schlange im Paradiese der lüsternen Eva verhieß: wir würden seyn wie Gott". Lüsternheit heißt Unsittlichkeit im Sinne von Wissenwollen statt Glauben. Glauben hingegen, identisch mit sittlich sein, meint: auf Gott schauen und in sich ein reines Herz und einen gewissen Geist, außer sich Gutes und Schönes schaffen. "... schaffende F r e y h e i t ist also kein erdichteter Begriff; ihr Begriff ist der einer V o r s e h u n g s - und W u n d e r k r a f t, wie der Mensch solche in seiner vernünftigen Persönlichkeit durch sich selbst inne wird; wie solche überschwänglich seyn muß in Gott, wenn die Natur von ihm, und nicht er von der Natur ausgegangen ist ..." (264). In sich wird der Mensch mit der Freiheit auch der Vorsehung inne, die in Gott in unendlicher Fülle waltet und den Menschen in ihr Wirken einbezieht.

Dieses Gott-Innewerden erfolgt "instinktmäßig"; die Beschreibung Jacobis läßt kaum ein Urteil darüber zu, ob es als Schlußfolgern oder als Offenbarung letztlich zu qualifizieren sei. Jacobi beharrt darauf, daß man Gottes unmittelbar gewiß ist. Jacobi beschreibt den Zusammenhang so: "So gewiß ich Vernunft besitze, so gewiß besitze ich mit dieser meiner menschlichen Vernunft n i c h t die Vollkommenheit des Lebens, n i c h t die Fülle des Guten und Wahren; und so gewiß ich dieses mit ihr n i c h t besitze, u n d e s w e i ß; so gewiß w e i ß ich, es ist ein h ö h e r e s Wesen, und ich habe in ihm meinen Ursprung. Darum ist denn auch meine und meiner Vernunft Losung nicht: I c h; sondern, M e h r als Ich! B e s s e r als ich! - ein ganz A n d e r e r". Und ferner: "Ich bin nicht, und ich m a g nicht seyn, wenn E r nicht ist! - Ich selbst, wahrlich! kann mein höchstes Wesen mir nicht seyn... So lehret mich meine Vernunft instinktmäßig: G o t t. Mit unwiderstehlicher Gewalt weiset das Höchste in mir auf ein Allerhöchstes über und außer mir; es zwingt mich aus Liebe das Unbegreifliche - ja das im Begriff U n m ö g l i c h e zu glauben, in mir und außer mir, aus Liebe, durch Liebe" (265). Damit ist die "kurze Frist" der Transzendentalphilosophie, von der am Ende der Spinoza-Interpretation die Rede war (266), überwunden; denn sie setzt den "Trieb der Ichheit", den Hochmut an die Stelle dessen, was das Innerste - das Herz - des Menschen ausmacht. Darin aber allein, nicht in der Ichheit liegt des Menschen Seligkeit (267).

---

264 A.a.O., II, 45. Das Zitat vorher: ebd., 55 f.
265 A.a.O., III, 35.
266 S.o. das Ende des Abschnitts II.
267 F.H. JACOBI, WW III, 41.

Versuch einer kritischen Würdigung

Mit dieser Beschreibung sind die Wesenszüge von Jacobis Idealismus-Kritik und seiner eigenen Erkenntnis- und Gotteslehre skizziert. Hier zeigt sich neu, was schon in der Spinoza-Kontroverse erarbeitet war. Jedoch hat die Beschäftigung mit dem Kritizismus Kants und mit dem Idealismus Fichtes wichtige Ergänzungen erbracht: Sie hat auf die Problempunkte in der Erkenntnistheorie des Idealismus mit einer seltenen Deutlichkeit und Gründlichkeit aufmerksam gemacht, die bleibende Gültigkeit behalten. Sie hat Jacobi ferner veranlaßt, seine eigene - bis dahin eher hymnisch-rhapsodische - "Unphilosophie" zu präzisieren, zu begründen und abzusichern. Das Ergebnis ist eine Erkenntnislehre, die den Beginn sowohl einer am Menschen orientierten Gotteslehre als auch einer ganzheitlich-personalen Erkenntnistheorie markiert. Mit Jacobi und seinen Kontroversen nimmt die anthropologische Wende in der philosophischen Theologie ihren nachweisbaren ersten großen Anfang. Mit seiner Skepsis gegenüber den idealistischen Reflexionen über Metaphysik von Descartes und Spinoza bis Fichte ermöglicht und thematisiert er den Anfang einer Erkenntnislehre, die über die theoretischen Vermögen des Menschen hinaus die Praxis als konstitutiv für die Erkenntnis in die Überlegungen mit einbezieht. Kant, dem man meistens dieses Verdienst zuschreibt, war z e i t l i c h nicht früher dran. Daß s a c h l i c h Jacobis Entwurf ergiebiger war, als der Kantische, wird kaum bestreiten, wer sich intensiv mit der Philosophie beider befaßt. Jacobi hat eine philosophische Richtung initiiert, die sich seitdem immer wieder Gehör verschafft hat und die in der Philosophie unseres Jahrhunderts wohl am meisten Nähe zu den Namen M. S c h e l e r (268) und M. B u b e r aufweist, wobei sich letzterer ausdrücklich auf Jacobi beruft (269).

Man würde Jacobis Philosophie keinen Gefallen erweisen, wenn man sie unkritisch als richtig, vielleicht gar als d e n neuen Weg anpreisen wollte. Dagegen steht zu deutlich, was Kant durch seinen Kritizismus notwendig artikuliert hat. Es sind vor allem drei offene Probleme, die es zu bedenken gilt:
a) Das erste Problem ist die Frage, ob Jacobis Theorie von einem der Sinnesempfindung parallelen Geistesgefühl stimmt, das eine umfassende Erkenntnis der Inhalte der Metaphysik leisten soll. Kant hatte die Möglichkeit eines echten Wissens im außerempirischen Bereich verneint und stattdessen eine auf dem Postulat praktisch-sittlichen Verhaltens beruhende Gewißheit behauptet. Jacobi nennt - ähnlich wie Kant - seine Gewißheit

---

268 M. SCHELER, Vom Ewigen im Menschen (1917), Bern [5]1954.
269 M. BUBER, bes. in seinem Werk: Ich und Du: Schriften zur Philosophie (Werke, I), München - Heidelberg 1962, 77-170. Bubers Berufung auf Jacobi: Nachwort zu: Die Schriften über das dialogische Prinzip, Heidelberg 1954, 287 (-305).

einen Glauben; doch meint Glaube bei ihm nicht Unvollständigkeit des Wissens, sondern Vertrauen in die Wahrheit und Gewißheit dessen, was sich dem Menschen für den Sinn seines Menschseins erschließt. Dieses Vertrauen soll so für Wahrheit und Gewißheit stehen, daß eine Bewährung dieser Einsicht, Ahndung oder Offenbarung nicht erfordert ist- eine Bewährung, die gar nicht möglich ist. Es ist sicher, daß solch anfanghafter Erkenntnis das Prädikat Wissen noch nicht zusteht, weder im Bereich der Empirie noch in dem der Metaphysik. Im ersteren ist eine logisch stringente Bewährung nicht nur nötig, sondern auch möglich. Im zweiten soll diese, weil auf Selbsterschließung des sich offenbarenden Gottes beruhend und die Vernunft, nicht den Verstand affizierend, gar nicht nötig sein. Man wird, um dem im Streit Kant-Jacobi offenen Problem gerecht werden zu können, davon ausgehen müssen: Auch im Bereich des Übersinnlichen ist Erkenntnis möglich, weil das Reich der Ideen eine intelligible Welt ist und die Offenheit des menschlichen Geistes diese Welt tangiert. Jacobi hat wohl auch mit seiner ganzheitlich-personalen Erkenntnistheorie darin recht, daß diese mehr zu leisten, mehr zu erkennen vermag als die an Empirie und diskursives Denken gebundene Erkenntnis. Insofern ist (und erkennt) Glaube mehr als Wissen. Doch scheint es nötig, darauf hinzuweisen, daß die Nähe oder Ferne des Glaubens zum Wissen aufgrund dieser über die theoretischen Vermögen des Menschen hinausreichenden ganzheitlichen Struktur nur in der Weise der Analogie des Glaubens zum Wissen zu beschreiben ist: Glaube ist Wissen nur quodammodo. Da wir aber sagen können, was Wissen ist, während wir Glauben als Erkenntnismodus nur in Analogie zum Wissen beschreiben können, scheint Kant gegenüber Jacobi im Vorteil zu sein. Doch ist dies nur ein scheinbarer Vorteil. Es bleibt festzuhalten, daß Jacobi seinen Neuaufbruch nicht genügend beschreiben konnte.

b) Damit ist bereits das zweite Problem angesprochen: Ist Jacobis Behauptung zulässig, daß die Vernunfterkenntnis gegenüber Inhalten der Metaphysik keiner diskursiven Bewährung fähig und bedürftig ist? Von Kant über W. von Humboldt, Hegel bis herein in die Gegenwart (K. Hammacher, F. Wagner) wird dies Jacobi immer als offene Frage vorgehalten (270). Kant hatte in der Überzeugung, daß ein diskursives Wissen von metaphysischen Inhalten unmöglich sei, das "höhere Wissen" der Unmittelbarkeit glossiert. Seit Hegel (eigentlich schon seit Schelling, wovon noch zu reden sein wird) gilt Kants Zweifel nicht mehr. F. Wagner sucht in seinem genannten Exkurs sogar einen expliziten Nachweis, daß Jacobis Thesen über die Gotteserkenntnis gar nicht möglich wären ohne dieses von Jacobi bestrittene diskursive Denken. Wo also liegt die

---

270 KANT: s. o. Anm. 243; HUMBOLDT: Briefe von Wilhelm Humboldt an Friedrich Heinrich Jacobi, hrsg. v. A. LEITZMANN, Halle 1892, bes. 91-96; HEGEL: s. o. Anm. 254; K. HAMMACHER: s. o. Anm. 243; F. WAGNER: Der Gedanke der Persönlichkeit Gottes bei Fichte und Hegel, Gütersloh 1971, bes. 121-131.

Wahrheit oder der Schlüssel für den richtigen Schiedspruch zwischen
Jacobi und seinen Kritikern?

Hier wäre die lange Reihe der Erkenntnistheorien zu diskutieren, die einerseits im Kantischen Sinne die Möglichkeit des adäquaten Denkens und Wissens über Gott ablehnen oder andererseits eine Art höheres Wissen im Sinne der Schellingschen Spekulation oder der (Neu-)Scholastik - analog der sapientia des Thomas v. A. - behaupten (271). Es wäre ferner einzugehen auf die Theorie, die etwa in der Verstandesbewährung ein dem diskursiven Denken analoges indirektes Schlußverfahren annimmt, welches in jedem Denkakt und Freiheitsvollzug im Bewußtsein menschlicher Endlichkeit und in der gefühlten Offenheit des Geistes, die über diese Endlichkeit hinausreicht bzw. -weist, immer schon das unmittelbare Gewißsein der unendlichen, unser Dasein tragenden Fülle mitsetzt. In diesem Sinn versucht K. R a h n e r den Dualismus zwischen Kantischem Skeptizismus und scholastischem Optimismus in der Erkenntnis zu vermitteln (272).
Es ist auch auf den Tübinger J. E. von Kuhn zu verweisen, der, zwischen Jacobi und Hegel ausdrücklich vermittelnd, von der Seinsunmittelbarkeit des unmittelbaren Wissens und von der Wahrheit dieses anfänglichen Bewußtseins ausgeht, dieses aber einer Bewährung durch das Denken für nötig erachtet, um Wahrheit und Gewißheit zu sichern. Nach Kuhn kann das Ergebnis dieser Reflexion nur sein: Das diskursive Denken kann nur negativ jede dem unmittelbaren Wissen widersprechende andere Erkenntnis ausschließen. Es bewährt damit nur das, was am Anfang als wahr erahnt, erfaßt oder "geglaubt" wurde. Damit war diese Bewährung jedoch nicht überflüssig; vielmehr war sie nötig, damit die Wahrheit des Anfangs als gesichert festgehalten werden kann (273). In der Richtung der Kuhnschen und der Rahnerschen Überlegungen wird man wohl die Lösung dieses grundsätzlichen, von Jacobi noch nicht völlig einsichtig gelösten Problems rechter Erkenntnis (insbesondere) der Gottesfrage suchen müssen. - Es wird nötig sein, in der Beurteilung der Jacobi-Schelling-Kontroverse darauf noch näher einzugehen.

---

271 Vgl. hierzu die Kontroverse von F. J. CLEMENS und C. v. SCHÄZLER mit J. E. VON KUHN im 19. Jahrhundert: F. WOLFINGER, a. a. O., 235-271; 271-277.

272 K. RAHNER vertritt diese Auffassung seit Hörer des Wortes, München 1941, und breitet sie im Grundkurs des Glaubens, Freiburg 1976, neu aus.

273 Kuhns Theorien wurden erstmals im Grundriß entwickelt in: Jacobi und die Philosophie seiner Zeit, Mainz 1834; sie treten als feste Erkenntnislehre in der ersten Auflage der Einleitung in die katholische Dogmatik, Tübingen 1846, in den Dienst der Theologie, und sie kehren in der zweiten Auflage der Gotteslehre, Tübingen 1862, im System wieder. Vgl. F. WOLFINGER, a. a. O. (s. o. Anm. 271).

c) Schließlich eine dritte offene Frage: F. Wagner behauptet, Jacobi stehe zwar auf einer Stufe der Einsicht, die der reflexionsphilosophischen Kants prinzipiell überlegen sei (Wagner anerkennt damit, daß Jacobi nur deswegen so sehr gegen die reflexive Vermittlung der Anfangserkenntnis polemisiert, weil er die Problematik des Verhältnisses von Metaphysik und diskursivem Denken durchschaut habe). Doch sei seine ihm so erscheinende "höhere Einsicht" in die Unmittelbarkeit des metaphysischen Vernunftwissens ebenso wie ihre Bindung an Äußerungen der Personalität (Sittlichkeit, Freiheit, Gefühl, "Herz") letztlich nicht philosophische Einsicht, sondern sei ihm aus der christlichen Tradition überkommen (274). Gerade gegen die Endlichkeit, die aus der Einschränkung Gottes auf die Person resultiert, hatten die Stürmer-und-Dränger, Goethe und Herder voran, protestiert und sich Spinoza als Anwalt der umfassenden Fülle und Ubiquität Gottes erkoren; Fichte hatte diesem Anliegen spekulativ Rechnung tragen wollen. Daß ihm ebenso wie den sog. Pantheisten der Vorwurf des Atheismus gemacht wurde, legt Wagners Vermutung nahe, wonach die christlich geprägte Tradition hier sich gegen Neuerungen oder bessere Einsicht wehrt. Jacobi ist sich vielleicht nicht bewußt, wie sehr er - trotz seiner wiederholten Abgrenzung gegenüber dem kirchlichen Christentum - dieser Tradition verhaftet ist. Es könnte also sein, daß seine "Philosophie" keine Einsicht ist und der Erkenntistheorie seit dem Kritizismus gegenüber wissenschaftlich nicht bestehen kann.

Wäre dies ein Mangel? Es wird wohl keine sog. neue Einsicht möglich sein, die nicht auf Tradition rückführbar ist, sei es in der Form der Anlehnung oder der Abgrenzung. Etwas nur dann als wissenschaftlich qualifiziert auszugeben, was noch nie dagewesen ist, verkennt das Wesen jeder Erkenntnis, die als menschliche Äußerung in ihrer Bedingtheit und Endlichkeit nur geschichtlich sein kann (275), in dieser Geschichtlichkeit aber von der Fülle der göttlichen Nähe (Rahner nennt sie Gnade) umfangen ist und daher trotz ihrer Endlichkeit auf Gott zu verweisen vermag.

Wagners Hinweis ist freilich von größtem Belang, wenn es um die offene Frage geht, ob Philosophie und Theologie in ihrem Erkenntnisstand deckungsgleich sind, ob also die Philosophie genauso viel erkennen kann, wie die Theologie aufgrund ihrer Offenbarungsvorgabe weiß, und ob sie ihren Inhalt Gott in der gleichen Weise wie die Theologie bedenkt. Der Weg der Erkenntnis ist in beiden Wissenschaften gleich; aber die Voraussetzungen (hier Offenbarung, dort bloßes Denken) können zu unterschiedlichen Ergebnissen und zu unterschiedlicher Methode führen. - Gerade in der Kontroverse mit

---

274 F. WAGNER, a.a.O., 131; 128 f.
275 Die "Geschichte" der Geschichtlichkeit der Erkenntnis mit ihren bedeutsamsten Vertretern von Herder über Schelling, Hegel, Marx, Dilthey, die Tübinger bis herauf in die Gegenwart ist noch nicht geschrieben. In unserem Zusammenhang könnte wieder verwiesen werden auf K. RAHNER, Grundkurs des Glaubens, a.a.O., bes. 35-59; 143-177.

Schelling wird daher Wagners Frage neu aktuell werden, ob Jacobi vielleicht eine "theologische Philosophie" vertritt, während Schelling eine "philosophische Theologie" (im Sinn W. Weischedels) versucht.

Was Jacobi als Ergebnis seiner Idealismus-Kritik bucht, scheint nicht mehr zu sein als das, was er schon in der Spinoza-Kontroverse als zentral feststellte. Näheres Zusehen ergibt, daß Jacobis "Naivität" nur scheinbar eine solche ist. Sie hat die Feuertaufe der gelungenen Auseinandersetzung mit dem Idealismus, einer der bedeutendsten Geistesbewegungen der Neuzeit, bestanden und hat geholfen, über ihn hinaus dem Wesen der Erkenntnis metaphysischer Inhalte näher zu kommen. Für Philosophie und Theologie ist Jacobi daher ein unverzichtbarer Gesprächspartner; er ist aber auch ein unbeirrbarer, unbequemer Kritiker. Schelling, der über Kant und Jacobi hinaus - durch Jacobis Kritik veranlaßt - einen neuen Weg der Gotteserkenntnis erschließen wollte und für dieses Ziel zeitlebens ein Suchender war, hat dies zu spüren bekommen. Es scheint unausbleiblich, daß es zwischen zwei Männern mit gleichem Anliegen und grundverschiedenen Denkmethoden bei näherer gegenseitiger Kenntnis in dieser Grundfrage der Philosophie zur Kontroverse kommen mußte.

Kapitel 2

SCHELLING: PROTEUS, REBELL ODER BEGRÜNDER EINER
NEUEN, "THEOLOGISCHEN" PHILOSOPHIE?

I. Versuch, Schelling zu verstehen

Als Jacobi, entsetzt über Schellings Festvortrag "Über das Verhältnis der bildenden Künste zu der Natur" vor der Akademie der Wissenschaften Ende 1807, sich daranmacht, Schelling eingehend zu studieren und zu widerlegen - das Ergebnis ist die Streitschrift von 1811 -, da steht er bereits am Ende seines philosophischen Weges (1). Will man die Voraussetzungen dieser Streitschrift bei Jacobi in die Reflexion und Würdigung der Kontroverse mit einbeziehen, um den jeweiligen Standpunkt richtig zu verstehen, so ist die Ausführlichkeit der Jacobi-Darstellung angebracht. Es bleibt hinzuzufügen, daß im Blick auf Jacobis religionsphilosophische Bedeutung bisher nur der Spinozismus-Streit von H. Timm (2) eine genaue Würdigung erfahren hat; die Idealismus-Kritik ist in dieser Hinsicht noch nicht bedacht worden.

Schelling hingegen - im Unterschied zu Jacobi in vielfacher Hinsicht erforscht (3) - steht als 37-jähriger mitten in seiner philosophischen Entwicklung. Er hat, 1775 geboren, als Frühreifer bereits mit 17 Jahren zu publizieren begonnen, nachdem er mit 15 Jahren die Tübinger Universität und das Stift bezogen hatte. Die Magisterdissertation von 1792, die zur Führung des Dr. phil. berechtigte, ebenso wie die Arbeit "Über Mythen, historische Sagen und Philosopheme der ältesten Welt" (1793), damals unbeachtet, sind heute insofern von Interesse als sie bereits zeigen, mit welchen Themen und Persönlichkeiten sich der junge, philosophisch

---

1   Zur Vorgeschichte: K. FISCHER, Schellings Leben, Werke und Lehre, Heidelberg ⁴1923, 153-158; M. BRÜGGEN, Jacobi und Schelling: PhJ 75 (1968), bes. 420-423; W. WEISCHEDEL, Jacobi und Schelling. Eine philosophisch-theologische Kontroverse, Darmstadt 1969, bes. 20-22.
2   S. o. Kapitel 1, II. Abschnitt, Anm. 63.
3   Vgl. die Literatur-Hinweise: Einleitung, Anm. 21-23; 31-34; ferner: H. ZELTNER, Schelling-Forschung seit 1954, Darmstadt 1975. S. a. W. KASPER, Das Absolute in der Geschichte, Mainz 1965; W. SCHIECHE, Bibliographie: H.M. BAUMGARTNER (Hrsg.), Schelling. Einführung in seine Philosophie, Freiburg - München 1975, 178-201.

orientierte Theologiestudent beschäftigte: Kant, Herder, Lessing, Jacobi, Semler und als Themen die Mythologie der Griechen, der Bibel, die Zeitphilosophie, die Frage nach Geschichte, Mythos und Wahrheit (4).

Doch schon 1794 tritt er mit seiner Schrift "Über die Möglichkeit einer Form der Philosophie überhaupt" (5) an die große Öffentlichkeit, die bereits jetzt und noch mehr ein Jahr später, bei der Schrift "Vom Ich als Prinzip der Philosophie oder über das Unbedingte im menschlichen Wissen" (1795) (6) aufhorcht und seitdem Schelling als einen der maßgebenden Wortführer im philosophischen Gespräch der Zeit kennt. - Welches sind nun die wesentlichen Inhalte dieser Zeitphilosophie? Was will, was vertritt Schelling?

"Schelling", so sagt O. Marquard, "gehört zu einer datierbaren philosophischen Formation, die eine bestimmte - bis in die Gegenwart hinein perennierende - geschichtliche Herausforderung zu beantworten sucht. ... ihre theoretischen Protagonisten waren sich einig darin, die menschliche Autonomie zu wollen und die Bedingungen ihrer Möglichkeit zu erkennen und zu fördern; das war sozusagen ihre Konkordienformel. Aber jenseits der Formel begann die Differenz ihrer Philosophien: Kant legte Wert darauf, die Bedingungen der Menschenmöglichkeit als Grenzen zu begreifen und das menschliche Ich nicht mit Gott zu verwechseln und es gerade dadurch - nur so ist das ungehinderte Wissenwollen der Wissenschaften möglich - vor der Gefahr theologischer Zensur durch selbstverschuldete Vormünder zu schützen: seine Philosophie war also emphatisch bescheiden und just deshalb die eigentliche Philosophie der Neuzeit. Fichte beendete die Bescheidenheit: er verpflichtete ... die Bedingungen der Menschenmöglichkeit dazu, die Menschen zum reinen Ich und dieses zum Absoluten zu machen. ... Hegel stellte durch eine scheinbar unbescheidene Philosophie die Bescheidenheit wieder her: indem er die Bedingungen der Menschenmöglichkeit - im Blick auf Wissenschaften und Institutionen - als jene Grenzen begriff, die Freiheiten schaffen, dachte er spekulativ das

---

4   Die frühesten Werke mit Erläuterungen sind erschienen als Werke 1 der historisch-kritischen Ausgabe, Stuttgart 1976 (zit. als Werke I 1). Zu Schellings Biographie der frühesten Jahre: H. FUHRMANS, Schelling im Tübinger Stift Herbst 1790 - Herbst 1795: DERS. (Hrsg.), F. W. J. Schelling. Briefe und Dokumente, I, Bonn 1962, 9-40. Zu Schellings philosophischen Anfängen: W. G. JACOBS, Anhaltspunkte zur Vorgeschichte von Schellings Philosophie: H. M. BAUMGARTNER (Hrsg.), Schelling, a. a. O., 27-37; DERS., Geschichte als Prozeß der Vernunft: ebd., 39-44.
5   F. W. J. SCHELLING, Werke I 1, (246-) 263 - 300 par. in der Ausgabe SW, hrsg. v. K. A. SCHELLING, I, 87 - 112.
6   DERS., SW I, 151 - 244.

Absolute absolut so, daß Menschen gerade nicht prädentieren können, das Absolute zu sein ... Und Schelling? ...

Schelling war die Unsicherheit. Gerade das macht ihn auf besondere Weise interessant, gerade das macht ihn aktuell: Unsicherheiten sind immer aktuell. Ihm wurde - und nur das läßt seine Schwankungen plausibel werden: zwischen Euphorie und Depression, zwischen Publikationsmanie und Publikationsphobie, zwischen dem Status als Star der progressiven Spekulation und dem als vergessener Unzeitgemäßer, zwischen Geschichte und Natur, zwischen System und Wirklichkeit - ihm wurde fast alles zweifelhaft: vor allem der strahlende Glanz der Autonomie des menschlichen Ich, seine Absicht und Macht, es zu sein und alles aus Eigenem beginnen und vollenden zu können" (7).

Schelling beginnt sein philosophisches Arbeiten in der Beschäftigung mit der neuen Philosophie, die ohne Kant nicht denkbar wäre; er sucht ihre Schwächen, besonders die Frage der Erkenntnisaporien in den für die Philosophie besonders wichtigen metaphysischen Fragen zu überwinden; er will darum ein philosophisches Grundprinzip, den archimedischen Punkt aller Philosophie, entdecken; und gerade darüber gerät er in ständig neu sich ergebende Unsicherheiten. Anders als Kant, Fichte oder Hegel, die ihr kritisches, transzendentales oder dialektisch-geistphilosophisches System mit seltener Konsequenz durchhalten, vermag Schelling sich nie mit dem Erreichten zufriedenzugeben: Weder die Bestreitung einer alles umfassenden Erkenntnis im Sinne Kants, noch die Konstituierung des Ichs als Einheitspunkt und Wirkursache allen Daseins im Sinne Fichtes befriedigt seinen rastlosen Geist. Ähnlich Hegel will er den Fixpunkt finden und kann ihn nur als das Absolute sehr formal umschreiben. Das Absolute in der Philosophie hat eine besondere Nähe zum Gott der Theologie; es gilt als der gedachte Ausdruck dieser wirkmächtigen Wirklichkeit Gottes in der Welt. Damit hat Schellings Philosophie von Anfang an Züge der Religionsphilosophie an sich; aber bis Schelling das Absolute mit Gott identifiziert, geht er einen weiten Weg: Weder die transzendentale, an Fichte orientierte Ich-Philosophie des Anfangs, noch die ins Objektive gewendete, das Ganze von Wirklichkeit beschreiben wollende Philosophie des Absoluten, deren Einheitspunkt er Natur nennt, wollen ausdrücklich das Religiöse thematisieren. Doch schon die nächste Phase seines Denkens vermag darauf nicht mehr zu verzichten: Die als Gesamtwirklichkeit von Subjekt und Objekt, von Ich und Natur verstandene Einheit und Ganzheit von Wirklichkeit - die Identitätsphilosophie - kennt ausdrücklich, weit deutlicher als die früheren Entwürfe, den religiösen Bezug. Die Ausdrucksgestalten, die dieses Einheitsdenken nun annimmt (das als verbesserte Naturphilosophie, als Identitätsphilosophie oder als Theosophie in den

---

7   O. MARQUARD, Schelling - Zeitgenosse inkognito: H. M. BAUMGARTNER (Hrsg.), Schelling, a.a.O., 10-12.

Philosophiegeschichten beschrieben wird), sind Natur, Geist-Denken, Kunst, Mythologie und Religion.

Schelling artikuliert mit diesen Themen nicht nur "philosophische Trends, die gegenwärtig Bedeutung haben" (Marquard). Er spricht als einer der ersten - von anfänglichen Versuchen bei Lessing und Goethe abgesehen - von der notwendig zu denkenden Einheit von Natur und Geist, von der unabdingbaren Relevanz von Geschichte und Mythos, von dem Ausdruck, den in Kunst und Religion in unterschiedlicher Art die Einheit aller Wahrheit annimmt. In der Richtigkeit dieser Einsicht liegt nicht zuletzt die Wirkung, die Schelling auf seine Zeitgenossen ausübte; darin hat Schelling auch der Gegenwart noch etwas zu sagen. Aber anders als Hegel, der aufbauend auf den Intentionen des früheren Freundes alle diese Ausdrucksgestalten als Äußerungen des (sich im Endlichen zu sich selbst bringenden absoluten) Geistes in ein festes, geradezu mechanisch anmutendes System brachte, war Schelling nie mit den Beschreibungen zufrieden, die er in seinen jeweiligen Schriften dem Verhältnis der einzelnen Formen gab. So fehlt etwas wie ein System, das für Schelling kennzeichnend wäre; stattdessen ist seine Philosophie zuerst in einem transzendental anmutenden Entwurf, dann in der Betonung der Naturphilosophie, dann in den Schriften zur Identitätsphilosophie, in der Freiheitsschrift, den Weltalter-Entwürfen und zuletzt in den Formen der Spätphilosophie (Philosophie der Mythologie, negative und positive Philosophie und Offenbarungsphilosophie) niedergelegt. Schelling wird so zum suchenden Überwinder seiner Epoche, ohne freilich ihre Prinzipien aufzugeben.

Schellings Werk kennzeichnet ein ständiger Wandel, der als Ausdruck der Unabgeschlossenheit, der Vorläufigkeit seines Denkens für die eine Gruppe der Interpreten Anlaß des Vorwurfs wird: Ihm mißlingt, was Hegel gelingt; er kann Kierkegaards Anliegen nicht gebührend artikulieren; er sabotiert nach verheißungsvollem Anfang den Versuch, Natur, Denken und Geschichte in einem revolutionären Prozeß zusammenzubringen - ein mißratener Marx, der zum Erfinder des reaktionären Irrationalismus entartet (8). Die Zeitgenossen sahen in Schelling nicht nur wie in der Zeit seines sensationellen Aufstiegs den großen Anreger und möglichen Vollender der bleibenden Form der Philosophie der Zukunft (9), sondern auch den undurchsichtigen und unfaßbaren, auf nichts Bleibendes festzulegendes

---

8   Vgl. O. MARQUARD, a. a. O., 13.
9   Brief Hegels an Schelling v. 16. 4. 1795: "Ich sehe darin (in der Schrift: Vom Ich, d. Vf.) die Arbeit eines Kopfes, auf dessen Freundschaft ich stolz sein kann, der zu der wichtigsten Revolution im Ideensystem von ganz Deutschland seinen Beitrag liefern wird": M. FRANK - G. KURZ (Hrsg.), Materialien zu Schellings philosophischen Anfängen, Frankfurt/M. 1975, 128; ähnlich: ebd., 134. S. a. W. KASPER, Das Absolute in der Geschichte, a. a. O., 8 Anm. 38.

Proteus, der gleich dem antik-mythologischen Vorbild in stets neuen Verwandlungen auftritt, um der Verantwortung für früher Gesagtes enthoben zu sein - gerade sein nachmaliger Gegner Jacobi macht ihm dies zum Vorwurf, nicht ohne ihn gleichzeitig auf die idealistische Grundstruktur seines Philosophierens festlegen zu wollen. (Davon wird noch zu handeln sein).

Uns heutigen ist dieser Wandel der Form und die Unabgeschlossenheit von Schellings Denken weniger Anlaß zur Kritik. Wenn auch in Schellings äußerem Auftreten nicht immer ersichtlich (Schelling hat seine innere Unsicherheit immer durch ein sehr forsches, selbstbewußtes, ja sogar kämpferisches Auftreten kaschiert), so ist das Zugeben der Vorläufigkeit des eigenen Denkens Zeichen einer sympatischen Bescheidenheit; von dieser zeugt etwa Schellings Feststellung gegenüber Eschenmayer: "Es wird nötig sein, meine in so vielen Fällen höchst mangelhaften Ausdrücke, auch was die Hauptidee betrifft, zu verbessern" (10). - Die Anregungen, nicht nur die "Drachensaat", deren heutige Schnitter den Sämann Schelling nicht mehr kennen (11), sind bedeutsam genug. Systeme haben es an sich, daß sie das Ganze der Welt in ein geistiges Konzept integrieren wollen, dabei aber die Realität schematisch vereinfachen; der - wenn auch fiktive - Satz: "Um so schlimmer für die Wirklichkeit!", die nicht ins System passen will, hat noch nie ausgereicht, die Wirklichkeit zu reglementieren. Schelling war in dieser Hinsicht realistisch. Das Ergebns: Er hat - anders als Kant, Fichte und Hegel, aber ähnliche Jacobi - keine Schule bilden können und ist dennoch zum großen Anreger bleibender philosophischer Neuansätze geworden; O. Marquard hat einige davon skizziert: die Lebensphilosophie (freilich in ganz anderer Art als Jacobi), der Existenzialismus (der "existenzialistische Protest"), der "materialistische Protest", der Idealismus und Naturphilosophie zu vereinen sucht, die Geschichts- und Emanzipationsphilosophie - Themen, die heute in gleicher Weise aktuell und wesentlich sind wie im 19. Jahrhundert (12).

So hat Schelling vieles in der Philosophie angeregt und wird für vieles in Anspruch genommen. Die Theologie, die - nicht zuletzt durch Jacobis polemische Kritik an Schelling - seiner Philosophie gründlich mißtraute und dennoch seine Ideen von Geschichte, Freiheit, Dialektik, Organismus rezipierte (13), sah Schelling erst in seiner Spätphilosophie auf dem Weg

---

10 Brief Schellings an K. A. Eschenmayer v. 10.7.1804: H. FUHRMANS (Hrsg.), a.a.O., I, 321.
11 K. FISCHER, a.a.O., 587.
12 Vgl. O. MARQUARD, a.a.O., 12-14; s. a. ebd., 14-26.
13 Diese Feststellung gilt besonders für die katholischen Tübinger J. S. Drey und J. E. Kuhn. Vgl. J. R. GEISELMANN, Die katholische Tübinger Schule, Freiburg 1964, bes. 15-43; 65-73; 92-128; 280-302; 369 bis 425; 534-568; W. MAURER, Der Organismusgedanke bei Schelling und in der Theologie der Katholischen Tübinger Schule: KuD 8 (1962) 202 bis 216; F. WOLFINGER, Der Glaube nach Johann Evangelist von Kuhn,

zum Christentum und seinem (mono-)theistischen Gottesverständnis, glaubte aber seine Methode immer schon übernehmen zu können. Doch sind die Versuche solcher Rezeption insgesamt selten: Neben den Tübingern ist F. v. B a a d e r zu nennen; sonst ist Schellings Einfluß (gerade am Ort seines langjährigen Wirkens - München -) auffallend gering (14). Das gilt auch für die Gegenwart, in der nur die Arbeiten von P. T i l l i c h, W. K a s p e r, K. H e m m e r l e, W. S z i l a s i (15) Schelling für die Theologie rezipieren und hier den Schwerpunkt einer möglichen Anknüpfung und theologischen Interpretation in seiner Spätphilosophie sehen. Doch schon diese wenigen Versuche verfallen dem philosophischen Urteil einer vorschnellen, unzulässigen theologischen Inanspruchnahme Schellings (16). Sollte eine solche tatsächlich unerlaubt sein, weil Schellings Philosophie theologischer Fragestellung konträr entgegengesetzt ist? W. W e i s c h e d e l sieht in Schelling einen der konsequentesten Philosophen, die versuchten, eine philosophische Theologie zu entwickeln, d. h. das Anliegen der Theologie - und hier dominiert die Frage nach Gott und seiner Erkennbarkeit im menschlichen Geist und nach der Erfahrbarkeit seines Wirkens in menschlicher Geschichte - philosophisch auszudrücken (17). - Was also wollte Schelling? Im Bild seiner Interpreten erscheint er nicht minder vielgestaltig als in seinem eigenen Werk. Ist es

---

Göttingen 1972, 22-25; 47-72; 100-116; 152-154.

Besonders in den Aufsätzen "Die moderne Speculation auf dem Gebiet der christlichen Glaubenslehre": ThQ 24 (1842) 171-225; 25 (1843) 3-75; 179-226; 405-467 kritisiert Kuhn Schelling sehr heftig. Die Aufsatzfolge "Die Schellingsche Philosophie und ihr Verhältnis zum Christentum": ThQ 26 (1844) 57-88; 179-221; 27 (1845) 3-39 interpretiert ihn auf dem Weg zum positiven Christentum. Vgl. a. Schellings Reaktion auf Dreys und Kuhns Theologie: Brief an (Sohn K.) Fritz v. 18. 5. 1844, hrsg. v. O. Braun: Hochland 9 I (1911/12) 322 f.

14 PH. FUNK, Von der Aufklärung zur Romantik, München 1925; H. GRASSL, Aufbruch zur Romantik, München 1968, bes. 319-402.

15 P. TILLICH, Vorlesungen über die Geschichte des christlichen Denkens, II, Stuttgart 1972; DERS., Schelling und die Anfänge des existenzialistischen Protests: ZphF 9 (1955) 197-208; W. KASPER, Das Absolute in der Geschichte, Mainz 1965; K. HEMMERLE, Gott und das Denken in der Spätphilosophie Schellings, Freiburg 1968; H. CZUMA, Der philosophische Standpunkt in Schellings Philosophie der Mythologie und Offenbarung. Innsbruck 1969.

16 H. ZELTNER, Schelling-Forschung seit 1954, Darmstadt 1975, bes. 83 f. (- 88).

17 W. WEISCHEDEL, Der Gott der Philosophen, I, Darmstadt 1975, 245-283.

trotz vieler Ausdrucksgestalten möglich, ein leitendes Grundprinzip zu entdecken und dieses in allen philosophischen Entwürfen Schellings nachzuweisen (18)? Oder erweist sich, daß Schellings immer neue Versuche, das Eine und Prinzipielle der ganzen Wirklichkeit im Denken zu finden, immer auch das Prinzip und das Ganze unterschiedlich interpretieren?
- Es kann nicht ausbleiben, Schellings Anliegen aus den Quellen zu erheben, um zu sehen, ob und inwieweit sie theologisch anzuregen vermögen.

---

18 Ein Versuch, den W. E. EHRHARDT, F. W. J. Schelling: Die Wirklichkeit der Freiheit (Grundprobleme der großen Philosophen. Philosophie der Neuzeit II, hrsg. v. J. SPECK, Göttingen 1976), 111-113 unternimmt.

II. Das Prinzip der Philosophie, dargestellt aus den Frühschriften und Briefen

Die Anfänge in schwärmerischen Versuchen

In dem wichtigen Brief an Hegel vom 6.1.1795 (19) berichtet Schelling über die Verhältnisse an der Tübinger Universität und im Stift: "Willst Du wissen, wie es bei uns steht? ... Wir erwarteten alles von der Philosophie und glaubten, daß der Stoß den sie auch den Tübinger Geistern beigebracht hatte, nicht so bald wieder ermatten würde. Es ist leider so! ... Zwar gibt es jetzt Kantianer die Menge, - aus dem Munde der Kinder und Säuglinge hat sich die Philosophie Lob bereitet, - aber nach vieler Mühe haben nun endlich unsere Philosophen den Punkt gefunden, wie weit man (da es nun einmal ohne die leidige Philosophie nimmer fort will) mit dieser Wissenschaft gehen dürfe. Auf diesem Punkt haben sie sich festgesetzt, angesiedelt und Hütten gebaut, in denen es gut wohnen ist und wofür sie Gott den Herrn preisen! - Und wer wird sie noch in diesem Jahrhundert daraus vertreiben? Wo sie einmal fest sind, da bringe sie der - weg! - Eigentlich zu sagen, haben sie einige Ingredenzien des K(ant)schen Systems herausgenommen (von der Oberfläche, versteht sich), woraus nun tamquam ex machina so kräftige philosophische Brühen über quemcumque locum theologicum verfertigt werden, daß die Theologie, welche schon hektisch zu werden anfing, nun bald gesünder und stärker als jemals einhertreten wird. Alle möglichen Dogmen sind schon zu Postulaten der praktischen Vernunft gestempelt und, wo theoretisch-historische Beweise nimmer ausreichen, da zerhaut die praktische (Tübingische) Vernunft den Knoten. Es ist Wonne, den Triumpf dieser philosophischen Helden mit anzusehen. Die Zeiten der philosophischen Trübsal, von denen geschrieben steht, sind nun vorüber!"

Was Wunder, daß Schelling - wie das sarkastische Urteil vermuten läßt - sich von der Theologie enttäuscht abwendet: "Seit einem Jahre beinahe ist sie mir Nebensache geworden". Sein Interessengebiet über den Geist der ersten christlichen Jahrhunderte ist einem anderen gewichen: "Wer mag sich im Staub des Altertums begraben, wenn ihn der Gang s e i n e r Zeit alle Augenblicke wieder auf- und mit sich fortreißt. Ich lebe und webe gegenwärtig in der Philosophie". Dann folgen entscheidende Sätze: "Die Philosophie ist noch nicht am Ende. Kant hat die Resultate gegeben: die Prämissen fehlen noch. Und wer kann Resultate verstehen ohne Prämissen? - Ein Kant wohl, aber was soll der große Haufe damit? ... Wir müssen noch weiter mit der Philosophie! - Kant hat A l l e s weggeräumt, - aber wie sollten sie's merken? Vor ihren Augen muß man es in Stücke zer-

---

19 M. FRANK - G. KURZ (Hrsg.), Materialien... (s.o. Anm. 9), a.a.O., 117-120.

trümmern, daß sie's mit Händen greifen! ... Ich bin fest überzeugt, daß der alte Aberglaube nicht nur der positiven, sondern auch der sogenannten natürlichen Religion in den Köpfen der meisten schon wieder mit den kantischen Buchstaben combiniert ist. - Es ist eine Lust anzusehen, wie sie den moralischen Beweis an der Schnur zu ziehen wissen. Eh' man sich's versieht, springt der deus ex machina hervor, - das persönliche individuelle Wesen, das da oben im Himmel sitzt! - Fichte wird die Philosophie auf eine Höhe heben, vor der selbst die meisten bisherigen Kantianer schwindeln werden. ... Glücklich genug, wenn ich einer der ersten bin, die den neuen Helden, Fichte, im Lande der Wahrheit begrüßen! - Segen sei mit dem großen Mann! er wird das Werk vollenden!"

Schelling bekennt hier dem Freund, wie grundlegend er sich mit der Theologie überworfen hat und wie er die Lösung der großen geistigen Fragen der Zeit von der Philosophie erwartet. Kant hatte in seinen Augen den entscheidenen Anstoß gegeben; er hatte mit seiner kritischen Philosophie aufgeräumt unter allen Formen natürlicher (aufgeklärter) Religion ebenso wie mit der positiven Religion, die den tatsächlichen Denksprung (im Jacobischen Sinne), die Antinomie der Vernunft (Kant) ganz selbstverständlich zu überbrücken vermochten. Kant hatte - für Schelling sehr einsichtig - deutlich gemacht, daß vom Denken zur Wirklichkeit der Welt und noch mehr zur metaphysischen Wirklichkeit kein voll einsichtig zu machender Übergang bestehen kann, daß also das diskursive Denken die von ihm unabhängige Wirklichkeit nicht erreicht. Die kritische Philosophie hatte damit auf die Falschheit der bisherigen Erkenntnisauffassung mit ihrer Methode der schlußfolgernden Überbrückung dieses Dualismus zwischen Welt und erkennendem Subjekt aufmerksam gemacht - mit dieser falschen Ansicht hatte Kant aufgeräumt.

Kant hatte damit auch - für den jungen Schelling ebenfalls sehr einsichtig - den "deus ex machina", "das persönliche individuelle Wesen, das da oben im Himmel sitzt", "weggeräumt". Auf Hegels verwunderte Rückfrage: "Glaubst Du, wir reichen eigentlich nicht so weit?" [20] antwortet Schelling [21]: "Ich gestehe, die Frage hat mich überrascht; ich hätte sie von einem Vertrauten Lessings nicht erwartet - doch Du hast sie wohl nur getan, um zu erfahren, ob sie bei mir ganz entschieden sei; für Dich ist sie gewiß schon längst entschieden. Auch für uns sind die orthodoxen Begriffe von Gott nicht mehr. - Meine Antwort ist: wir reichen weiter noch als zum persönlichen Wesen".

Zweierlei scheint hier für den zwanzigjährigen Kandidaten der Theologie kurz vor seinem theologischen Abschlußexamen bemerkenswert: Er ist mit allem Herkömmlichen einschließlich der Gottesfrage überworfen. Und: Er hat sich im reinen Selbststudium dem Neuen voll, mit Herz und Verstand, zugewandt.

---

20 Brief v. Ende Januar 1795: ebd., 123.
21 Brief v. 4.2.1795: ebd., 125-127, bes. 126 (Zitat).

H. Fuhrmans berichtet (22), daß die Tübinger Theologieprofessoren entweder konservativ sich der Aufklärung ganz versagten, um die überlieferte Orthodoxie nicht zu gefährden, oder aber - so auch Schellings hämische Kritik - Kant rezipierten, um das Überkommene zu retten. Die Ermöglichung dafür, Kant für die Tradition dienstbar zu machen, bot die praktische Vernunft; sie - als Bedürfnis des Denkens, der Vernunft in ihrem sittlichen Wert und Vollzug - gab den Dogmen, wie Schelling klagt, offenbar jene Notwendigkeit des Denkens, jene Gefordertheit für die Sittlichkeit, die sie unentbehrlich machte; daß das diskursive Denken dann mit Beweisgängen im logisch-demonstrativischen Stile eines Ch. Wolff keine Mühe mehr hatte, jene grundlegende Notwendigkeit auch als wirklich zu erweisen und damit die supranaturale Wirklichkeit mit natürlichem Denken darzutun, lag auf der Hand. Das in Schellings Augen jedoch grundlegende Anliegen Kants, die Problematik des bisher ungefragten Erkenntnisoptimismus aufzuweisen, war damit um seinen Wert und seine Wirkung gebracht. Aufgrund eigenen Studiums und des originäreren Verständnisses Kants wuchs Schellings Abneigung gegen die Theologie. Die sonstige vor allem historisch-philologisch ausgerichtete Art Theologie zu treiben, mag diese Abneigung ebenso verstärkt haben wie der Verdacht, daß mit dem Ausweichen in die Historie und mit der Umdeutung Kants die neuen Ideen unterdrückt werden sollten.

Diese neuen Ideen waren vielfältig (die Zeit war ungewöhnlich stark im Umbruch); Fuhrmans nennt nur einige Symptome, an denen sich die Stiftler begeisterten: die Jugenddramen Schillers (bes. die "Räuber", wohl auch "Don Carlos"), die Hymnen Klopstocks, die Naturphilosophie Rousseaus (die bei Schelling in besonderer Weise wirksam werden sollte), die an Winckelmans Arbeiten deutlich gewordene Wiederentdeckung der Antike - alle diese Elemente, die die Klassik heraufführen halfen und die im "Sturm und Drang" schon am Werk waren, wirkten nach, schufen ein neues Lebensgefühl und, gegen seine Unterdrückung, eine revolutionäre Gesinnung. "... ein Leben in Freiheit und Würde, ein neues helles Dasein in Harmonie und Schönheit, jener Harmonie, die Hellas einmal besessen zu haben schien. Das verzauberte die jungen Menschen, und die Lektüre Spinozas (durch den Streit Jacobis mit Mendelssohn ihnen bekannt geworden) schien gleichzeitig den Weg in eine neue Religiosität zu zeigen, die gelöster war und freier als die überlieferte" (23).

Der Protest gegen das Überlieferte findet noch 1799 einen zynisch - erbitterten Ausdruck in jenem "Epikurisch Glaubensbekenntniss Heinz Widerporstens" (24), das - gegen Schleiermachers "Reden" über die Religion gerichtet - Religion verhöhnt, Genuß verherrlicht und auf

---

22 Schelling im Tübinger Stift...: ebd. 53-87; bes. 54-57; 63-65.
23 Ebd., 58 f.
24 Der Text: ebd., 145-153. Zu seiner Geschichte: ebd. 184 f.

Materie, Anschaulichkeit, Vitalität setzt - Dinge, die Schelling zu dieser Zeit philosophisch längst besser in ein System integriert hatte. Dennoch: solche Religionskritik, die gegen Religion im Sinn von supranaturaler Wirklichkeit, reiner Geistigkeit polemisiert, findet später bei F e u e r - b a c h und M a r x neu Anklang, so daß sie sich gern auf ihn berufen b. z. w. gegen den alten Schelling den jungen ins Feld führen: "Es wäre dem Herrn Schelling überhaupt zu raten, seiner ersten Schriften sich wieder zu besinnen" (25). Schellings Enttäuschung jedenfalls ist tief; seine Abwendung vom Christentum in jener Zeit ist nachhaltig; dabei richtet sie sich nicht allein und nicht zuerst gegen die Unterdrückung, die die Kirche im Bund mit dem Staat stützt. Sie richtet sich tiefer, sieht das Christentum in seiner Grundlage ganz überwunden: in seinem Gottesbild.

Die tragenden neuen Ideen hießen Kritik (der Erkenntnis, der Tradition), Freiheit, Harmonie, Natur. Doch Schelling war ein viel zu systematischer Geist, als daß er diese Ideen unvermittelt nebeneinander hätte stehen lassen. Seine Beschäftigung mit K a n t , aus intensivem Selbststudium erwachsen (in dieser Hinsicht ist Schelling ähnlich Autodidakt wie Ja c o b i), rezipiert aus Kant vornehmlich die kritische Ablehnung der bisherigen Metaphysik; in dieser Hinsicht ist er sich mit Kant einig. Doch gleichzeitig stößt er sich an zwei Problemen, die ihm Kant unverständlich bleiben lassen, und die "den Genius des Sokrates" erforderten, wollte man ganz "in Kant eindringen". Der Hegel-Brief vom Dreikönigstag 1795 spricht beide an: Kant hat Resultate gegeben, aber die Prämissen noch nicht genannt; ferner: Wie ist es möglich, daß die praktische Vernunft das wieder ermöglicht, was die reine Vernunft ausgeschlossen hat? Kant hat offensichtlich die reine und die praktische Vernunft unvermittelt nebeneinandergestellt, so daß gegensätzliche Denkergebnisse möglich geworden sind - ähnliche Schwierigkeiten hatte ja auch J a c o b i gegen Kant artikuliert.

Rückblickend auf die Philosophiegeschichte und auf seine eigene Genesis, kommt Schelling 1827 in seiner M ü n c h e n e r V o r l e s u n g nochmals auf diese Probleme zu sprechen; in der Retrospektive, nachdem er selbst auf seine Arbeit zurückblickt und sein Werk beurteilen kann, während er als junger Philosoph in seinem spontanen Drang diese Klarheit des eigenen Wollens noch nicht überblickt, kann er die Probleme besser artikulieren: Es ist Aufgabe der Philosophie, so der Schelling von 1827, zwei Fragen zu klären. Das eine sei, "die Genesis der Natur zu erklären", wobei "Natur" für die Wirklichkeit schlechthin steht. Dabei fragt sich, ob diese Wirklichkeit objektiv existiert oder nur idealistisch in unseren Vorstellungen oder nur zusammen mit unserer Vorstellung real ist. "Hier muß nämlich gezeigt werden, durch welchen - und zwar notwendigen - Prozeß unseres Innern wir genötigt sind, eine solche Welt mit diesen Be-

---

25 K. MARX, MEW 27, 420/1.

stimmungen und mit solchen Abstufungen uns vorzustellen". Schellings Urteil über Kant berührt die offene Frage, ob es bei Kant das "Ding an sich" oder nur in unserer Vorstellung gibt; jene offene Frage, die Fichte auf den Plan gerufen hatte mit der Absicht, Kant im Sinne der idealistischen Konstruktion der Wirklichkeit durch das Ich zu vollenden. Schelling war Fichte hierin zunächst gefolgt, hatte dann in späteren Jahren in Anlehnung an Spinoza der eigenständigen Objektivität mehr Raum gegeben und dies in seiner "Naturphilosophie" artikuliert. Jedenfalls hat Schelling richtig erkannt: "Kant hat diese Forderung umgangen". - Die zweite, bei Kant offen gebliebene Frage, die die Philosophie zu lösen hätte, "ist, jene eigentlich metaphysische Welt, die übersinnliche Region, wohin Gott, Seele, Freiheit, Unsterblichkeit gehören, uns aufzuschließen. Gegen diesen höheren Teil der Philosophie hat nun Kant ein eigentümliches Verhältnis. ..." (26).

Kant hatte also - so Schelling - der Philosophie wichtige Anregungen in der Überwindung falscher, vorschneller, auf Empirie beruhender Erkenntnistheorien gegeben. Die Anregung war unverzichtbar. So mußte diese Philosophie konsequent vollendet werden. Kant selbst schien mit der in der "Kritik der Urteilskraft" eingeschlagenen Richtung, der Philosophie grundsätzlich eine praktische Absicht zu geben, diesen Weg anzudeuten. Bei Fichte war dieser Weg konsequent beschritten, während bei Kant die entscheidenden Fragen offengeblieben waren. Die persönliche Bekanntschaft mit Fichte, die Schelling noch als Student mit dem gefeierten Jenenser Lehrer bei dessen Aufenthalt in Tübingen anknüpft und die durch den gegenseitigen Austausch der Schriften "Vom Ich als Prinzip der Philosophie" und der "Grundlage zur gesamten Wissenschaftslehre" vertieft wird, die schließlich zu einem regen Briefwechsel und zu Schellings Ruf nach Jena führt (27), veranlaßt Schelling, sich Fichte besonders zuzuwenden - davon wird noch zu handeln sein.

Doch sah Schelling diese Intention der Vollendung der Philosophie schon vor Fichte realisiert: bei Spinoza. In dem schon wiederholt zitierten Brief an Hegel vom 6.1.1795 heißt es unvermittelt zwischen den Lobsprüchen auf Fichte: "Nun arbeit' ich an einer Ethik à la Spinoza, sie soll die höchsten Prinzipien aller Philosophien aufstellen, in denen sich die theoretische und praktische Vernunft vereinigt" (28). Und im Anschluß an die Ausführungen über die Existenz eines persönlichen Gottes im nächsten Brief

---

26 F.W.J. SCHELLING, Zur Geschichte der neueren Philosophie. Münchener Vorlesungen (1827): SW X, 85 - hier zit. nach der Ausgabe: Darmstadt 1974, 76.
27 Vgl. H. FUHRMANS, Schelling im Tübinger Stift: Materialien ..., a.a.O., 66-71; DERS. (Hrsg.), Briefe und Dokumente, I, a.a.O., 127-151.
28 Materialien ..., a.a.O., 120.

vom 4.2.1795 fährt Schelling erläuternd fort: "Ich bin indessen Spinozist geworden! Staune nicht! Du wirst bald hören, wie?" (29). Die Ausführung dieses Gedankens führt mitten in Schellings Überlegungen zum Ausgangspunkt und Grundprinzip aller Philosophie hinein. Darüber ist im Folgenden zu handeln.

Hier muß jedoch darauf aufmerksam gemacht werden, daß trotz der Polemik gegen die Theologie, trotz des "Heinz Widerporst" und der Leugnung eines personalen Gottes Schellings Frühphilosophie nicht atheistisch ist. Ihm geht es um die rechte Bestimmung des Absoluten, des Unbedingten, das Ausgangs- und Einheitspunkt aller Bestimmung von Mensch und Welt sein kann. Ähnlich Goethe und Herder kann ihm dieser Punkt nicht der individuell als Person verstandene Gott der Theologie sein - Spinoza war in dieser Hinsicht einer religiösen Daseins- und Sinndeutung, die nicht nur in Wirklichkeit gedacht wurde, sondern die notwendig gedacht werden mußte und auch denkbar war, ohne des Sprungs des Glaubens zu bedürfen, allen Neuversuchen zum Vorbild geworden. Schelling scheint mit den Freunden in der gemeinsamen frühen Zeit im Stift intensiv schon mit Spinoza beschäftigt gewesen zu sein; besonders viele Äußerungen Hölderlins deuten darauf hin (30). Das Ziel dieser Beschäftigung ist eine neue Religion. Hegel verweist auf dieses Anliegen des gemeinsamen Anfangs und gibt es enthusiastisch als bleibende Parole für die Zukunft aus: "Vernunft und Freiheit bleiben unsre Losung, und unser Vereinigungspunkt die unsichtbare Kirche" (31). So steht an Schellings philosophischen Anfängen die Polemik gegen die theistische Tradition und der Versuch einer völligen Auflösung herkömmlicher Religiosität und Theologie, da sie seinem Anliegen nicht gerecht zu werden vermögen. Und dennoch steht hinter der Polemik und dem versuchten Neuanfang ohne Theologie das Ziel einer neuen Religion, die das Ganze der Wirklichkeit in ein System zu integrieren vermag; es ist der Versuch einer untheologischen, genuin "philosophischen Theologie", wie W. Weischedel Schelling zu interpretieren versucht (32).

---

29 Ebd., 126.
30 Vgl. den Abdruck "Urteil und Seyn": ebd., 108 f.; ferner: Brief Hölderlins an Hegel v. 26.1.1795: ebd., 123-125.
31 Ebd., 123.
32 Vgl. o. Anm. 17.

Die Frage nach dem Prinzip der Philosophie

An die Stelle der Theologie ist die Philosophie getreten; sie soll das Ganze der Wirklichkeit und darin den Stellenwert der metaphysischen Inhalte erklären. Dieser Aufgabe konnte die Philosophie bisher nicht gerecht werden, stellt Schelling in der Nachschrift zu seinem philosophischen Erstling "Ueber die Möglichkeit einer Form der Philosophie überhaupt" (1794) (33) fest; die Klage der Philosophen, daß ihre Wissenschaft "wenig Einfluß auf den Willen des Menschen und auf die Schicksale unsers ganzen Geschlechtes habe", übersieht, daß die Philosophie als Wissenschaft noch gar nicht existiert und ihre Grundsätze nicht so allgemein sind, daß sie jeder akzeptiert. Die "Übel der Menschheit" wären zu heilen und "die Aussicht auf eine endlich zu erreichende Einheit des Wissens, des Glaubens und des Wollens - das letzte Erbe der Menschheit" wäre zu eröffnen, wenn es gelänge, daß "alle die ewige Wahrheit" erkennen müssen (34).

Schelling will dies leisten durch eine Neubestimmung des Wesens der Philosophie. An Kants Kritik der reinen Vernunft beklagt er, daß ihm "der Versuch, eine Form aller Philosophie zu begründen, ohne daß doch irgendwo ein Prinzip aufgestellt war, durch welches nicht nur die allen einzelnen Formen zu Grunde liegende Urform selbst, sondern auch der nothwendige Zusammenhang derselben mit den einzelnen von ihr abhängigen Formen begründet worden wäre" (35). Das fehlende Prinzip (im Hegelbrief hieß es "die Prämissen") ist zu finden. Denn "Wissenschaft überhaupt - ihr Inhalt sey, welcher er wolle - ist ein Ganzes, das unter der Form der Einheit steht. Dies ist nur insofern möglich, als alle Theile derselben Einer Bedingung untergeordnet sind, jeder Theil aber den andern nur insofern bestimmt, als er selbst durch jene Eine Bedingung bestimmt ist. Die Theile der Wissenschaft heißen Sätze, diese Bedingung also Grundsatz. Wissenschaft ist demnach nur durch einen Grundsatz möglich". Dieser Grundsatz - das Prinzip - bestimmt die Form der Wissenschaft. Philosophie ist Wissenschaft, "d. h. sie hat einen bestimmten Inhalt unter einer bestimmten Form". Mehr noch: Die Form der Philosophie ist systematisch; ihr Inhalt sind die höchsten Fragen der Menschheit. Der Grundsatz der Philosophie muß Bedingung des Inhalts wie der Form sein. Die Philosophie als Wissenschaft aller Wissenschaften (Urwissenschaft), die alle anderen bedingt, hat einen Inhalt, der Bedingung des Inhalts aller Wissenschaften ist, selber jedoch aus keiner anderen Wissenschaft stammt. Die Form der Philosophie ist - abgekürzt gesagt - die der unbedingten, absoluten Gegebenheit und damit Letztgültigkeit. Der bestimmte Inhalt und die bestimmte

---

33 S. o. Anm. 5.
34 F. W. J. SCHELLING, Werke I 1, 299 f. par. SW I, 112.
35 Werke I 1, 265 par. SW I, 87.
    Zum Folgenden: Werke I 1, 268-278 par. SW I, 89-95; Zitate: ebd., 269; 268 par. 90; 89.

Form der Philosophie als höchste denkbare Prinzipien ihrer Art müssen nun miteinander konvergieren, soll der Einheitspunkt der Philosophie erreicht werden, der die Urform und den notwendigen Zusammenhang aller Einzelformen und Inhalte konstituiert. Der oberste einheitgebende Grundsatz, "der - seiner Funktion gemäß - zugleich Form und Inhalt aller Philosophie in sich vereinigen und als sowohl inhaltliches wie formales Prinzip alles Wissens gelten muß" (36), dieser Grundsatz muß, soll er Form und Inhalt in sich vereinigen, die Form aus dem Inhalt und den Inhalt aus der Form ableiten: Den Inhalt aller Wissensinhalte und die höchstmögliche Form gilt es zu umfassen und zu konstituieren, d. h. Einheit, Unbedingtheit, Allgemeinheit bzw. Allgemeingültigkeit (Universalität) haben in diesem Grundsatz ihren unüberbietbaren Ort, der so ein "schlechthin absoluter Grundsatz" sein muß, soll er Philosophie begründen (37). Dabei müssen die Anforderungen an diese Absolutheit notwendig für das Denken gelten als auch Realität besitzen.

Die Philosophiegeschichte kennt die stets neuen Versuche, diese Absolutheit als ens realissimum et absolutum denkerisch zu erreichen. Sie leistet dies, indem sie aus der Negation des "esse ab alio" (Scholastik) und des "homo incurvatus in seipsum" (Luther) auf die Absolutheit des a se seienden Gottes schließt und in den Gottesbeweisen seine Realität und Wirkmächtigkeit demonstriert. Descartes hatte die wesentliche Leistung des Denkens beim Erreichen dieses Ergebnisses klar erfaßt und daher als das Prinzip der Philosophie, das als unhinterfragbarer Anfang aller, auch der höchsten Einsicht gelten muß, das denkende Ich (Cogito, ergo sum) aufgestellt. Dieses denkende Ich war freilich durch die in ihm wohnende Idee Gottes von vornherein als Abbild des Denkens Gottes und als dessen Produkt festgestellt, das nur im Nachvollzug des Denkens Gottes selber denkt und schöpferisch sein kann. - Schelling sah Descartes "auf dem Weg, die Urform aller Philosophie durch ein reales Princip zu begründen ..."; "... schade, daß er nicht weiter ging". Dasselbe Urteil gilt von Spinoza und Leibniz; sie sahen das Bedürfnis und die Denknotwendigkeit ein, ein Prinzip aller Form und alles Inhalts aufzustellen, doch sie vermochten es nicht zu finden. Denn das Descartessche Ego ist ein letztlich wieder abgeleitetes Prinzip, ein Vorletztes, das deshalb nicht als Absolutum gelten kann. Kant hatte auf die Antinomie eines solchen letzten Rekurses des menschlichen Denkens über sich selbst hinaus aufmerksam gemacht; mit seiner Betonung des transzendentalen Ich als des die Dinge im Urteil konstituierenden Vermögens war er nicht konsequent genug.

Es liegt nahe, daß ein so spekulativer Entwurf, der die Denknotwendigkeit aller Wirklichkeit zum Prinzip ihrer Konstitution und damit ihrer realen Existenz nach Inhalts- und Formbestimmung macht, im Grund des Denkens

---

36 H. M. BAUMGARTNER, Das Unbedingte im Wissen: Ich - Identität - Freiheit: DERS. (Hrsg.), Schelling, a. a. O., 45.
37 F. W. J. SCHELLING, Werke I 1, 273 par. SW I, 92.

die alles ermöglichende Grundlage und damit das Prinzip der Philosophie sieht. So muß Schelling konsequent in Fichte (und gerade im Fichte der "Wissenschaftslehre") den Vollender der Philosophie sehen. Die umfangreichen Erörterungen über Inhalt und Form enden so in dem von Fichte übernommenen Resultat: Der im Denken erreichbare höchste Inhalt, der (im Denken) durch sich selbst gesetzt und der (im Denken) selbst das Setzende aller anderen Wirklichkeit ist, ist das Ich: Das Ich ist bloß als Ich gegeben; der höchste Grundsatz für die Feststellung des Inhalts heißt daher: Ich ist Ich. Die Form des absoluten Gesetztseins, "die nun selbst wieder zum Inhalt eines Grundsatzes werden, dabei aber natürlich keine andere als nur wiederum ihre eigene Form erhalten kann" (A=A), ist mit dieser höchsten Bestimmung des Inhalts identisch : A = A heißt inhaltlich in höchster Form bestimmt: Ich = Ich; dabei bedingt die Form den Inhalt, der logisch identisch (im Sinn eines streng analytischen Urteils) sein muß; andererseits bedingt der Inhalt die Form, weil nur bei diesem höchsten Prinzip streng genommen die Identität Ich = Ich gilt. Das Ich ist also dieses mögliche Prinzip aller Philosophie, in dem Form und Inhalt zusammenfallen und sich allein gegenseitig bedingen; das Ich ist also allein Grund und Einheitspunkt aller Wirklichkeit.

Analog den Fichteschen drei Grundsätzen alles Wissens (38) entwickelt Schelling (als die Urform aller Wissenschaft) so aus der Form der Unbedingtheit (Ich) die Form der Bedingtheit und die Form der durch Unbedingtheit bestimmten Bedingtheit und aufgrund des Wechselverhältnisses von Inhalt und Form den ursprünglichen Inhalt als Ich, Nicht-Ich und das Produkt beider. "Durch diese drei Grundsätze ist aber auch aller Inhalt, alle Form der Wissenschaft erschöpft. Denn ursprünglich ist nichts als das Ich, und zwar als oberste Bedingung gegeben. Durch daselbe ist also nichts gegeben, als insofern es Bedingung ist, d.h. insofern etwas durch dasselbe bedingt ist, das, weil es durchs Ich bedingt ist, und bloß deswegen, ein Nichtich seyn muß. Und nun bleibt nichts mehr übrig, als ein Drittes, das beides in sich vereinigt. Kurz, alles, was nur immer Inhalt einer Wissenschaft werden kann, ist insofern erschöpft, als es entweder schlechthin unbedingt, oder als bedingt, oder als beides zugleich gegeben ist. Ein Viertes ist nicht möglich. Insofern nun in diesen Grundsätzen der Inhalt nur durch die Form, und diese nur durch jenen gegeben ist, so ist durch sie, insofern sie allen möglichen Inhalt der Wissenschaft erschöpfen, auch alle mögliche Form erschöpft, und diese Grundsätze enthalten die Urform aller Wissenschaft, die Form der Unbedingtheit, der Bedingtheit und der durch Unbedingtheit bestimmten Bedingtheit" (39).

---

38   Vgl. J.G. FICHTE, Grundlage der gesamten Wissenschaftslehre (1794), I §§ 1-3: Ausgabe Meiner, Hamburg ²1961, 11-43.
39   F.W.J. SCHELLING, Werke I 1, 285 par. SW I, 100 f. Zum Ganzen: I 1, 285-293 par. I, 101-106; I 1, 279-285 par. I, 96-101.

Das Prinzip, der Grund, Einheitspunkt, der notwendige Ausgangspunkt mit universaler Gültigkeit für alle Erkenntnis ist das Ich. Als Ausgangspunkt des Wissens ist es - im Fichteschen Sinn (40) - "Tathandlung"; es konstituiert damit das Praktische, die Welt. Das triumphierend festgehaltene Ergebnis dieser Überlegung, das die Einheit von Glaube, Wissen und Wollen erreichen kann, wie gesagt, lautet daher: "Suchet die Merkmale, an denen alle die ewige Wahrheit erkennen müssen, zuerst im Menschen selbst, ehe ihr sie in ihrer göttlichen Gestalt vom Himmel auf die Erde rufet! Dann wird Euch das übrige zufallen!" (41).

Das Ich als die Idee des Absoluten

Der unmittelbare Anlaß dieser Erstlingsschrift Schellings ist die Kritik der bisherigen Philosophie. Diese vermochte die Frage nach dem Grund des Wissens nicht in letzter Schlüssigkeit aufzuweisen; noch weniger konnte sie das Ganze aller Wirklichkeit erklären. Beide stehen nicht unvermittelt nebeneinander, sondern in - allerdings noch ungeklärter - Relation. Die Frage nach der Wahrheit ist die Frage nach dem Grund des Wissens; und dieser Grund des Wissens hat selbst Realität und hat einen Bezug zur Wirklichkeit insgesamt. Schelling stellt also einen sachlichen und notwendigen Zusammenhang von Theorie und Praxis, von Wahrheit und Wirklichkeit, von Idee und Realität fest und sucht dem inneren Zusammenhang auf die Spur zu kommen. Philosophie ist also immer Philosophie in praktischer Absicht; es geht ihr nicht nur um Beschreibung, sondern auch um Gestaltung der Wirklichkeit. Schelling hat hier von Spinoza, Kant, Fichte und Jacobi gelernt; das Thema ist nicht erst seit Marx Gegenstand der Philosophie. Philosophie gestaltet - so Schelling - das Schicksal der Menschheit; es ist schon früher festgestellt worden, daß sie in dieser Aufgabe für den jungen Schelling die Theologie beerbt hat.

So wie die Theologie einen Ermöglichungsgrund von Welt und Denken in Gott hatte, (für den sie allerdings keine Denknotwendigkeit und keinen inneren Zusammenhang mit der Gesamtwirklichkeit aufweisen konnte, der vielmehr supranatural gedacht wurde und wie ein deus ex machina als Wirkprinzip vorgestellt wurde), so muß nun die Philosophie einen solchen Ermöglichungsgrund nachweisen, dem alle Vorzüge zueigen sind, die dem Gott der Religion fehlten: Denknotwendigkeit und innerer Bezug zum Ganzen der Realität. In der soeben vorgestellten Schrift ist dieser Ermöglichungsgrund das Ich, das - als einzig möglicher Denkinhalt und die letztgültig denkbare Form der Unbedingtheit - als dieses Prinzip der Philosophie und der Wirklichkeit gedacht werden kann. H. M. Baumgartner

---

40   J.G. FICHTE, a.a.O., 11.
41   F.W.J. SCHELLING, Werke I 1, 300 par. SW I, 112.

umschreibt diesen Tatbestand so: "Die von ihm intendierte Kritik der bisherigen Philosophie verfolgte daher eine die philosophische Reflexion um ihrer selbst willen transzendentierende Absicht, die ihren Horizont und ihren Leitfaden an dem frühen Konzept von Geschichte als einem Prozeß der Vernunft besaß (42). Nun war allerdings mit den einheitsstiftenden Grundsätzen, der Urform der Unbedingtheit und dem Urinhalt des Ich allererst der allgemeine formale Rahmen einer geschichtlich relevanten Philosophie abgesteckt, so daß es darauf ankam, das Ich als Prinzip der Philosophie, und das heißt ja die oberste unbedingte Bedingung von Wissen überhaupt, genauer zu explizieren und durchsichtig zu machen. Eben diese Aufgabe versucht Schelling in der 1795 erschienen Schrift 'Vom Ich als Prinzip der Philosophie oder über das Unbedingte im menschlichen Wissen' zu lösen. In ihr geht es also darum, die Einheit der Philosophie aus dem Einen Prinzip, dem letzten Einheits- und Realgrund alles Wissens so zu denken, daß nicht nur die einzig mögliche Philosophie, sondern auch das wahre Wesen des Menschen zur Darstellung gebracht wird. Vollendung der kritischen Philosophie, Vollendung des wahren Wissens über den Menschen und Vollendung des geschichtlichen Prozesses der Menschheit erscheinen daher auf eigentümliche Weise miteinander verschränkt" (43).

Die Vollendung der Philosophie als die Vollendung des wahren Wissens über den Menschen ist verschränkt mit der Vollendung des geschichtlichen Prozesses der Menschheit. Schelling kann sich bei seiner systematischen Veranlagung nicht damit begnügen, diesen Zusammenhang in der Form empirisch feststellbarer Beziehungen zu konstatieren. Ihm liegt vielmehr daran, den Ermöglichungs- und Bedingungszusammenhang aufzuweisen. Durch die Tatsachenfeststellung, daß man dem Geheimnis dieses Zusammenhangs durch das Denken auf die Spur kommt und daß gerade in der Form der Denknotwendigkeit die Realität unbestreitbar wirklich ist, gelangt Schelling zu der Feststellung, daß Geschichte als Prozeß der Vernunft zu verstehen sei. Vernunft konstituiert Realität. Der Einigungspunkt aller Wirklichkeit, ihr Ermöglichungsgrund, der die Dinge schaffende Urgrund, der selber durch kein Ding existiert, der also "unbedingt" ist, ist das denkende Ich.

In einem ersten Gedankenschritt war Schelling auf diesen Zusammenhang gestoßen, als er dem Wesen der Philosophie und des Denkens unter den

---

42 Baumgartner verweist auf: W. G. JACOBS, Geschichte als Prozeß der Vernunft, (s. o. Anm. 4), a. a. O., 39-44. In diesem Beitrag werden Schellings erste Publikationen "Antiquissimi..." (Diss. phil.) und "Über Mythen..." (s. o. Anm. 4) unter dem Stichwort Geschichte als Prozeß der Vernunft interpretiert und in ihrer Abhängigkeit von KANT, HERDER, REINHOLD, HEYNE und EICHHORN vorgestellt. S. a. den Beitrag: W. G. JACOBS, Anhaltspunkte zur Vorgeschichte von Schellings Philosophie: ebd., 27-37.
43 Ebd., 46 f.

Stichworten Inhalt - Form nachging. Das Ziel war, allen Inhalt, das heißt alle Wirklichkeit auf einen Urinhalt und alle Form des Wirklichen auf die wesentliche Form des Wissens und seine Ermöglichung im Unbedingten zurückzuführen; für beides ergab sich als dieser Einheitspunkt das Ich. In der nächsten Schrift geht Schelling der Frage nach der Unbedingtheit weiter nach; er stößt dabei vor allem auf die Begriffspaare Subjekt - Objekt und Idee - Realität. Ähnlich wie in der vorhergehenden Schrift stellt Schelling fest: "Wer etwas wissen will, will zugleich, daß sein Wissen Realität habe. Ein Wissen ohne Realität ist kein Wissen" (44). Es gibt nur die Alternative: Entweder ist unser Wissen ohne Realität, ein chaotischer Kreislauf von Bewußtseinsvorstellungen, oder "Es muß einen letzten Punkt der Realität geben, an dem alles hängt, von dem aller Bestand und alle Form unseres Wissens ausgehen, der die Elemente scheidet und jedem den Kreis seines fortgehenden Wirkens im Universum des Wissens beschreibt.

Es muß etwas geben, in dem und durch welches alles, was da ist, zum Daseyn, alles, was gedacht wird, zur Realität, und das Denken selbst zur Form der Einheit und Unwandelbarkeit gelangt. Dieses Etwas (wie wir es für jetzt problematisch bezeichnen können) müßte das Vollendende des ganzen System des menschlichen Wissens seyn, es müßte überall, wo unser letztes Denken und Erkennen noch hinreicht - im ganzen κόσμος unseres Wissens - zugleich als Urgrund aller Realität herrschen". Wenn es ein solches zielgerichtetes, realitätsbezogenes Wissen gibt, so muß ein Wissen möglich sein, "zu dem ich nicht wieder durch ein anderes Wissen gelange, und durch welches allein alles andere Wissen Wissen ist". Es geht um den letzten Grund der Realität alles Wissens, der als dieser Grund zugleich in seinem Sein bestimmt ist. "Der letzte Grund aller Realität nämlich ist ein Etwas, das nur durch sich selbst, sein Leben haben, durch sein Seyn denkbar ist, das nur in so fern gedacht wird, als es ist, kurz, b e i d e m d a s P r i n c i p d e s S e y n s u n d d e s D e n k e n s z u s a m m e n f ä l l t".

Das Wesen des Absoluten

Es gilt nun, das Wissen dieses Prinzips näher zu bestimmen. Unser Wissen ist normalerweise ein bedingtes Wissen, d.h. es ist durch ein vorhergehendes Wissen ermöglicht. So ergibt sich entweder eine unendliche Reihe von bedingtem Wissen oder es gibt einen letzten Punkt, der aller Bedingung entgegengesetzt ist. Schelling greift hier den ursprünglichen Wortsinn auf und definiert "Bedingen" als die Handlung, wodurch etwas zum Ding wird. Der letzte, aller Bedingung entgegengesetzte Punkt ist daher unbedingt und unbedingbar; er kann nicht von Dingen ableitbar

---

44 F.W.J. SCHELLING, Vom Ich als Princip der Philosophie: SW I, 162. Zum Folgenden: ebd., 162 f.

sein und kann, darf selbst kein Ding sein. Die Begriffe Subjekt und Objekt können daher dieser letzte Punkt nicht sein. Denn ein Objekt ist immer das, was "nur im Gegensatz, aber doch in Bezug auf ein Subjekt bestimmbar ist"; es ist als Gegenstand des Denkens des Subjekts immer ein Ding. Das Subjekt ist immer logisch als das Gegenüber des gesetzten Objekts. So ist auch das dem Objekt Realität verleihende Subjekt letztlich logisch vom Gegenüber des Objekts bestimmt; es ist ebenfalls nicht das Unbedingte.

Subjekt und Objekt stehen in einem Beziehungsverhältnis, sie bedingen sich logisch, wenn nicht sogar real (so ist das Objekt i. d. Regel durch das Subjekt konstituiert, das Subjekt im Denken nur als das Gegenüber zum Objekt erkennbar). Das Ergebnis muß lauten: Alles, was in der (logischen) Ebene der Relation gedacht werden muß, ist bedingt. Soll aber nicht alles im Chaos der logischen Unendlichkeit ohne einen letzten Realitätsbezug bleiben, so muß es das logisch zwar nie beweisbare, aber doch denknotwendig geforderte Unbedingte geben. Als solches kommt nur ein absolutes Ich in Frage. Das absolute Ich ist Subjekt; denn das Subjekt ist das Vermögen, das Wirklichkeit konstituieren und im Denken realisieren kann; das Objekt vermag solches nicht. Das absolute Ich muß aber als dieses Subjekt, soll es der Ebene des logisch denkbaren Gegenüber enthoben sein, allem Denken und Vorstellen vorhergehen; es muß über alle Begrifflichkeit hinausgehen. Seine Bestimmungen lauten daher: es muß durch sich selbst realisiert werden; es ist, bloß weil es ist; es wird gedacht, bloß weil es gedacht wird; es bringt sich durch sein Denken selbst (aus absoluter Kausalität) hervor; das Prinzip seines Seins und das Prinzip seines Denkens fallen zusammen; es ist als Absolutes durch sich selbst gegeben (45). Der Satz "ich bin" wird diesem Anspruch der Absolutheit, des Fehlens aller Konditionen, des Seins aus sich voll gerecht.

Es ist schwer, sich das absolute Ich in seiner Absolutheit vorzustellen; denn Denken ist normalerweise begriffliches Denken und als solches logisch an der Beziehung von Subjekt und Objekt orientiert. Die Realität ist nur wirklich in ihrer Vielheit und wechselseitigen Bezogenheit. Doch das Bedürfnis, der Drang des Denkens, notwendig diesen Einheitspunkt alles Denkens und aller Wirklichkeit zu finden, damit nicht alles in der chaotischen Unverbindlichkeit des Endlichen zerfällt, diese Notwendigkeit legt diesen letzten Einheitspunkt nahe. Schelling nennt die oben beschriebene Welt der Bezogenheit von Ich und Nicht-Ich, von Subjekt und Objekt e m p i r i s c h . Er hält sich hier an K a n t , für den das Denken in der Sphäre der Sinnlichkeit, des Verstandes und der Einbildungskraft der Empirie zugehörte. "Rein (dagegen) ist, was ohne allen Bezug auf Objekte gilt" (46). Das ganze Geschäft der theoretischen und praktischen Philosophie ist es nun, diesen Widerstreit zwischen dem reinen und dem empirisch bedingten Ich

---

45 Vgl. ebd., 163-170, bes. 167.
46 Ebd., 176 Anm.

zu lösen. Die theoretische Philosophie endet wie bei Kant in Antinomien; sie geht, "um diesen Widerstreit zu lösen, von Synthesis zu Synthesis fort, bis zu der höchstmöglichen, in der Ich und Nicht-Ich gleich gesetzt wird (Gott), wo dann, da die theoretische Vernunft sich in lauter Widersprüchen endet, die praktische eintritt, um den Knoten zwar nicht zu lösen, aber durch absolute Forderungen zu zerhauen" (47). Die theoretische Philosophie ging also bisher fälschlicherweise vom empirischen Ich aus - ein Vorwurf, den Schelling mit Jacobi gegenüber Kant und Descartes erhebt.

Richtiger ist deshalb, aufgrund dieser Einsicht einen absoluten Ausgangspunkt zu nehmen. "Das vollendete System der Wissenschaft geht vom absoluten, alles Entgegengesetzte ausschließenden Ich aus. Dieses als das Eine Unbedingbare bedingt die ganze Kette des Wissens, beschreibt die Sphäre des Denkbaren, und herrscht durch das ganze System unsers Wissens als die absolute alles begreifende Realität. Nur durch ein absolutes Ich, nur dadurch, daß dieses schlechthin gesetzt ist, wird es möglich, daß ein Nicht-Ich ihm entgegengesetzt, ja daß Philosophie selbst möglich werde. ..." Erst die Voraussetzung des absoluten Ich ermöglicht es dem konkreten Ich, dem empirischen Denken, Ich und Nicht-Ich (Subjekt und Objekt) in Beziehung zu setzen und so die Empirie und die konkrete Erfahrung zu konstituieren; sie ermöglicht es dem Ich, neben dieser theoretischen Betätigung auch, das Identisch-Werden aller Wirklichkeit, Einheit, Liebe (nachvollziehend) zu realisieren. - Das absolute Ich ist also das der Wirklichkeit und dem Denken vorgegebene Eine und Ganze, das beide ermöglicht und auf das sich beide zurückbeziehen; es ist - in Kantischer Terminologie ausgedrückt - der alles Kategoriale transzendierende Grund. Dieser Grund alles Seins und Halt für alles empirische Denken, der sich aus eigener Kraft trägt, und auf den das Denken notwendig stößt, wenn es nicht in sinnloser Unendlichkeit ständiger Wiederholung enden soll, ist selbst - als das sich durch eigene Kraft tragende Prinzip - "das durch Freiheit Wirkliche". Schelling resümiert: "Der Anfang und das Ende aller Philosophie ist - Freiheit!" (48)

Freiheit und intellektuale Anschauung

An dieser Stelle der Schellingschen Überlegungen muß gefragt werden, ob dieses transzendentale Ich eine Realität ist, der alle jene denkerisch geforderten Prinzipienansprüche gerecht werden. Es könnte ja sein, daß Schelling sich mittels eines gedanklichen Konstrukts aller jener Probleme entledigt, die das normalerweise von konkreter Erfahrung geleitete und an Empirie im weitesten Sinn gebundene Erkennen zu bestehen hat: Kant hatte es in unnachahmlicher Weise analysiert und dabei den Erkenntnis-

---

47 Ebd., 176; dort auch das folgende Zitat.
48 Ebd., 177.

optimismus der Aufklärung an seine Grenze geführt. Schelling ist nun - neben J a c o b i und F i c h t e - einer der ersten, der diese Grenzen akzeptiert und auf dieser Grundlage die Aufgabe der Philosophie bestimmen will. Löst er vielleicht mit dem Rekurs auf das transzendentale Ich die Probleme gar nicht, sondern setzt ein unkontrollierbares übergeordnetes (und darum unhinterfragbares) Prinzip, das der Anstrengung des Denkens einfach enthebt? Bietet dieses Ich die Klammer für Theorie und Praxis (für reine und praktische Vernunft)? Kann es für dieses Eine und Ganze stehen, das "die Welt im Innersten zusammenhält"?

Kant hatte es als ein empirisch-demonstrativ unerkennbares Postulat angesehen, daß die metaphysischen Inhalte Gott, Freiheit und Unsterblichkeit als Sinn des Daseins vorgegeben sind und alles Leben und Denken bestimmen; sie sind nur im konkreten sittlichen Leben zu verwirklichen - dem Denken sind sie in letzter Einsicht unzugänglich. J a c o b i hatte den gleichen Weg beschritten; er hatte nur - von Kants Analysen beeindruckt - die Notwendigkeit des diskursiven Denkens negiert und stattdessen ein unmittelbares Innesein Gottes im menschlichen Innern behauptet, das mit konkreter Realisierung der Freiheit unmittelbar und einschlußweise (der empirisch-deduktiven Analyse verschlossen) schon im Menschen mitgesetzt ist. - Schellings Anliegen nun ist es, beide Anliegen miteinander zu verbinden, d. h. er will das Sinnganze von Welt und Denken mit Kant und Jacobi (und Fichte) im praktisch-sittlichen Vollzug real werden lassen, will es aber auch und vor allem als konstitutiv für das Denken (das ja wesensmäßig zum menschlichen Daseinsvollzug gehört) aufweisen. S c h e l l i n g begnügt sich nicht mit Kants Verweis auf die Antinomien der Vernunft; noch weniger kann er sich mit Jacobis Bestreitung der Denkbarkeit dieses Sinnganzen abfinden. So gilt sein Suchen einem Prinzip, das zugleich gedacht und gelebt werden kann, das, richtiger gesagt, Ermöglichungsgrund von Denken und Leben (Wirklichkeit) ist.

Das Anliegen Schellings ist also umfassend; er will über Kant und Jacobi hinausgelangen; er will alle feststellbare Realität - und dazu gehört das Denken - notwendig in Einheit und innere Beziehung bringen. Es kommt nun darauf an, dieses Einheitsprinzip zu finden, das nach Schelling anders und tiefer als der Gott der Religion und Theologie im Innern von Welt und Mensch lebendig sein muß - der theistische Gottesbegriff war ja denkerisch nur im Überstieg über das Welt- und Menschsein zu erreichen; er blieb immer im Gegenüber zu Welt und Mensch, anstatt in ihnen anwesend zu sein. Das transzendentale Ich im beschriebenen Sinne erfüllt nach Schelling die durch Denken festgestellte Anforderung: Es umgreift die Gesamtwirklichkeit, in der das Denken ebenso Platz und Realität hat wie die übrige Wirklichkeit der Dinge; es übersteigt den Rahmen der Relationen von Subjekt und Objekt und integriert und ermöglicht Empirie; es ist selbst aller Bedingung und Endlichkeit enthoben - es ist absolut. In ihm als dem durch sein Sein identisch Gesetzten "kann alles, was ist, zur Einheit seines Wesens kommen". In ihm als dem durch sich selbst Gesetzten ist der Ermöglichungsgrund für alles Bedingte, Wandelbare, für die Dinge, die in der Rückbindung an das Ich Einheit und Beharrung finden und so nicht ins Unendliche, Unfaßbare zerstreut sind. Das Ich ist der alles umfassende und integrierende Faktor, dem alles Existenz verdankt. Es ist der Ermöglichungsgrund ebenso wie der Einheitsgrund, der das Ganze als das Eine sammelt und Sinn schafft. Es ist dieser Ermöglichungs- und Einheitsgrund, weil es **absolute Selbstmacht** ist, aus der es selbst existiert und "sich nicht als irgend Etwas, sondern als bloßes Ich setzt". Wer sich selbst setzen kann, hat Macht anderes zu setzen. Die **Freiheit** - anders läßt sich Selbstmächtigkeit nicht definieren - ist dieser Grund des eigenen Ich ebenso wie der anderen Seienden. "Sie ist für das Ich nichts mehr und nicht weniger, als unbedingtes Setzen aller Realität in sich selbst durch absolute Selbstmacht. - Negativ bestimmbar ist sie als gänzliche Unabhängigkeit, ja sogar als gänzliche Unverträglichkeit mit allem Nicht-Ich" (49).

Als das von allem Nicht-Ich Unabhängige, das über aller Relationalität Stehende ist das Ich über allem Bewußtsein und über allem begreifenden Denken. Die Forderung, man sollte sich als Ich dieser Freiheit bewußt sein, verkennt, "daß erst durch sie all' euer Bewußtseyn möglich ist, und daß die Bedingung nicht im Bedingten enthalten seyn kann ..." Selbstbewußtsein "ist kein **freier** Akt des Unwandelbaren, sondern ein abgedrungenes Streben des wandelbaren **Ichs**, das, durch Nicht-Ich bedingt, seine Identität zu retten und im fortreißenden Strom des Wechsels sich selbst wieder zu ergreifen strebt ...". Das Streben des empirischen Ich und das daraus resultierende Bewußtsein ist ermöglicht durch das absolute Ich. "... die absolute Freiheit ist als Bedingung der Vorstellung ebenso nothwendig, wie als Bedingung der Handlung". Dem empirischen Bewußtsein enthoben sein, heißt auch: dem Begreifen entzogen sein. Andernfalls unterläge das Ich der Sphäre des Bedingten. Das Ich ist also dem Begreifen und damit dem empirischen Denkvollzug entzogen; es muß dennoch als dessen notwendige Voraussetzung da sein. Es kann nicht gedacht werden im strengen Wortsinn und muß doch als Ermöglichung des Denkens diesem gegenwärtig sein. Nicht gedacht werden (können) und doch präsent sein: das ist nur in der **Anschauung** möglich. Für das Denken präsent sein, heißt: **intellektual** anschaubar sein. "Das Ich also ist für sich selbst als bloßes Ich in intellektualer Anschauung bestimmt". Diese **intellektuale Anschauung** ist also für Schelling die Art und Weise, wie das absolute Ich als das grundlegende und alles Bedingte ermöglichende transzendentale Sein im konkreten Denken und damit in der Vergewisserung von Wirklichkeit gewußt ist. Schelling kann, ohne in Widerspruch zu Kants Leugnung einer intellektualen Anschauung zu geraten, dartun, daß Kant diese Erkenntnisform für das empirische Ich ausgeschlossen hat und daß jede Ähnlichkeit zwischen der intellektualen und der empirischen Anschauung unmöglich ist, so daß das Wesen der intellektualen Anschauung (als

---

49 Ebd., 179. Zum Ganzen: ebd., 178; 179-182.

das Überschreiten der Empirie) vom empirischen Denken her ebenso verfehlt wird wie das Wesen der Freiheit. Das Überschreiten der Empirie und die Realisierung der Freiheit sind nicht objektivierbar und daher nicht beweisbar. Sie bleiben subjektiv, machen den Wesensvollzug des Ich in seinem Erfassen von Wirklichkeit aus. Wo dies geschieht, wird das Ich zu Recht als das Absolute, alles andere Ermöglichende vorausgesetzt (50).

Im absoluten Ich setzt der Mensch die Grundgegebenheiten, die ihn und seine Welt ausmachen, und die Bestimmungen des Daseins als Identität, Freiheit, Nicht-Identität. Das heißt: es wird dann nötig und möglich, die "untergeordneten Formen des Ichs" und "die durchs Ich begründeten Formen aller Setzbarkeit" zu deduzieren: Die Kantische Kategorientafel hilft dabei, diese Formen des Ich als Einheit gegen Vielheit und empirische Einheit (der Quantität nach), als Realität und Unendlichkeit (der Qualität nach), als Substanzialität, Kausalität, Moralität und Glückseligkeit (der Relation nach), als absolutes Sein gegen empirische Vorstellung von Ewigkeit und Bestimmtheit (§§ 9 bis 15) zu bestimmen und Einheit, Wirklichkeitsbejahung, Dasein, Freiheit, Zweckmäßigkeit als die Formen der Setzbarkeit zu eruieren (§ 16). Damit ist nicht nur der philosophisch erkennbare Einheitsgrund, das Prinzip der Philosophie, bestimmt; es ist auch die wesentliche Aufgabe des Menschen - die praktische Absicht der Philosophie - klar aufgezeigt: "Das Sein und Wesen des Menschen, der seiner Faktizität nach endliches Selbstbewußtsein ist, bestimmt sich daher durch das absolute Ich: Sein Dasein ist die unendliche und zugleich paradoxe Aufgabe, die Schranken der Endlichkeit aufzuheben, d.h. reine Identität und absolute Freiheit theoretisch wie praktisch zu realisieren" (51).

Als Marginalie sei vermerkt, daß Schelling in dieser Schrift die Philosophiegeschichte nach dieser Grundlegung qualifiziert. Sein eigener Entwurf gilt ihm als "vollendeter Kritizismus", der konsequent ein Ich vor allem Nicht-Ich voraussetzt. Diese Ableitung ist für ihn Kritizismus, weil sie das Denken konsequent bis zu dieser Grundeinsicht vorantreibt. Das Gegenteil ist Dogmatismus: Hier wird das vor allem Ich gesetzte Nicht-Ich zum Prinzip der Philosophie erhoben. In dieser Hinsicht kritisiert Schelling Spinoza, weil dieser in vollendeter Weise Gott als ein Nicht-Ich dem denkenden Ich als Seinsgrund vorgesetzt hat. Dieses Nicht-Ich widerspricht aber der gesamten Ableitung, die Schelling für das Unbedingte gefunden hat: Spinoza setzt ein unbedingtes Ding als Prinzip voraus, d.h. er nimmt ein Ding, das kein Ding ist, an, und das enthält einen Widerspruch in sich. Ein Mittelweg zwischen vollendetem Kritizismus und vollendetem Dogmatismus wäre die Annahme eines Prinzips "des durch ein Nicht-Ich bedingten Ichs, oder, was dasselbe ist, des durch ein Ich bedingten Nicht-Ichs" (52).

---

50 Vgl. bes. ebd., 181 f.
51 H.M. BAUMGARTNER, a.a.O., 48 f.
52 F.W.J. SCHELLING, SW I, 170; s.a. ebd., 170-177.

Diese Auffassung eines unvollendeten Kritizismus ist in Kants Philosophie vorgestellt. Es ist Philosophie auf dem Standpunkt des empirischen Ichs, das nicht fähig ist, von den Bedingtheiten zur Unbedingtheit mit letzter Folgerichtigkeit durchzustoßen. Es verstößt auch mit seiner Auffassung des "Dings an sich" (hier in der Form der Reinholdschen Philosophie) gegen die logische Ableitung, daß das Ding an sich nicht existieren kann, weil es immer bedingt ist oder aber im Sinne des Dogmatismus Prinzip des Ich statt dessen Gegenüber wäre. - Schelling ist so der Überzeugung, in Anlehnung an Fichte die Probleme gelöst zu haben, die die beiden größten Vertreter der neuzeitlichen Philosophiegeschichte, Spinoza und Kant, nicht hatten lösen können.

Ein gelungener Lösungsvorschlag?

Ist Schellings Selbstbewußtsein gerechtfertigt? Unbestreitbar hat Schelling die Anliegen seiner großen Vorgänger richtig erfaßt. Er hat auch die Aporien ihrer Entwürfe gesehen und gewürdigt. Mit seinem an Fichte orientierten Entwurf, im transzendentalen Ich das Prinzip aller Erkenntnis und aller Realität zu sehen, ist es ihm gelungen, ein Prinzip zu finden, das das Ganze der Realität unter Einschluß des Denkens zu einer Einheit zusammenfassen und in seiner Wirklichkeit und Denkbarkeit einsichtig zu machen vermag. Ferner: In Schellings System sind (Denk-) Notwendigkeit und Freiheit als deren Ermöglichungsgrund sinnvoll zusammengebracht. Hier ist zu erinnern an Jacobis Polemik gegen Kant, daß das System der Denknotwendigkeit (Verstandestätigkeit) mit der logisch zwingenden Konsequenz keinen Weg zur Einsicht in das Wesen von Freiheit und damit in das Wesen Gottes ermögliche. Offensichtlich hat Schelling diese Kritik Jacobis beherzigt; denn die Freiheit als Selbstmacht ermöglicht die Struktur auch des stringenten Denkens. Schließlich ist auf Schellings Zentralbegriffe zu verweisen: Schellings Ausgangspunkt ist mit der kritischen Philosophie die Möglichkeit des Wissens; denn im Wissen scheint ihm der Schlüssel zur Neuinterpretation der Welt zu liegen - das jedenfalls legen seine Ausführungen über die Aufgabe der Philosophie nahe (53). Es scheint sogar, als sei ihm das Wissen so selbstverständlich befugt, die letzten Menschheitsfragen zu lösen, daß er Kants "Kritik der reinen Vernunft" und ihre Darstellung der Vernunftantinomien zur stillschweigenden Voraussetzung nimmt, um seinem Entwurf des Wissens neuer Art, der intellektualen Anschauung Geltung zu verschaffen. Doch ist letztlich nicht die Frage nach der Möglichkeit und nach der Art und Weise des Wissens

---

53 Diese Feststellung muß gegenüber W. SCHULZ, Einleitung: F. W. J. SCHELLING, System des transzendentalen Idealismus, Hamburg ²1962, XI festgehalten werden, wo behauptet wird, Schelling interessiere sich nicht für die Frage nach der Möglichkeit des Wissens.

ausschlaggebend. Er drängt vielmehr - mit W. Schulz gesprochen - "auf eine letzte Einheit hin, in der als dem Ganzen alles beschlossen ist". Diese Einheit als Grund und Ermöglichung des Ganzen ist im Unbedingten, im Absoluten vorgegeben. "Schellings ursprüngliche philosophische Tendenz ist es, die Idee des Unbedingten zur Grundbestimmung aller Philosophie zu erheben" (54).

Die in der philosophiegeschichtlichen Interpretation Schellings ausführlich diskutierte Frage, ob Schellings erste Phase zwischen 1794 und 1797 (bzw. 1800) Transzendentalphilosophie im Sinne des Idealismus sei - H. Fuhrmans hatte dies verneint; W. Schulz hatte diesen Grundstock Schellingschen Philosophierens bis in seine Spätphilosophie am Werk gesehen; R. Lauth beschreibt eingehend seine "Abfallgeschichte"; H. M. Baumgartner urteilt ähnlich abgewogen wie Fuhrmans (55) - ist für unser Thema nebensächlich. Man kann wohl davon ausgehen, daß Schellings Anfänge bei seiner Vorliebe für Kant und Fichte und bei seiner Analyse des Ich als der Idee des Unbedingten in der Transzendentalphilosophie lagen, daß aber sein Grundanliegen tiefer reichte als bis zur Frage nach der Möglichkeit des Wissens als der Ermöglichung von Welt und Denken. Die Frage nach dem Einheitspunkt beider und die Beschreibung desselben als das Unbedingte und Absolute hat eine über den Idealismus hinausreichende Intention und zugleich eine religionsphilosophische Dimension, die stärker an Spinozas und der philosophischen Tradition Frage nach Grund, Wesen und Ziel des Ganzen aller Wirklichkeit orientiert ist. In diesem Grundkonzept, dem Wesen des Absoluten theoretisch gerecht zu werden "und in praktisch-historischer Perspektive genau jene Philosophie hervorzubringen, welche die universale Geschichte als einen Prozeß der Vernunft zu sich selbst befördert und als zu Einheit vollendete philosophische Wissenschaft, die den Gesamtzusammenhang des Wirklichen im Absoluten erkannt hat, in das Handeln übertreten kann ..." (56), - in diesem Grundkonzept ist der Gedankengang und der Sprachge-

---

54 W. SCHULZ (Hrsg.), Fichte - Schelling Briefwechsel, Frankfurt/M. 1968. Das Zitat vorher: DERS., Einleitung, a.a.O. (Anm. 53), XI.
55 H. FUHRMANS, Schellings letzte Philosophie, Berlin 1940; DERS., Schellings Philosophie der Weltalter, Düsseldorf 1954; W. SCHULZ, Die Vollendung des Deutschen Idealismus in der Spätphilosophie Schellings, Pfullingen 1955, [2]1975; R. LAUTH, Die Entstehung von Schellings Identitätsphilosophie in der Auseinandersetzung mit Fichtes Wissenschaftslehre (1795 - 1801), Freiburg - München 1975; H. M. BAUMGARTNER, Das Unbedingte im Wissen..., a.a.O., bes. 49-53. S. a. W. KASPER, Das Absolute in der Geschichte, Mainz 1965, bes. 9-20; 43-86; H. ZELTNER, Schelling - Forschung seit 1954, Darmstadt 1975, bes. 70-83 (bzw. 88).
56 H. M. BAUMGARTNER, a.a.O., 52.

brauch transzendentalphilosophisch. Die Absicht aber heißt: Mit diesem Instrumentarium das Wesen des Absoluten erfassen, damit darin als in dem Bleibenden, Unbedingten (der Unbedingtheit, der reinen Identität und der bleibenden absoluten Freiheit) die G e s c h i c h t e als der Ort der konkreten Verwirklichung von Freiheit erwiesen werden kann, die F r e i h e i t aber als oberstes Prinzip aller Realität erscheint und schließlich die V o l l e n d u n g d e s W i s s e n s in der Geschichte "als Garant einer sich vollendenden Menschheitsgeschichte" begriffen wird" (57). Die Frage nach dem Wesen des Absoluten (nicht die Frage nach dem Wissen) ist Schellings zentrale Problemstellung von Anfang an. Hierin ist er, wie gesagt, Spinoza und der klassischen Metaphysik näher als Kant und Fichte.

Die Art und Weise, wie Schelling diese Frage nach dem Absoluten deduziert, ist ähnlich der, wie die S c h o l a s t i k die Transzendentalienlehre behandelt hat (Schelling dürfte dieses Problem über seine Kenntnis der Philosophie von L e i b n i z bekannt gewesen sein). Hier war die Fülle des Seins in den Formen des unum, verum, bonum et pulchrum beschrieben worden, das ens aber in seiner Realität Sein Gottes genannt worden; abgeleitetes, endliches Sein bestand nur in der Form der Gründung im ens absolutum, in der Teilhabe am Sein Gottes, der alles Seiende aus sich entläßt. Auch S p i n o z a hatte alles Sein in den vielfältigen Formen auf seine Einheit in Gott zurückgeführt, dessen wesentliche, dem Menschen erkennbare Seinsweisen Denken und Ausdehnung uns eine scheinbare Vielfalt einer großen Welt vor Augen stellten. Ähnlich Schelling: Die gesamte Realität, Denken und Wirklichkeit, gründet im Absoluten. Doch in der Bestimmung des Absoluten konstituiert er den Bruch mit der Tradition, jedenfalls in der frühen Phase seines Denkens: Das Absolute kann nicht dem (denkenden) Ich vorausliegen als Absolutes; es muß in dem (durch Denken) alle Wirklichkeit schaffenden Ich liegen. H. H o l z , der in dieser Philosophie besonders das Anliegen des neuplatonisch gefärbten Platonismus am Werke sieht - er bringt dafür viele Nachweise - betont zu Recht, daß hier wesentlich gegenüber der Tradition die "Revolution der Denkungsart" des späten 18. Jahrhunderts wirksam ist: "Die Ersetzung G o t t e s d u r c h d e n a u t o n o m g e d a c h t e n M e n s c h e n , wenn auch gerade auf dem Weg einer diese Autonomie reflektierenden Philosophie vermittelt, ist der große Gedanke, der hier als theologisch-philosophischer Impetus der Neuzeit gefaßt wird" (58). Schelling rezipiert das Anliegen aller Philosophie der Tradition, bestimmt aber unter dem Einfluß der kritischen Philosophie das Absolute in säkularisierter Form als das Welt und denkende Wesen erschaffende absolute Ich. - Daß dabei die Bestimmung des Ich als des Absoluten letztlich bei ihm selbst uneinheitlich ist - B a u m g a r t n e r macht darauf aufmerksam, daß die Aufsuchung dieses obersten

---

57 Ebd.
58 H. HOLZ, Die Idee der Philosophie bei Schelling, Freiburg - München 1977, 55 f.; s. a. ebd., 19-63.

161

Grundsatzes in der Schrift "Vom Ich" als regressives Verfahren konzipiert ist, während in der Abhandlung "Über die Möglichkeit ..." der Regressus als untauglich verworfen war (59) - und daß letztlich die Frage offenbleibt, wie sich das Denken vom Begreifen der Bedingungen zum Überstieg auf das transzendentale Ich aufschwingen kann, ist Schelling selbst nicht bewußt geworden. Gerade sein nachmaliger Gegner Jacobi hatte in der Auseinandersetzung mit Kant die Mühe dieses Nachweises mit seiner Philosophie des "Salto mortale" auf sich genommen. Schellings Idee der "intellektualen Anschauung" war das Stichwort; doch blieb die Qualität dieser Anschauung als Wissen, Denken, Glauben oder eine mögliche andere Erkenntnisform blieb noch offen. Sie sollte auch für Schelling der Anlaß zur Neuorientierung werden. Den unmittelbaren Anlaß dafür gab jedoch ein anderes Problem.

"Ethik à la Spinoza"

Zu dem Zeitpunkt, da Schelling in Fichte den Gewährsmann für sein transzendentales Ich als Prinzip aller Philosophie feiert, bekennt er sich nicht als Fichteaner, sondern bezeichnet sich - für den ersten Anschein überraschend - als Spinozisten. In der Fortsetzung der schon erwähnten Stelle aus dem Brief an Hegel (60) erläutert Schelling, warum er sich dem verfemten Amsterdamer Philosophen verbunden fühlt: "Spinoza war die Welt (das Objekt schlechthin im Gegensatz gegen das Subjekt) - Alles, mir ist es das Ich. Der eigentliche Unterschied der kritischen und der dogmatischen Philosophie scheint mir darin zu liegen, daß jene vom absoluten (noch durch kein Objekt bedingten) Ich, diese vom absoluten Objekt oder Nicht-Ich ausgeht. Die letztere in ihrer höchsten Konsequenz führt auf Spinozas System, die erstere aufs Kantische. Vom Unbedingten muß die Philosophie ausgehen. Nun fragt sich's nur, worin dies Unbedingte liegt, im Ich oder im Nicht-Ich. Ist diese Frage entschieden, so ist Alles entschieden. ... Das absolute Ich befaßt eine unendliche Sphäre des absoluten Seins, in dieser bilden sich endliche Sphären, die durch Einschränkung der absoluten Sphäre durch ein Objekt entstehen (Sphären des Daseins - theoretische Philosophie). In diesen ist lauter Bedingtheit, und das Unbedingte führt auf Widersprüche. - Aber wir sollen diese Schranken durchbrechen, d. h. wir sollen aus der endlichen Sphäre hinaus in die unendliche kommen (praktische Philosophie). Diese fordert also Zerstörung der Endlichkeit und führt uns dadurch in die übersinnliche Welt. (Was der theoretischen Vernunft unmöglich war, sintemal sie durch das Objekt geschwächt war, das tut die praktische

---

59 H. M. BAUMGARTNER, a. a. O. , 50 f. verweist auf F. W. J. SCHELLING, SW I, 169 gegenüber I, 96.
60 Vom 4. 2. 1795: s. o. Anm. 29. Das Zitat: a. a. O. , 126 f.

Vernunft). Allein in dieser können wir nichts finden als unser absolutes Ich, denn nur dieses hat die unendliche Sphäre beschrieben. Es gibt keine übersinnliche Welt für uns als die des absoluten Ichs. - Gott ist nichts als das absolute Ich, das Ich, insofern es Alles Theoretische zernichtet hat, in der theoretischen Philosophie also = o ist. Persönlichkeit entsteht durch Einheit des Bewußtseins. Bewußtsein aber ist nicht ohne Objekt möglich; für Gott aber, d. h. für das absolute Ich gibt es gar kein Objekt, denn dadurch hörte es auf, absolut zu sein. - Mithin gibt es keinen persönlichen Gott, und unser höchstes Bestreben ist die Zerstörung unserer Persönlichkeit, Übergang in die absolute Sphäre des Seins, der aber in Ewigkeit nicht möglich ist; - daher nur praktische Annäherung zum Absoluten, und daher - Unsterblichkeit".

Immanenz und Transzendenz

Schelling skizziert hier das eigene Unbehagen an seinem eben vollendeten Entwurf, der letztlich unerklärt ließ, wie der Übergang vom begreifenden Erkennen, von der Endlichkeit des Daseins-Vollzugs zum Unbedingten, von Einschränkungen freien Ich erklärt werden kann, genau jene offene Frage, die soeben als Problem der Schrift "Vom Ich" angesprochen worden war. Der weitere Briefinhalt ist ein Stenogramm der Lösung, die Schelling noch im laufenden Jahr in den "Philosophische(n) Briefe(n) über Dogmatismus" (61) publizierte.

Der unmittelbare Anlaß für diese fingierten Briefe ist (wie schon der Hegelbrief andeutet (62)) eine Auseinandersetzung mit der Art und Weise, wie die (Tübinger) Theologie damals Kants Postulat Gottes durch die praktische Vernunft zu einem moralischen Gottesbeweis umfunktionierte. "... weil die theoretische Vernunft zu schwach ist einen Gott zu begreifen", so interpretiert Schelling, "und die Idee eines Gottes nur durch moralische Forderungen realisirbar ist: so muß ich Gott auch unter moralischen Gesetzen denken. Ich bedarf also der Idee eines moralischen Gottes, um meine Moralität zu retten ...". Das Schlimme an dieser neuen Demonstration Gottes: Wer die Wolffschen Demonstrationen nicht nachvollziehen konnte, galt nur als unphilosophisch. "Wer an die Demonstrationen unserer neuesten Philosophen nicht glaubt, auf dem haftet das Anathem moralischer Verworfenheit" (63). Daß Schelling hier die Tübinger Orthodoxie im Auge hat, legen die Ausführungen von A. Pieper (64)

---

61 F. W. J. SCHELLING, SW I, 283-341. Zur Chronologie des Hegelbriefs, der Schrift "Vom Ich" und der "Philosophischen Briefe": R. LAUTH, a. a. O. (s. o. Anm. 55), 16 f.; 20 Anm. 22.
62 A. a. O., 126.
63 F. W. J. SCHELLING, SW I, 286; 292.
64 A. PIEPER, "Ethik à la Spinoza": ZphF 31 (1977), bes. 546-549.

nahe; die Verfasserin gibt auch den Grund an, warum Schelling im Zusammenhang seiner Kritik an der Theologie auf S p i n o z a zurückgreift, der die Freiheit der Philosophie als ein Grundrecht gegen Staat und Kirche hundert Jahre vorher geltend gemacht hatte. - Die Ausführungen münden dann in eine grundsätzliche Diskussion mit Spinoza über die Frage nach dem Einheitsprinzip der Philosophie und über die offene Frage des Übergangs vom Endlichen zum Absoluten bzw. umgekehrt. Die folgenden Ausführungen sollen zeigen, daß damit ein zentrales religionsphilosophisches Problem ansteht. Die Formen des moralischen Gottesbeweises und die dahinterstehende Leugnung einer Erkennbarkeit des Absoluten sieht Schelling als den Versuch an, dogmatisch, d. h. doktrinär vorzuschreiben, wie man sich Gott vorzustellen habe; die Folge ist der Glaube, die Annahme eines supranaturalen Gottes, der der Einsicht unzugänglich, aber als Idee unabweisbar ist. Die Theologie vertritt somit einen Dogmatimus ähnlich wie der Dogmatimus als philosophisches System dies tut, wenn auch ungleich vollkommener durchdacht als jene. Damit führt die Auseinandersetzung auf Spinoza, den in Schellings Augen exemplarischen Vertreter des philosophischen Dogmatismus. Theoretisch glaubt Schelling in der Schrift "Vom Ich" den Dogmatismus als logisch unstimmig widerlegt zu haben; denn ein schlechthin außerhalb des Wissens gesetztes Absolutes zu behaupten, bedeutet einen Widerspruch mit dem Subjekt, das sich als das Ganze und Absolute zu begreifen vermag, sich aber in der Setzung des Dogmatismus vom Absoluten ausgeschlossen sieht - die Ausnahme des Absoluten als des Ich löst diesen Widerspruch.

Dennoch entdeckt Schelling bei Spinoza ein wesentliches Moment, das als das Prinzip der Einheit und Ganzheit gelten muß, das freilich nicht im Nicht-Ich, sondern im Ich logisch richtiger ist; es ist dies die Idee der "immanenten Kausalität", die er die "erhabenste Idee im Systeme Spinozas" nennt. Das Ich - sonst nichts - ist "i m m a n e n t e   U r s a c h e   a l l e s   d e s s e n ,   w a s   i s t". Es "ist also nicht nur U r s a c h e   d e s   S e y n s ,   s o n d e r n   a u c h   d e s   W e s e n s   a l l e s   d e s s e n ,   w a s   i s t". "Die höchste Idee, welche die C a u s a l i t ä t   der absoluten Substanz (des Ichs) ausdrückt, ist die Idee von a b s o l u t e r   M a c h t", interpretiert Schelling diesen Grundgedanken Spinozas, der erläutern kann, warum alles in e i n   S y s t e m zusammengehört (65). A.   P i e p e r kommentiert diese Grundidee, die für Schellings weitere Philosophie konstitutiv wird, so: "Schelling ist sich mit Spinoza darin einig, daß das Absolute, insofern es reine, unbedingte Macht ist, die aus innerer Notwendigkeit ihres Wesens handelt, nicht mehr als Wille, Tugend, Weisheit, Moralität b e g r i f f e n, sondern als Selbstmacht nur noch intellektual a n g e s c h a u t   werden kann". Diese intellektuale Anschauung ist als Anschauung seiner selbst beim Absoluten fähig, die Identität von Subjekt und Objekt produktiv hervorzubringen, wäh-

---

65   F. W. J. SCHELLING, SW I, 195 f. Spinozas Definition von Idee: B. SPINOZA, Ethik, I, 18. Lehrsatz: a. a. O. , 120 f.

rend die sinnliche Anschauung nur Objekte hinzunehmen vermag (66).
In den "Philosophischen Briefen" kommt diese Grundeinsicht in die innere Notwendigkeit des Ganzen zum Tragen. Die Leugnung der Erkennbarkeit Gottes im unvollkommenen Dogmatismus lag in Kants "Kritik der reinen Vernunft" begründet, die als solche bloß Kritik des Erkenntnisvermögens war; sie vermochte sich nicht bis zur Erfassung des Grundes und Prinzips allen Seins und Erkennens aufzuschwingen. Doch das ist das Schicksal aller Erkenntnis, daß sie dieses Unbedingte nicht als reinen Besitz hat. "Hätten wir bloß mit dem Absoluten zu thun, so wäre niemals ein Streit verschiedener Systeme entstanden. Nur dadurch, daß wir aus dem Absoluten heraustreten, entsteht der Widerstreit gegen dasselbe, und nur durch diesen ursprünglichen Widerstreit im menschlichen Geiste selbst der Streit der Philosophen" (67). Damit zeigt sich das entscheidende Problem der Philosophie, das Schellings verschiedene Neuansätze motiviert und das immer um die Frage kreist, "wie denn das Absolute als solches vom endlichen Bewußtsein erfaßt und wie ein Übergang vom Absoluten zum Selbstbewußtsein, vom Unendlichen zum Endlichen, von der theoretischen zur praktischen Philosophie gedacht werden könne, ohne daß das über alle Differenz und jeden Gegensatz erhabene Unbedingte den Charakter des Absoluten verliert", wie Baumgartner unter Berufung auf W. Schulz interpretiert (68).

Der "Übergang zum Absoluten" als praktische Philosophie

Im 7. Brief interpretiert Schelling das in "Vom Ich" offene Problem im Anschluß an das Gespräch zwischen Lessing und Jacobi; er behauptet, daß Jacobis Interpretation von Spinozas Grundgedanken treffend sei - Jacobi hatte allerdings mit dem blinden Dogmatismus der Theologen Spinoza zum Vorwurf gemacht, was nur im Sinne Spinozas wahr ist: "'Er verwarf ... jeden Uebergang des Unendlichen zum Endlichen', überhaupt alle causas transitorias, und setzte an die Stelle des emanirenden ein immanentes Princip, eine inwohnende, ewig in sich unveränderliche Ursache der Welt, welche mit allen ihren Folgen zusammengenommen nur eins und dasselbe wäre". Und weiter: Für dieses Grundproblem aller Philosophie sei, "Spinozas Lösung die einzig mögliche Lösung" (69). Kein philosophisches (= denkerisches) System kann den Übergang vom Unendlichen zum Endlichen realisieren; denn keines kann die Kluft ausfüllen, die zwischen Unendlich und Endlich besteht. Die Theologie glaubt an die Selbsterschließung des Unendlichen, an Gottes Offenbarung an Welt und Mensch. Für sie soll

---

66 A. PIEPER, a.a.O., 551.
67 F.W.J. SCHELLING, SW I, 293.
68 H.M. BAUMGARTNER, a.a.O., 54 beruft sich auf W. SCHULZ, Einleitung zum System des transzendentalen Idealismus, a.a.O., XII.
69 F.W.J. SCHELLING, SW I, 313 f. Zum Folgenden: ebd., 314 f.

es also den denkerisch nicht möglichen, weil das Unendliche sonst als solches aufhebenden Übergang geben; sie fordert T r a n s z e n d e n z und übersieht dabei, daß sie da gebieten will, wo ihre Macht nicht hinreicht.
- Die Vernunft wollte ursprünglich jenen Übergang auch realisieren, um Einheit in ihre Erkenntnis zu bringen. Das hätte bedeutet: das Mittelglied zwischen Unendlich und Endlich bestimmen und begreifen. "Da sie jenes Mittelglied unmöglich finden kann, so gibt sie deswegen ihr höchstes Interesse - Einheit der Erkenntnis nicht auf, sondern w i l l nun schlechthin, daß sie jenes Mittelglieds nicht mehr bedürfe. Ihr Streben, jenen Uebergang zu realisieren, wird daher zur absoluten Forderung: es s o l l k e i n e n Uebergang vom Unendlichen zum Endlichen geben". Diese Forderung unterscheidet sich wohltuend von der Transzendenzforderung des (vernunft)blinden Dogmatizismus; sie ist und bleibt im Rahmen der (denkmöglichen) Immanenz.

Nun besteht aber das Vernunftbedürfnis nach einer Art von Übergang. Theoretisch ist ein solcher, wie gezeigt, nicht zu lösen; er wird daher zu einer praktischen Forderung - Kant hatte das das Anliegen der Vernunft in ihrem praktischen Vollzug genannt und in die Form der Postulate gekleidet. Das Unbedingte bleibt dabei unbedingt und unverändert, sonst wäre es nicht mehr das Absolute, sei es nun spinozistisch als absolute Substanz, sei es kritisch als Ich gedacht. Weil nun der Übergang vom Unbedingten zum Bedingten das Wesen des Absoluten aufheben würde, weil andererseits das praktische Bedürfnis der (endlichen Formen der) Vernunft nach diesem Übergang besteht, deshalb beinhaltet diese Forderung in der positiven Formulierung "die moralische Forderung, umgekehrt vom Endlichen zum Unendlichen überzugehen, sich in einem ewigen Streben mit dem Unendlichen zu identifizieren", wie A. P i e p e r (70) erläutert. - Ist dies möglich? Das Streben wird zum fehlenden Mittelglied des Übergangs; denn die Philosophie "kann zwar vom Unendlichen nicht zum Endlichen, aber umgekehrt vom Endlichen zum Unendlichen übergehen". "Damit es keinen Uebergang vom Unendlichen zum Endlichen gebe, soll dem Endlichen selbst die Tendenz zum Unendlichen beiwohnen, das ewige Streben, im Unendlichen sich zu verlieren" (71). - In S p i n o z a sieht Schelling die zentralen Anliegen der Philosophie gewahrt: die Unantastbarkeit des Absoluten, das als solches für sich bleibt, nicht ins Endliche, Bedingte übergeht; die praktische Forderung des Übergangs, die theoretisch nicht zu realisieren war; die Bedingung der Möglichkeit dieses Übergangs: "... das Endliche sollte vom Unendlichen nur durch seine Schranke verschieden, alles Existierende sollte nur Modifikation desselben Unendlichen seyn; also sollte auch kein Uebergang, kein Widerstreit, sondern nur die F o r d e r u n g stattfinden, daß das Endliche s t r e b e , identisch zu werden mit dem Unendlichen, und in der Unendlichkeit des absoluten Objekts unterzugehen" (72).

---

70 A. PIEPER, a.a.O., 553.
71 F.W.J. SCHELLING, SW I, 314 f.
72 Ebd.

Im Prinzip hat Spinoza für Schelling die Philosophie unüberbietbar festgelegt. Nur in der Art und Weise, wie das Streben als die Wesensaufgabe der Philosophie verwirklicht wird, unterscheidet er sich von Spinoza (und unterscheidet sich der Kritizismus der Ichphilosophie vom Objekt-Denken des Dogmatismus). Auf eine kurze Formel gebracht, lautet dieser Unterschied, der zugleich den Unterschied im Ethik-Entwurf Schellings gegenüber Spinoza ausmacht - Ethik als die Lehre von der Realisierung dieses Strebens verstanden: "Während Spinoza das Absolutwerden des endlichen Ich als Streben nach Identität mit dem absoluten Objekt zu realisieren sucht, fordert Schelling: 'Strebe, nicht dich der Gottheit, sondern die Gottheit dir ins Unendliche anzunähern' " (73). Schelling beharrt nur in der Frage der Ableitung des Absoluten auf seiner Einsicht. Denn es ist für ihn ein Widerspruch, dem (endlichen) Ich in seinem Streben nach dem Unbedingten eigene Kausalität zuzuschreiben und ihm zugleich zu gebieten, sich im Absoluten als dem Nicht-Ich zu verlieren. Das wäre letztlich eine Praxis, die sich als Aufhebung aller Subjektivität und Freiheit vollzieht, was im Selbstvollzug des Ich gar nicht möglich ist. - Ein weiterer Einwand ließe sich anhand der Kantischen Unterscheidung von Glückseligkeit und Moralität formulieren. Glückseligkeit ist ein objektives Prinzip, Moralität ein subjektives Prinzip dieser Praxis. Die Alternative kann lauten: Nach Glückseligkeit streben, heißt moralisch handeln, oder: moralisch handeln ist: Identität des Subjektiven und Objektiven unmittelbar in mir anzustreben. Im ersten Fall (Spinoza) liegt das Ziel außerhalb des Ich, es insinuiert eine mögliche Realisierung der Glückseligkeit; im zweiten Fall (Schelling) liegt das Streben im Ich und seinem (endlichen) Vollzug, es bleibt so realistisch; denn das Subjekt kann nur absolut werden, nie grundsätzlich absolut sein, ist es doch als Subjekt (im Gegenüber zum Objekt) immer endlich, bedingt (74).

Was ist hier geschehen? Der Ausgangspunkt war die theoretische Überlegung nach dem Übergang des Unendlichen zum Endlichen bzw. umgekehrt gewesen; die theoretische Vernunft hatte sich als zu schwach erwiesen, Gott zu begreifen. Schelling interpretiert nun die Frage nach dem Heraustreten aus dem Absoluten, das Erfassen des Absoluten durch das Bedingte - die Grundfrage aller Philosophie, die den Widerstreit der Systeme hervorruft - als das Grundanliegen, das hinter Kants Anfangsfrage steckte: Wie kommen wir überhaupt dazu, synthetische Urteile zu fällen? "... anders ausgedrückt, lautet die Frage so: Wie komme ich überhaupt dazu, aus dem Absoluten heraus und auf ein Entgegengesetztes zu gehen?" (75). Auf der Reflexionsstufe der synthetischen Urteile war nachzuweisen, daß jedes Objekt und damit alle Objektivität nur unter der Bedingung des Subjekts möglich ist: Nur unter der Bedingung, daß das Subjekt aus seiner Sphäre

---

73 A. PIEPER, a.a.O., 553.
74 Vgl. F.W.J. SCHELLING, SW I, 315 f.; 316-326; 326-335.
75 Ebd., 294. Zum Folgenden: ebd., 294 f.; 296-299.

heraustritt und eine Synthesis vornimmt, kommt Erkenntnis zustande.
Hier ist auch eindeutig, daß der Synthesis die Thesis vorangeht. Diese
ist zu verstehen als eine vorausliegende absolute Einheit, die in der
Synthesis, d. h. im Versuch, einander Entgegengesetztes zur Einheit, zur
relativen, empirischen Einheit zusammenzufügen, immer schon intendiert,
aber nicht erreicht wird. "Der Zweck aller Synthesis ist Thesis"; die
Thesis ist absolute Voraussetzung, doch die Erkenntnis kann in ihrer Endlichkeit von jener Thesis nicht (denkerisch) ausgehen; sie kann sie nur
voraussetzen und kann versuchen, in ihr zu endigen. Die "Kritik des Erkenntnisvermögens", die Erkenntnistheorie, kann diese Abhängigkeit der
Synthesis von der Thesis nicht deduzieren, wie dies die vollendete Wissenschaft tut (und wie es in der Schrift "Vom Ich" vorgestellt wurde). "Dafür
ergreift sie ein anderes Mittel. Weil sie nämlich v o r a u s s e t z t, daß die
bloß f o r m a l e n Handlungen des Subjekts keinem Zweifel unterworfen
seyen, so sucht sie jenen Gang aller Synthesis, insofern sie material ist,
durch den Gang aller Synthesis, insofern sie bloß f o r m a l ist, zu beweisen (Anm. d. Verf.: Daher die Ableitung von Form und Inhalt in "Von
der Möglichkeit ..."). Sie setzt nämlich als Faktum voraus, daß die logische Synthesis nur unter der Bedingung einer unbedingten Thesis gedenk-
bar sey, daß das Subjekt genöthigt ist von bedingten Urteilen zu u n b e -
d i n g t e n (durch Prosyllogismen) aufzusteigen. Anstatt den formalen und
materialen Gang aller Synthesis aus einem b e i d e n gemeinschaftlich zu
Grunde liegenden Princip zu deduziren, macht sie den Fortgang der einen
durch den andern begreiflich" (76).

Das aber ist der normale Weg des Denkens, des Syllogismus, der als
solcher im Rahmen von Bedingung und Widerstreit bleibt. Soll dieser endigen, so muß es das Subjekt nicht mehr nötig haben, aus sich herauszutreten, d. h. Subjekt und Objekt müssen "absolut - identisch" werden. Das
Ergebnis ist eine praktische Philosophie oder Ethik, wie sie im Vorhergehenden skizziert wurde: "Die theoretische Vernunft geht n o t h w e n d i g
auf ein Unbedingtes: sie hat die I d e e des Unbedingten erzeugt, sie fordert also, da sie das Unbedingte selbst, als t h e o r e t i s c h e Vernunft,
nicht realisiren kann, die H a n d l u n g , wodurch es realisirt werden soll.
Hier geht die Philosophie in das Gebiet der F o r d e r u n g e n, d. h. in das
Gebiet der p r a k t i s c h e n Philosophie über, und hier allein, hier erst
muß das Princip ... den Sieg entscheiden" (77). - In der Schrift "Vom Ich"
hies es kategorisch: dieses Prinzip als höchtes Einheitsprinzip ist denkerisch, also theoretisch auszumachen als das Ich, daher ist alle Objekt-
philosophie und damit alle Philosophie des Objektiven überboten. In den
"Philosophischen Briefen" formuliert Schelling vorsichtig: Entweder das
Subjekt wird absolut objektiv oder alles Objektive wird Teil des Subjekts
an sich (78). Die Entscheidung, ob Ichheit oder Objektivität letztlich richtig

---

76 Ebd., 297.
77 Ebd., 299.
78 Ebd., 298.

sei, ist - den Standpunkt des Absoluten und seine durchgängige immanente Kausalität im Sinn der Thesis vorausgesetzt - im Bereich der gängigen endlichen Einsicht letztlich abhängig von einem ursprünglichen Freiheitsakt. Dogmatismus - Objektivitätsphilosophie oder Kritizismus - Ichphilosophie: "Welche von beiden wir wählen, dieß hängt von der Freiheit des Geistes ab, die wir uns selbst erworben haben. Wir müssen das s e y n, wofür wir uns theoretisch ausgeben wollen; daß wir es aber seyen, davon kann uns nichts als unser S t r e b e n es zu werden überzeugen. Dieses Streben realisirt unser Wissen vor uns selbst; und dieses wird eben dadurch reines Produkt unserer Freiheit" (79). Als philosophische Systeme, als Theorien sind Dogmatismus und Kritizismus damit gleichrangig; ihre Richtigkeit ist nicht zu entscheiden. Wenn man sich freiwillig für den einen oder anderen Standpunkt entschieden hat und diesen konsequent vertritt, ist das System als ganzes richtig. - Schelling löst sich hier, trotz gegenteiliger "Beweise", bereits eindeutig von der Alleingültigkeit der transzendentalen Ich-Philosophie, wie er sie im Anschluß an Fichte verfochten hatte; er ist bereits auf dem Weg zur Entwicklung der N a t u r p h i l o s o - p h i e.

Die Relevanz für die Theologie

Die "Philosophischen Briefe" sind für Schellings Werdegang offensichtlich von großer Bedeutung; sie markieren den Anfang seiner Loslösung von der Transzendentalphilosophie, als deren glänzenden Vertreter die damalige Zeit und F i c h t e im besonderen den frühreifen - zwanzigjährigen - Himmelsstürmer gefeiert hatten. In Schellings drittem größeren Werk bestätigt sich, was schon in "Vom Ich" angeklungen war: Sein philosophisches Grundanliegen reicht tiefer als bis zu der Frage nach der Möglichkeit und dem Umfang des Wissens, das als solches die Ermöglichung von Welt und Denken ist, wie dies die Transzendentalphilosophie in den Vordergrund stellt. Zwar versteht Schelling seinen Entwurf immer als grundgelegt durch die Philosophie des absoluten Ich; er will Fichtes Anliegen ergänzen und erweitern; einige Schriften der folgenden Jahre betonen dies immer neu, so die "Abhandlungen zur Erläuterung des Idealismus der Wissenschaftslehre" (1796/97) (80) oder das "System des transzendentalen Idealismus" (1800) (81).

---

79 Ebd., 308.
80 F.W.J. SCHELLING, SW I, 343-452.
81 DERS., SW III, 327-634.

Schellings Grundanliegen

Doch neben formal feststellbaren Unterschieden (82) zeigt sich ein anderes erkenntnisleitendes Interesse Schellings, das neben der Liebe zur idealistischen Philosophie besteht: Sein erstes Anliegen war, bei der Suche nach den Möglichkeitsbedingungen des Wissens einen **absoluten Grund** zu finden, der Wissen und Realität umfaßt, der aber als unbedingbar und unendlich jede Sphäre der Endlichkeit, also auch das endliche Wissen transzendiert. Nachdem dieser Grund im Absoluten (in den frühesten Schriften: im absoluten Ich) gefunden war und nachdem sich erwies, daß die **intellektuale Anschauung** als Zugangsmöglichkeit zu diesem transzendenten Grund für die Frage nach dem Wissen vom Absoluten wenig abgab, galt Schellings Suchen der **Frage nach dem möglichen Übergang** vom Unendlichen zum Endlichen und vice versa vom Endlichen zum Absoluten. Mit dieser Einsicht ist für Schelling die entscheidende Fragestellung aufgebrochen, die fortan sein Bemühen bestimmt und für die verschiedenen Neuansätze in seinen (unterschiedlichen) Entwürfen verantwortlich ist. Damit sind Anliegen und Weg der Schellingschen Philosophie umschrieben. Die Frage nach den **Inhalten** bestimmt die Qualifikation seiner Philosophie.

Das Absolute und Gott

Das Absolute wurde aus formaler Abstraktion erarbeitet als das Unbedingte und Unbedingbare, als das In-sich-Stehende, Unveränderliche. Es wurde in Abgrenzung gegen das Endliche entworfen. Positiv bestimmt ist es **Selbstmacht**, Sich-selbst-bestimmen-können; der philosophische Begriff dafür ist **Freiheit**. Das Wesentliche am Absoluten ist, daß es aufgrund dieser absolut selbstmächtigen Freiheit keinen Bedingungen unterworfen ist: Es bleibt mit sich selbst in Identität und in der Indifferenz, d. h. es wird nicht von es berührenden Bedingungen beschränkt und damit bedingt oder endlich. Insofern ist es das **Absolute** im Sinne alles Losgelöstseins von Einschränkung und das **Höchste**, das gedacht werden kann. Als das höchste Freie ist es in anderer Weise das Göttliche, das die Theologie auch gesucht hatte. Auch der theologischen Tradition galt das Göttliche als absolut im Sinn einer Überhobenheit über Mensch und Welt; als göttliche Selbstmacht, absolutes Wissen war es für diese Tradition **Person**, die sich in unendlicher Fülle den Menschen erschloß, sich dabei an die Menschen hingab, ohne sich in seiner unerschöpflichen Fülle verlieren zu können und zu wollen. - Für Schelling besteht ein denkerisch nicht aufzuhellender Bruch

---

82 H. M. BAUMGARTNER, a. a. O. , 49-52, zeigt eine Reihe solcher Unterschiede auf; R. LAUTH, a. a. O. , widmet eine ganze Monographie dem formalen wie sachlichen "Abweichen" Schellings von der idealistischen Philosophie.

zwischen Unendlichkeit und Hingabe; was sich weggibt, unterwirft sich Bedingungen und verendlicht sich, es kann nicht in der für das Absolute geforderten Indifferenz und Selbstidentität bleiben. Person ist für ihn Ausdruck solcher Aufgabe von Identität. Aus diesem Grund ist es für Schelling denkunmöglich, das Göttliche, Absolute trotz seiner Grunddefinition als Selbstmacht und Freiheit personal zu beschreiben - in diesem Sinn gilt sein Wort unveränderlich fort bis zur Entwicklung seiner Spätphilosophie: "Wir reichen weiter als bis zu einem persönlichen Gott". Daß Person die Unerschöpflichkeit von Selbstmacht sein kann, daß diese Fülle dazu drängen kann, sich - wie die franziskanische Theologie des Mittelalters meinte - aus Liebe wegzuschenken, ohne sich zu verlieren, ja um sich sogar um so reicher wiederzugewinnen - ein Gedanke, den Hegel in der Konsequenz der Einsicht in Schellings Aporien später formulieren konnte -, dafür war für den frühen Schelling die Zeit noch nicht reif. Auch Fichte hatte mit seinen Publikationen einer Personvorstellung Gottes nichts abgewinnen können und war wie sein Schüler Forberg des Atheismus verdächtigt worden (83); Jacobi, der hier tiefer dachte, konnte sein Anliegen nicht begrifflich genug fundiert artikulieren und galt als unwissenschaftlicher Transzendenzverfechter. Die Transzendenzauffassung aber verfiel dem Schellingschen Verdikt; denn sie ersparte sich in seinen Augen die Mühe einer denkerischen Bewährung. -

Das Wesentliche an Schellings Begriff des Göttlichen ist also nicht Person oder Liebe, auch nicht Wissen (im Sinn des diskursiven Denkens), sondern Selbstmacht. Selbstmacht heißt Freiheit; sie ermöglicht Wissen, Identität und ferner alle die Möglichkeiten des abgeleiteten Ich, die unser Dasein und Erkennen ausmachen. Unser Dasein ist als bedingt konstituiert; es ist nicht aus Liebe geschaffen. Letztlich ist es unerklärlich, wenn nicht in der Form des Gesetztseins aus dem Absolten und seiner Unendlichkeit heraus zu verstehen. Da die intellektuale Anschauung wohl das Verhalten des Absoluten zu sich selbst erklären kann, nicht aber den Bezug des Absoluten zum Endlichen bzw. umgekehrt, war es nötig, hierüber im Rahmen des Vorgegebenen neu nachzudenken. Daraus folgt die Frage nach dem Übergang.

Der Übergang vom Endlichen zum Unendlichen und die Gotteserkenntnis

Das Göttliche bleibt denknotwendig reine Identität, reine Indifferenz; andernfalls würde es endlich gedacht. Das Setzen der Bedingungen gilt nicht als Form des Heraustretens des Absoluten aus sich - noch nicht. Dennoch muß sein Dasein erklärt werden und muß ebenso sein Bedürfnis, zum Unendlichen überzugehen, bestimmbar sein. Die Unveränderlichkeit des Absoluten und die in jeder Philosophie immer wieder gemachten Versuche,

---

83 S. o. Kap. 1, Anm. 239.

den Drang (des Wissens) nach dem Unendlichen zu erforschen, bedürfen also einer Vermittlung. Hier bietet sich für Schelling die Idee Spinozas von der immanenten Kausalität an. Die theologische Idee der Transzendenz ist ein denkerischer Nonsens; es kann keinen Überschritt geben, der unlogisch ist. Hinter diesem Versuch steckt der Wille zu herrschen, wo die Macht des Endlichen nicht hinreichen kann - und diese ist eben Wissen und Streben. Das Unveränderliche verändert sich nicht zum Bedingten hin; so bleibt nur die Möglichkeit, daß das Bedingte seinerseits auf es hingeordnet ist und in dieser sachlichen, theoretisch feststellbaren Hinordnung einen praktischen Impetus aufscheinen sieht. In dieser Forderung liegt die praktische Seite der Philosophie.

Es ist festzuhalten, daß Philosophie als Ausdruck der menschlichen Hinordnung auf das Absolute zu verstehen ist; denn sie artikuliert diesen Tatbestand. In der Frühzeit sieht Schelling hierin eine Aufgabe, in der sie die Religion beerbt hat. Erst in der Periode der Identitätsphilosophie kann er sich dazu durchringen, das Anliegen der Philosophie wieder als Religion zu beschreiben. Sachlich enthält Philosophie/Religion die Notwendigkeit, den Bezug zum Absoluten nicht nur theoretisch (als Wissen) zu fassen. In dieser Hinsicht überbietet Schelling - wie schon vor ihm Kant, Jacobi und Fichte, auf die er sich stützt - die Aufklärung; die dort artikulierte Frage, ob Gott oder das Göttliche gewußt werden kann und ob das Nicht-Wissen oder Glauben in seinem Erkenntnis- und damit Stellenwert unter dem Wissen steht, ist damit eigentlich überboten: Die Alternative heißt nun nicht Glaube oder Wissen, sondern Wissen oder Tun-Streben. Dabei steht das Streben aufgrund der Endlichkeit des Wissenskönnens über diesem; es ist die Form, wie das Endliche dem Unendlichen sich annähern kann, ohne es freilich in seiner Unendlichkeit, Indifferenz, Selbstidentität erreichen zu können.

Dieses praktische Streben, das immer Streben bleibt, weil es nie voll zum Ziel gelangt - in dieser Unabgeschlossenheit besteht für Schelling die Unsterblichkeit, auf die der Hegelbrief verweist (84) -, bewahrt eine unüberbietbare Differenz zum Unendlichen ähnlich der, die die Theologie für das unendliche Anderssein Gottes gegenüber der Welt postuliert. Dennoch ist die Beziehung (Welt-)immanent. Das Absolute ist die Macht des Seins, die immanente Ursache alles dessen, was ist. Alles, was ist, ist nur richtig erklärt, wenn es Ausfluß und Ausdruck des Göttlichen ist. Als Göttliches ist das Absolute (und es wird als Macht zu denken und frei zu sein am besten als Ich beschrieben) fähig, die Identität produktiv hervorzubringen, indem es sich intellektual selbst anschaut. In seinen abgeleiteten Formen hingegen, in der Trennung von Subjekt und Objekt, in Vielheit ist es vielgestaltig zu fassen: Wille, Tugend, Moralität, Weisheit verweisen so auf das Göttliche. Mit anderen Worten: Alle Weisen des Daseins, die nur in

---

84　S. o. Anm. 60 (Schluß des Zitats).

Gebrochenheit, Endlichkeit erkannt werden können, sind Weisen des Göttlichen, Absoluten. Es ist das ganz Andere nur im Sinn einer logisch nicht aufzuhebenden oder einzuhaltenden Ganzheit, Realität der Selbstmacht, nicht in der Form des theistisch verstandenen Andersseins eines qualitativen Anderen. Das Absolute ist das Sein des Ganzen in Fülle und Selbstmacht; die endlichen Dinge sind das Sein in den Formen des Endlichseins; sie sind keine creatio ex nihilo, sondern Vollzugsweisen des Absoluten auf dem Weg seiner Verwirklichung in der Geschichte. Aus der anfänglichen Idee eines Prozesses der Vernunft in der Geschichte ist der Gedanke einer Realisierung des Absoluten in der Geschichte geworden (85). Es gibt also einen engen, in dieser immanenten Kausalität begründeten Zusammenhang von Absolutem, Freiheit und Geschichte, kurz von System und Geschichte; er lautet: In der Idee des Absoluten (Ich) liegt eine Zielgerichtetheit, die Geschichte und Denken (Philosophie) zusammenfügt. "Das Absolute ist Grund und Ziel der sich in Praxis vollendenden Theorie, damit aber zugleich Prinzip und Vollendung von Geschichte selbst" (86). Es bleibt dennoch es selbst, bringt aber notwendig den Gang des Denkens, der Geschichte in Bewegung.

Der Unterschied zur Theologie

In der gedanklichen Darlegung des Wesens und Wirkens des Göttlichen zeigen sich Parallelen zum Verständnis der Theologie vom Wesen und Wirken Gottes. Nur in der entscheidenden Frage nach der Qualität des Seins Gottes im Gegensatz zu dem des Menschen liegt der entscheidende Unterschied. Das Stichwort dieser Unterscheidung - Immanenz statt Transzendenz - hatte Spinoza geliefert. Gott und Welt und Denken sind eins; in Spinozas Lehre in dem Sinn, daß alles Dasein Modus, Eigenschaft Gottes ist; Schellings Version legt nahe (ohne daß er Spinozas Version als völlig falsch ausschließen will), alles Dasein und Wesen als Seinsweise des Absoluten im Ich zu sehen. - Schellings und Spinozas Entwürfe sind konsequent: Die Frage nach der Abhängigkeit und der Beziehung zwischen dem Endlichen und dem Unendlichen sind entweder gar nicht oder nur in der Form eines immanenten Bezugs zu denken. Dennoch bleibt der tiefgreifende Unterschied zum Theismus; und Jacobi hat später Recht, wenn er im Blick auf diese Philosophie (Spinozas sowohl wie Fichtes und des frühen Schelling) von Pantheismus und Atheismus im Sinn des Nicht-Theismus spricht. Worin liegt der Unterschied, der offenbar im Denken nicht erfaßbar ist? Er kann im Letzten nur darin liegen, daß das Denken mit seinen logisch-deduktiven Vollzügen nicht ausreicht, um das qualitative Anderssein Gottes zu erfassen. Alternativen dazu können heißen: Denken, Einsicht und Wollen müssen sich über ihr Vermögen hinaus etwas

---
85 Vgl. auch H.M. BAUMGARTNER, a.a.O., 51-56.
86 Ebd., 54.

von einer übergeordneten Autorität sagen lassen, wie das Sein Gottes zu verstehen ist. Eine solche Autorität ist ein sich selbst erschließender Gott. Die Art und Weise solcher Selbsterschließung ist eine Form, in der das Wissen nicht mehr vom Streben überboten wird, sondern noch mehr vom geduldigen Annehmen und Aushalten einer das Denken übersteigenden Wahrheit - theologisch gesprochen: Glaube statt Wissen. Die andere Alternative bzw. eine dem Glauben korrespondierenden Einsicht muß Schellings Idee von der bleibenden Identität Gottes fragen, ob Gottes Selbstmacht nur in der Form der Unberührtheit und Unveränderlichkeit umfassend gedacht werden kann. Es scheint möglich, von der Unbetroffenheit Gottes durch logische Abstraktion und Deduktion (Unbedingtheit) abgesehen, seine Selbstmacht gerade in der Ermöglichung und Realisierung des von ihm ausgehenden, von ihm abhängig bleibenden Andersseins zu bestimmen. In gewisser Weise schließt die Denkbarkeit dieser Auffassung von Selbstmacht des Absoluten das Werden Gottes ein, so wie dies später exemplarisch H e g e l deduziert hat. Es muß seine Vereinbarkeit mit dem Identischbleiben Gottes dartun und muß dieses in die Selbstmacht Gottes verlegen, ohne es allerdings erklären zu können. In dieser Hinsicht ist Schellings Vorschlag einleuchtender. Ist er deshalb auch wahrer?

H. F u h r m a n s behauptet (87), Schellings Philosophie sehe in jeder Phase ihrer Entwicklung das Ganze als positiv und göttlich. Das bestätigen die gemachten Ausführungen. Doch ist dieses Göttliche nicht der Gott des Theismus. Schellings Philosophie wäre in einem ähnlichen Sinn als Religionsphilosophie zu bezeichnen wie die S p i n o z a s , G o e t h e s und H e r d e r s . In der eben skizzierten Phase ist das Göttliche das autonom gedachte Ich des Menschen in seiner Ganzheit, wie H. H o l z zu Recht feststellt (88). Was dem Spinoza die Substanz gewesen, ist für Schelling das Ich; es ist der (logisch einsichtig zu machende) Deduktionsgrund des Ganzen; es vermag "aufgrund seiner ihm immanenten Bestimmungsverhältnisse und Beziehungen die Totalität der gesamten Welt des Seienden" parallel den Bestimmungen Spinozas zu entwickeln. Holz erinnert an die parallelen Deduktionen der Nous- und Logospekulation im frühen Christentum und ihre Anlehnung an das n e u p l a t o n i s c h e , als solches aber zutiefst pantheistische Vermittlungssystem, das quasi als "physisches System" faßte, was in der theologischen Vermittlung metaphysisch zu gelten hatte. Seiner christlichen Einkleidung als späterer Zutat entblößt, kann das physische System gewissermaßen sein natürliches Ziel finden (89). In diesem "natürlichen" Rahmen scheint das Ganze der Wirklichkeit in seiner Doppelgestalt von "Idealität und Realität, Subjektivität und Objektivität, von einem im engeren Sinne transzendentaltheoretischen und einem naturthematischen Zweig der Philosophie, oder aber eben von deren Prinzip: dem I c h im

---

87 H. FUHRMANS, Schellings Philosophie der Weltalter, Düsseldorf 1954, 41.
88 S. o. Anm. 58.
89 H. HOLZ, a. a. O., 43.

engeren Sinne und der Natur" aufzutreten (90). Das reale (Schelling: reelle) Verhältnis von Unendlichem und Endlichem wird Schelling später als Natur fassen und in der Naturphilosophie dessen Entsprechung zu seiner Idealität in der Transzendentalphilosophie erarbeiten; der Anstoß zu dieser Weiterführung - zu diesem "Abfall" in Fichtes (und R. Lauths (91)) Augen - ist in den "Philosophischen Briefen" gegeben, als es gilt, den Stellenwert des Realen (in seiner Unterschiedenheit vom Ich) zu bestimmen.

Religionsphilosophisch - das darf zusammenfassend wiederholt werden - ist bei Schelling das Göttliche als Grund und Ermöglichung von Ganzheit und als Gegenstand des notwendigen, und nicht so sehr des wirklichen Denkens bestimmt, wie Schelling dies selbst zurückschauend in seiner "Münchener Vorlesung" von 1827 beschreibt (92). Die Vorzüge dieser Bestimmung des Göttlichen für das Denken wurden ebenfalls schon genannt: Ein immanentes Sich-selbst-Überschreiten des Ich auf seinen Ursprung hin, den es in freier Tätigkeit des Sich-selbst-Hervorbringens immer schon setzt, braucht sich der unentscheidbaren Frage nicht zu stellen, ob es aus jenem Ursprung je schon hervorgegangen ist. Gott ist nicht als das Andere des Menschen zu begreifen, sondern als sein Humanum. - Das Absolute stellt sich in der praktischen Philosophie als absolutes Sein, als absolute Freiheit und Seligkeit dar. Die Annäherung ans Absolute ist die immanent bleibende Transzendenzbewegung, die die theoretisch unüberbrückbare Kluft zwischen Endlich und Unendlich dadurch überbrückt, daß sie beides handelnd zusammenhält. Diese Handlung ist ein unendlicher Prozeß; in seiner Unabgeschlossenheit liegt die Idee der Unsterblichkeit. Im Verlauf dieses Progresses gelingt die Vermittlung nie ganz, sie gelingt nicht ein für allemal, sondern nur je und je. So entsteht die Geschichte, die immer Geschichte der Freiheitsrealisierung ist. Das Absolute ist dabei als vorgegebener Ermöglichungsgrund nicht so sehr dem Subjekt in seiner Realität präsent, als vielmehr "nur als constitutives Princip für unsre Bestimmung", moralische Wesen zu sein (93). Ging es Kant um die Rechtfertigung der Postulate der praktischen Vernunft, Spinoza um Gott und den Menschen, "so wollte Schelling eben diese Thematik ... als Frage nach dem absoluten Ich, dem empirischen Ich und seiner Freiheit abhandeln" (94).

Es geht ihm letztlich, traditionell metaphysisch gesprochen, um eine Ontologie, in der Denken, Freiheit, Geschichte und das Absolute in einem

---

90 Ebd., 51 (-53).
91 Vgl. R. LAUTHS schon öfter zitiertes Werk, passim.
92 F.W.J. SCHELLING, a.a.O., 79.
93 DERS., SW I, 332 f.
94 A. PIEPER, a.a.O., 564. Zum Ganzen des letzten Abschnitts: ebd., 556-564.

System zusammengehören. Die religionsphilosophischen Implikate werden dabei zuerst in ihrer Denknotwendigkeit, in ihrer Vereinbarkeit mit dem Denken, und weniger in ihrer Übereinstimmung mit der Tradition bedacht. In diesem Sinn ist Schelling - anders als Jacobi - frei von traditioneller Vorbelastung und offen für das Unternehmen, "Gott zu denken" (95).

---

95 Nach der Formulierung von C. BRUAIRE, Die Aufgabe, Gott zu denken, Freiburg 1973. Den Verweis auf die traditionell christliche Vorbelastung Jacobis, die zu wenig philosophisch stringent zu denken erlaubt, hatte F. WAGNER, gegeben: s. o. Kap. 1, Anm. 274. Trotz der traditionskritischen Absicht Schellings lassen sich hier schon Ansätze, in der Periode der Natur- und Identitätsphilosophie ausgeführte Parallelen zu spekulativ-theologischen Erklärungsversuchen über Trinität und Gottzugehörigkeit des Seins der Welt feststellen. Näheres zu diesen Formen und ihrer Beurteilung s. Anm. 223.

III. Die Konsequenzen: Naturphilosophie, Identitätsphilosophie, Philosophie der Kunst

Von der Transzendentalphilosophie zur Naturphilosophie

Das Anliegen der Schellingschen Transzendentalphilosophie war - wie gezeigt - nie mit dem der Fichteschen identisch gewesen: Schelling hatte nur anfangs nach den Bedingungen der Möglichkeit von Erkenntnis gefragt; er hatte das alles Wissen und alle Realität in sich vereinigende Unbedingte nie im Sinn des Ich des Bewußtseins verstanden - sein Anliegen war (und blieb fortan), den absoluten Grund zu finden, der Wissen und Realität umfaßt. Dessen Prädikate waren Selbstmacht (= Freiheit), Identität und Indifferenz. Die Frage nach dem möglichen Übergang vom Unendlichen zum Endlichen ist falsch gestellt; denn bei einem solchen Übergang würde das Unendliche seine Wesenszüge verlieren. Der Weg muß daher umgekehrt gegangen werden; er besteht in der praktisch-sittlichen, stets als Forderung bleibenden (weil nie ganz zu realisierenden) Annäherung an das Unendliche. Die Ermöglichung dazu besteht in der vom Unendlichen vorgegebenen immanenten Kausalität, durch die alle Wirklichkeit sich zum Ganzen zusammenfindet. Das Ganze der Wirklichkeit, das dieser Übergang voraussetzt und auf den das Denken und die praktische Philosophie ausgeht, existiert somit in Idealität und Realität. Subjektivität und Objektivität, Ich und Natur sind zwei Standpunkte dieser einen Wirklichkeit; wovon ich ausgehe, kann ich praktisch-ursprünglich selbst entscheiden. Schelling anerkennt hiermit die Vielfältigkeit philosophischer Entwürfe; er ist zugleich - auch das wurde bereits erwähnt - selbst auf dem Weg, einen neuen Entwurf zu erarbeiten: die Naturphilosophie.

Es ist viel darüber gerätselt worden, was Schelling veranlaßt haben mag, sich der Naturphilosophie zuzuwenden. Biographisch hat sich Schelling inzwischen verändert: Nachdem er im Dezember 1795 sein theologisches Examen abgeschlossen hatte, trat er - wie zu vermuten - nicht in den Dienst der ihm sinnlos gewordenen Kirche, sondern übernahm eine Hofmeisterstelle beim Romanistikprofessor Strölin in Stuttgart. In dessen Auftrag hatte er die Studien der beiden Barone von Riedesel zu begleiten; so kam er auf einer Studienreise u. a. über Weimar (wo er Schiller kennenlernte) und Jena (wo er Fichte hörte) nach Leipzig. Hier widmete er sich eingehend mathematischen und naturwissenschaftlichen Studien. Doch schon im Sommer 1798 gelang es ihm, durch Fichtes Vermittlung eine außerordentliche Professur in Jena und damit ein festes Unterkommen zu erreichen; fortan blieb er bis 1803 in Jena, wo er auch seine erste Lebensgefährtin Caroline Schlegel kennenlernte und nach ihrer Scheidung von A. W. Schlegel heiratete. Nicht zuletzt der Einfluß dieser zwölf Jahre älteren Frau, Mittelpunkt des Romantikerkreises von Jena, mag eine Rolle bei der Ausbildung der Naturphilosophie gespielt haben (96).

Neben Caroline Schlegels Einfluß benennen die Forscher weitere Ursachen, die Schellings Studien veranlassen, so die Begegnung mit der schwäbischen Theosophie, bes. von Oetinger, die Abhebung vom Kantischen Wirklichkeitsverständnis, Aristoteles- und Platonrezeption, Begegnung mit Rousseaus Philosophie u. a. m. (97). Schelling selbst verweist auf Spinoza, Leibniz (besonders die Lehre von der prästabilierten Harmonie und den Monaden), auf Goethe und Herder (98). Er empfindet das Bedürfnis, das empirisch-sensualistische Wirklichkeitsverständnis zu überbieten; er will Fichtes Idealismus um eine bei jenem vernachlässigte Seite - eben die Naturphilosophie - ergänzen (99).

W. Wieland (100) verweist zu Recht darauf, daß es die Naturphilosophie als einheitlichen Entwurf nicht gibt; Schelling ist hier wie sonst der Proteus, der stets seine Ansicht wechselt und schwerlich auf einen exakten Wortlaut mit verbindlicher Gültigkeit festzulegen ist. Doch wäre es falsch - in Parenthese gesprochen -, wollte man Schelling unterstellen, er sei nicht bereit, für etwas die Verantwortung zu übernehmen. Vielmehr ergibt sich diese wandelnde Vielgestaltigkeit aus dem Bemühen, seinen Grundgedanken in immer neuen Anläufen eine möglichst umfassende Ge-

---

96 Vgl. G. L. PLITT (Hrsg.), Aus Schellings Leben. In Briefen, I, Leipzig 1869, 90-129 f.; T. K. OESTERREICH, F. W. J. Schelling: F. UEBERWEG, Grundriß der Geschichte der Philosophie, IV, Berlin [12]1923, 39. S. a. R. MOKROSCH, Theologische Freiheitsphilosophie, Frankfurt/M. 1976, bes. 122 f.

97 Vgl. zusammenfassend: R. MOKROSCH, a. a. O. , 276 Anm. 179; H. HOLZ, a. a. O. , bes. 19-63.

98 So besonders in seiner ersten Darstellung der Naturphilosophie: "Ideen zu einer Philosophie der Natur als Einleitung in das Studium dieser Wissenschaft" (1797): SW II, 11-73, bes. 20-25; 35-40; 69-72. In diesem Werk erfolgt auch die schon erwähnte Abhebung vom sensualistischen Wirklichkeitsverständnis von Hume bis Kant: passim; s. a. DERS., Zur Geschichte der neueren Philosophie: SW X, 93-125, hier zitiert nach der Neuausgabe: Darmstadt 1974, 83-110, bes. 94 f.; 107 f.

99 Vgl. W. WIELAND, Die Anfänge der Philosophie Schellings und die Frage nach der Natur: Natur und Geschichte (Festschrift K. Löwith zum 70. Geburtstag), Stuttgart - Berlin - Köln - Mainz 1967, 406 bis 440; neu: M. FRANK - G. KURZ (Hrsg.), Materialien zu Schellings philosophischen Anfängen, Frankfurt/M. 1975, 237-279. Nach dieser Fassung wird zitiert, hier: ebd., 254 mit Verweis auf F. W. J. SCHELLING, SW I, 383-403.

100 Ebd., 239.

stalt zu geben - bei Schellings unruhigen Geist führt das zu jener Vielfalt. Dennoch: Schelling ist eine jener Naturen, die sich nie mit dem Erreichten zufriedengeben, sondern stets neue, bessere Antworten suchen. Das Ergebnis in der hier vorliegenden Frage ist eine Reihe von Schriften, die umfangmäßig wesentlich mehr Raum einnehmen als die Schriften der vorherigen Periode. Die **wichtigsten** sind: "Abhandlungen zur Erläuterung des Idealismus der Wissenschaftslehre" (1796/97) als der Versuch, Fichtes Transzendentalphilosophie zu ergänzen (101); die schon erwähnten "Ideen" (102); "Von der Weltseele, eine Hypothese der höheren Physik zur Erklärung des allgemeinen Organismus. Nebst einer Abhandlung über das Verhältniß des Realen und Idealen in der Natur oder Entwicklung der ersten Grundsätze der Naturphilosophie an den Principien der Schwere und des Lichts" (1798) (103); "Erster Entwurf eines Systems der Naturphilosophie" (1799) (104); "Einleitung zu dem Entwurf eines Systems der Naturphilosophie. Oder über den Begriff der speculativen Physik und die innere Organisation eines Systems dieser Wissenschaft" (1799 (105); "System des transzendentalen Idealismus" (1800) (106). Die Arbeiten "Darstellung meines Systems der Philosophie" (1801) (107); "Bruno oder über das göttliche und natürliche Princip der Dinge. Ein Gespräch" (1802) (108); "Ueber das Verhältnis der Naturphilosophie zur Philosophie überhaupt" (1802) (109) suchen den Zusammenhang von Naturlehre und Geistphilosophie; sie eröffnen die Periode der "Identitätsphilosophie".

So sehr Schelling sich ein knappes Jahrzehnt um eine stringente Fassung dieses seines Lieblingsgedankens mühte, der Erfolg blieb ihm versagt: Zu seiner Zeit reichte die Front der Kritiker von den idealistischen Philosophen (**Fichte**) über die Theologen und theistischen Philosophen (bes. **Jacobi**) bis zu den Naturwissenschaftlern. Und heute ist es ähnlich - W. **Wielands** Urteil (110) läßt an ihm wenig Gutes; lediglich E. **Bloch** scheint stärker von ihm beeindruckt (111). Anderer seits ist weder Schel-

---

101 F. W. J. SCHELLING, SW I, 343-452.
102 DERS., SW II, 11-73; s. o. Anm. 98.
103 DERS., SW II, 345-583.
104 DERS., SW III, 1-268.
105 Ebd., 269-326.
106 Ebd., 327-634.
107 DERS., SW IV, 107-212.
108 Ebd., 213-332.
109 DERS., SW V, 106-124. Weitere, weniger bedeutende oder umfangreiche Werke: F. UEBERWEG, a. a. O., 48 f.
110 W. WIELAND, a. a. O., 237 f.
111 Vgl. E. BLOCH, Natur als organisierendes Prinzip: Materialien, a. a. O., 292-304 (aus: DERS., Das Materialismusproblem, seine Geschichte und Substanz, Frankfurt/M. 1972). Bloch gilt als "marxistischer Schelling": J. HABERMAS in: Über Ernst Bloch, edition suhrkamp 251, Frankfurt/M. 1968, 61-81.

lings eigene Genesis noch Jacobis Kritik ohne die Grundgedanken dieser Periode verständlich. So stellt sich hier die Aufgabe, eine kurze Darstellung der Grundgedanken und der Ziele der Naturphilosophie zu geben, die sich der Lückenhaftigkeit bewußt bleibt und nur Grundbegriffe im Blick auf das Ganze von Schellings Philosophie und im Blick auf religions-philosophisch relevante Fragen erläutern will. Zugrundegelegt werden sollen dabei Schellings erste systematische Fassung, die "Ideen...", und seine rückschauende Darstellung in der "Münchener Vorlesung" (1827) (112).

Grundzüge der Naturphilosophie

"... am Ursprung seiner Naturphilosophie (steht) eine Fragestellung..., die einer Aporie der Transzendentalphilosophie entspringt" (113). Fichtes Wissenschaftslehre von 1794, die Schelling erst um 1796/97 genauer liest, stellt fest, daß das denkende, empirische Ich keine Substanz hat und daher in der Selbstsetzung als reine Aktualität existiert. Die Frage: Was war ich, ehe ich zum Selbstbewußtsein kam, ist unmöglich; denn das Ich ist nur, insofern es sich bewußt ist (114). Für Schelling muß es vor dem Selbstbewußtsein des empirischen Ich ein Sein geben, das dieses ermöglicht, und zwar schon im kategorialen Bereich der Unterscheidung von Subjekt und Objekt. "So fragt er nach den mundanen Bedingungen, die erfüllt werden müssen, wenn ein Selbstbewußtsein entstehen soll - wobei er im Auge behält, daß es sich deswegen aus solchen Bedingungen noch nicht ableiten läßt ... Die Natur ist in diesem Fall der Inbegriff der das Ich ermöglichenden Bedingungen". Die Naturphilosophie unternimmt es, gewissermaßen die Vorgeschichte des Selbstbewußtseins aufzuspüren (115).

Geist und Materie - Produkt der Reflexion

Für den normalen Menschen stellt sich die Frage nicht, ob es eine Welt außer uns gibt und ob diese erfaßbar sei - für ihn sind beide da. Beide sind als Natur definiert (116). Sobald - wie bei Fichte - die Frage nach beiden auftaucht, gerät der Fragende in Widerspruch mit der äußeren Welt.

---

112 Beide Werke s. o. Anm. 98. Sekundärliteratur: s. o. Anm. 96 und 99: ferner: H. ZELTNER, Schelling-Forschung seit 1954, Darmstadt 1975, bes. 20; 50-55; H. M. BAUMGARTNER (Hrsg.), Schelling, a. a. O., 190.
113 W. WIELAND, a. a. O., 238.
114 J. G. FICHTE, Grundlage der gesamten Wissenschaftslehre, § 1: a. a. O. (Ausgabe Meiner), 11-21, bes. 17.
115 W. WIELAND, a. a. O., 254 f. verweist auf F. W. J. SCHELLING, SW I, 370-393.
116 DERS., SW II, 12. Zum Folgenden: ebd., 11-56.

Damit ist der erste Schritt zur Philosophie getan; denn nun beginnt die Reflexion, die Trennung von Gegenstand und Anschauung, von Bild und Begriff, von Subjekt und Objekt - eine Trennung, der die Vereinigung in der einen Natur vorausliegt. Durch die Reflexion, die Entzweiung von Bewußtsein und Welt, erwacht das menschliche Bedürfnis nach der erahnten ursprünglichen Einheit von Mensch und Welt; es gilt, den früheren Naturzustand wiederzufinden. Die Reflexion, das diskursive Denken, eröffnet so das Bewußtsein der Erfahrung meiner selbst und der Welt außer mir. Andererseits hat sie nur negativen Wert, denn sie trennt, was zusammengehört; sie vermag die Wiedervereinigung nur als Bedürfnis, nicht als reale Tat zu leisten. Das vermag nur die wahre Philosophie, die wesenmäßig im Handeln besteht, "um durch Freiheit wieder zu vereinigen, was im menschlichen Geiste ursprünglich und nothwendig vereint war, d. h. um jene Trennung auf immer aufzuheben".

Der Widerstreit, den das Denken schafft, ist der Gegensatz von Geist und Materie. Diesen Gegensatz aufstellen, ist freies Handeln des Denkens, es ist nicht die dahinterstehende ganze Wirklichkeit. Es gilt, beides zu beweisen. Durch die Frage: Wie entstehen Vorstellungen äußerer Dinge in uns? setzen wir die Dinge als unabhängig nach außen. Zugleich sollen sie in unseren Vorstellungen gegenwärtig sein. Die außer uns gesetzten Dinge sind Ursache unserer Vorstellungen von ihnen, denn diese resultieren aus ihnen. Andererseits sind in uns Gegenstand und Vorstellung unzertrennlich vereint, so daß wir über die Unterschiedenheit hinaus das Bedürfnis haben, sie zusammenzubringen. Ich vermag darüber hinaus zu fragen: Wie kommt es, daß ich vorstelle? Damit aber erhebe ich mich über den Standpunkt der Trennung in den Vorstellungen; ich erhebe mich frei über die Dinge und ihre Vorstellungen und erfahre mein Selbstbewußtsein in seiner Möglichkeit, die von keiner äußeren Macht mehr eingeschränkt wird: Dadurch aber ist der Gegensatz von Geist und Materie als meine freie Tat und nur als solche konstituiert - in der Realität soll dieser Gegensatz nicht sein. Und doch ist er für die Selbsterkenntnis und das Freiheitsbewußtsein konstituiv. In der Reflexion ist die Trennung erfolgt; dadurch ist Freiheit geworden. Es gilt nun, den hinter der denkerischen Trennung stehenden ursprünglichen und letztlich unaufhebbaren Zusammenhang wieder zu realisieren, den uns unsere Ahnung und der in den Vorstellungen lebendig gebliebene Zusammenhang andeuten und den unser Bedürfnis nach Einheit und Ganzheit fordert. Es ist also ein ebenso freier Akt des Denkens, diesmal in der Spekulation der wahren Philosophie, den Gegensatz von Geist und Materie wieder aufzuheben. Die Geschichte des Denkens zeigt hier, daß dieser Einigungsprozeß nur im Nacheinander, also in der Geschichte des Denkens möglich ist. Denn die gesamte bisherige Philosophie hat diese Einigung nicht letztlich erreicht und sich über jenen Gegensatz hinausgewagt. Erst Spinoza gelang dies, interpretiert Schelling. "Sein System war der erste kühne Entwurf einer schöpferischen Einbildungskraft, der in der Idee des Unendlichen, rein als solchen, unmittelbar das Endliche begriff, und dies nur in jenem erkannte" (117).

Der innere Zusammenhang: Natur als Geist

Diese Eine und Ganze von Geist und Materie bedarf einer näheren Erklärung. Denn die konkrete Erfahrung unserer Empirie spricht zu sehr dagegen. Leibniz hatte versucht, die physikalischen Erkenntnisse seiner Zeit (Newton) naturphilosophisch zu deuten; die Dinge an sich und ihre Wirkung in unseren Vorstellungen führte er auf eine prästabilierte Harmonie zurück; so ging er davon aus, "daß die Vorstellungen von äußeren Dingen in der Seele kraft ihrer eigenen Gesetze wie in einer besonderen Welt entstünden, als wenn nichts als Gott (das Unendliche) und die Seele (die Anschauung des Unendlichen) vorhanden wären" (118). Diese Ausdrucksweise ist noch unzureichend; doch zeigt sie, daß Materie etwas Reales, ihre Idee ebenso etwas Reales, jedoch über die naturwissenschaftliche Reflexion Hinausweisendes ist, eine Art "innere Beschaffenheit der Materie" (119). - Schelling unternimmt es nun, die physikalischen Gesetze in ein Denksystem analog der Kantischen Kategorientafel zu bringen und so Quantität (hier: Schwere), Qualität ("chemische Bewegung") und relative Bewegung (Mechanik) in der Materie als den objektiven und notwendig gewordenen Prozeß darzustellen, in dem das Ich die Natur in Zuordnung zu sich selbst gebracht hat. Gelingt es, die Frage zu beantworten, wie der Zusammenhang der Erscheinungen, Ursachen und Wirkungen - als objektiver Naturverlauf - für uns wirklich geworden ist, also den Weg zu unserem Geist gefunden hat und darin Notwendigkeit erlangt hat (indem wir sie als notwendig zu erklären genötigt sind), so erweist sich der Sinn dieses Vorgangs nur, wenn wir diese Notwendigkeit dahingehend erklären, daß die Dinge und unsere Vorstellungen ursprünglich eins und dasselbe waren. So wissen wir intuitiv (in intellektualer Anschauung, die nun hierher übertragen wird), "daß Unendliches und Endliches nicht außer uns, sondern in uns - nicht entstehen, sondern - ursprünglich zugleich und ungetrennt da sind, und daß eben auf dieser ursprünglicher Vereinigung die Natur unseres Geistes und unser ganzes geistiges Daseyn beruht. Denn wir kennen unmittelbar nur unser eigen Wesen, und nur wir selbst sind uns verständlich. Wie in einem Absoluten außer mir Affektionen und Bestimmungen sind und seyn können, verstehe ich nicht. Daß aber in mir auch nichts Unendliches seyn könnte, ohne daß zugleich ein Endliches sey, verstehe ich. Denn in mir ist jene nothwendige Vereinigung des Idealen und Realen, des absolut Thätigen und absolut Leidenden (die Spinoza in eine unendliche Substanz außer mir versetzte) ursprünglich, ohne mein Zuthun, da, und eben darin besteht meine Natur" (120).

---

117 Ebd., 20. Zum Ganzen: 12-20.
118 Ebd.
119 Ebd., 25.
120 Ebd., 29 f. in Verbindung mit 36 f.; von dort das Zitat.

Diese Lösung erklärt einiges, was bei S p i n o z a noch unerklärt blieb. Bei ihm ist ein Anfang des S e i n s unerklärbar; hier ist dieser Anfang überflüssig; denn das Reale und das Ideale sind ein gleich ewiges Eines und Ganzes, das unerklärbar aller Differenz und damit allem Werden vorausliegt. Bei Spinoza ist aber auch das W e r d e n unerklärlich; hier hingegen wird es einsichtig; denn es ist die Folge des reflexiven Denkens; als solches ist es - worauf L e i b n i z aufmerksam gemacht hat - Sache des Individuums und damit Folge der Individualisierung, der Verendlichung, die in der Trennung von Geist und Materie erfolgt. Die Leistung der Reflexion ist also positiv das Erwachen des Selbstbewußtseins der einzelnen Personen; sie ist negativ die Endlichkeit, die Konstitution der Dinge durch unser Bewußtsein, die (immer nur im Denken vorhandene und darum ideelle) Trennung von Geist und Materie und damit die Aufhebung der Unendlichkeit des Ganzen als der uns vorgegebenen Natur. Wo Endlichkeit konstituiert ist, da ist notwendig Sukzession, Prozeßhaftigkeit, Ablauf in Folgewirkungen, wie sie eben beschrieben wurde. Die N o t w e n d i g k e i t dieses Prozesses liegt in der Endlichkeit, der Vorstellung. Das Unendliche bleibt uns dabei immer bewußt, damit aber auch der Zusammenhang des Ganzen, der von unserer Reflexion letztlich nicht aufzuheben ist. Die Ahnung des Unendlichen und unseres Zusammenhangs mit ihm im Ganzen macht das Wesen unseres Geistes aus; sie weckt das Bedürfnis, zu dieser Einheit wieder zurückzukehren. Das Ganze der Wirklichkeit ist die Natur; die wahre Philosophie ist "nichts anders, als eine N a t u r l e h r e   u n s e r e s   G e i s t e s". Natur ist daher letztlich nicht Materie; schon hier läßt sich zeigen, was Schelling noch ausführlich an der Idee des Organismus, der o r g a n i s c h e n N a t u r ausführt (121): Organisation schafft Verschiedenheit, führt diese jedoch in höhere Einheiten (Gattungen) fort - nicht im Sinn von unendlichen Fortentwicklungen, sondern im Sinn von teleologischen Rückentwicklungen in sich selbst und damit ins Unendliche: Der Organismus zeigt den Geist in der Natur am Werk. Dieser Geist in der Natur macht eine Stufenfolge nötig; diese ist das L e b e n (122). Der Geist als das Prinzip des Lebens heißt S e e l e ; er schafft die Z w e c k m ä ß i g k e i t der Natur und erklärt als sinnvoll und notwendig, was andere (physikalische oder theologische) Erklärungen als nur zufällig dartun können.

Schelling will - zusammenfassend gesagt - dartun, "nicht daß die Natur mit den Gesetzen unsers Geistes zufällig (etwa durch Vermittlung eines D r i t t e n) zusammentreffe, sondern daß s i e   s e l b s t nothwendig und ursprünglich die Gesetze unsers Geistes nicht nur a u s d r ü c k e , sondern s e l b s t   r e a l i s i r e , und daß sie nur insofern Natur sey und Natur heiße, als sie dieß thut. Die Natur soll der sichtbare Geist, der Geist die unsichtbare Natur seyn. H i e r also, in der absoluten Identität

---

121 Vgl. bes. ebd., 40-44.
122 Ebd., 46-54.

des Geistes in uns und der Natur außer uns, muß sich das Problem, wie eine Natur außer uns möglich sey, auflösen" (123). Die Idee der Natur, die er aufzustellen bestrebt ist, erklärt also die Frage Fichtes, die am Ausgangspunkt stand: Vor dem seiner selbst bewußt gewordenen Ich steht also die Natur als das Ganze und Eine von Ich und Objekt, von Geist und Materie - das frühere "absolute Ich" ist als "Natur" dieses Eine und Ganze der Wirklichkeit geworden, das in der Bewegung des Geistes die Endlichwerdung und die Unendlichwerdung erklären kann - das "absolute Ich" konnte nur die unendliche Annäherung des endlichen Geistes an das Unendliche erklären; das Werden selbst war unverständlich geblieben. Ferner: Im Rahmen dieser "Naturlehre des Geistes" war auch die gesamte Wirklichkeit inklusive der physikalischen und biologischen Natur in die Bewegung des Geistes einbezogen worden; vorher war nur der Mensch Gegenstand der Philosophie.

Naturphilosophie und Schöpfungslehre

Schelling greift ausdrücklich den Schöpfungsgedanken auf: "Um jene Vereinigung von Begriff und Materie zu begreifen, nehmt ihr einen höheren, göttlichen Verstand an, der seine Schöpfungen in Idealen entwarf und diesen Idealen gemäß die Natur hervorbrachte" (124). Schelling hält es aber für denkunmöglich, für logisch unrichtig, Begriff und Tat zu trennen. Es ist bei der Endlichkeit des Denkens unvorstellbar anzunehmen, Gott würde die Dinge denken und im Denkakt zugleich schaffen (was die spekulative Theologie in der Erklärung der creatio ex nihilo in der Tat tut); vielmehr geht in unserer Vorstellung der Entwurf der Ausführung voraus. Das aber ist kein Hervorbringen, sondern schon vorhandene Materie formen, ihr nur von außen das Gepräge des Verstandes und der Zweckmäßigkeit aufdrücken; "... was er hervorbringt, ist nicht in sich selbst, sondern nur in Bezug auf den Verstand des Künstlers, nicht ursprünglich und nothwendig, sondern zufälligerweise zweckmäßig".

Unser Denken geht von der Zweckmäßigkeit der Dinge aus: doch diese ist - anders als das Kunstwerk, das nur den Zweck seines Künstlers ausdrückt - in den Dingen selbst, ist nicht von außen an sie herangetragen. Diese innere Teleologie kann etwa der kosmologische Gottesbeweis nicht erklären; der Rückschluß auf den Schöpfer macht die Zweckmäßigkeit zu etwas Äußerlichem. So behilft sich die Theologie, indem sie in Gott das Wirkliche mit dem Zweckmäßigen setzt; dadurch, aber, daß Gott es aus sich heraussetzt, entfällt diese innere, notwendige Zweckmäßigkeit. Es bleibt ferner ungeklärt, "wie die Vorstellung zweckmäßiger Produkte außer mir in mich gekommen, und wie ich genöthigt sey, diese Zweckmäßigkeit, obgleich sie den Dingen nur in Bezug auf meinen Verstand zukommt, doch als außer mir wirklich und nothwendig zu denken".

123 Ebd., 55 f.
124 Ebd., 44. Zum Folgenden: 44-46.

Die Denkunmöglichkeit liegt in Folgendem: Die notwendig in den Dingen liegende Zweckmäßigkeit existiert nur in Bezug auf meinen Verstand, auf das Denken. Übertrage ich nun diesen von mir, von jedem Denkenden unablösbaren Zusammenhang auf einen Schöpfer, also auf ein außer mir, dem Denkenden, Gedachtes, so durchbreche ich den notwendigen Zusammenhang. Der Schöpfer wird dadurch entweder zu einem Endlichen wie ich, der nur als Künstler, Baumeister in Endlichkeit nachbildet - wie ich -, oder er wird, in Unendlichkeit gedacht, von meinem Denken abgelöst; es bleibt - wie bei Spinoza - die Idee einer unendlichen Macht, deren Modifikation alles Endliche ist; die Subjektivität des Denkenden ist ebenso verschwunden wie das Werden: Alles, was als denknotwendig entwickelt wurde, ist wieder unerklärlich geworden. Dadurch ist die "Idee der Natur" von Grund aus zerstört worden; diese aber besagt, daß das endliche Ich im unendlichen Ich, im Geist, gründet, daß es sich von dort im Denken notwendig in die Vereinzelung auslegt. Das heißt: nur in der Immanenz (der "immanenten Kausalität") des einen Ganzen erklärt sich der reale und gedachte, notwendige innere Zusammenhang alles dessen, was ist. Etwas außer dieser Natur annehmen, hieße, den Zusammenhang zerstören.

Eine transzendentale Deduktion

Schelling hatte im Vorliegenden die empirisch-physikalische Erfahrung analysiert und ihre Gesetze naturphilosophisch gedeutet. Er versucht, in einem zweiten Gedankenschritt, "von oben", deduktiv, die Prinzipien rechten Denkens aufzustellen und darin der Natur, dem Endlichen, dem Absoluten seinen Platz zuzuweisen. Der erste Schritt zur Philosophie, ihre Bedingung, ist die unreflex lebendige Einsicht, "daß das absolut-Ideale auch das absolut-Reale sey", daß Idealität und Realität nur zwei Weisen des einen Ganzen sind (125). Das Wissen transzendiert also immer schon alle Endlichkeit; es ist Anteil am Absoluten. Das Wissen erfaßt das Absolute, das Absolute ist nicht anders als im Wissen offenbar. So beruht die erste Einsicht aller Philosophie auf der stillschweigenden "Voraussetzung einer möglichen Indifferenz des absoluten Wissens mit dem Absoluten selbst". Das Absolute ist so die Indifferenz des Realen und Idealen.

Das Absolute ist als Ideales das absolute Wissen, absoluter Erkenntnisakt. Hier ist das Subjektive und das Objektive nicht als entgegengesetzt vereint, sondern im absoluten Wissen ist das ganze Subjektive zugleich das Objektive und umgekehrt. Das Absolute ist so - wie in Schellings ersten Schriften - reine Identität. Als diese und ohne als diese Identität aufzuhören, ist sie sich selbst Stoff und Form, Subjekt und Objekt. Es ist

---

125 Ebd., 58. Zum Folgenden: 58-73.

Identität, die nicht vereinigt ist aus Subjekt und Objekt; sie ist vielmehr die sich für sich und durch sich selbst in beide einführende Absolutheit. Sie ist also Aktualität; zu ihr gehört notwendig der Vorgang des "Subjekt-Objektivierens": "Das Absolute ist ein ewiger Erkenntnißakt, welcher sich selbst Stoff und Form ist, ein Produciren, in welchem es auf ewige Weise sich selbst in seiner Ganzheit als Idee, als lautere Identität, zum Realen, zur Form wird, und hinwiederum auf gleich ewige Weise sich selbst als Form, insofern als Objekt, in das Wesen oder das Subjekt auflöst" (126). Als Stoff (= Substanz) oder Wesen wäre das Absolute reine Subjektivität; als solche bliebe es in sich verschlossen und verhüllt. "... indem es sein eignes Wesen zur Form macht, wird jene ganze Subjektivität in ihrer Absolutheit Objektivität, sowie in der Wiederaufnahme und Verwandlung der Form in das Wesen die ganze Objektivität, in ihrer Absolutheit, Subjektivität" (127). - Schelling hat hier eingesehen, daß das Absolute als Selbstmacht nichts verliert von seiner Absolutheit, wenn es sich offenbart, objektiv wird und zugleich es selbst=Subjekt bleibt; in der Periode der Transzendentalphilosophie war dies noch als Verendlichung des Unendlichen für unmöglich erklärt worden.

Da kein Herausgehen des Absoluten aus sich selbst erfolgt, verendlicht sich das Absolute nicht; es entsteht auch keine Zeitlichkeit. Und doch ist hier die früher behauptete Indifferenz einer Differenz gewichen: freilich nicht im Abweichen von der Absolutheit, sondern im Übergehen vom Wesen zur Form und von der Form zurück ins Wesen; das Absolute ist insofern Differenz, als es "sich so ewig mit sich selbst in Eins bildet". Dieser schwer verständliche, weil unvorstellbare Gedanke entspricht der christlichen Trinitätsspekulation, die ebenfalls ein Werden in Gott in den drei Personen und ein ewig-Bleiben annimmt: "Das Absolute producirt aus sich nichts als sich selbst, also wieder Absolutes"; "... es ist in dieser Absolutheit und dem ewigen Handeln schlechthin Eines, und dennoch in dieser Einheit unmittelbar wieder eine Allheit, der drei Einheiten nämlich, derjenigen, in welcher das Wesen absolut in die Form, derjenigen, in welcher die Form absolut in das Wesen gestaltet wird, und derjenigen, worin diese beiden Absolutheiten wieder Eine Absolutheit sind" (128).

Schelling setzt seine "Einheiten" identisch mit dem, was Leibniz seine Monaden und was die übrige Philosophie Ideen nennt. Die Ideen sind Synthese der absoluten Identität des Allgemeinen und Besonderen mit der besonderen Form; jede Idee ist ein Besonderes in der Form des Absoluten; sie repräsentiert das Eine und die Differenz in der Subjekt-Objektivität. Insofern ist die Idee immer das Ganze und Absolute. Wenn nun eine dieser Einheiten oder Ideen sich in ihrer Differenz als Wesen, als Form

---

126 Ebd., 62.
127 Ebd., 63.
128 Ebd., 64.

auffaßt, versteht sie sich als "relative Differenz", als Verendlichung und "symbolisirt... sich durch einzelne wirkliche Dinge". Das "einzelne Ding" im Unterschied zur Absolutheit "ist von jenem ewigen Akt der Verwandlung des Wesens in die Form nur ein Moment; deßwegen wird die Form als besondre, z. B. als Einbildung des Unendlichen ins Endliche, unterschieden, das aber, was durch diese Form objektiv wird, ist doch nur die absolute Einheit selbst" (129). Damit sind die Dinge wohl real, aber nicht endlich; sie verbleiben in der Sphäre des Absoluten, der Idee. "... so ist an sich weder irgend etwas endlich noch wahrhaft entstanden, sondern in der Einheit, worin es begriffen, auf absolute und ewige Art ausgedrückt". Das Verhältnis Ding-Idee, Ding-Absolutheit bleibt immanent, wie schon in der induktiven Darstellung ein Schaffen Gottes ausgeschlossen wurde: "Die Dinge an sich sind also die Ideen in dem ewigen Erkenntnißakt, und da die Ideen in dem Absoluten selbst wieder Eine Idee sind, so sind auch alle Dinge wahrhaft und innerlich Ein Wesen, nämlich das der reinen Absolutheit in der Form der Subjekt-Objektivierung, und selbst in der Erscheinung, wo die absolute Einheit nur durch die besondere Form, z. B. durch einzelne wirkliche Dinge, objektiv wird, ist alle Verschiedenheit zwischen diesen doch keine wesentliche oder qualitative, sondern bloß unwesentliche und quantitative, die auf dem Grad der Einbildung des Unendlichen in das Endliche beruht" (130) - auch hier wird ein Heraustreten aus dem Absoluten bloß quantitativ erklärt; es ist keine Qualitätsverwandlung, weil eine solche - ein qualitatives unendliches Verschiedensein, z. B. des Geschöpfes vom Schöpfer - als Vernichtung des Einen und Absoluten gedeutet würde. Wo die Unterscheidbarkeit eintritt, dort wird das Aktiv-Sein des Absoluten objektiv, also erkennbar. Es bleibt aber unendlich, geht nicht - wie das die Schrift "Vom Ich" annahm - in die Endlichkeit als ein Anderssein über.

Wenn sich jenes ewige Erkennen in der Unterscheidbarkeit zu erkennen gibt, so treten die oben erwähnten drei Einheiten: Wesen-Form, Form-Wesen und Einheit beider in Absolutheit als besondere unmittelbar aus dem Absoluten hervor. Die erste, die Einbildung des Unendlichen ins Endliche, ist die Natur; die zweite ist als Rückbildung ins Absolute die ideale Welt; die dritte ist die wechselseitige Auflösung und Verwandlung beider ineinander im Absoluten. Natur und ideale Welt enthalten und offenbaren das Absolute, in welchem sie zusammenfließen. Sie sind aber zugleich als je besondere Einheit unterscheidbar; sie treten in Entgegengesetztes auseinander. Sie müssen aber in jeder ihrer Formen von Einheit die beiden anderen Einheiten mitenthalten, und zwar nicht real, sondern potenziell. Schellings Potenzenlehre besagt also in ihrer ersten und allgemeinsten Fassung, daß jede unterscheidbare Einheit alle drei Einheiten nicht dem Sein, wohl aber der Potenz nach immer in sich mitent-

---

129 Ebd., 64 f.
130 Ebd., 65.

hält; die Natur enthält also die ideale Welt und das Absolute u. s. w. ; so enthält und spiegelt jede Form des Seins das Ganze und Absolute, "so daß dieser allgemeine Typus der Erscheinung sich nothwendig auch im Besonderen und als derselbe und gleiche in der realen und idealen Welt wiederholt" (131). - Die christliche Gottes- und Schöpfungsspekulation kennt Ähnliches in der Form der Abbildhaftigkeit Gottes in den Dingen und in deren Gehalten- und Gedachtsein in Gott; der wesentliche Unterschied liegt nur im unendlichen, qualitativen Andersein von Schöpfer und Geschöpf, so daß die Geschöpfe nicht der Potenz nach, sondern nur aktuell, als Geschaffene, in Gott sind und ihrerseits Gott nicht potenziell, also in der Form des nicht realisierten Seins enthalten, sondern nur auf ihn wie Bild und Spiegel rückverweisen.

Doch darf man Schelling nicht unterstellen, daß er den endlichen Dingen Gottes Sein der Potenz nach zuspricht. In diesem Sinn eines platten Pantheismus ist die Potenzlehre global mißdeutet worden. Schellings **Naturbegriff** ist differenzierter: Natur existiert in zwei Formen. Als "**Natur an sich oder die ewige Natur**" ist sie die "reale Seite eines ewigen Handelns", die offenbar wird, oder "der in das Objektive geborne Geist, das in die Form eingeführte Wesen Gottes", das immer schon die andere Einheit in sich begreift, d. h. das nicht bloß Natur, sondern immer schon die ideelle Welt mitenthält. Als solche (ewige Natur) ist sie "natura naturans" - später als schaffender Urgund aller Dinge beschrieben. "Die erscheinende Natur dagegen ist die als solche oder in der Besonderheit erscheinende Einbildung des Wesens in die Form, also die ewige Natur, sofern sie sich selbst zum Leib nimmt und so sich selbst durch sich selbst als besondre Form darstellt"; als diese besondere Einheit ist diese Form der Natur "schon **außer** dem Absoluten, nicht die Natur als der absolute Erkenntnißakt selbst", sie ist "natura naturata" oder der bloße Leib und das Symbol der ewigen Natur (132). - Mit dieser Unterscheidung will Schelling einer unmittelbaren Vergöttlichung der Dinge entgegenwirken; er glaubt, den denkerisch möglichen Zusammenhang von Gott, Natur und Dingen gefunden zu haben. Denn jetzt wird das Endliche verständlich, es verweist in seiner Symbolfunktion - ähnlich der Ontologie der Tradition - auf das Absolute. Ist es aber nicht letztlich als der Leib des Göttlichen dessen Verendlichung, die eigentlich hatte vermieden werden sollen? Erklärt diese Unterscheidung der zwei Formen von Natur mehr als die Tradition erkenntnistheoretisch vermochte (ganz zu schweigen von den theologischen Problemen, die schon angesprochen wurden)?

Für Schelling hingegen scheinen die offenen Fragen gelöst. **Einerseits** wird es ihm möglich, die **Philosophie zu definieren und einzuteilen**: Wie das Absolute in seinem ewigen Handeln notwendig zwei Seiten,

---

131 Ebd., 66.
132 Ebd., 66 f.

die ideale und die reale, als eins begreift, so muß die Philosophie als Wissenschaft des Absoluten ihrer Form nach zwei Ausprägungen haben, den Realismus oder die Naturphilosophie und den (relativen, weil die Übergänge nachvollziehenden) Idealismus; sie muß aber gleichzeitig ihr Wesen darin sehen, beide Seiten als eins im absoluten Erkenntnisakt zu sehen - dieses letztere, die ontologische Grundstruktur, der absolute Erkenntnisakt, das Ganze (wie immer die Bezeichnungen lauten) ist "absoluter Idealismus". In diesen als das Vorgegebene sind Naturphilosophie und relativer Idealismus als Erkenntnisformen der Philosophie integriert; die Naturphilosophie ist nicht Gegensatz, sondern Bestandteil dieses Idealismus. Sie ist nur der Erkenntnisform Idealismus entgegengesetzt, geht ihm - so wird Schelling später betonen - voraus (133).

Andererseits kann er eine Struktur der Naturphilosophie angeben (134): Schelling erinnert an die drei Einheiten des Absoluten, die in jeder Form der Realisierung des Absoluten gegenwärtig sind. "Diese Einheiten, deren jede einen bestimmten Grad der Einbildung des Unendlichen ins Endliche bezeichnet, werden in drei Potenzen der Naturphilosophie dargestellt. Die erste Einheit, welche in der Einbildung des Unendlichen ins Endliche selbst wieder diese Einbildung ist, stellt sich im Ganzen durch den allgemeinen Weltbau, im Einzelnen durch die Körperreihe dar. Die andere Einheit der Zurückbildung des Besonderen in das Allgemeine oder Wesen drückt sich, aber immer in der Unterordnung unter die reale Einheit, welche die herrschende der Natur ist, in dem allgemeinen Mechanismus aus, wo das Allgemeine oder Wesen als Licht, das Besondere sich als Körper, nach allen dynamischen Bestimmungen, herauswirft. Endlich die absolute Ineinsbildung oder Indifferenziierung der beiden Einheiten, dennoch im Realen, drückt der Organismus aus, welcher daher selbst wieder, nur nicht als Synthese, sondern als Erstes betrachtet, das An sich der beiden ersten Einheiten und das vollkommene Gegenbild des Absoluten in der Natur und für die Natur ist".

In diesem Vorgang der Einbildung des Unendlichen ins Endliche löst sich diese wieder in die absolute Idealität auf. Der vollkommenste Organismus als das vollkommen reale Bild des Absoluten in der realen Welt schafft zugleich das vollkommen ideale Bild in der Vernunft; der absolute Erkenntnisakt realisiert sich in der ewigen Natur, die Vernunft symbolisiert sich im Organismus, der Organismus verklärt sich in der Vernunft; das Endliche der Natur wird in das Unendliche zurückgenommen. - An dieser Stelle finden die Überlegungen ihren Platz, die Schellings Dialektik mit ihrer Zweipoligkeit von Absolutem und natura naturata und mit dem Egressus vom Absoluten ins Ding und im Regreß ins Absolute eingehend diskutieren - das Problem Einheit - Vielheit läßt sich nur in einem zeitlich ablaufenden

---

133 Ebd., 66; 67 f.
134 Ebd., 68 f.

Prozeß erfassen (135).

Die bisherige Naturphilosophie schloß von Phänomenen auf Gründe; die Gesetzmäßigkeit, die sie herausfand, ist nur eine Möglichkeit, daß es sich so mit der Natur verhält, wie sie dartun. Die Schellingsche Fassung hingegen vermag die Notwendigkeit des von ihr festgestellten Ablaufs ebenso darzutun wie die gesamten Erscheinungen jeder Form von Natur zu erklären. Naturwissenschaftliche Erklärungen, Ableitungen u. a. m. sind dabei ebenso wenig nötig wie in der Mathematik, weil höhere Einsicht am Werk ist, die nur dieses System als richtig dartut. Mit der Naturphilosophie erweist sich die Einsicht des Idealismus, von dem die Zeit voll ist, als die Herrschaft des Geistes in der Welt. "Die noch unbekannten Gottheiten, welche die ideele Welt bereitet, können nicht als solche hervortreten, ehe sie von der Natur Besitz ergreifen können. Nachdem alle endlichen Formen zerschlagen sind, und in der weiten Welt nichts mehr ist, was die Menschen als gemeinschaftliche Anschauung vereinigte, kann es nur die Anschauung der absoluten Identität in der vollkommensten objektiven Totalität seyn, die sie aufs Neue und in der letzten Ausbildung zur Religion auf ewig vereinigt" (136).

Ergänzungen

In dieser Erstlingsschrift zum Thema Naturphilosophie, den "Ideen", sind die Grundgedanken und Grundbegriffe aufgestellt, die von nun an - letztlich bis zur "Freiheitsschrift" von 1809 - Schellings Publikationen beschäftigen und auch für seine "Identitätsphilosophie" noch von Bedeutung sind. In den Folgeschriften zur Naturphilosophie (137) greift er Grundbegriffe wie Leben, Seele, Geist und Natur wieder auf und bringt hier sowie an der Grundfrage: Wie beschäftigt sich die Philosophie mit den zwei Grund-

---

135 Besonders zu nennen sind: W. HARTKOPF, Die Dialektik in Schellings Frühschriften: ZphF 23 (1969) 3-23; DERS., Studien zur Entwicklung der modernen Dialektik, Meisenheim 1972; H. HOLZ, Die Struktur der Dialektik in den Frühschriften Fichtes und Schellings: Archiv für Geschichte der Philosophie 52 (1970) 71-90, auch: Materialien, a. a. O., 215-236. Vgl. auch das Urteil H. ZELTNERS, Schelling - Forschung seit 1954, a. a. O., 18 f.
Theologischerseits hatte J. R. GEISELMANN, Die katholische Tübinger Schule, Freiburg 1964, die Grundzüge schon erarbeitet und ihre Wirkung auf J. S. Drey festzulegen gesucht: a. a. O., bes. 286-302; 374; 377; s. a. F. WOLFINGER, Der Glaube nach Johann Evangelist von Kuhn, Göttingen 1972, 22-25.
136 F. W. J. SCHELLING, SW II, 73.
137 S. o. Anm. 101-106.

phänomenen Geist und Natur? seiner grüblerischen Art gemäß Modifikationen und Ergänzungen an.

Ausgehend vom Begriff Organismus etwa bestimmt er Leben als das Wesen aller Dinge, als deren (geistiges) Prinzip. Mechanismus und Organismus, also physikalische und biologische Natur im naturwissenschaftlichen Verständnis, sind ihm dieselben, da ein und dasselbe Prinzip Leben anorganische und organische Natur verbindet. Der Unterschied liegt nur in der Art des Lebens. Der Gedanke der Stufenfolge durch allmähliche Entwicklung stellt einen Sinnzusammenhang der Arten her; das dieses Ganze organisierende, die Welt zum System bildende Prinzip ist die Weltseele (138).

Das "System des transzendentalen Idealismus" (139), in welchem sich bereits die Grundzüge der Identitätsphilosophie ankündigen, betrachtet - Schellings Auffassung von Dialektik entsprechend - "das Subjektive oder Ideelle und das Objektive oder Reelle als zwei Pole, die sich wechselseitig voraussetzen und fordern. Auf der Übereinstimmung eines Objektiven mit einem Subjektiven beruht alles Wissen" (140). Wenn das Objektive zum Ausgangspunkt genommen und wenn gefragt wird, wie das Subjektive hinzukomme, so ist diese erste Form der Grundwissenschaften die "spekulative Physik" oder Naturphilosophie. Sie erklärt den stufenweisen Fortgang vom Niederen zum Höchsten durch die "Weltseele". "Die notwendige Tendenz aller Naturwissenschaft ist, von der Natur aufs Intelligente zu kommen". Ihre Tendenz, die der Natur wie ihrer Wissenschaft, geht zur Auflösung der Natur in Intelligenz; die Natur ist noch unreife Intelligenz, in ihr scheint schon der intelligente Charakter durch. Das Ziel der Natur ist, "sich selbst ganz Objekt zu werden"; sie erreicht es "erst durch die höchste und letzte Reflexion, welche nichts anderes als der Mensch, oder allgemeiner, das ist, was wir Vernunft nennen, durch welche zuerst die Natur vollständig in sich selbst zurückkehrt, und wodurch offenbar wird, daß die Natur ursprünglich identisch ist mit dem, was in uns als Intelligenz und Bewußtes erkannt wird".

Die zweite Form der Grundwissenschaften, die "Transzendentalphilosophie", sieht in der Natur den sichtbaren Organismus des Verstandes; sie sieht im Subjektiven die Ermöglichung der Entstehung des Objektiven (während Natur der Weg des Subjektiven ist). In ausführlichen Darlegungen interpretiert Schelling - die Gegenstände der drei Kritiken Kants zugrundelegend - die Stufen der Natur als Stufen der Erkenntnis; die Materie als erloschener Geist spiegelt dessen Konstruktionsprinzipien wider; der Geist muß sich immer in Vorstellungen äußern, da-

---

138 So die gleichnamige Schrift. Vgl. T. K. OESTERREICH, a.a.O., 45.
139 F. W. J. SCHELLING, SW III, 327-634.
140 T. K. OESTERREICH, a.a.O., 45.

her entstehen die Dinge ebenso wie deren Organisation, die ein produktives Übergehen, eine stufenweise sich entwickelnde Sukzession erfordern. Nur in der **Höherentwicklung** kann die Natur der Intelligenz zum Objekt werden; sie ist ein endloser Vorgang, weil die Intelligenz ein unendliches Bestreben, sich zu organisieren, ist. Schließlich muß in dieser Stufenfolge eine Stufe vorkommen, welche die **Intelligenz als identisch mit sich selbst** anzuschauen genötigt ist. In dieser Wechselwirkung des Individuums mit anderen gleichen Intelligenzen wird das ganze Bewußtsein vollendet, wird jedem Denken die Welt überhaupt objektiv, ja kann erst das Bewußtsein von **Freiheit** erreicht werden; denn die Wechselwirkung von Vernunftwesen durch das Medium der objektiven Welt ist die Bedingung der Freiheit. Damit die Freiheit des einen nicht Einschränkung der Möglichkeiten des anderen wird und Freiheit so dem Zufall überlassen bliebe, muß über der ersten Natur gleichsam eine zweite, das Rechtsgesetz, errichtet werden, das mit der Unverbrüchlichkeit eines Naturgesetzes herrschen soll - Schelling überhöht hier offensichtlich **Rousseausche Gedanken** nach der Erfahrung der Französischen Revolution durch **romantische** Gedanken der Naturgesetzlichkeit von Freiheit (**Herder**).

Auch in dieser höheren Natur gilt eine sich ausweitende Organisation: **räumlich**, denn die Sicherheit einer guten Staatsverfassung beruht in der Unterordnung eines Staates unter die Völkergemeinschaft; **zeitlich**, denn das Durchsetzen des Rechts ist das Objekt der **Geschichte**. Die Geschichte aber als Ganzes ist eine **fortschreitende, allmählich sich enthüllende Offenbarung des Absoluten**. T. K. Oesterreich beschreibt diese Bestimmung des Absoluten in dieser Fassung des "Systems": "Man kann in der Geschichte nie eine einzelne Stelle bezeichnen, wo die Spur der Vorsehung oder Gott selbst gleichsam sichtbar wäre; nur durch die ganze Geschichte kann der Beweis vom Dasein Gottes vollendet sein. Jede einzelne Intelligenz kann betrachtet werden als ein integrierender Teil Gottes oder der moralischen Weltordnung; diese wird existieren, sobald jene sie errichten. Die Geschichte nähert sich diesem Ziele vermöge einer prästabilierten Harmonie des Objektiven oder Gesetzmäßigen und des Bestimmenden oder Freien, welche nur denkbar ist durch etwas Höheres, was über beiden ist als der Grund der Identität zwischen dem absolut Subjektiven und dem absolut Objektiven, dem Bewußtsein und dem Bewußtlosen, welche eben zum Behuf der Erscheinung im freien Handeln sich trennen. Ist die Erscheinung der Freiheit notwendig unendlich, so ist auch die Geschichte selbst eine nie ganz geschehene Offenbarung jenes Absoluten, das zum Behuf des Erscheinens in das Bewußte und Bewußtlose sich trennt, selbst aber in dem unzugänglichen Lichte, in welchem es wohnt, die ewige Identität und der ewige Grund der Harmonie zwischen beiden ist" (141).

---

141 A. a. O., 47.

Schellings Überlegungen, daß die Gestalt der Offenbarung des Absoluten in drei verschiedenen Perioden der Geschichte unterschiedlich verwirklicht ist (etwa als Schicksal, Natur und Vorsehung in der Geschichte - so im "System"; oder als Geschichte der Natur, des Schicksals und der Versöhnung des Menschen mit der Natur = die Geschichte des Christentums - so in den "Vorlesungen über die Methode des akademischen Studiums" (1803) (142)) - diese Überlegungen kehren von da an immer wieder bis hin zu der Freiheitsschrift (143) und den "Weltalter"-Entwürfen (144). Ebenso ist es von da an Schellings Bestreben, die notwendige Harmonie von Natur und Intelligenz, von naturhafter Zweckmäßigkeit und Freiheit in der Form des Schönen darzutun. Hier hat die "Philosophie der Kunst" ihren Ort, und gerade an einer Darlegung dieses Zusammenhangs erwacht Jacobis Mißtrauen gegen Schelling, das zu der uns bewegenden Kontroverse führt (145). Schließlich sind die Auslassungen über den geschichtlichen Weg der Offenbarung des Absoluten von der Natur bis zur Intelligenz und das Kunstschaffen in Freiheit in Analogie und Harmonie mit der Natur für Schelling nur Ausdruck eben jener zutiefst herrschenden Identität von Bewußt und Unbewußt, die in der Vereinigung oder Versöhnung von Freiheit und Notwendigkeit gipfeln muß und die Gott offenbart. Darauf ist in Folgendem noch kurz einzugehen.

Wesen und Anliegen der Identitätsphilosophie

In den Entwürfen zur Naturphilosophie war es Schelling möglich geworden, das Wesen des Absoluten als eines mit sich selbst Identischen, als eines Bleibend-Ewigen und Unbedingten zu wahren und dennoch den beiden offenen Fragen nach dem Übergang vom Unendlichen zum Endlichen (und umgekehrt) und nach der Realität der konkreten Weltdinge die nötige, von der Erfahrung geforderte Aufmerksamkeit zu widmen. Das Grundanliegen blieb wie zu Anfang; die konkreten Antworten über das Wie dieser Zuordnung änderten sich - hierin zeigt sich eine Grundstruktur von Schellings Denken. Die Konsequenzen von Schellings naturphilosophischen Antworten könnte man so resümieren: Nun ist gegenüber dem frühen System das Hervorgehen und die Realität der nicht absoluten Dinge aus dem Absoluten erklärbar, denkbar geworden. Die Natur ist die Realität, die Konkretion des Geistes; in den Prozessen einer Höherentwicklung manifestiert sie

---

142 F. W. J. SCHELLING, SW V, 207-352, bes. 286-295.
143 Philosophische Untersuchungen über das Wesen der menschlichen Freyheit und die damit zusammenhängenden Gegenstände (1809): SW VII, 331-416.
144 Ausgaben: Die Weltalter, Bruchstück: SW VIII, 195-344; M. SCHRÖTER, (Hrsg.), Die Weltalter. Fragmente. In den Urfassungen von 1811 und 1813, München 1966.
145 Dazu u. Kap. 3.

das Wirken des Geistes als sein Prinzip. In Recht, Geschichte und Kunst - im Bereich des Menschen - zeigt sich die Höhe und Selbstmacht = Freiheit des Geistes, d. h. des Absoluten, in ständig neu und auf höherer Ebene erfolgender Selbstmanifestation - das Absolute wird auch hier konkret in der Natur des Rechts, der Geschichte, der Freiheit des Menschen. Natur ist Konkretion des Geistes, Geist das Prinzip der Natur; die durchgängige immanente Kausalität des Geistigen durchwirkt alles; alles ist Manifestation des Absoluten; es ist nicht letztlich endlich, sondern bleibt ewig, ob als Natur oder als Geist.

Streng genommen, bedeutet dies: Die spekulative Konstruktion von Einheit aller Wirklichkeit im Absoluten in prozessualer Abfolge macht religionsphilosophische Grundbegriffe und -vorstellungen erklärbar, denkbar. Sie erklärt - ähnlich der christlichen Trinitätsspekulation - Freiheit, Aktivsein, Universalsein im Absoluten (was die früheren Entwürfe nicht vermochten) durch die Formen der Differenz; sie vermag Manifestation des Göttlichen in Natur und Geschichte (auch dies theistische Grundbegriffe) zu erläutern; sie kann Gründe für die letzte Einheit in bleibender Gottzugehörigkeit alles Seins anführen. Nur: In keinem Fall deckt sich Schellings Entwurf mit theistischen Vorstellungen. Die betonte bleibende Geistigkeit des Absoluten schließt ein naturhaftes Werden des Absoluten nicht letztlich aus; denn auch Natur auf niedrigster Stufe ist Anwesenheit Gottes; die Selbstmächtigkeit des Absoluten scheint in diesen Formen Züge des notwendigen Werdens, nicht der dem Prozeß enthobenen Macht anzunehmen; bezeichnenderweise ist immer das Absolute, nicht der Absolute das Grundwort. Das Anliegen des Theismus ist, diese Allmacht (die hier bei Schelling vielleicht geglückter als in der theistischen Spekulation mit Freiheit und Vernunft umschrieben ist) in der Form der Eigenständigkeit und Schöpferkraft als unveränderlich zu erweisen; Schellings Vorstellung erklärt logisch stringenter die Denkmöglichkeit der Anwesenheit des Absoluten im Konkreten. Aber geht das nicht letztlich auf Kosten der tatsächlichen Souveränität Gottes? Und: Kann das Denken, die Denknotwendigkeit letztlich die Erfahrung, die Empirie so transzendieren, wie dies Schelling tat, um zum Wesen des Absoluten und zu der von ihm gewirkten Einheit aller Wirklichkeit vorzudringen?

Schelling ist von dieser Möglichkeit überzeugt; ja er überbietet sein bisheriges Denken noch in den Schriften zur Identitätsphilosophie (146), zu denen auch die aus dem Nachlaß veröffentlichten Vorlesungen zur "Philosophie der Kunst" (147) zu rechnen sind. Hier glaubt er den gesuchten Dreh- und Angelpunkt zur Erklärung aller Wirklichkeit aus dem Absoluten gefun-

---

146 S. o. Anm. 107-109.
147 F. W. J. SCHELLING, SW V, 355-736; s. a. ebd., 344-352. (Der Nachdruck der Wissenschaftlichen Buchgesellschaft vereinigte alle Texte in einem Band).

den zu haben. Er meint, damit nicht nur seine eigene Philosophie auf eine neue Stufe gehoben, sondern mit ihr erst jetzt die systematische Philosophie überhaupt gefunden zu haben; soll doch aus seinem neuen Entwurf alle Einzeleinsicht aus e i n e m Prinzip entfaltet und durch dieses eine Prinzip zusammengehalten sein (148). Schelling ist überzeugt, daß ihm mit seiner neuen Einsicht "das Licht in der Philosophie aufgegangen ist", wie er in einem Brief an K. A. Eschenmayer betont (149). Entsprechend groß ist sein Selbstbewußtsein; es ist auch nicht zu verkennen, daß er hier erstmals jenen agressiv-arroganten Ton anschlägt, der später für ihn kennzeichnend wird, wo er in Kontroversen größeren Ausmaßes verwickelt wird (150).

Um welches Prinzip handelt es sich? Inwiefern ist es eine neue Einsicht? Und welche Relevanz hat es für unser Thema: die Möglichkeit, Gott und Denken zu vereinbaren?

Die Grunddefinition

In der "Darlegung des wahren Verhältnisses der Naturphilosophie zu der verbesserten Fichteschen Lehre" (1806) (151) gibt Schelling den Hintergrund an, gegen den er sich abgrenzen will: "Der gegenwärtige Zweck erfordert nur zu erwähnen, daß das Urtheil in dieser Sache lediglich darauf beruhte, daß Hr. Fichte gelehrt und behauptet hatte: es sey eine Erkenntniß des An-sich oder Absoluten für den Menschen ewig unmöglich; wir können nur von unserm Wissen wissen, nur von diesem als dem unsrigen ausgehen, und ebenso nur in demselben verbleiben; die Natur sey eine leere Objektivität, bloße Sinnenwelt; sie bestehe allein in Affektionen unseres Ich, beruhe auf unbegreiflichen Schranken, in die sich dieses eingeschlossen fühlt, sie sey wesentlich vernunftlos, unheilig, ungöttlich; allenthalben endlich und durchaus todt; die Basis aller Realität, aller Erkenntniß sey die persönliche Freiheit des Menschen; das Göttliche könne nur geglaubt, nicht erkannt werden; auch dieser Glaube sey bloß moralischer Art, und so er mehr enthalte, als aus dem Moralbegriff gefolgert werden könne, sey er ungereimt, abgöttisch: die übrigen hieraus von selbst folgenden Sätze auszuzeichnen, können wir uns wohl überheben". Es geht

---

148 Vgl. bes. die "Vorerinnerungen" zur "Darstellung meines Systems der Philosophie" (1801): SW IV, 107-114.
149 Brief v. 30.7.1805: G. L. PLITT (Hrsg.), Aus Schellings Leben, a.a.O., II, 60.
150 Vgl. die o. g. Vorerinnerung (Anm. 148) auch in dieser Hinsicht. Zu der Entfremdung von FICHTE über die Ausbildung der Identitätsphilosophie s. R. LAUTH, Die Entstehung von Schellings Identitätsphilosophie ..., a.a.O., bes. 127-181; 183-204.
151 F.W.J. SCHELLING, SW VII, 1-126; hier 21, ohne Unterstreichung.

Schelling, kurz gesagt, darum, Gott und Wissen zusammenzubringen; es ist ihm zu wenig, wenn nach Fichte (und Jacobi, auf den er an anderer Stelle in diesem Zusammenhang verweist (152)) Gott nur im Glauben als einer bloß moralischen Erhebung zu erahnen ist. Er will seinem Denken das Absolute zugrundelegen und umgekehrt das Absolute im Denken zugänglich machen. Was bisher als das Grundprinzip des Idealismus galt - und der Idealismus war auch Sinn und Inbegriff von Schellings Naturphilosophie (153) -, das wird jetzt zentral. So stellt er in der Programmschrift der Identitätsphilosophie, der "Darstellung meines Systems der Philosophie" (154) eine Reihe von Thesen auf, die alle in einem konvergieren: das Absolute ist die absolute Vernunft. Im Einzelnen: "§ 1. Erklärung. Ich nenne Vernunft die absolute Vernunft, insofern sie als totale Indifferenz des Subjektiven und Objektiven gedacht wird". "§ 2. Außer der Vernunft ist nichts und in ihr ist alles". "§ 3. Die Vernunft ist schlechthin Eine und schlechthin sich selbst gleich"; erläuternd fügt er hinzu: "Die Vernunft ist ... Eine im absoluten Sinne". "§ 4. Das höchste Gesetz für das Seyn der Vernunft, und da außer der Vernunft nichts ist (§ 2), für alles Seyn (insofern es in der Vernunft begriffen ist) ist das Gesetz der Identität ...". Schließlich: "§ 7. Die einzige unbedingte Erkenntniß ist die der absoluten Identität" (155).

Was bisher immer anklang und was als "Manifestation des Absoluten" beschrieben wurde, wird hier präzis als in Vernunft bestehend deklariert: Außer der Vernunft ist nichts; alles, was ist, ist mit Vernunft letztlich absolut identisch; in den "Dingen" ist nur das zu sehen, "wodurch sie die absolute Vernunft ausdrücken". Schelling erläutert, wie man zu dieser Einsicht gelangt: Die Reflexion auf das, "was sich in der Philosophie zwischen Subjektives und Objektives stellt" (als das beiden Zugrundeliegende), muß auf etwas sich beiden gegenüber different Verhaltendes gehen. Der Indifferenzpunkt ist das beide Verbindende, Tragende. Dieses im Denken zu erreichen, heißt von Denken ausgehen; denn "Das Denken der Vernunft ist jedem anzumuthen", d. h. "die Funktion der Vernunft ist jedem klarzumachen", wie H. ZELTNER interpretiert (156). Um aber die Vernunft als absolut zu denken, muß - so fordert Schelling weiter - vom Denkenden abstrahiert werden. Durch diese Abstraktion hört die Vernunft auf, etwas Subjektives zu sein, das an endliche Vollzüge wie Vorstellungen gebunden bleibt. Sie ist aber damit nicht mehr als Objektives gedacht; denn dieses ist das Gegenüber zum Subjekt(iven). Dadurch ver-

---

152 A.a.O., XI, 371.
153 S. o. den Text zu Anm. 133.
154 A.a.O., IV, 105-212.
155 Ebd., 114; 115; 116; 117; sämtliche Zitate ohne Unterstreichung.
156 H. ZELTNER, Das Identitätssystem: H. M. BAUMGARTNER (Hrsg.), Schelling, a.a.O., 79. S. a. seine Gesamtinterpretation: ebd., 75-94.

liert die Vernunft alle Endlichkeit: "sie wird also durch jene Abstraktion zu dem wahren An-sich, welches eben in den Indifferenzpunkt des Subjektiven und Objektiven fällt" (157). Von Subjektivität und Objektivität abstrahieren, heißt alles Gegensätzliche, Gegenständliche transzendieren und dadurch Denken, Denkenden und Gedachtes vom übergeordneten Standpunkt des An-sich sehen, "wie sie an sich, d. h. wie sie in der Vernunft sind" - der Standpunkt der Vernunft ist der der Absolutheit.

Schelling macht hier eine Entdeckung, die ihm die Transzendentalphilosophie bis dahin nicht erfüllt hatte: Jede Rede vom Ich, auch vom absoluten Ich blieb in gewisser Weise im Rahmen jener Transzendentalität, die ihr Gegenüber im Objekt nicht letztlich übersteigen konnte. Schelling fühlte, was eben schon als offene Frage an ihn formuliert war: Kann das Denken letztlich von der Empirie loskommen? Ein denkendes Ich bleibt logisch immer gebunden an sein einschlußweise mitgesetztes Objekt. Die Vernunft ist also nicht absolut, wenn sie als Ich bestimmt wird. Deshalb ist vom Denkenden zu abstrahieren, ist das Denken als solches zu intendieren. Dann wird das, was Schelling bislang schon als Grund alles Seins erschienen war: die Vernunft, in letzter Ungebundenheit, d. h. in Absolutheit offenbar. Diese Einsicht, dieses "Licht", das ihm aufging, interpretiert Schelling rückschauend am Beginn seiner 16. Vorlesung über die "Philosophie der Mythologie" (seinem letzten Werk): "Wurde nun aber das Ich als absolutes Princip der gemeinschaftliche Mittelpunkt der äußern wie der innern, bis zu Gott fortgehenden Welt, so war damit auch der Grund aufgehoben, jenes absolute Princip noch Ich zu nennen...". Mit dem übergeordneten Ausdruck "absolute Vernunft" oder "Indifferenz des Subjektiven und Objektiven" konnte der entscheidende Sinn verbunden werden, "daß in Einem und demselben mit völlig gleicher Möglichkeit das Objekt (die äußere Welt des materiellen Seyns) und das Subjekt als solches (die innere, bis zum bleibenden Subjekt, zu Gott führende Welt) gesetzt und begriffen seyn" (158). "Subjekt" steht hier sowohl für das Subjektive als Gegenüber zum Objektiven im logischen Gedankenvollzug wie auch für die Geisthaftigkeit des Seins, die von der äußeren Welt des materiellen Seins unterschieden ist - Schelling nennt sie "Objekt". In dem beiden übergeordneten Ganzen können Subjekt und Objekt, bzw. das, wofür sie stehen, "mit gleicher Selbständigkeit einander gegenüberstehen"; d. h. beide Realitäten, die geistige Welt und die Natur, bleiben so bestehen, wie sie in der Zeit der Naturphilosophie beschrieben wurden. Jetzt werden sie nur quasi vom übergeordneten Standpunkt aus betrachtet. Und das heißt: sie sind ermöglicht, getragen von Vernunft; sie sind Ausdruck einer objektiven, übergeordneten Vernunft; sie sind selbst diese Vernunft. Denn "außer der Vernunft ist nichts" (159); sie ist das wahre An-sich der Identität; sie ist es letztlich, die das Denken

---

157 F. W. J. SCHELLING, SW IV, 115.
158 A. a. O., XI, 371.
159 A. a. O., IV, 115.

ermöglicht und vollzieht: Das höchste Gesetz für alles Sein ist die Identität der Vernunft (§ 4); die einzige unbedingte Erkenntnis ist die der absoluten Identität (§ 7). Alles Werden, alles Gegenüber in der Differenzierung ist zusammengehalten und überhöht in der Identität.

Die Identität der absoluten Vernunft ist der Inbegriff von allem Sein; sie ist das Absolute, und zwar das aller Subjektivität und Personalität entkleidete sachliche Absolute. Das ist All-Einheitsphilosophie im strengsten Sinn. Schelling rekurriert denn auch nicht zufällig oder gelegentlich auf Spinoza, sondern erklärt ausdrücklich, daß er sich für diesen Höhepunkt in seiner Philosophie (und in der Philosophiegeschichte überhaupt) den Spinoza "zum Muster genommen" habe (160). Sogar die literarische Form seiner ersten "Darstellung" ist der "Ethik" Spinozas nachgemacht: Die Thesen werden nicht fortlaufend dargestellt, sondern wie dort in systematischer Folge von Definitionen, Axiomen, Lehrsätzen und Beweisen auch gleichsam more geometrico bewiesen. Zeltner (161) bemerkt dazu: "Wie einst Spinoza, so will nunmehr auch Schelling sub specie aeternitatis philosophieren". Er fährt mit Recht fort: Nicht das Sein in der Begrifflichkeit der Substanz steht jedoch im Zentrum, sondern das als Reflexivität charakterisierte, aber alle konkrete und aktuelle Reflexion und alle Reflexionssubjekte und -objekte transzendierende Absolute.

Das wirft naturgemäß einige Fragen auf: Wie bestimmt sich das Absolute, insbesondere in seinem Verhältnis zum Nichtabsoluten? Wie real hat man die Dinge, die Welt zu nehmen? Wie realisiert sich deren Erkenntnis?

Einzelthemen

Das Absolute, die absolute Vernunft ist zugleich Gegenstand der Philosophie (wobei Philosophie bei Schelling immer die höchste und damit die einzig der Annäherung an das Absolute angemessene Form von Erkenntnis ist) und deren Organ. Das Absolute ist das Erkennen in sich, das mit dem Erkennen absolut identisch Erkannte. Der Kantische Standpunkt der transzendentalen Apperzeption ebenso wie der Fichtesche Idealismus sind überstiegen: Der Absolutheitscharakter der Vernunft liegt darin begründet, daß nichts außerhalb der Vernunft Gegenstand ihrer Erkenntnis werden kann (§ 7). Philosophie ist Selbsterkenntnis des Absoluten; sie ist die "Form seines Seins"; es liegt im Wesen der absoluten Vernunft, daß Sein und Erkennen unauflöslich eins sind in absoluter Einheit und "Sichselbstgleichheit", d. h. als Identität (was ja Selbstgleichheit bedeutet).

Das hat Konsequenzen: 1. Das Absolute ist nicht mehr der letztlich unerreichbare, nur in Unendlichkeit sittlich-frei anzustrebende Zielpunkt aller Erkenntnis, sondern deren vorgegebene Mitte und Ermög-

---

160 Ebd., 113 par. XI, 372 u. ö.
161 A. a. O., 80.

l i c h u n g. Philosophie ist Wissenschaft vom Absoluten in dem Sinn, daß das Denken in seinem konkreten Vollzug so absolut werden soll, wie es im Grunde von einer Ermöglichung her (und auf dem von Schelling bereits erreichten Standpunkt) schon ist.

2. Der in der Naturphilosophie in immer neuen Ansätzen beschriebene "Weltprozeß" in der sukzessiv ablaufenden Doppelgestalt von Naturprozeß und Geistgeschichte ist bereits am Ziel angekommen, ist das bereits immer reale Absolute; es ist - wie Zeltner (162) sagt - "die erfüllte Gegenwart des Absoluten". Galt früher das "Naturgesetz" der prozessualen und geschichtlichen Entwicklung, in der das Absolute offenbar wurde, so ist hier anscheinend ein Punkt als erreicht angesehen, auf dem das Absolute unmittelbar sich selbst als manifest gegenwärtig ist; jede Sukzession, alle Geschichte ist immer schon erfüllt. In der Identitätsphilosophie ist das Denken Gottes als das Denken des Einen und Ganzen schon erfüllt. Der Standpunkt aller Empirie ist überwunden.

3. Das Verhältnis des Absoluten zum Nichtabsoluten bestimmt sich auf dem Standpunkt des absoluten An-sich eindeutig: "Die absolute Identität kann als Identität nie aufgehoben werden. Denn es gehört zu ihrem Wesen zu seyn..." (§ 11); "Alles, was ist, ist die absolute Identität selbst. Denn sie ist unendlich, und sie kann als absolute Identität nie aufgehoben werden (§ 10, 11), also muß alles, was ist, die absolute Identität selbst seyn". Die Folgen: "Alles, was ist, ist an sich Eines" und "Nichts ist dem Seyn an sich nach entstanden (§ 13) oder umgekehrt gesagt: "Nichts ist an sich betrachtet endlich" (§ 14). Vom Standpunkt der Vernunft aus gibt es keine Endlichkeit; denn alles ist Sein und als solches in der Identität mit sich selbst. "... die Dinge als endlich betrachten (ist) so viel ... als die Dinge nicht betrachten, wie sie an sich sind"; etwas als endliche Dinge betrachten heißt, sie nicht vom Standpunkt der Vernunft aus betrachten (163).

4. Hier ist der Standpunkt des Idealismus verabsolutiert. Kant hatte am "Ding an sich" kein Interesse, weil es nur in der Affizierung meiner Sinne als "Ding für mich" erkennbar wird; Fichte hatte die Dinge als vom Ich des Bewußtseins gesetzt angenommen. Bei Schelling schließlich heißt es: Das An-sich der Dinge ist nicht ihr Sein für sich, sondern ihr Sein in Vernunft. Die Wirklichkeit ist konstituiert durch die Vernunft; alles Sein ist Sein der Vernunft in der Form der Identität mit der Vernunft (bei Schelling in der Grundform A=A und in den abgeleiteten Formen A=B und der Form der Linie u. a. ausgedrückt (164)). Die Wirklichkeit ist letztlich Vernunft, ist deren Universalität und Totalität; Wirklichkeit als Ganzes ist Erkenntnis und ist durch Erkenntnis - also nicht als Einzelerkenntnis, sondern als Universalvernunft. Ein an-sich-Sein der Dinge ist unvernünftig.

---

162 Ebd., 81.
163 F.W.J. SCHELLING, SW IV, 119.
164 Vgl. Schellings Ausführungen: Ebd., 117; 118; 120 f.; 134-212.

5. Gibt es demnach keine Einzeldinge, kein Sein außer dem Absoluten=Göttlichen? Die traditionellen Erkenntnistheorien waren von Endlichkeit, von Verschiedenheit in der Form, aber Einheit im Sein und Anteilhaben am Sein Gottes in der Form der Geschöpflichkeit ausgegangen. Schelling bestätigt die Richtigkeit dieses relativen, empirischen Ausgangspunktes, fordert aber die Überwindung der Relativität aller Empirie durch den Indifferenzpunkt zwischen Subjekt und Objekt. Gibt es diesen, jedenfalls in der konkreten menschlichen Erkenntnis? Oder vergewaltigt Schelling diese, indem er sich vorschnell und unbefugt auf den Erkenntnisstandpunkt Gottes stellt und so alles als in Gott seiend annimmt? Hegel jedenfalls, in der Intention mit Schelling einig und zutiefst von ihm beeinflußt, kann sich über die Unmittelbarkeit dieses Absolutheitsstandpunktes den Spott nicht versagen: Es ist ihm "Eintönigkeit und die abstrakte Allgemeinheit des Absoluten"; es hieße "der Unwirklichkeit allen Wert" zuschreiben, "die Auflösung des Unterschiedenen und Bestimmten, oder vielmehr das weiter nicht entwickelte noch an ihm selbst sich rechtfertigende Hinunterwerfen desselben in den Abgrund des Leeren für spekulative Betrachtungsart gelten" lassen. Von etwas als von etwas sprechen und sagen, im Absoluten A=A gebe es dieses Etwas nicht, darin sei alles eins: "Dies Eine Wissen, daß im Absoluten Alles gleich ist, der unterscheidenden und erfüllten oder Erfüllung suchenden und fordernden Erkenntnis entgegenzusetzen, - oder sein Absolutes für die Nacht auszugeben, worin, wie man zu sagen pflegt, alle Kühe schwarz sind, ist die Naivität der Leere an Erkenntnis" (165). - Hegel selbst entwickelt deshalb seine an Erfahrung und geschichtlichem Fortgang orientierte Realdialektik, die sich vom Gefühl des Einsseins von Erkennendem und Erkanntem über Anschauung und Vorstellung bis zum Begriff aufschwingt und dabei der Empirie und der Endlichkeit der Erkenntnis ihr Recht und ihren Stellenwert beläßt, die aber im Begriff erkennt, daß das Erkennen Anteilhaben an der absoluten Vernunft ist.

Schelling hingegen ist von Hegels ironischer Kritik so tief getroffen, daß er die Freundschaft für immer aufkündigt und noch im späten Alter Hegels Geistphilosophie "monströs" nennt und in Berlin antritt, um dessen "Drachensaat" zu vernichten (166). Er will seine Identitätsphilosophie nicht nur logisch auf den Begriff bringen, sondern real das Absolute in sich erkennen durch die Überwindung der Empirie im Sinn des Hintersichlassens der unwichtigen empirischen Erkenntnisstufen und des Sicheinstellens auf das Wesentliche = Absolute. Das Empirische ist das Nebensächliche, Zufällige, Uneigentliche; für Schelling fallen darunter jetzt auch die Qualifikationen der Kantischen Kategorien, wie z.B. das Kausalitätsproblem: Kausalität ist Fremdbestimmtheit, nicht Bestimmung einer Sache als sie selbst. Die Abstraktion von den Formen der Endlichkeit wäre aber in der von Schelling geforderten Unmittelbarkeit nicht möglich; sie wäre

---

165 G. F. W. HEGEL, Phänomenologie des Geistes (1807), hrsg. v.
    J. HOFFMEISTER, Hamburg [6]1952, 18 f.
166 T. K. OESTERREICH, a. a. O., 37; 40.

ein Erkenntnisweg, sei es im Sinne Kants oder Fichtes (bei Hegel ist es ja nicht Abstraktion, sondern Konkretion). Es muß sich zu ihr hinzu eine unmittelbare **Intuition** einstellen: Hier, in der Phase der Identitätsphilosophie, gewinnt seine Bezeichnung für diese Intuition: die **intellektuale Anschauung** unmittelbar systembildende Kraft, wird zum Grundvorgang philosophischer Erkenntnis. Dabei ist die intellektuale Anschauung der Vorgang, in welchem man sich auf den Standpunkt der absoluten Identität versetzt. Das geschieht in einem Denken, "das nicht mehr **mein** Denken ist, sondern das der absoluten Identität selbst"; es ist die schon zitierte "Entpersönlichung" (167). Intellektuale Anschauung als Loslassen der endlichen Person und Absolut-Werden ist identisch mit Philosophie; Philosophie ist die Weise der Selbsterkenntnis des Absoluten, wie oben (168) beschrieben. - Ist sie darum der Erkenntnis der realen Welt nunmehr enthoben, während die Naturphilosophie darin ihre vornehmliche Aufgabe sah? Das allerdings hieße Schelling mißverstehen.

Für Schelling ist die absolute Identität keine Indifferenz im Sinn von Ununterscheidbarkeit. Denken und Sein sind identisch; sie machen in ihrem Zusammensein die Absolutheit aus. Insofern können sie nicht geschieden gedacht werden; wohl aber sind sie auch im Absoluten unterscheidbar. Das Sein - das Absolute - ist ja wesentlich Vernunft und daher reflexiv. Die absolute Identität - das Absolute, das Sein - hat daher seine Existenz nicht in Indifferenz absoluter Art, sondern in der **Form** der Identität; genauer: sie "ist nur unter der Form einer Identität der Identität" (169). Die Grundformel dieser absoluten Identität: A=A drückt dies aus: Das erste A ist die Form des Subjekts; das zweite als Teil des Prädikats Form des anderen, des Objekts. Das zeigt das Existieren des Absoluten in der Form (wenn auch der Form der Selbstidentität) an; es verweist darauf, daß das Absolute nicht unbewegt, sondern dynamisch ist.

Daraus folgt auch für Schelling nicht die differenzlose Nacht der Ununterscheidbarkeit; das damit umschriebene absolute Wissen erklärt daher die Einzelerkenntnis nicht für irrelevant - diesem Anliegen des Übergangs vom Unendlichen zum Endlichen als eines realen und eines Weges rechter Erkenntnis galt ja Schellings Bemühen bis dahin vornehmlich. Welchen Stellenwert hat die Frage jetzt im Identitätssystem?

Schelling problematisiert die Frage anhand der Begriffe Differenz - Indifferenz und Qualität - Quantität. Alles, was ist, existiert notwendig als Eines, als Absolutes in Identität und Totalität; es ist m. a. W. von der absolut gleichen **Qualität** des absoluten Vernunftseins; es ist alles **qualitativ indifferent**. Andererseits existiert "die absolute Identität, sofern sie **ist** (d. h. weil sie existiert, d. Vf.) als die **quantitative**

---

167 H. ZELTNER, a. a. O., 84.
168 S. o. Anm. 163.
169 F. W. J. SCHELLING, SW IV, 121.

201

Indifferenz der Subjektivität und Objektivität"; d. h. sie hat die Unterscheidung, die Differenz überstiegen; genauer: das Denken hat die Differenz überstiegen und ihr So-sein als Indifferenz erfaßt. Das aber ist nur möglich, weil vorher die Vielheit erkannt worden ist. Die quantitative Indifferenz ist nur ersichtlich, "wenn die quantitative Differenz in Ansehung des einzelnen Dings wirklich stattfindet" (170). Nun läßt sich erst die formhafte Existenz des Absoluten und daraus die des Einzelnen erläutern: Die höhere Form der Existenz des Absoluten, die Indifferenz des Erkennens und Seins, ist die Grundform der Existenz des Absoluten. Die zweite Form ist die der über Unterscheidungen erhobenen Indifferenz von Subjekt und Objekt (die Form der Subjekt-Objektivität). Eine Differenz dieser beiden Formen und damit letztlich das Sein des Absoluten in überwundener Differenz auszumachen, ist überhaupt nur möglich "in Ansehung dessen, was von dem Absoluten abgesondert wird, und insofern es abgesondert wird". M. a. W. in der Einzelwahrnehmung und im Überstieg über die Einzelwahrnehmung ist erst letztlich die intellektuale Anschauung des Absoluten möglich.

Dieser Überstieg ermöglicht nicht nur die Erkenntnis des Absoluten in der beschriebenen Form; er ist zugleich notwendig (ähnlich dem "Bedürfnis" der Natur, zum Absoluten und Einen aufzusteigen). Denn es gibt kein einzelnes Sein oder Ding an sich (171); "... die Dinge oder Erscheinungen, welche uns als verschieden erscheinen, sind nicht wahrhaft verschieden, sondern realiter Eins ..." (172). Unmittelbar mit dem Einzelnen wird das Ganze mitgesetzt; das Einzelne erscheint in der Totalität, es ist letztlich identisch mit dem Unendlichen. Schelling folgert: "Das Absolute ist also als Absolutes nur dadurch gesetzt, daß es im Einzelnen zwar mit quantitativer Differenz, im Ganzen aber mit Indifferenz gesetzt wird" (173). Für die Einzelerkenntnis gilt - in Worten H. Zeltners (174): "Einzelerkenntnis vollzieht sich also nach dieser Theorie mit Notwendigkeit nicht nur immer in einem größeren Zusammenhang, sondern im idealistisch verstandenen Totalzusammenhang der absoluten Identität". Zeltner sieht darin die Umkehrung der Forderung, sich über die Kategorien der Endlichkeit zu erheben; es ist, richtiger gesagt, die notwendig sich realisierende Gegenbewegung gegen die endliche Einsicht und die Tendenz, sich mit ihr zu begnügen.

Es gibt also Einzeldinge ebenso wie Einzelerkenntnis; es gibt sie aber nur in der Totalität des Unterschiedenseins vom Ganzen, zu dem sie gehören. Was das heißt oder heißen kann, muß noch bedacht werden. Schelling jedenfalls faßt diese Seinsweisen in Ordnungsbegriffe, die er schon in der Natur-

---

170 Ebd., 126 (§§ 29; 30).
171 Ebd., 125 f.
172 Ebd., 127.
173 Ebd., 126 f. Anm., Satz 5.
174 H. ZELTNER, a. a. O., 87.

philosophie verwandte: Die Seinsweisen sind P o t e n z e n. Hier bedeutet dies: Sie sind bestimmte Formen des Seins der absoluten Identität entsprechend der jeweiligen quantitativen Differenz von Subjektivität und Objektivität. In den Einzeldingen ist die absolute Identität in "relativer Totalität" anwesend, d.h. das Ganze ist präsent in bestimmten Modi des Seins. Diese Seinsweisen sind das ganze Sein in Potenzen, in Formen, die das Ganze auf ihre Art, also je nach ihrer Möglichkeit enthalten; in H. Z e l t n e r s Interpretation: "Potenziert wird immer die absolute Identität selbst (sc. die dabei immer unverändert bleibt) als Einheit von Subjektivität und Objektivität, und zwar durch das Übergewicht des einen oder anderen Faktors" (175). Weil die Identität bleibt, existiert jede Potenz nur als Glied im Ganzen aller Potenzen, die immer zugleich sind und nur in ihrer Gesamtheit Ausdruck der absoluten Identität sind; als einzelne repräsentieren sie die relative Totalität des Seins. Als dieser Ausdruck des Absoluten sind alle Potenzen selbst wieder die Ordnung des Universums, das alle Erscheinungen umgreift, oder das Absolute selbst (176).

Schelling entwickelt aus dieser Potenzenlehre seine Ordnung des Universums, die - analog den Entwürfen der Naturphilosophie - nun mehr die Ordnung der Natur sub specie aeternitatis der absoluten Identität erklären will. Z e l t n e r umschreibt dies so: "Die in Stufen geordnete Mannigfaltigkeit der Natur ist damit gedacht als verbunden durch das Wirken von Kräften, die ihrerseits in einem von Gegensätzlichkeit und Komplementarität zugleich bestimmten Systemzusammenhang stehen. Sie wirken immer gemeinsam, wobei das Vorwiegen jeweils einer gegenüber den anderen die Vorbedingung ist für das Entstehen - und Bestehen - der verschiedenen innerhalb der Natur begegnenden Grundphänomene (Materie, das primum existens - Licht - Bewegung - Leben - Organismus u.s.w.). Analoge Schemata hat Schelling dann auch für den Bereich des Geistigen - im weitesten Sinne - wenigstens andeutungsweise aufgestellt" (177).

Das Absolute in der Kunst

Die Frage nach der Erscheinung des Absoluten in den Weltdingen mußte für Schelling gerade in Jena - im Kontakt mit den B r ü d e r n S c h l e g e l und dem R o m a n t i k e r k r e i s sowie mit G o e t h e und S c h i l l e r - auf die K u n s t verweisen. Diese war für Goethe Ausdruck des Göttlichen; seit Schillters ästhetischen Briefen galt sie als konstitutiv für Sittlichkeit

---

175 Ebd., 88.
176 F.W.J. SCHELLING, SW IV, 129-132 (§§ 32-39); 133-136 (§§ 40 bis 44); s.a. H. ZELTNER, a.a.O., 87-89; von 89 das folgende Zitat.
177 H. Zeltner verweist auf F.W.J. SCHELLING, SW IV, 412-423 und VII, 184 Anm.

und für das politisch-soziale Leben (178). Seit dem "System des transzendentalen Idealismus" hat auch S c h e l l i n g sie gedeutet; ihm galt sie vornehmlich als Ausdruck der notwendigen Harmonie des Bewußten und Unbewußten: Was in der Erscheinung der Freiheit und in der Natur getrennt scheint - die Identität des Geistigen, die in Natur und Freiheit unterschiedlich real ist -, das faßt das Kunstwerk zusammen. Im Kunstwerk wird das Unendliche, das diese Identität ausmacht, endlich dargestellt. So erscheint das Unendliche, Absolute als Schönheit. Kunst ist letztlich die höchste Vereinigung von Freiheit und Notwendigkeit im geschichtlichen Bereich (179).

Schelling trägt in der Folgezeit seine Kunstphilosophie auch in Vorlesungen in Jena (Wintersemester 1802/3) und Würzburg (Wintersemester 1804/5) vor; hier richtet er ganz offensichtlich seine Theorie nach den Prinzipien der Identitätsphilosophie aus; die Kunstvorlesung wird ihm zu einer günstigen Gelegenheit, das Identitätssystem vorzustellen.

Kunst als Darstellung des Absoluten im Besonderen

So beginnen denn auch die Paragraphen 1 - 10, die der Kunst ihren Ort im Ganzen der Welt zuweisen wollen, mit einer Bestimmung des Absoluten und der Zuordnung der realen Welt, wie es die "Darstellung" tut. Schelling bemerkt in der Einleitung dazu: "Für diejenigen, die mein System der Philosophie kennen, wird die Philosophie der Kunst nur die Wiederholung desselben in der höchsten Potenz seyn ..." (180). Eine vorläufige Bestimmung der Kunst lautet: Sie stellt die Ideale im Realen dar, während die Philosophie "das Reale, welches in der Kunst ist, im Idealen darzustellen" hat. Da nun die Philosophie der Kunst Philosophie, also höchste Wissenschaft und letztlich Wissenschaft des Absoluten im gleichen Sinn sein soll, wie das Absolute um sich selbst weiß, so kann Kunst als Apposition zu Philosophie nur ein bestimmtes Verhältnis dieses Absoluten ausdrücken: "Es ist nur Eine Philosophie und Eine Wissenschaft der Philosophie; und was man verschiedene philosophische Wissenschaften nennt, ist entweder etwas ganz Schiefes, oder es sind nur Darstellungen des Einen und ungeteilten Ganzen der Philosophie in verschiedenen P o t e n z e n oder unter verschiedenen ideellen Bestimmungen". Die Philosophie als "getreues Bild des Universums" tritt in ihrer Gesamtheit nur in der Totalität aller Potenzen hervor. Das Universum, d. h. die Potenzen in ihrer Totalität, ist (sind) Gott von Seiten der Totalität aufgefaßt; anders ausgedrückt: "Gott ist das Universum von der Seite der Identität betrachtet, es ist

---

178 Vgl. W. E. EHRHARDT, F. W. J. Schelling. Die Wirklichkeit der Freiheit: Grundprobleme der großen Philosophen, Philosophie der Neuzeit II, Göttingen 1976, 122 (- 125).
179 Vgl. F. W. J. SCHELLING, SW III, 612-629.
180 A. a. O., V, 363.

Alles, weil er das allein Reale, außer ihm also nichts ist ..." (181).

Man kann nun aus der Totalität aller Wirklichkeit, aus dem Universum, die einzelne Potenz herausstellen und gesondert betrachten. Sie verweisen letztlich als Einzelheiten, als Einzelerkenntnis oder Erkenntnis des Einzelnen, auf das in ihnen dargestellte Absolute, wie dies oben schon entwickelt wurde. Die Philosophie der Natur, der Geschichte, der Kunst sind also die Konkretion von Schellings Potenzenlehre, die das Absolute oder All in bestimmten Seinsweisen darstellen. Damit knüpft die Philosophie der Kunst vollinhaltlich an die Grundthemen der Identitätsphilosophie an; die Kunst hat als ihr Urbild das Absolute. Das Absolute zeigt sich in seiner Potenz Kunst in der Form der Schönheit, während es sich in der Philosophie umfassend als Wahrheit zeigt. In der Philosophie der Kunst gilt es daher zu zeigen, "daß Wahrheit und Schönheit nur zwei verschiedene Betrachtungsweisen des Einen Absoluten sind" (182). Doch wird hier auch darzutun sein, wie sich das untergeordnete Schöne in der Form der Vereinzelung zum übergeordneten Wahren als dessen Potenz (Teil) verhält. Am Rande sei bemerkt, daß hier wieder das scholastische Universalienproblem anklingt.

Die Grundgedanken lauten hier wie in der "Darstellung": "Das Absolute ... ist dasjenige, in Ansehung dessen das Seyn oder die Realität unmittelbar, d.h. kraft des bloßen Gesetzes der Identität aus der Idee folgt ...", anders gesagt: "Gott ist die unmittelbare Affirmation von sich selbst"; "Gott ist unmittelbar kraft seiner Idee absolutes All"; er ist die Totalität; er ist schlechthin ewig. Eine Redeweise ist neu: Das Absolute, die Identität, das Universum wird hier - anders als in den vorhergehenden Schriften - als Gott bezeichnet; dadurch ist der Anklang an das theistische Gottesverständnis groß. Ob er auch dasselbe meint, muß sich zeigen. Ein erster Anlaß ist die Bestimmung von Ewigkeit: Die Dauer wird bestimmt als fortgesetzes Setzen des Allgemeinen in sein Konkretes. Beim Ding ist das Konkrete Beschränkung; so kann das endliche Sein nicht alles auf einmal sein, was es seinem Wesen oder Allgemeinen nach sein könnte. Im Absoluten ist diese Beschränkung undenkbar; hier ist das Besondere (= die Form) dem Allgemeinen (= Wesen) absolut gleich. "... so ist alles, was es seyn kann, auch wirklich und auf einmal ohne Dazwischentreten der Zeit, es ist also ohne alle Zeit, an sich ewig". Das Universum ist ewig; die Zeit kann es nicht affizieren; so hat "das an sich Ewige selbst mitten in der Zeit kein Verhältniß zu der Zeit ...". Wo diese Identität nicht ist, wo das Sein nicht der Idee gleich ist, da ist nicht das wahre Sein, sondern Privation. Privation ist fehlende Identität des Realen gegenüber der Idee; hier ist dann die erscheinende Welt (183).

---

181 Vgl. ebd., 364 f.; 366 par. 373-377.
182 Ebd., 370.
183 Vgl. ebd., 373-377.

Während das Absolute als Identität "weder bewußt noch bewußtlos, weder frei noch unfrei oder nothwendig" ist, d. h. von Affektionen frei ist - was seine Unendlichkeit und Identität ausmacht -, ist die Einbildung seiner unendlichen Idealität in die Realität als solche - in der Unterscheidung vom Idealen - die ewige Natur. Diese Natur ist keine vollkommene Offenbarung Gottes mehr; denn selbst in der höchsten Form des Organismus ist Natur unbewußte Potenz. "Vollkommene Offenbarung Gottes ist nur da, wo in der abgebildeten Welt selbst die einzelnen Formen sich in absolute Identität auflösen, welches in der Vernunft geschieht. Die Vernunft also ist im All selbst das vollkommene Gegenbild Gottes". Die Vernunft kann sich selbst in Totalität und absolute Einheit der Formen rückversetzen; sie löst alle besonderen Formen auf und ist darum in das All oder Gott "verklärt".

Hier trifft Schelling sehr diffizile Unterscheidungen, die für die theologische Beurteilung seines Systems von großem Belang sind - geht es doch letztlich um die Frage, ob Schelling Natur, Kunst, Vernunft mit Gott identifiziert und so wie Spinoza einen Pan(en)theismus vertritt, der in Jacobis Augen die Konsequenz des logisch stringenten Denkens ist. Schelling im Einzelnen: Gottes Sein ist das seiner Idee; die Idealität - Schelling nennt diese auch "das unendlich Affirmierende" = sich selbst Denkende - begreift alle Realität, alles Sein in der Form in sich. So ist Gott wesentlich das ideale All. Die Einbildung in die Realität ist seine Offenbarung; sie wird im Denken von der menschlichen Vernunft erfaßt. Nun ist aber die Vernunft einerseits "das Auflösende aller besonderen Formen, wie es das All oder Gott ist". Andererseits ist sie im Realen, in der begrenzten Erkenntnis am Werk; sie gehört als Anteil am Göttlichen somit weder der realen noch der idealen Welt ausschließlich an. Sie vermag daher nicht das Absolute selbst zu werden; sie ist vielmehr Potenz desselben in der die ideale Seite das Übergewicht über das Reale (die Materie) hat. Insofern konstituiert Vernunft das ideale All, während Natur Konstitution des realen All war; sie ist die höhere Potenz (die dritte nach Materie und Licht). Als Potenz vermag sich die menschliche Vernunft nicht zur absoluten Identität von ideal und real, sondern nur zur Indifferenz zu erheben.

Im "idealen All", in dem, was die Vernunft schafft, sind die reale Einheit, die ideale und die Indifferenz (nicht die Identität) begriffen; diese Einheiten sind Potenzen Gottes. Die erste Potenz = die ideale Einheit ist das Übergewicht des Idealen oder das Wissen; die zweite Potenz ist das Handeln als die objektive oder reale Seite. Beide sind im "idealen All" zur dritten Potenz oder in der Indifferenz beider vereint. Wissen und Handeln in ihrer Indifferenz, in ihrer gleichsam höheren Verbindung sind für Schelling das Wesen der Kunst (in der Natur bestimmt er diese dritte Potenz oder Indifferenz aus ideal und real, aus Licht und Materie als Organismus, der daher zweckgerichtet, aber unbewußt ist - Kunst ist bei der Dominanz des Idealen bewußt zweckmäßig, vernünftig). In Schellings Worten: "... die Kunst ist an sich weder ein bloßes Handeln noch ein bloßes

Wissen, sondern sie ist ein ganz von Wissenschaft durchdrungenes Handeln, oder umgekehrt ein ganz zum Handeln gewordenes Wissen, d. h. sie ist Indifferenz beider" (184).

Wie ist das Verhältnis der Kunst zur Philosophie? Die Philosophie ist (und bleibt) ihrer Bestimmung nach der vollkommene Ausdruck der Identität des Realen und Idealen; sie ist "in der erscheinenden idealen Welt ebenso das Auflösende aller Besonderungen (sc. aller Potenzen, der Vf.), wie es Gott in der urbildlichen Welt ist"; die Philosophie ist "göttliche Wissenschaft", vollkommener Ausdruck des Göttlichen. Die "Philosophie ist nur die ihrer selbst bewußte oder sich selbst bewußt werdende Vernunft, die Vernunft dagegen ist der Stoff oder der objektive Typus aller Philosophie". In der Philosophie, so kann man interpretieren, ist die Vernunft in ihrer Dynamik das Absolutwerden in Identität - sie ist so "die unmittelbare Darstellung des Göttlichen". In der Kunst ist wegen der Stofflichkeit des Handelns nicht dieses absolute Identischsetzen, sondern die bleibende Beschränkung; sie ist nur "ein ganz von Wissenschaft durchdrungenes Handeln". Schelling nennt das Aufheben der Differenz in Indifferenz, aber nicht letztlich denkenden Überstieg über alle Form, also nicht Identität. Identität aber ist Urbild; Indifferenz ist "Gegenbildlichkeit". Die Philosophie stellt das Urbild Gott dar; die Kunst ist die Einbildung Gottes in die objektive Realität, sie ist Abbildung Gottes in der Endlichkeit. Die Kunst ist dabei der Philosophie am nächsten, was den Grad der Perfektion des Seins darstellt; denn dieser ist um so höher, je mehr sich eine Realität der absoluten Idee annähert. Die Kunst ist daher die höchstmögliche "Gegenbildlichkeit" Gottes in der Welt. Die Philosophie ist der Überstieg über die Welt, das Identischsein mit der absoluten Idee (185).

Den drei Potenzen der idealen Welt (Wissen, Handeln und deren Verbindung), aber auch der Parallelstruktur der realen Welt (Licht, Materie, Organismus) entsprechen die Idee der Wahrheit (Wissen - Licht), der Güte (Handeln - Materie) und der Schönheit. Die Schönheit ist überall dort, wo Licht und Materie, Wissen und Handeln, also Ideales und Reales sich berühren. Wo das Besondere, das Reale, seinem Begriff (dem Idealen) so angemessen ist, "daß dieser selbst, als Unendliches, eintritt in das Endliche und in concreto angeschaut wird", da spricht man von Schönheit. Schelling fährt fort: "Hierdurch wird das Reale, in dem er (der Begriff) erscheint, dem Urbild, der Idee wahrhaft ähnlich und gleich, wo eben dieses Allgemeine und Besondere in absoluter Identität ist. Das Rationale wird als Rationales zugleich ein Erscheinendes, Sinnliches" (186). - Sehen wir einmal ab von der ungeklärten Bestimmung der Ideen: Einerseits gehören sie "als Göttliches" weder der realen noch der idealen Welt an; andererseits sind sie nicht Gott; denn er schwebt als das Gemeinsame über aller Wahrheit, Güte und Schönheit - die Ideen sind also ge-

---

184 Ebd., 380 f. Zum Ganzen: ebd., 377-381.
185 Ebd., 380 f.
186 Ebd., 382.

wissermaßen die ideale Seite der Potenzen, der Realisierung des Allgemeinen im Besonderen. Wichtiger ist jedoch die jeweilige Verhältnisbestimmung, die Schelling aus der beschriebenen Zuordnung ableitet. So ist die **Philosophie** Wissenschaft im höheren Sinne: Der Charakter der Wissenschaft, deren Höchstes die Wahrheit ist, wäre für Philosophie zu formell (187); in der Philosophie als höherer Wissenschaft durchdringen sich Wahrheit, Güte und Schönheit, also Wissenschaft, Tugend und Kunst. Dadurch überbietet Philosophie auch etwa die Mathematik, die ohne sittliche Forderung auskommt; Philosophie hingegen fordert Charakter; ebenso "ist ohne alle Kunst und Erkenntniß der Schönheit Philosophie undenkbar".

Doch mehr noch: Der Wahrheit entspricht Notwendigkeit, der Güte Freiheit. Entsprechend der Erklärung, Schönheit = Kunst sei die Ineinsbildung von Realem und Idealem im Abbild des Göttlichen, läßt sich weiterfolgern: "Schönheit ist Indifferenz der Freiheit und der Notwendigkeit, in einem Realen angeschaut. Wir nennen z.B. schön eine Gestalt, in deren Entwurf die Natur mit der größten Freiheit und der erhabensten Besonnenheit, jedoch immer in den Formen, den Grenzen der strengsten Notwendigkeit und Gesetzmäßigkeit gespielt zu haben scheint. Schön ist ein Gedicht, in welchem die höchste Freiheit sich selbst wieder in der Notwendigkeit faßt. Kunst (ist) demnach eine absolute Synthese oder Wechseldurchdringung der Freiheit und der Nothwendigkeit" (188). - Es sei hier kurz vermerkt, daß Schelling mit dieser sinnvollen Zuordnung von Wahrheit, Sittlichkeit und Schönheit ebenso wie mit seiner Harmonie von Notwendigkeit und Freiheit über den Status hinaus ist, den **Jacobi** besonders am **Fichte**schen Idealismus kritisiert, daß nämlich Denken Notwendigkeit einschließt, Notwendigkeit aber weltimmanent bleibt und so den Überstieg zu Gott hindert. **Jacobi** konstatiert einen Gegensatz von Notwendigkeit und Freiheit; **Schelling** überwindet diesen Standpunkt als vorläufig in der Harmonie beider.

Die Kunst reicht daher weiter als die Natur. Sie ist die Harmonie von Freiheit und Notwendigkeit, nachdem die Trennung beider schon bewußt geworden ist - im Organismus der Natur ist dies noch nicht bewußt (§§ 17. 18). Kunst ist daher auch Harmonie der unbewußten und der bewußten Tätigkeit. Sie ist nach dem Bewußtwerden der Vernunft die **höhere Offenbarung Gottes**. So läßt sich schließlich durch Schönheit als die Indifferenz (Harmonie) des Realen und Idealen im realen oder idealen All (in Natur und Kunstwerk) auf die dahinterstehende urbildliche oder absolute Schönheit schließen: Das Universum, "wie es in Gott ist", ist absolutes Kunstwerk, "in welchem unendliche Absicht mit unendlicher Nothwendigkeit sich durchdringt" (189). Damit ist die Kunst "dargetan als

---

187 Vgl. die Fragestellung zu Anm. 182.
188 Ebd., 383.
189 Ebd., 385.

die reale Darstellung der Formen der Dinge, wie sie an sich sind - der Formen der Urbilder also". Gott ist also selbst die unmittelbare Ursache und letzte Möglichkeit (Ermöglichung) aller Kunst, der Quell aller Schönheit. Gott als Urbild wird im Gegenbild zur Schönheit. "Durch die Kunst wird die göttliche Schöpfung objektiv dargestellt, denn diese beruht auf derselben Einbildung der unendlichen Idealität in Reale, auf welcher auch jene beruht ... Sie (sc. die Kraft der "Einbildung") ist die Kraft, wodurch ein Ideales zugleich auch ein Reales, die Seele Leib ist, die Kraft der Individuation, welche die eigentlich schöpferische ist" (190). - Ist diese schöpferische Kraft Eingehen, Innesein Gottes in der Natur und Kunst im Sinne der spinozistischen Seinsmodi des Absoluten? Oder ist es ein Innesein ideeller Art, das mit der christlichen Schöpfungsidee vergleichbar wäre? Hat etwa Schelling in seiner Philosophie der Kunst letztlich die Identitätsphilosophie überwunden?

Mythologie - Religion - Christentum

Wenn es gilt, die christlich-theistische Gottesvorstellung mit der Schellings zu vergleichen, muß noch ein anderer Aspekt bedacht werden, den Schelling über die Offenbarung Gottes in der Kunst anführt. Nachdem er das Wesen der Kunst als reale Darstellung der göttlichen Formen des Universums in einem spekulativen System (in einer "Konstruktion") bedacht hat, will er eine Ableitung des "Stoffs der Kunst" geben, d.h. er will dagen, was Inhalt der Kunst ist. Der Ausgangspunkt dieser Überlegung ist das bereits Abgeleitete: Die besonderen Formen sind für sich ohne Wesen; sie bestehen nur, weil sie das ganze Wesen des Universums in sich aufnehmen. Das Absolute ist unteilbar; "es können ... im w a h r e n Universum keine besonderen Dinge seyn, als inwiefern sie das ganze ungetheilte Universum in sich aufnehmen, also selbst Universa sind" (191). Es gibt so viele Universa, als Ideen besonderer Dinge sind; die besonderen Dinge können dies nur als Form des Universums als Ganzen, also Gottes sein, während in Gott selbst das Universum in keiner besonderen Form ist, weil er die Einheit aller Formen ist. Die einzelnen Dinge, Formen sind einzeln, weil sie nicht das Ganze sein können. Sie haben aber je für sich das Universum in sich. Ihrer geistigen Seite nach sind die besonderen Dinge, die in ihrer Besonderheit zugleich Universa sind, die I d e e n . Für sie gilt aber auch: "Dieselben Ineinsbildungen des Allgemeinen und Besonderen, die an sich selbst betrachtet Ideen, d.h. Bilder des Göttlichen sind, sind real betrachtet G ö tt e r " (192).

Damit ist jener "Stoff" angesprochen, in dem sich Kunst in den verschiedenen Arten realisiert in Musik, Malerei, Plastik, Poesie (und hier wiede-

---

190 Ebd., 387; 386.
191 Ebd., 388 f. Zum Folgenden: ebd., 388-414.
192 Ebd., 390.

rum in Lyrik, Epos und Drama) (193): die Welt der Ideen, die Welt dessen, was dem Menschen h e i l i g ist und was er als absolute Realität aus dieser Idealität empfindet und von dem er sich angesprochen und gefordert fühlt. Die Grundideen des Wahren, Guten und Schönen haben als die in Denken und Erleben erfahrene Universalität (hier ist nach Schelling die P h a n t a s i e besonders zuständig (194)) r e l i g i ö s e n C h a r a k t e r. Das Geheimnis alles Lebens ist Synthese des Absoluten mit der Begrenzung (195); die Erfahrung von Universalität und Unendlichkeit (196) verbindet sich immer mit dem Gedanken, daß dieses ins Endliche eingeht. Die Idee der Menschwerdung Gottes ist darum religiöser Grundbestand und macht die Faszination des Göttlichen - nach Schelling die Schönheit - aus, die die Milderung aller Schrecken des Lebens bewirkt (197). Damit aber die Ideen den ihnen eigenen heiligen, schönen Charakter behalten, müssen sie "von der insgemein sogenannten wirklichen" Welt getrennt werden. "Jede Berührung mit der gemeinen Wirklichkeit oder mit Begriffen dieser Wirklichkeit zerstört nothwendig den Zauber dieser Wesen selbst", den sie haben, weil sie Idealität besitzen. "... daß sie also in einer absoluten Welt leben, welche real anzuschauen nur der Phantasie möglich ist", deshalb spricht ihnen die Phantasie eine von der Realität unabhängige, eine "poetische Existenz" zu (198). In diesen Vorstellungen konvergieren die Phantasie der Individuen und der Gattungen, insofern sie gemeinsame Vorstellungen von Ideen haben. Diese Gemeinsamkeit macht das Wesen der Religion aus; Verschiedenheit der Religionen besteht in der Verschiedenheit des Kunstgeistes, d. h. in der unterschiedlichen Art, den Ideen ihren Stellenwert im Universum zuzuschreiben (199).

Dieser Sachverhalt des Eingehens des Unendlichen ins Endliche, dem das Bedürfnis des Denkens folgt, das Ideale als ideal zu belassen, - dieser Sachverhalt läßt sich n i c h t r e a l darstellen. "Darstellung des Absoluten mit absoluter Indifferenz des Allgemeinen und Besonderen i m B e s o n d e r e n ist nur symbolisch möglich". Die "notwendige Bedingung und der erste Stoff aller Kunst" ist daher die M y t h o l o g i e ; in ihr kann der beschriebene Sachverhalt seine "unabhängige poetische Existenz" erhalten und so das Universum vor seiner Depravierung bewahren (200). In der Mythologie erfolgt also "real" und allgemeingültig die Darstellung der konkreten Formen der Einbildung des Göttlichen ins Endliche oder die Gestaltwerdung

---

193 Vgl. die Ableitungen: ebd., 406-411; ferner den gesamten II. Teil: ebd., 488-736.
194 Ebd., bes. 395; s. a. 399.
195 Ebd., 393.
196 Vgl. ebd., 413 f.
197 So etwa: ebd., 397-399.
198 Vgl. ebd., 399.
199 Ebd., 414-416 u. ö.
200 Vgl. ebd., 406-412; 405 f.

Gottes und die Rezeption derselben durch die Vernunft. Die Allgemeingültigkeit und die Gegenwart des Absoluten im Besonderen sind nur so letztlich zu erfassen. Der Versuch, diese Allgemeingültigkeit und Allgegenwart etwa h i s t o r i s c h zu begreifen, indem man sie als an einem bestimmten Punkt der Geschichte geschehen bestimmt, würde ihr Wesentlichstes vernichten: "... es ginge das schlechthin Allgemeingültige derselben verloren. Nur als Typus - gleichsam als die urbildliche Welt selbst - hat die Mythologie allgemeine Realität für alle Zeiten" (201). Schelling fügt jedoch hinzu: "Die wunderbare Verflechtung, die in diesem göttlichen Ganzen stattfindet, läßt uns allerdings erwarten, daß auch Züge aus der Geschichte darein spielen. Aber wer kann in diesem lebendigen Ganzen das Einzelne sondern, ohne den Zusammenhang des Ganzen zu zerstören?" Die geschichtliche Realität, an der sich die Wahrheit etwa festmachen will, wenn sie eine Bestätigung für ihre Richtigkeit sucht - der Grundgedanke einer Bestätigung des Glaubens, im Grunde doch auch das Wesen der demonstratio christiana -, ist hier als Einzelheit für unwichtig erklärt, und hat hinter der höheren Ganzheit, der Idee der Anwesenheit des Göttlichen im Realen zurückzutreten. Dementsprechend sind nicht die Einzelinhalte einer konkreten Religion wichtig, sondern die ihnen zugrunde liegende Idee der Anwesenheit Gottes in vielen möglichen besonderen Formen. Ebensowenig ist der Anspruch der Einmaligkeit einer bestimmten Form zulässig. Unverrückbar gilt nur die "Einbildungskraft", die Selbstoffenbarung des Absoluten in besonderen Formen. Die Formen selbst sind so vielfältig, wie die Auffassung der Vernunft vom System der Ideen ist. Hier ist freilich auch zu fordern, daß die Vernunft einen Status erreichen kann, der dem der Philosophie in ihrer absoluten, d. h. Schellingschen Gestalt entspricht. Der Weg der Religion führt zur Philosophie als der absoluten Wissenschaft, zu eben dem Wissen, das das Absolute in sich selbst hat.

In dieser Situation findet sich das C h r i s t e n t u m . Doch gerade an seiner Gestalt zeigt sich, daß nicht Willkür in den Formen der Religion herrscht. Der große Weg der Vernunft in den Potenzen von Realem und Idealem zeigt sich deutlich in den zwei wesentlichen, getrennten Strömen, in denen Poesie, Philosophie und Religion erscheinen. Die Mythologie des Realen, die D o m i n a n z d e s N a t ü r l i c h e n war in der g r i e c h i s c h e n R e l i g i o n wirklich geworden; das C h r i s t e n t u m wurde zur M y t h o l o g i e d e s I d e a l e n , in ihm dominieren Geschichte und Sittlichkeit. Der Übergang von Natur zu Geschichte markiert einen Umbruch, "einen gleichsam durch das ganze Menschengeschlecht greifenden Abfall" (202). Insofern ist der Beginn und die Stiftung des Christentums ein historischer Vorgang, der Stifter Christus eine geschichtliche Gestalt. Die Frühformen zeigen das Herauswachsen des Christentums aus naturhaften Formen (in der jüdi-

---

201 Ebd., 412 f.
202 Vgl. zum Ganzen: ebd., 424-448.

sche Religion, wovon die Synoptiker Kunde geben in den Worten: "auf daß erfüllt würde, was geschrieben steht") durch Johannes und Paulus zu universalhistorischer Größe. Das Christentum bietet so erstmals einen universal gültigen Stoff; es bringt die Wende von Natur zu Vorsehung wie auch den Wandel vom Schicksal zur Vorsehung, zur Durchsetzung des Idealen. Das Christentum ist so im weltgeschichtlichen Rahmen der Erweis des Weltgeistes in der Form des Idealen, des Höheren über dem Realen - es ist die höhere, umfassendere Offenbarung Gottes.

Die Prinzipien dieser Offenbarung, die allgemeingültige, über die Geschichte, auch über den Stifter hinausreichende Idee oder die "M y t h o l o g i e   d e s   C h r i s t e n t u m s" gilt es zu erfassen. In der griechischen Naturreligion herrschte das Endliche; in der Hülle des Endlichen liegt der Keim des Absoluten oder die ganze Einheit des Unendlichen und Endlichen. Im Christentum als der Religion der moralischen Welt "ist   u r s p r ü n g l i c h   Entgegensetzung des Endlichen und Unendlichen mit der Absoluten Forderung der Aufhebung des Gegensatzes"; das Christentum will also - umgekehrt zur griechischen Religion - das Endliche ins Unendliche aufheben. Hier gilt das Endliche für sich nichts, wenn es nicht das Unendliche bedeutet. So ist im Christentum "unbedingte Hingabe an das Unermeßliche" Grundprinzip, "und dieß einziges Princip der Schönheit". Die milden Tugenden, Liebe, Handeln in Symbolen ("Die Einheit des Endlichen und Unendlichen ist ... im Christentum Handlung") dominieren. Taufe, Tod Jesu, Abendmahl sind solche symbolischen Handlungen, die den Mythos, die allgemeingültige Idee darstellen. In diesem Sinn interpretiert Schelling die christlichen "Ideen": Die   D r e i e i n i g k e i t   ist die philosophische Grundidee nicht nur des Christentums sondern der höchsten Harmonie von Ewig und Endlich überhaupt: "Das Ewige ist der Vater aller Dinge, der nie aus seiner Ewigkeit herausgeht, aber sich von Ewigkeit in zwei mit ihm gleich ewigen Formen gebiert, das Endliche, welches der an sich absolute, in der Erscheinung aber leidende und menschwerdende Sohn Gottes ist, dann der ewige Geist, das Unendliche, in dem alle Dinge eins sind. Ueber dem der alles auflösende Gott". Die Idee des   S o h n e s hat eine wahrhaft symbolische Bedeutung "als Symbol der ewigen Menschwerdung Gottes im Endlichen", die selbst wieder "nur im Zusammenhang mit einer allgemeinen Vorstellung der Menschengeschichte denkbar" ist, woraus   K i r c h e   resultiert. Aber nicht dieser symbolische Gehalt, der höchste Sinn der Idee (des menschgewordenen Gottessohnes ebenso wie der Idee der Trinität) kam zur Geltung; sie wurden vielmehr buchstäblich wörtlich, "historisch" genommen. So konnte Christus als historische Einzelperson nicht das Symbol der Anwesenheit Gottes im Endlichen sein (203). Schelling polemisiert hier offensichtlich gegen das historisierende, entmythologisierende Bestreben von Aufklärung und Protestantismus (204),

---

203 Vgl. bes. ebd., 430 f.
204 Bes. ebd., 440-443.

während nur der Katholizismus das Wesen der mythologischen Welt und damit die Idee des Christentums bewahrt hat. Als dessen Wesen muß die Mystik gelten, die das innere Licht, die innere Anschauung (Idee) ist. Dieser Mstik korrespondiert freilich die Offenbarung, die in worthaften Formen, durch Personen also, vermittelt und darum in ihrem Fundament historisiert ist. Lediglich das Wunder als im Endlichen anwesende Absolutheit verweist noch in der historischen Beziehung des Christentums auf die notwendige Mythologie.

Das Christentum hat so die richtige Idee vom Verhältnis des Absoluten zum Endlichen; es hat sie aber in seinen konkreten Formen historisiert, als real gefaßt und darum ihrer Idealität entkleidet, verfälscht. Das Christentum ist so nicht absolute Idee Gottes. Es muß durch die Philosophie und die Kunst, die an der rechten Philosophie orientiert ist, überboten werden. "Das Christentum ist aber schon jetzt durch den Lauf der Zeit und durch die Wirkung des Weltgeistes, der sein entferntes Vorhaben nur erst ahnen, aber doch auch nicht verkennen läßt, bloß als Uebergang und bloß als Element und gleichsam die eine Seite der neuen Welt dargestellt, in der sich die Successionen der modernen Zeit endlich als Totalität darstellen werden. Wer den allgemeinen Typus kennt, nach dem alles geordnet ist und geschieht, wird nicht zweifeln, daß dieser integrante Theil der modernen Bildung die andere Einheit ist, welche das Christenthum als Gegensatz von sich ausschloß, und daß diese Einheit, welche ein Schauen des Unendlichen im Endlichen ist, in das Ganze derselben aufgenommen werden müsse, obgleich freilich untergeordnet ihrer besonderen Einheit". Ein wesentlicher Mangel des Christentums ist dabei, daß die Geschichte als Form des Christentums nicht das Ganze einschließt, weil sie die "realistische" Seite des Ganzen, die Natur, von sich ausschließt. In der Naturphilosophie als diesem "integranten Teil" ist die notwendige Ergänzung der Idee des Universums, also Gottes, die dem Christentum fehlt. "... und ich verhehle meine Ueberzeugung nicht, daß in der Naturphilosophie ... die erste ferne Anlage jener künftigen Symbolik und derjenigen Mythologie gemacht ist, welche nicht ein Einzelner, sondern die ganze Zeit geschaffen haben wird" (205). - Die Philosophie der Kunst erweist sich bei Schelling letztlich als die Konkretion seiner Identitätsphilosophie, die hinter allen dort erklärten Formen das Eine und Ganze des Universums als das Absolute verstehen lehrt.

---

205 Ebd., 448; 449.

Der Umbruch

Schelling wird durch K. A. Eschenmayer kritisiert: Die Philosophie als Raum der Vernunft wolle die Gegensätze von Freiheit und Notwendigkeit, von Diesseits und Jenseits begreifen und überwinden. Ihr werde das nicht gelingen; diese Aufgabe sei Sache der Religion, und die sei höher als die Vernunft; Vernunft ist der Ergänzung durch den Glauben bedürftig. Gerade auch die Vielheit, das Konkrete als das außerhalb der Vernunft liegende sei letztlich nicht zu erklären (206).

Schelling antwortet in "Philosophie und Religion". Er legt nochmals sein Identitätssystem dar und geht besonders auf die Frage der Endlichkeit und der Erkenntnisform dieser Endlichkeit ein, um Eschenmayers Behauptung zu widerlegen, die Vernunft sei der Ergänzung durch den Glauben bedürftig. Hier genügt es, diese Fragen anzugehen.

Schelling beginnt mit der bei Eschenmayer angesprochenen Erkenntnistheorie, daß das Denken nur bis zum Absoluten gelange und daß dann ein leerer Raum bleibt, den "die Seele durch Glauben und Andacht ausfüllen könnte". Hier soll gelten: Der Gott des Denkens ist nicht der lebendige Gott der Religionen, die empirische Gotteserkenntnis vermag das nicht voll auszudrücken, was in Glaube und Religion (gefühls- und erlebnismäßig) anklingt. Über dem Absoluten läge dann gleichsam Gott als die unendliche höhere Potenz. Nun bestätigt sich, daß die von empirischer Erfahrung ausgehende Bemühung um das Absolute das nicht erfaßt, was Glaube und Sittlichkeit ersehnen. Andererseits ist es denkunmöglich, daß das, was als absolut und ewig gedacht wird, etwas Höheres über sich haben kann; denn dann wäre es nicht als das Absolute gedacht. Was also philosophisch wahr ist, kann nicht glaubensmäßig unzureichend, ja falsch sein. Schelling sucht also das fehlende Bindeglied zwischen den zwei unterschiedlichen Erkenntnisarten, auf die einst B. Pascal die neuzeitlichen Gotteserfahrungen, dualistisch getrennt, gebracht hatte (und die ja Jacobi als verbindlich rezipiert hatte; Eschenmayer ist auch Abhänger Jacobis). Wo soll dieses Bindeglied zu suchen sein? (207).

So wird es für Schelling zunächst nötig, Stellenwert und Umfang der menschlichen Erkenntnis zu analysieren. Gott absolut denken, ohne das Absolute als Gott anzuerkennen, heißt eine bedingte Erkenntnis von ihm haben; "eine bedingte Erkenntniß (ist) aber von keinem Unbedingten möglich ...". Entgegen der philosophischen Tradition ist Schelling mit der Neuzeit, Jacobi eingeschlossen, der Überzeugung, daß die empirische Erkenntnis das Absolute nicht erreicht. Die eine Alternative heißt daher: Eine Erkenntnis im strengen Sinn, durch die Gesetze der Reflexion

---

206 Vgl. F. W. J. SCHELLING, Philosophie und Religion (1804): SW VI, 11-70; hier: 18-20; 50 f.
207 Zum Folgenden: ebd., 21-27.

vermittelt, ist von Gott nicht möglich. K a n t hatte daher das Gottesbewußtsein als Postulat bezeichnet, J a c o b i hatte eine reflexive Gotteserkenntnis für unnötig erklärt und Gott unmittelbar der menschlichen Vernunft präsent sein lassen. Die andere Alternative lautet: Der Verzicht auf Erkenntnis ist unzulässig; denn es gibt die absolute Erkenntnis, die sich zum Absoluten erheben kann; Schelling will dies dartun. So analysiert er drei Grundformen von Erkenntnis, auf die sich alle Einsichten reduzieren lassen.

Die erste ist die k a t e g o r i s c h e R e f l e x i o n. Sie beschreibt das Absolute unter den Kategorien des weder-noch, als Negation der endlichen Einsichten. Die Auffassung, Gott könne dann indirekt als Negation endlicher Erkenntnis oder als Negation empirischer Gegensätze absolut gedacht werden (der Weg der via negativa), ist irrig; "es ist klar, daß hierin durchaus keine positive Erkenntniß liegt, und daß nur die eintretende produktive Anschauung diese Leere ausfüllt und das Positive in jenem Weder - Noch gewährt" - das aber ist nicht das wahre Absolute. Die zweite Form ist die h y p o t h e t i s c h e R e f l e x i o n : Sie behauptet, wenn Subjekt und Objekt sind, so ist das Absolute das gleiche Wesen beider. Gott wäre so das eine und das andere - hier scheint der traditionelle Weg der via eminentiae skizziert; denn das Ganze, im "und" ausgedrückt, meint die Form des die Verhältnisse von Endlich und Unendlich Begründenden. Doch diese Identität ist "ein bloßer Verhältnisbegriff", im höchsten Fall "Indifferenz" der Endlichkeiten, nicht aber die geforderte absolute Identität; die in der hypothetischen Reflexion ausgesagte Gottesbestimmung ist zwar positiv, aber noch unzureichend und darum dem Absoluten nicht gemäß. So kann Schelling der Kantischen Kritik der traditionellen Erkenntnistheorien rechtgeben. Er bleibt aber nicht in den Aporien stehen, die für Kant und Jacobi unüberwindlich schienen. Für ihn gibt es eine "dritte Form, in welcher die Reflexion das Absolute auszudrücken liebt, und welche vorzüglich durch Spinoza bekannt ist": die d i s j u n k t i v e R e f l e x i o n. Sie besagt: "Es ist nur Eines, aber dieses Eine kann auf völlig gleiche Weise jetzt ganz als ideal, jetzt ganz als real betrachtet werden: diese Form entspringt aus der Verbindung der beiden ersten; denn jenes Eine und selbe, das, nicht zugleich, sondern auf gleiche Weise, jetzt als das Eine, jetzt als das andere betrachtet werden kann, ist eben deßwegen an sich w e d e r das eine n o c h das andere (nach der ersten Form), und doch zugleich das gemeinschaftliche W e s e n, die Identität beider (nach der zweiten Form), indem es, in seiner Unabhängigkeit von beiden, dennoch gleicher Weise jetzt unter diesem, jetzt unter jenem Attribut betrachtet werden kann" (208). Das ontologische Argument war der Versuch, diese Absolutheit vom absoluten Standpunkt aus darzustellen: Gott ist als das schlechthin Ideale zugleich schlechthin reale; er ist nicht die Vermischung beider, sondern jedes für sich ganz. Gott als diese Identität des Idealen und Realen ist als

---

208 Ebd., 24 f.

Idee jeder Seele individuell gegeben, aber in dieser Individualität eine allgemeingültige Offenbarung. "Das einzige einem solchen Gegenstand, als das Absolute, angemessene Organ ist eine ebenso absolute Erkenntnißart, die nicht erst zu der Seele hinzukommt durch Anleitung, Unterricht u. s. w., sondern ihre wahre Substanz und das Ewige von ihr ist. Denn wie das Wesen Gottes in absoluter nur unmittelbar zu erkennender Idealität besteht, die als solche absolute Realität ist, so das Wesen der Seele in Erkenntniß, welche mit dem schlechthin Realen, also mit Gott eins ist; daher auch die Absicht der Philosophie in Bezug auf den Menschen nicht sowohl ist, ihm etwas zu geben, als ihn von dem Zufälligen, das der Leib, die Erscheinungswelt, das Sinnenleben zu ihm hinzugebracht haben, so rein wie möglich zu scheiden und auf das Ursprüngliche zurückzuführen" (209).

Diese intellektuale Anschauung gibt den Standpunkt der Absolutheit wieder. Sie ermöglicht es, sich auf den Standpunkt des Absoluten zu stellen und es selbst als Grund und Wesen aller Vielheit und alle Vielheit, d.h. das Reale als Folge der Form, auf dem Standpunkt der Identität als das Ideale zu sehen, das, ohne aus seiner Idealität herauszugehen, auch ein Reales ist. - Hier wiederholt Schelling seine gesamte Identitätsphilosophie. Gerade aber an der Frage der Endlichkeit und ihrer Vereinbarkeit mit der Identität des Absoluten hatte Eschenmayer gezweifelt. Was Schelling selbst in seiner "Darstellung" als ganz selbstverständlich das Ideale in der Form der quantitativen Differenz dargestellt hatte, was in den (zur damaligen Zeit noch nicht publizierten) "Vorlesungen über die Philosophie der Kunst" eine geradezu unüberschaubare Differenzierung des Einen und Absoluten ergeben hatte, so daß an dessen Absolutheit gezweifelt werden konnte, das wird jetzt durch Eschenmayer zum Problem. Schelling stellt sich diesem. Soll das Ideale wahrhaft objektiv werden, so erläutert er, so gibt es dem Realen die Macht, ebenfalls seine Idealität in Realität zu objektivieren. Damit bildet sich die Idee in die Realität ein. Der Punkt der weitesten Entfernung vom Idealen ist so das Ich, der Mensch wird zum Gegenpol gegen Gott. "Das bedeutet für den Menschen die Möglichkeit, in sich selbst zu sein, d.h. kraft der Freiheit, welche ihm als Gegenbild des Absoluten zukomme, sich von diesem zu lösen. Diesen Vorgang der Ablösung nennt Schelling 'Abfall' vom Absoluten bzw. von Gott - womit der schon früher für das Sein des Endlichen gebrauchte Ausdruck erst seinen spezifischen Sinn erhält" (210).

Das Ich ist also hier (anders als bei Fichte) das Prinzip des Abfalls; der Abfall ist das allgemeinste Gesetz; Schelling nennt es "Sündenfall". Der Mensch kann nun nur noch Endliches, Zeitliches produzieren. Er hat aber dank der in Endlichkeit, also im zeitlichen Nacheinander der Ge-

---

209 Ebd., 26.
210 H. ZELTNER, Das Identitätssystem, a.a.O., 90.

schichte sich immer vollziehenden Selbstoffenbarung Gottes (siehe die Aussagen der "Philosophie der Kunst") die Möglichkeit, "ganz in sich selbst zu seyn, sowie die Möglichkeit, ganz im Absoluten zu seyn". Der Mensch hat also die Möglichkeit, nach dem Abfall als dem Punkt der weitesten Entfernung von Gott wieder zu Gott zurückzukehren; er vermag seine Identität mit Gott wieder zu erlangen. "Hier haben Religion und Sittlichkeit ihren Ort: Religion ist Erkenntnis des schlechthin Idealen; d. h. der Rückweg zu Gott als der absoluten Idee ..." (211). Den Weg zu sehen, ist das Wesen der Sittlichkeit, das zugleich Seligkeit einschließt. In der Geschichte verläuft dieser Rückweg, schließt der Gang der Dialektik wieder bei Gott. Die Geschichte wird daher zu einer "successiv sich entwickelnden Offenbarung Gottes" (212).

H. Zeltner verweist zusammenfassend darauf, daß diese Ausweitung des Systems, besonders der Abfall- und Wiederversöhnungsgedanke das Identitätssystem sprengen: "Menschliche Freiheit und göttliches Handeln als geschichtliche Tat sind als Gegenstand eines Denkens, das sich in der Sphäre des Absoluten hält und die zeitlich-geschichtliche Wirklichkeit menschlicher Entscheidung und Umkehr unter sich läßt, nicht möglich" (213). Schelling ist, mit dieser Schrift beginnend, auf einem neuen Weg, der die Identitätsphilosophie hinter sich läßt und in der Schrift "Philosophische Untersuchungen über das Wesen der menschlichen Freiheit ..." (1809) sowie in den "Weltalter" - Entwürfen (214) Schellings Grundanliegen der Beziehung des Absoluten zum Endlichen nicht durch eine derart "spekulative Ontologie" konstruiert. Von nun an treten - bis dahin abgelehnte - Gedanken wie Personalität, Wille, reale Geschichtlichkeit des Gott-Mensch-Verhältnisses in den Blick (215).

---

211 F. WOLFINGER, Der Glaube ..., a. a. O., 24 f.
212 Zum Ganzen: F. W. J. SCHELLING, SW VI, 28-50; 50-59.
    Zur Interpretation: F. WOLFINGER, a. a. O., 22-25; H. ZELTNER, a. a. O., 90 f.
213 H. ZELTNER, a. a. O., 91.
214 S. o. Anm. 143 und 144.
215 Vgl. K. F. A. SCHELLING, Vorwort des Herausgebers: SW VII, V f.
    S. a. X. TILLIETTE, Die Freiheitsschrift: H. M. BAUMGARTNER (Hrsg.), Schelling, a. a. O., 95-107.

IV. Schellings Philosophie als Anlaß der Kritik

Mit der Darstellung des Übergangs von der Identitätsphilosophie zur Freiheits- und Geschichtsphilosophie ist in Schellings Werk der Abschnitt beschrieben, den Jacobi seiner Kritik zugrundelegt. Das berechtigt dazu, hier abzubrechen und kritisch nachzudenken.

Schellings Grundkonzept von Anfang an hieß: Philosophie ist als höchste Wissenschaft zu erweisen, die mehr vermag als Theologie. Ihr Gegenstand ist das Wesen des Absoluten, das im Denken in seiner Unendlichkeit, Unmittelbarkeit und Absolutheit darzustellen ist. Aus dem Wesen des Absoluten, von ihm her (nicht umgekehrt) ist dann die Relation Unendlich-Endlich als Offenbarung und die Relation Endlich-Unendlich als Erkenntnis, Intuition oder Anschauung des Absoluten zu bestimmen. Diese Grundfragen werden unverändert durchgehalten; die verschiedenen Phasen des Schellingschen Denkens beantworten jedoch die Grundfragen in unterschiedlicher Weise: Zunächst ist das Absolute das unendliche Ich, das der Relation, den Bedingungen enthoben ist und bleibt. Insofern ist kein Übergang vom Unbedingten zu den Formen des bedingten Endlichen möglich; der einzig mögliche Weg ist die praktisch-ethische Annäherung des Endlichen an das Ewige. In der Periode der Naturphilosophie bleibt das Absolute als die absolute Vernunft sie selbst; ihre Selbstmacht zeigt sich aber nicht im ewigen Für-sich-sein; sondern realisiert sich in Natur und Geschichte. Geist ist das Wesen von Natur, Natur ist konkrete Gestalt von Geist. Der Weltgeist durchläuft einen Prozeß der Inkarnation in Materie, Licht, Organismus, Recht, Freiheit und Geschichte; er ist in allen diesen Formen in abgestufter Sukzession offenbar. In der Identitätsphilosophie stellt sich Schelling gleichsam auf den Standpunkt der absoluten Vernunft und beschreibt alles, Natur und Geist, Geschichte und Freiheit als die sich in allen Formen letztlich selbst bejahende und mit sich selbst identische Vernunft, die letztlich in den Dingen sich nur der Potenz nach realisiert und so alle Dinge, alle Ideen, das ganze Universum, den vernünftigen Gott sein läßt.

Schelling ist sich in seltener Konsequenz in seinem Grundanliegen treu geblieben. Doch korrespondiert dieser Grundsatztreue ein ständiger Wandel in den konkreten Bestimmungen, die er dem Absoluten ebenso wie seiner Offenbarung und seiner Erkenntnis gibt. So gesehen, ist der Vorwurf, er sei immer ein Proteus gewesen, nicht gerecht. Man kann Schelling nicht Unehrlichkeit vorwerfen, so als habe er nie verantworten wollen, was er vertreten hat. Schelling war weit eher die Unsicherheit in Person (O. Marquard); er war zeitlebens lernbereit - freilich war er auch nie bereit, jemand gegenüber einzugestehen, daß er seine Einsicht habe ändern müssen (216). Doch etwa Jacobis konkreter Vorwurf, daß

---

216 Solche Vorwürfe stammen meist von zeitgenössischen Gegnern Schellings wie WEILLER, SALAT, PAULUS u. a. Wohlwollende Inter-

Schelling sich nicht auf die Jacobische Darstellung seiner Philosophie festlegen lasse, ist einseitig. Als Jacobi seine Natur- und Identitätsphilosophie öffentlich kritisiert (1811), ist Schelling längst zur Freiheitsphilosophie fortgeschritten; die spinozistische Weise seines Denkens liegt hinter ihm, so daß er sich zu Recht gegen Jacobis Insinuationen wehrt.

Schellings Philosophie der frühen Jahre bis 1811 wird im P r o t e s t gegen die Tradition, insbesondere gegen die Theologie entwickelt. Das sog. "älteste Systemprogramm", dessen Verfasser mit großer Wahrscheinlichkeit Schelling war (217) und dessen Inhalt für Schelling weit mehr ver-

---

pretationen von Schellings Leben und Werk betonen übereinstimmend die Ehrlichkeit des Ringens ebenso wie die Grundsatztreue, mit der Schelling seine Grundanliegen durchgehalten hat, freilich nicht ohne dabei infolge besserer Einsicht Neu- und damit Uminterpretationen seiner Aussagen durchzuführen. Dazu sind folgende Arbeiten wichtig: K. FISCHER, Schellings Leben, Werke und Lehre, Heidelberg [4]1923; H. KNITTERMEYER, Schelling und die romantische Schule, München 1929; H. ZELTNER, Schelling, Stuttgart 1954; X. TILLIETTE, Schelling, Une philosophie en devenir, 2 Bde., Paris 1970.
K. JASPERS, Schelling. Größe und Verhängnis, München 1955, würdigt sehr kritisch Methode und Inhalt der Schellingschen Philosophie; die Arbeit anerkennt Größe und Berechtigung der verschiedenen Entwürfe und kann sich ihrer Faszination nicht entziehen. Dennoch kritisiert Jaspers sehr heftig: Schelling ist nach ihm zwiespältig, inkonsequent, gleißnerisch; er "versäumt" die Realitäten von Wissenschaft, Politik und Religion. Durch die Verabsolutierung des Systemgedankens und durch falsche Beurteilung des Wesens der Reflexion desavouiert Schelling in Jaspers' Augen das echte Ringen um Transzendenz; er setzt an die Stelle des Wissens den Mythos, die Ekstase als höheres Wissensprinzip. Jaspers führt diese Probleme der Schellingschen Philosophie auf den übersteigerten und nicht eingelösten messianischen Anspruch der Persönlichkeit Schellings zurück, hinter dem das Werk zurückgeblieben sei. - Jaspers streift die frühen Entwürfe nur; in der Voraussetzung, daß Schellings Werk sich immer gleich bleibt, interpretiert er vornehmlich das Spätwerk und sieht darin eher Mythologie als Philosophie, eher Dichtung als Wahrheit(sliebe). Es ist nicht zu verkennen, daß Jaspers seine eigene Philosophie an Schelling als Maßstab heranträgt und von seinem Wissens- und Transzendenzverständnis aus Schellings Anliegen nicht im Kontext seiner Zeit gebührend zu würdigen vermag. Ganz anders leistet dies W. SCHULZ, Die Vollendung des Deutschen Idealismus in der Spätphilosophie Schellings, Pfullingen 1955, [2]1975 (Dazu s. u. Teil II).
217 Vgl. zum Stand der Diskussion: X. TILLIETTE, Schelling als Verfasser des Systemprogramms: M. FRANK - G. KURZ (Hrsg.), Materialien..., a.a.O., 193-211. Der Text: ebd., 110-112.
S. a. H. ZELTNER, Schelling-Forschung seit 1954, a.a.O., 48 f.

bindlich scheint als für die Freunde Hegel und Hölderlin - W. Wieland (218) weist nach, wie die Programmatik in der Zeit des "Systems des transzendentalen Idealismus" weiterwirkt -, ebenso wie der "Heinz Widerporst" (219) markieren deutlich Protest und revoluitonäre Neugestaltung des Denkens. Die Philosophie soll die Theologie in ihrer Aufgabe, das Höchste zu erkennen, beerben. Dahinter steht die Absicht, es besser zu machen als die damalige Theologie, die freilich, aufklärerisch und steril geworden, wenig zu leisten vermochte. Schelling kehrt den scholastischen Satz um, wonach philosophisch nicht falsch sein könne, was theologisch wahr ist. Aber auch in der Umkehrung bleibt noch die Unteilbarkeit der einen Wahrheit beansprucht, an der auch die Theologie partizipieren könnte. Hier allerdings erwachsen die Probleme, die Pascal mit dem Hinweis aufgewiesen hatte, daß der Gott der Philosophen ein anderer sei als der Gott Abrahams, Isaaks und Jakobs. Der Streit um Wesen und Erkenntniskraft von Glaube und Wissen, der seit Beginn der Neuzeit heftig tobt, ist nicht zuletzt der Hintergrund, auf dem Schelling dartun will, daß für die höchsten Fragen das höchste Wissen angemessen ist, daß alle untergeordneten Formen wie Meinen, Glauben versagen, ja daß sogar das von der Empirie ausgehende reflexive Wissen dazu nicht ausreicht. Insofern bewahrt Schelling auch hier das Grundanliegen, dem Absoluten adäquat gerecht werden zu wollen. So wird aus dem Rebellen gegen überkommene Formen der Inaugurator einer Philosophie, deren Anliegen zutiefst "theologisch" im Sinne des Wortes "von Gott wissen" ist.

Es fragt sich nur, ob Schelling diesem Anspruch besser als die Tradition gerecht wird. Der entscheidende Unterschied zur philosophischen Tradition bis hin zu seinem unmittelbaren Anreger Fichte liegt in der Wesensbestimmung von Erkenntnis. Der gewöhnliche Ausgangspunkt ist das durch Erfahrung und durch die Sinne vermittelte, dadurch aber auch an sie gebundene Erkennen, das die Empirie nie letztlich abstreifen und reflexiv absolut wahre und sichere Erkenntnis nur im Bereich kategorialer Objekte haben kann. Diesen Standpunkt der Endlichkeit zu durchbrechen hatten Descartes und Spinoza unternommen, ersterer indem er über allem Zweifel erhaben die Ideen als Abbilder Gottes und die ideelle Erkenntnis als Anteil an Gott erklärte, letzterer indem er alle Erkenntnis als intellektuale Selbstliebe Gottes auffaßte. Die daraus folgende All-Einheit, die der konkreten Erfahrung widersprach, nahm Jacobi zum Anlaß, das reflexive Denken als untauglich für die philosophischen Grundfragen strikt abzulehnen und eine unmittelbar gewisse Anschauung Gottes in der Idee der Freiheit als Inbegriff der Gotteserkenntnis auszugeben. Schelling ist einerseits zu sehr von Kants Analyse der Antinomien der Vernunft überzeugt, als daß er die Unfähigkeit der Reflexion nicht voll akzeptieren würde; andererseits sieht er in der Idee des

---

218 W. WIELAND, Die Anfänge der Philosophie Schellings und die Frage nach der Natur, a. a. O., bes. 262-269.
219 Ebd., 145-153. Vgl. o. Anm. 24.

Absoluten einen Denkvorgang. Das Absolute denken, heißt aber etwas denken, das nichts Höheres über sich haben kann, weil es sonst nicht absolut wäre. Das Denken erreicht also das Absolute unmittelbar, nicht auf dem Weg der Reflexion, die zwar Durchgangsstadium, aber nicht letzter Überstieg über die Empirie ist. Das Denken, das das Absolute als absolut erfaßt, muß also eine Intuition oder Anschauung sein, es muß Sache des Intellekts sein und doch die Empirie transzendieren. Nach vielen Anläufen glaubt Schelling das Rätsel gelöst zu haben, wenn er in den identitätsphilosophischen Entwürfen von allen irgendwie subjekt- oder objektbezogenen Bindungen des Denkens abstrahiert und sich gleichsam auf den absoluten Standpunkt der Vernunft Gottes stellt. Die Vernunft muß absolut werden; dann erweist sich alles in der Welt als Teil der Vernunft; es ist Gegenwart oder Objektivwerden Gottes in den vielfältigen Formen.

Über die Göttlichkeit alles Seins wird noch zu reden sein. Die Grundsatzfrage, die schon über die inhaltliche Bestimmung mitentscheidet, lautet freilich, ob Schellings Standpunkt ein möglicher, dem Wesen der Erkenntnis angemessener Standpunkt ist. Kann Erkenntnis je die Empirie so transzendieren, daß sie gleichsam den umfassenden Standpunkt der allwissenden Vernunft Gottes einnimmt? Das ist doch offensichtlich eine Konstruktion, die jeder Erfahrung widerspricht und nicht streng schlußfolgernd erreicht worden ist. Sie ist vielmehr auf dem Hintergrund der christlichen Offenbarungstradition als (letztlich unbewiesene) These gesetzt worden.
W. Wieland (220) stellt zu Recht fest, daß Schelling nicht die Position der Kritik der (praktischen) Vernunft im Sinne Kants, sondern vielmehr die der praktischen Vernunft bezieht. Wieland behauptet daher (221), Schellings Philosophie sei ein Sprung in Irrationalismus und Mystik. Wenn keine Möglichkeit besteht, auf rationale Weise Gott zu erkennen, wenn man aber auch den Verzicht auf das Denken ablehnt (Jacobi), dann hilft nur noch, die Notwendigkeit des Begründens und Argumentierens als überflüssig zu erklären. Hier liegt das erkenntnistheoretische Grundproblem der Philosophie Schelling, das auch seine Bedeutung für die theologische Beschäftigung hat. Denn was philosophisch als der Erfahrung widersprechend nachgewiesen wird, das entspricht dem theologischen Axiom, daß alles Sein, das nicht das Sein Gottes ist (das nur von ihm sein Sein hat), endlich ist. Hier schließt sich freilich der Zirkel unserer Erkenntnis. Denn es erweist sich, daß Gottes Dasein und Wesen für uns immer nur Realität ist, wenn und soweit es unserer Erkenntnis gegeben ist. Wir wissen von Gott nur, weil und insoweit wir ihn erkennen können. Gott wird so Objekt unserer Erkenntnis. Diese aber ist endlich; insofern haben wir eine endlich-beschränkte Erkenntnis von ihm, die ihn nie adäquant als absolut erfaßt. Doch es bleibt bei diesen Formen der Erkenntnis (die mehr oder minder indirekter Natur ist) ein Ungenügen: Mit der Einsicht verbindet sich die

---

220 Ebd., 243.
221 Ebd., 249; 259.

Ahnung, das Gefühl, "absolut" bedeute mehr als hier zugänglich ist, banal gesprochen. Dieses "mehr" ist aber nur als Bedürfnis auszumachen - ein Bewußtsein, das sich gleichzeitig neben der Erkenntnis einstellt. Darüber hinaus ist, streng genommen, als gesicherte Erkenntnis nichts auszumachen. In diesem Sinn wäre, mit K. Rahner gesprochen, anthropologisch nicht mehr zu erkennen, als daß unsere Erkenntnis in der Offenheit, in der Verwiesenheit auf ein Absolutes endet, das dieser Verwiesenheit (der Ahnung, dem Bedürfnis) entgegenkommt (222). Schelling behauptet in seiner Identitätsphilosophie zu viel und beweist damit zu wenig. - Es wäre jedoch ungerecht, wollte man Schelling nur kritisieren. Es wird umfassenderen Überlegungen vorbehalten zu untersuchen, inwieweit und unter welchen Bedingungen sein Gedanke einer spekulativen Konstruktion, sein Vernunftoptimismus und die Aussage über die Universalität des Absoluten theologisch anregend gewirkt haben oder positiv zu beurteilen sind (223). In seiner Rückschau auf diese Epoche urteilt Schelling selber sehr abgewogen über den Entwurf (224). Er stellt ihn in die philoso-

---

222 K. RAHNER hat dieser Erkenntnisauffassung wiederholt Ausdruck verliehen, zuerst in: Hörer des Wortes, München 1941 und schließlich umfassend: Grundkurs des Glaubens, Freiburg 1976 u. ö.

223 Es wurde wiederholt schon auf Parallelen zwischen Schellings Werk und theologischen Spekulationen über Trinität und Gottzugehörigkeit des Seins verwiesen: Die Gedanken einer Unzugänglichkeit des Absoluten, des Übergangs vom Endlichen zum Unendlichen in moralischer Annäherung, des prozeßhaften und geschichtlichen Werdens Gottes in der Welt bis hin zur wesenhaften Indifferenz der Welt und des vernünftigen Wesens Gottes berühren sich mit theologischen Spekulationen. W. KASPER, Das Absolute in der Geschichte, Mainz 1965, bes. 181-215 beschreibt unter Heranziehung der früheren Phasen Schellings Gottesvorstellungen der Spätphilosophie, wobei die Momente Geschichte, geschichtliche Präsenz und damit Lebendigkeit und Freiheit Gottes, Heiligkeit, Einheit von Zeit und Ewigkeit, dreifaltige Entwicklung des einen Gottes und Innesein Gottes in der Welt eine Rolle spielen. Kasper würdigt diese Anliegen der Schellingschen Philosophie in ihrer Letztgestalt und zeigt Parallelen zu theologischen Spekulationen auf. So verweist er vor allem auf die Idee des deus explicatus des Nikolaus von Kues, der den Gedanken eines Werdens Gottes im Übergang von der Möglichkeit zur Wirklichkeit ähnlich Schellings Gedanken von den Potenzen Gottes in der Welt vorausdachte. (Vgl. bes. a. a. O., 198 f. Anm. 145). - Gerade solche Verweise zeigen, daß Schelling nicht vorschnell als theologisch nicht anregend abgetan werden darf, daß auch seine als Pantheismus verworfene Idee der Gottzugehörigkeit der Welt in ihrem Anliegen intensiver, als bisher theologisch geschehen, bedacht werden muß. (Vgl. ebd., 238-240). S. a. Teil II.

224 Zur Geschichte der neueren Philosophie. Münchener Vorlesungen (1827): SW X, 119-125 (Neuausgabe: 105-110).

phiegeschichtlichen Zusammenhänge, die um die Jahrhundertwende noch ungeklärter waren als nach Abschluß der Kontroversen. In dieser Situation übersah diese Philosophie - so Schelling selbstkritisch -, daß sie "mit dem a l l g e m e i n e n menschlichen Bewußtsein" über Gott in Konflikt war und deshalb nicht wahre Erkenntnis Gottes bedeutete. Sie hatte mit ihrem anfänglichen Gedanken: Gott als realer Prozeß und mit seiner gedachten Grundlage ("... daß dieser Gott am Ende denn doch bestimmt werden muß, als der auch schon im Anfang war, daß also jenes Subjekt, das durch den ganzen Prozeß hindurchgeht, im Anfang und Fortgang schon Gott ist, eh' es im Resultat auch als Gott gesetzt wird - daß in diesem Sinn allerdings alles Gott ist, daß auch das durch die Natur hindurchgehende Subjekt Gott ist, nur nicht als Gott - also Gott nur außer seiner Gottheit oder in seiner Entäußerung, oder in seiner Anderheit, als ein anderer von sich selbst, a l s welcher er erst im Ende ist" (225)) weder das allgemeine Verständnis getroffen, noch logisch richtig gedacht. Schelling resümiert: "Mithin ist die ganze Vorstellung jenes Prozesses und jener Bewegung eine selbst illusorische, es ist eigentlich nichts geschehen, alles ist nur in Gedanken vorgegangen, und diese ganze Bewegung war eigentlich nur eine Bewegung des Denkens. Dies hätte jene Philosophie ergreifen sollen; damit setzte sie sich außer allen Widerspruch, aber eben damit begab sie sich ihres Anspruchs auf Objektivität, d. h. sie mußte sich als Wissenschaft bekennen, in der von E x i s t e n z , von dem, was w i r k l i c h e x i s t i e r t , und also auch von Erkenntnis in diesem Sinn gar nicht die Rede ist, sondern nur von den Verhältnissen, welche die Gegenstände im bloßen Denken annehmen, und da Existenz überall das P o s i t i v e ist, nämlich das, was gesetzt, was versichert, was behauptet wird, so mußte sie sich als rein n e g a t i v e Philosophie b e k e n n e n , aber eben damit den Raum für die Philosophie, welche sich auf die E x i s t e n z bezieht, d. h. für die positive Philosophie, außer sich frei lassen, sich nicht für die absolute Philosophie ausgeben, für die Philosophie, die nichts außer sich zurückläßt. Es bedurfte einer geraumen Zeit, bis sich die Philosophie hierüber ins Klare setzte, denn alle Fortschritte in der Philosophie geschehen nur langsam" (226).

Was sich schon in der Freiheitsschrift ankündigte, wird Thema von Schellings S p ä t p h i l o s o p h i e (227): Er sieht ein, daß das Denken mit dem Versuch, Gottes Transzendenz umfassend adäquat zu denken, entweder die

---

225 Ebd., 109 der Neuausgabe.
226 Ebd., 109 f. der Neuausgabe.
227 Zur Spätphilosophie zählen bes. die "Philosophie der Mythologie": SW XI (= II, I), 1-572; XII (= II, II), 1-674 und die "Philosophie der Offenbarung": SW XIII (= II, III), 1-530; XIV (= II, IV), 1-334.
  Zur Sekundärliteratur vgl. bes. H. ZELTNER, Schelling-Forschung seit 1954, a.a.O., 68-101.

Erfahrung vergewaltigt und damit die Wirklichkeit (Gottes und der Welt) verfehlt oder daß es sich bescheiden muß mit der Orientierung an der "positiven Existenz", der realen Wirklichkeit. In dieser Hinsicht ist die Tradition objektiver und realistischer. Schelling erklärt deshalb seine Jugendphilosophie nicht für falsch; er deklariert sie als notwendige Durchgangsstufe, die dem Denken aufgegeben war, um seine Aufgabe des rechten Welt- und Gottesverständnisses zu erfüllen. Er nennt sie "negative Philosophie", weil durch die Einsicht in die Probleme die wahre "positive" Sicht auf ihrer Grundlage möglich geworden ist. - Man darf hinzufügen: Nicht nur Schellings eigene Einsicht wurde durch diese philosophische Episode bereichert. Durch die Kontroverse, in die dieser Vernunftoptimismus par excellence mit der gleichzeitig an den Auseinandersetzungen der Neuzeit erwachsenen Skepsis (Jacobi) geriet, wurde auch das philosophisch wie theologisch gleich wichtige Problem über Möglichkeit, Umfang und Inhalt der Gotteserkenntnis in aller Deutlichkeit vorgeführt. Unterschwellig war hier die Grundfrage des neuzeitlichen Denkens angesprochen. Die seither nicht verstummte Debatte über Glaube und Wissen und damit über die Berechtigung von Gottesglaube oder Atheismus hat die hier vorgeführten Argumente und Gegenargumente rezipiert. So ist Schellings Philosophie ebenso wie seine Kontroverse mit Jacobi ein Meilenstein für die nachfolgende Beschäftigung mit Gott; ohne sie wäre erkenntnistheoretisch weit weniger einsichtig, als heute Allgemeingut von Philosophie und Theologie ist.

Kapitel 3

DIE KONTROVERSE JACOBI - SCHELLING

I. Zeitpunkt und Anlaß der Kritik Jacobis

Die Darstellung des philosophischen Weges Jacobis ebenso wie die Skizze der Genesis von Schellings verschiedenen Entwürfen hat bereits dies deutlich gemacht: Beide beschäftigen sich in der Mitte ihrer Philosophie mit der Grundfrage der Neuzeit über Wesen und Umfang menschlicher Erkenntnis; beide stoßen dabei auf die Frage, wie Gott und Erkennen/Denken vereinbar seien, und beide wollen dem religiösen Agnostizismus oder der aufklärerischen Leugnung des Absoluten wehren. Beide beschäftigen sich mit den gleichen Gewährsleuten: Spinoza, Leibniz, Kant und Fichte, Goethe und Herder. Aber gerade in der Art und Weise ihrer Stellung zu den Genannten zeigt sich schon der wesentliche Unterschied ihrer Antwort auf die Frage nach Gott im Denken. Dieser Unterschied ist in den vorausgehenden Darlegungen schon deutlich geworden; er läßt sich auf den einfachen Nenner bringen: Jacobi ist erkenntnistheoretischer Skeptiker; mit Kant ist er von der Unfähigkeit des reflektierenden Verstandes, Gott zu erkennen, überzeugt. Er hält dieses aktiv-diskursive Agieren des Verstandes aber auch für unnötig und unangemessen den Gegenständen der Metaphysik; ihnen gegenüber ziemt es dem Menschen, glaubend zu rezipieren, was die Vernunft als unmittelbar gewiß und unüberbietbar offenbart: Gottes Dasein ist so wahr, wie Freiheit und Gewissen zum Wesen des Menschen gehören. Jacobi statuiert also zwei dualistisch unterschiedene Erkenntnisarten. Schelling hingegen hält das Erkennen auch in metaphysicis für unteilbar; es ist Teil des Denkens. Da das diskursive Denken nicht das Absolute erreichen kann - darin geht er wie Jacobi mit Kant einig -, muß es eine andere Form geben, wonach sich das Denken unmittelbar zum Absoluten aufschwingen kann, indem es alle Formen der Erkenntnis integriert. Diese "intellektuale Anschauung" richtet er nach der Art Spinozas aus; mit dessen Idee der "immanenten Kausalität" wird es ihm möglich, alles in Gott und vom Standpunkt Gottes aus als göttlich zu erkennen. Die Konsequenz: Die Immanenz Gottes in allem erscheint hier denknotwendig; sie bedeutet mehr, als die Tradition bisher glaubte; und sie besagt zugleich etwas anderes.

War Schelling darüber von K. A. Eschenmayer im wissenschaftlichen Gespräch kritisiert worden (1), so war das eine sinnvolle Ausein-

---

1 S. o. Kap. 2, Anm. 206; ausführlich dazu: K. FISCHER, Schellings Leben, Werke und Lehre, Heidelberg [4]1923, 44 f.; 613-616; s. a. ebd., 670-672.

andersetzung. Doch blieben auch Verdächtigungen nicht aus: Gerade Schellings Würzburger Zeit war voll solcher Intrigen (2). Schellings Wechsel nach München (1806), das ihm (mit einer Unterbrechung von sieben Jahren in Erlangen, 1820-1827) bis 1841 Heimat werden sollte (3), führte ihn ins Lager seiner heftigsten Gegner: C a j e t a n   W e i l l e r und J a c o b   S a l a t (4). Doch konnte Schelling unter dem Schutz der aufgeklärten bayerischen Regierung des Königs M a x I.   J o s e p h und seines Ministers M o n t - g e l a s (5) vor ihren Anfeindungen sicher sein. In diese Zeit fällt aber auch die persönliche Begegnung mit J a c o b i , der, seit 1804 in München ansässig, führendes Mitglied und seit 1807 Präsident der Akademie der Wissenschaften ist. Schelling hat als Sekretär dieser Akademie von nun an häufigen Kontakt mit ihm.

Jacobi und Schelling waren sich bis zum persönlichen Kennenlernen aus ihren Publikationen bekannt gewesen. Doch hatte Jacobi - entgegen seiner sonstigen Gewohnheit, mit allen berühmten Zeitgenossen Kontakt aufzunehmen - nie Schellings Bekanntschaft gesucht; die Gründe lassen sich nur ahnen. Es mag sein, daß Jacobi aus Gesundheits- und Altersgründen nicht mehr aktiv genug ist, als Schellings Ruhm wächst; es mag Eitelkeit des um 32 Jahre älteren sein, der sich nichts vergeben will; es kann aber auch die offenbar von Anfang an vorhandene Abneigung gegen Schellings Philosophie gewesen sein, den er anfangs - wie die übrige geistige Welt - als Parteigänger F i c h t e s ansah. Tatsache ist: Jacobi hatte Schellings "Ideen zu einer Philosophie der Natur" von 1797 und die "Allgemeine Uebersicht der neuesten philosophischen Literatur" (1797/98) gelesen, hatte dann aber Schelling unbeachtet gelassen (6).

Schelling seinerseits zeigt in seinen frühen Werken durchweg Anerkennung und Bewunderung für Jacobis Werk. Insbesondere in der Rezeption der K a n t i s c h e n Erkenntnislehre und in der Einsicht, daß dessen Vernunftantinomien in den Themen der Metaphysik nicht das letzte Wort der Philosophie sein können, orientiert er sich offensichtlich an Jacobi. Dessen Betonung der Freiheit ist auch für ihn wesentlich. Ferner verdankt er insbesondere Jacobi die Wiederbelebung der Philosophie S p i n o z a s , die ja für sein Denken zentral wird. So taucht der Name Jacobis in allen frühen Schriften auf; Schelling sucht 1798 über den Verleger Perthes (Jacobis Freund) unmittelbaren Kontakt: Er bewundert Jacobi und drückt seine Hoffnung aus, daß Jacobi als der große Anreger der Zeitphilosophie weiterhin deren Führer bleiben werde (7). Nicht so sehr Jacobis ausbleibende (posi-

---

2 Vgl. ebd., 107-116.
3 Vgl. ebd., 126-130; 137-150; 169-174; 187-215; 229-243.
4 Ebd., 109.
5 Vgl. ebd., 126-130; H. GRASSL, Aufbruch zur Romantik, München 1968, 286-289.
6 Vgl. M. BRÜGGEN, Jacobi und Schelling: PhJ 75 (1968) 421; 429.
7 An Stelle vieler einzelner Hinweise vgl. M. BRÜGGEN, a.a.O., 420; 429 mit Stellenangaben.

tive) Reaktion, als vielmehr dessen kritischer Fichte-Brief von 1799 (8) und eine vermutete, aber nicht tatsächliche Kritik Jacobis an seinem "System des transzendentalen Idealismus" bewirken, daß Schelling Fichtes Partei ergreift, nunmehr kritisch Jacobis Spinoza-Interpretation abtut (9) und nach Jacobis Aufsatz "Ueber das Unternehmen des Kritizismus, die Vernunft zu Verstande zu bringen" (10) in seinem "Kritischen Journal" H e g e l eine sehr rigorose Auseinandersetzung schreiben läßt, mit der er sich voll identifiziert (11).

Jacobi ahnt diese Gegnerschaft; er durchschaut auch, daß Hegel der kritische Rezensent ist (wegen des "schlechteren Vortrags"), daß aber Schelling sich mit der Kritik identifiziert, wenn er sie als Mitherausgeber der Zeitschrift erscheinen läßt. Von da an (1802) steht Jacobi offensichtlich in unversöhnlicher Gegnerschaft zu Schelling. Die Lektüre des "Ersten Entwurfs eines Systems der Naturphilosophie", der dazugehörigen "Einleitung", der "Darstellung meines Systems der Philosophie" und des "Systems des transzendentalen Idealismus" (12) - offenbar Jacobis einzige Schelling-Lektüre neben der oben genannten (13) - genügen, daß sein Urteil über Schelling endgültig feststeht. Ein erstes Mal äußert sich Jacobi, indem er F. K ö p p e n s Abhandlung "Schellings Lehre oder das Ganze der Philosophie des absoluten Nichts" (14) drei eigene Briefe anfügt, die den Vorwurf des Naturalismus und einer Philosophie des Nihilismus aussprechen. An diesem Urteil ändern weder die freundlichen Begegnungen, noch die Zusammenarbeit von 1806 an etwas; auch Schellings offensichtliche Versuche, pietätvoll Jacobis Freundschaft zu gewinnen (15), mißlingen:

---

8   S. o. Kap. 1, III. Abschnitt: "Fichte, der 'Messias der spekulativen Vernunft' ".
9   Brief Schellings an Fichte v. 18.8.1800: H. SCHULZ (Hrsg.), J. G. Fichte, Briefwechsel. Kritische Gesamtausgabe, Leipzig 1925, II, 255; DERS., SW IV, 110; VIII, 27 Anm. S. a. M. BRÜGGEN, a.a.O., 420; 429.
10 F. H. JACOBI, WW III, (61-) 84-195.
11 G. W. F. HEGEL, Glauben und Wissen (1802), neu: Frankfurt/M. 1970, 333-393; s. a. M. BRÜGGEN, a.a.O., 421.
12 S. o. Kap. 2, Anm. 104-107.
13 S. o. Anm. 6.
14 F. KÖPPEN, Schellings Lehre oder das Ganze der Philosophie des absoluten Nichts, Hamburg 1803, bes. 249 f.; s. a. M. BRÜGGEN, 421; 429.
15 Vgl. die zusammenfassende Darstellung: M. BRÜGGEN, a.a.O., 421; 429 mit detaillierter Quellenangabe, aber auch die ironische Beurteilung von Jacobis patriarchalisch-selbstherrlicher Art: Brief Schellings an seine Frau v. 1.5.1806: G. L. PLITT (Hrsg.), Aus Schellings Leben, a.a.O., II, 85 f.; K. FISCHER, a.a.O., 154.

In Briefen an F. v. Baader und F. Köppen beharrt Jacobi darauf, daß seine Einsicht "in das Scichte und Verkehrte" von Fichtes und Schellings Philosophie ständig wachse; in Schelling "herrsche ausschließlich die Liebe der Natur, in ihm selbst die Liebe des Übernatürlichen", so daß sein Genius ihn vor Schelling warne (16).

Den Anlaß zum offenen Konflikt sieht Jacobi in Schellings Festrede vor der Akademie der Wissenschaften bei Gelegenheit des Namenstages des bayerischen Königs am 12.10.1807 gegeben. Diese Ansprache "Ueber das Verhältniß der bildenden Künste zu der Natur" (17) hat Schellings Ernennung zum "Generalsekretär der Akademie der bildenden Künste mit dem Rang eines Direktors" zur Folge; er erhält dadurch nicht nur eine Lebensstellung, sondern wird im Range Jacobi gleichgestellt (18). Aber gleichzeitig bewirkt sie, daß Jacobi - bestürzt über die Ausführungen - eine Widerlegung von Schellings Philosophie in Angriff nimmt, die er noch im Herbst 1807 beginnt, auf die er in Briefen wiederholt verweist, die aber im Herbst 1811 erst endgültig erscheint (19).

Diese Schrift "Von den Göttlichen Dingen und ihrer Offenbarung" (20) - der Kern der Auseinandersetzung zwischen beiden Philosophen - orientiert sich an Schellings Natur- und Identitätsphilosophie. Nur die Werke dieser Perioden hat Jacobi von Schelling gelesen; die späteren - die "Philosophie und Religion" und die Freiheitsschrift und deren neue Intentionen - berücksichtigt er nicht mehr. Er identifiziert auch die unterschiedlichen Aussagen der Naturphilosophie und der Identitätsphilosophie völlig miteinander. Sie gipfeln für ihn in der aus dem Festvortrag entlehnten Formulierung: Natur ist "die heilige, ewig schaffende Urkraft der Welt die alle Dinge aus sich selbst erzeugt und werktätig hervorbringt"; die Kunst hat die Aufgabe, die Natur nachzuahmen (21). Identitätsphilosophie bedeutet ihm nichts anderes als Identischsetzung von Natur mit Gott, also Vergöttlichung der Natur und damit Atheismus ähnlich, ja gleich dem Atheismus Spinozas. Die Rede von 1807 beweist Jacobi, daß Schelling sich selbst gleich geblieben sei. Deshalb fühlt er sich noch 1811 berechtigt, diese Philosophie als grundlegend falsch und atheistisch zu bekämpfen.

Wenngleich Jacobi hier philosophiegeschichtlich anachronistisch verfährt und Schellings persönlichen ehrlichen Versuchen einer Neuinterpretation

---

16 Auch hier die aus den Quellen erarbeitete Darstellung: M. BRÜGGEN, a.a.O., 421; 429.
17 F.W.J. SCHELLING, SW VII, 289-329.
18 K. FISCHER, a.a.O., 130; M. BRÜGGEN, a.a.O., 422.
19 Vgl. K. FISCHER, a.a.O., 153-155; M. BRÜGGEN, a.a.O., 422; 429; W. WEISCHEDEL, Jacobi und Schelling, Darmstadt 1969, 20-22.
20 F.H. JACOBI, WW III, (245-) 263-460.
21 Vgl. F.W.J. SCHELLING, SW VII, 292; 293; 408 par. F.H. JACOBI, WW III, 388; 390 f.

nicht gerecht zu werden vermag (in einem hat Jacobi freilich Recht: Die Rede von 1807 bleibt hinter der 1804 erreichten Einsicht zurück; Schelling sieht hier Natur weitaus romantisch verklärter als in den abgewogenen Verhältnisbestimmungen von Natur und Kunst in der "Philosophie der Kunst" (22)), so ist seine Schrift dennoch eine Kontroverse, die notwendig kommen mußte: Schellings Philosophie hatte noch nicht die Feuerprobe wissenschaftlicher Bewährung bestehen müssen; vor allem ihre religionsphilosophischen Aussagen bedurften einer Konfrontation mit der philosophischen und theologischen Tradition. Fichtes Kritik (23) konnte nicht wirksam werden; zu sehr war er selbst einseitige Partei und hatte erst die Wirren des "Atheismusstreits" zu bestehen gehabt. K. A. Eschenmayers Anfragen (24) waren zu harmlos, J. F. Fries' Kritik (25) war wohl zu vornehm und zu akademisch, hingegen Weillers und Salats Auslassungen (26) zu polemisch, als daß Schelling umfassend gewürdigt, in seinen Anliegen verstanden und in seinen falschen Lehren als gültig widerlegt gelten konnte. In praktischer Hinsicht konnten Schellings Ideen ihre Wirkung tun: Die Akademie der bildenden Künste konnte sich unter seiner Leitung und mit seinen Inspirationen zu voller Blüte entfalten (27).

Jacobi also sollte der Mann werden, der Schellings Philosophie eingehend mit der Tradition konfrontierte. Erst in der nun ausbrechenden Kontroverse gelang es, die Gegensätze in ihrer Bedeutung so auf den Begriff zu bringen, daß Anliegen und Reichweite klar zutage traten - die Reaktion der wissenschaftlichen Öffentlichkeit beweist, wie sehr die Zeitgenossen fühlten, welch wichtige Fragen in der Kontroverse anstanden (28). Für Jacobi selbst (29), für Schelling (30) und die Zeitgenossen, etwa die katholischen Tübinger (und besonders J. E. Kuhn) (31) waren der Streit und seine Inhalte normgebend.

---

22 S. o. Kap. 2, Abschnitt III: Das Absolute in der Kunst.
23 S. R. LAUTH, a. a. O., bes. 77-125; 158-181; 183-204.
24 S. o. Anm. 1.
25 J. F. FRIES, Neue Kritik der Vernunft, 3 Bde., Heidelberg 1807.
26 S. o. Anm. 4; s. a. F. H. JACOBI, WW III, 260.
27 Vgl. etwa H. HABEL - P. BÖTTGER - E. RUHMER über Architektur, Plastik und Malerei im 19. Jahrhundert: Bayern. Kunst und Kultur (Ausstellungskatalog), München 1972; O. HEDERER, Klassizismus, München 1976, 12; 95-116.
28 Auch hier genügt der Verweis auf die Darstellungen: K. FISCHER, a. a. O., 158-161; M. BRÜGGEN, a. a. O., 422 f.; bes. ausführlich: W. WEISCHEDEL, a. a. O., 68-90. JACOBI selbst: a. a. O., 248 f.
29 Vgl. W. WEISCHEDEL, a. a. O., 82-84.
30 Vgl. seine eigene Beurteilung des Streites und des Gegners in den Münchener Vorlesungen "Zur Geschichte der neueren Philosophie" (1827): SW X, 165-192, neu: 142-164.
31 Vor allem dessen: Jacobi und die Philosophie seiner Zeit, Mainz 1834.

II. Inhalt der Kritik Jacobis an Schelling

Im "Vorbericht zu der ersten Ausgabe" (32) berichtet Jacobi, wie ihm eine ursprünglich geplante Rezension der Werke von **Matthias Claudius** nach einigen Aufschüben zu einer grundsätzlichen Betrachtung "über religiösen Realismus und Idealismus" ausuferte. Jacobi verschweigt, daß er das, was schon 1798 geschehen sollte, hier lediglich aufgreift, um gewissermaßen mit einer zweiten einseitigen religiösen Interpretation den Angriff auf Schelling zu mildern. Schelling soll damit auf dem Hintergrund der in Jacobis Augen verfehlten modernen Religionsphilosophie dargestellt werden. Das mindert einerseits die Heftigkeit der Jacobischen Kritik, andererseits gibt es ihm Gelegenheit, sein eigenes Verständnis von Religion und Christentum umfassend zu beschreiben. Denn religiöser Realismus ebenso wie religiöser Idealismus teilen sich - so sein Bild - bloß in die beiden Schalen der Muschel, welche die Perle des Christentums enthält (33).

- Was sind nun diese Muschelschalen, was die Perle?

Materialismus und Idealismus in der Religion (34)

Jacobi sieht in Schellings (Natur- und Identitäts-) Philosophie, die bewußt bei den antiken Kosmogonien, Mythologien und Naturphilosophien anknüpft und in diesen nachweisbar ältesten Denkformen den ursprünglichen Ausdruck von Wahrheit entdeckt, kein zufälliges Phänomen. Es ist der notwendige Weg des zu sich selbst kommenden menschlichen Verstandes, daß er erst allmählich aus einem Chaos von Empfindungen und Vorstellungen über den Zusammenhang von außer und in sich, von ich und nichtich zum Bewußtsein gelangt. So hängen "die zwei **scheinbar** so entgegengesetzten speculativen Systeme des **Materialismus und Idealismus** dennoch im menschlichen Verstande" wie eine Zwillingsgeburt zusammen; sie machen sich auch gegenseitig - Jacobi bleibt im Bilde - wie Esau und Jakob das Erstgeburtsrecht streitig. Dort, wo also der menschliche Verstand die Welt zu erkennen und damit für sich zu gewinnen sich anschickt, dort erfährt er sie nicht, wie sie ist, sondern wie er sie sich vorstellt. Der Unterschied dieser konstruktiven Denkformen liegt dann lediglich im Schwerpunkt, den das Denken als grundlegend setzt: Materie oder Idee; erstere sieht in Materie=Natur den Ermöglichungsgrund des

---

32 F.H. JACOBI, WW III, 257-262. Zur Interpretation: K. FISCHER, a.a.O., 154-156; 672-678; M. BRÜGGEN, a.a.O., bes. 424-427; W. WEISCHEDEL, a.a.O., 22-31.
33 F.H. JACOBI, WW III, 254.
34 Zum Folgenden: Ebd., 350; 263-339.

Denkens, letztere im Denken das Konstitutiv der Welt (35).

Unter diesem Aspekt beantworten die Philosophien das Religionsproblem, woher Welt und Mensch kommen und wohin sie sich orientieren; dies allerdings in sehr unterschiedlicher Weise. Jacobi klassifiziert sie in zwei Hauptgruppen, die sich gegenseitig ausschließen: Realismus und Idealismus. Er bemerkt dazu: "Ich ... sehe an beiden Seiten neben großem Recht auch großes Unrecht, und gründe darauf die Hoffnung zu einer möglichen Uebereinkunft unter ihnen" (36). Jacobi charakterisiert beide.

Die eine Gruppe sind die "Philosophen - nicht im höchsten, sondern - im äußersten Verstande". Sie "haben es in der Reinigung ihrer Wahrheitsliebe so weit gebracht, daß sie nach dem Wahren selbst nicht mehr fragen". Das Wahre ist das "Positive" oder "Realobjektive", die uns begegnende Wirklichkeit. Diese Wirklichkeit soll es also gar nicht geben. Es existiert nur die Wissenschaft, die des Wahren außer ihr nicht bedarf. Sie glaubt mit ihrer Erkenntnis auf dem Standpunkt des absoluten Seins zu stehen, das die konkrete Realität als Täuschung, Schein, Irrealität überboten hat. Ohne Namen zu nennen, beschreibt Jacobi hier offensichtlich die Identitätsphilosophie, die alle Realität auf Vernunft zurückführt. Doch Jacobi kann hierin nicht eine vernünftig schaffende Urwirklichkeit sehen; er glossiert vielmehr - ähnlich H e g e l : Hier wird ein absolutes Ist angenommen, "das auf gar keine Weise etwas ist". Wer solches als höchsten Stand der Erkenntnis ausgibt, der verfällt einem "blos logischen Enthusiasmus" - ein Ausdruck, den Jacobi schon auf F i c h t e angewandt hatte -; er raubt dem Menschen alles natürliche Leben, wozu wesensmäßig Glaube, Liebe und Hoffnung zählen, und versetzt ihn auf den unnatürlichen Standpunkt der Spekulation. Das Ergebnis: Das absolute Nichts wird für das Ein und Alles ausgegeben; damit ist man "übergegangen aus dem B e t r u g e   d e s   W a h r e n in die wesentliche reine Wahrheit des Betrugs". "Eine solche Weisheit kann der, welcher hier Zeugniß ablegt, unmöglich für wahre Weisheit gelten lassen; er muß sich wider die Lehre laut und ausdrücklich erklären" (37).

Dieser Klasse "von ganz Inwendigen ohne Auswendiges, das zu ihnen eingehen könnte", steht "die Classe der ganz Auswendigen gegenüber, die nichts in sich zu haben behaupten, was nicht von Außen in sie gekommen wäre" (38). Sie leugnen, was der ersten Kategorie allein wichtig war: die Vernunft, die Verstandeserkenntnis, und lassen nur die Sinnenwahrnehmung gelten. Das "innere Wort" des menschlichen Geistes, das den Philosophen alles galt, gilt diesen "Realisten" überhaupt nicht. Dagegen soll

---

35 Vgl. bes. ebd., 348-350.
36 Ebd., 333.
37 Ebd., 333-335.
38 Ebd., 336 (im Zitat wurden die Sperrungen weggelassen); zum Folgenden: ebd., 336-339.

das äußere, an sie ergehende Wort "über das, was wahr und gut ist, absolut entscheiden". War für die Philosophie Gott in der absoluten Vernunft, so soll hier Gott von außen andemonstriert werden: Gottes Dasein wird so durch außerordentliche Gesandte verkündigt; seine Eigenschaften (Weisheit, Gerechtigkeit, Güte, Wahrhaftigkeit) werden uns gelehrt; seine Allmacht soll durch Wunder bestätigt werden. Vernunft und Gewissen können Einheit, Festigkeit und Heilsgewißheit des Glaubens nicht verbürgen, weil sie zu wenig Einheitlichkeit und Ordnung garantieren. Der richtige Weg zu Gott ist der der äußeren Autorität, die auch das Anathem nicht entbehren kann. - In diesem Sinn interpretiert Jacobi (hier ähnlich traditionskritisch wie Schelling am Anfang seines Philosophierens) das kirchliche Christentum, dessen "Glaubenszwang" er besonders im Katholizismus immer wieder anprangerte (weshalb er sich auch nie mit Stolbergs Konversion abfinden konnte). Er wendet sich daher in unserem Zusammenhang gegen M. Claudius, der im "Wandsbecker Boten" seinem Neffen Andreas aus den Berichten der Heiligen Schrift die Würde des Christentums und die Hoheit der Gestalt Christi näherbringen will. Das ist für Jacobi religiöser Materialismus oder verborgener Götzendienst. Er fragt pointiert dagegen, ob denn Lektüre, Erzählung (Verkündigung) etwas anderes oder gar mehr erbringen als "was wir unmittelbar anschauen", ob der leblose Buchstabe mehr Leben vermittle als die reale Erfahrung, ob er vielleicht das "Maß des Maßes" sei. Die Frage nach der Historizität der Bibel und nach der uns dort vorgestellten Gestalt Christi nützt uns wenig; sie bleibt äußerlich. "Was er in Dir ist, darauf allein kömmt es an...". Denn wenn in uns Christi Bild lebendig ist, vermögen wir uns mit ihm zu Gott aufzuschwingen (39).

Religiöser Materialismus und religiöser Idealismus gehen die Frage nach Gott einseitig und exklusiv an; darin liegt ihr "Unrecht". Von Geschichte, Mitteilung, Verbürgung durch Autorität auszugehen, heißt für Jacobi: im Äußerlichen das Wesentliche sehen; dabei fällt die innere Dimension, das Erleben des von außen uns Begegnenden aus. Jacobi denkt hier ähnlich ungeschichtlich wie Schelling in seiner Ablehnung der Geschichte als Medium der allgemeingültigen Idee im Rahmen seiner "Philosophie der Kunst". - Die Gegenposition sieht in der Idee allein das Wesen von Religion; bei ihr entfällt die Begegnung mit der Außenwelt. Beide Anschauungen wollen einlinig, monokausal, monistisch unser Wissen von Gott erklären; beide verfehlen dadurch die Wirklichkeit, die unser Erkennen ermöglicht. Dieses Erkennen lehrt uns: die ganze Wirklichkeit, so wie sie ist und uns unmittelbar begegnet, auf uns wirken lassen und in den uns dort begegnenden Erfahrungen unser Erleben reifen lassen. Dann wird uns unmittelbar gewiß werden, daß die Natur sowohl außer wie in uns blinde Kraft ist, daß aber über sie hinaus noch etwas im Menschen ist, das "Absicht, Vorsatz, Gedanken" ausmacht. "Unvertilgbar,

---

39 Ebd., bes. 263-270; 279-286; Zitat: 286.

wie die Ideen" drängt dieses Bewußtsein eines Vermögens des Menschen, sich über die Natur zu erheben. "Mit bewusster Ueberlegenheit stellt es sich diesem (dem, was blos Natur ist) entgegen, und bemeistert sich seiner, um demselben die ihm fremden Gesetze der Gerechtigkeit und Weisheit, des Schönen und Guten - blinde Kräfte durch blinde Kräfte erregend und bändigend - äußerlich anzunöthigen und aufzudringen, damit Raum werde für Licht und für Recht" (40).

Mit dieser Erhebung über die Natur - und um diese Erhebung verständlich zu machen, die ja eine Erhebung des menschlichen Inneren ist, war es nötig, die Formen des historisierenden, material denkenden Christentums abzuwehren - und zwar mit ihr allein, nicht unter Zuhilfenahme des Mediums Natur ist es dem Menschen möglich, über sich und seine - auch geistigen - Vermögen aufzublicken "zu einem Wesen ü b e r ihm, das nicht blos ein A l l e r h ö c h s t e s ist, sondern Gott ... ". Der Aufblick zu Gott ist unzertrennlich mit dem Bewußtsein der über Natur erhabenen Geistigkeit verbunden. Gott, der uns dabei unmittelbar bewußt wird, ist Allmacht, die über der Allgewalt einer der Notwendigkeit gehorchenden Natur- oder Weltseele (dem hypostasierten Gespenst der Notwendigkeit) steht; denn er ist "der W i l l e eines W o l l e n d e n, der wissend und mit Freiheit alles, was des Daseyns sich erfreut, aus L i e b e werden läßt. Ohne Liebe wäre Freiheit nur blindes Ungefähr, so wie Vernunft ohne Freiheit nur ihrer selbst inne werdende blinde Nothwendigkeit. Allein um des Schönen und Guten willen, ihm zu L i e b e, ist eine Welt vorhanden". Jacobi resümiert: "Des vernünftigen e n d l i c h e n Wesens Seyn, Bewußtseyn und Handeln, ist bedingt durch ein doppeltes A u ß e r i h m : eine Natur u n t e r, und einen Gott ü b e r ihm".

Anders als Schelling, gegen den hier Jacobi wiederum offensichtlich s e i n e Glaubens- und Erkenntnislehre aus der Spinoza-Kontroverse und der Idealismus-Kritik wiederholend vorträgt, bestimmt Jacobi das Verhältnis von Natur- und Gotteserkenntnis im Menschen: Bei Schelling war das Denken die Natur außer dem Geist setzende Kraft gewesen, die als absolute das reale Sein der Dinge ermöglicht und somit in Gott setzt. Bei Jacobi erweist uns unser Geist einen anderen (nicht eines aus dem anderen setzenden) Zusammenhang: Das Erkennen kommt uns nicht von den Gegenständen zu; die Natur ermöglicht nicht unsere Erkenntnis (das hatte Schelling freilich nie behauptet). Alles Empfinden, Streben und Erkennen geht vom Selbstsein oder Leben aus; es geht aus "von Etwas, das unmittelbar und wesentlich sich selbst vernimmt", und das ist das eigene Menschsein. - Jacobi sagt hier Selbstverständliches aus, das die Philosophie der Neuzeit, besonders seit Kant und dem Idealismus, immer neu wiederholte: Erkenntnis beginnt beim Selbstbewußtsein. Nur hatten K a n t und F i c h t e die aktiv gliedernde Rolle des Verstandes hervorheben wollen; S c h e l l i n g

---

40 Ebd., 273.

hatte (da das endliche Bewußtsein die von Fichte beschriebene Rolle, als absolutes Bewußtsein alle Erkenntnis zu statuieren, nicht real wahrnehmen konnte) versucht, dieses Selbstbewußtsein als Teil oder Form oder Potenz des alle Wirklichkeit konstituierenden absoluten Bewußtseins oder der absoluten Vernunft zu beschreiben. Aber gerade darin sieht Jacobi - mit Recht - den entscheidenden Fehler: Unsere endliche Erkenntnis kann sich nicht als Form oder Potenz des Absoluten und damit als absolutes Bewußtsein ausgeben. Es erfährt sich vielmehr als Einzelnes und als Gegenüber. Das, was es gegenüber hat und als Gegenüber (in der Dualität oder Getrenntheit) unmittelbar erfährt, sind "in demselben untheilbaren Augenblick, Natur und Gott - Endliches und Unendliches, Ewigkeit und Zeit". Die Erfahrung der Natur erhebt zugleich den Menschen über sie. Sie macht ihn zum über aller Natur außer und in ihm stehenden geistigen Menschen. Die so konstituierte Geisterfahrung läßt Freiheit und Gott innewerden; sie "offenbart" "Sittlichkeit stiftend Religion" und "stiftet" "Religion offenbarend Sittlichkeit", "beides unzertrennlich". Das Ergebnis lautet: "... durch Geistesbewußtseyn wird ihr (der Seele) Gottesahndung"; "eine Offenbarung durch äußerliche Erscheinungen, sie mögen heißen wie sie wollen (Anm. d. Vf.: auch nicht die Person Jesu Christi), kann sich höchstens zur inneren ursprünglichen nur verhalten, wie sich Sprache zur Vernunft verhält. ... So wenig ein falscher Gott außer der menschlichen Seele für sich daseyn kann, so wenig kann der Wahre außer ihr erscheinen" (41).

Dieses Innesein Gottes in der Erfahrung der Geistigkeit bedeutet für Jacobi nicht - wie bei Schelling naheliegend - eine Vergottung des Menschen. Sie will diese gerade ausschließen und den Menschen dabei an eine unmittelbare Vernunftgewißheit von der unabhängig von Erfahrung und Erkenntnis realen Existenz Gottes verweisen. Sie tut dies anhand der christlichen Tradition und ihrer Begrifflichkeit, nicht aber im Sinn des kirchlichen Christentums. Herder, Lavater, Fénelon und die mystische Tradition vereinigen sich in Jacobi zu einer exemplarischen Form pietistischer Frömmigkeit. Schelling wird sich darüber mockieren: Jacobi hintergeht die eifrigen religiösen Seelen, er trägt gern den Heiligenschein des eifrigsten Religions- und sogar Christentumslehrers, leugnet aber die Offenbarung, die Göttlichkeit der Schrift und Christi; er will den Aufgeklärten als Freidenker, den Kindern Gottes als ein Gläubiger gelten und ist ein Heuchler (42).

---

41   Ebd., 272-281, bes. 272; 274; 275 f.; 277.
42   S. K. FISCHER, a.a.O., 160 aus einem Brief Schellings an Georgii.

Der Weg der neuesten Philosophie bis zu Schelling

Kehren wir zu Jacobis Ausführungen zurück! Seine Skizze der beiden grundsätzlichen religiösen Systeme scheint erstellt, damit die Naturphilosophie aufs Korn genommen werden kann; denn in ihrer Widerlegung gipfelt Jacobis Kritik. Dabei fällt hier wie in der gesamten Abhandlung nie der Name Schellings. Doch ist es mit Händen zu greifen, daß er der Beschuldigte ist. Dementsprechend stellt Jacobi die rhetorische Frage, wie es zu der eben beschriebenen Situation kam. Seine Darlegung beginnt mit der Beschreibung der Kantischen Philosophie, und es stellt sich heraus, daß mit dieser letztlich die Verkehrung ihren Anfang nahm (43).

Mit Kant begann eine Revolution der Philosophie. Der "Kern" seiner Philosophie besagt: Wir begreifen einen Gegenstand nur insoweit, als wir ihn in Gedanken zu erschaffen vermögen. Diese gedankliche Konstruktion besagt - im Unterschied zu den Späteren - bei Kant keine Erschaffung von Substanzen, "so wenig in Gedanken als wirklich außer uns". Wir vermögen vielmehr nach Kant nur außer uns Bewegungen und Zusammensetzungen, also Gestalten wahrzunehmen und daraus in uns "sich auf Wahrnehmungen durch den äußern oder innern Sinn beziehende Begriffe und Zusammensetzungen von Begriffen hervor zu bringen". Wissen und Wissenschaft im Sinne strengen Begreifens gibt es daher konsequenterweise nur in Mathematik und allgemeiner Logik. Alle anderen Erkenntnisse werden nur insoweit exaktes Wissen, "als sich ihre Gegenstände durch eine Art von Transsubstanziation in mathematische und logische Wesen verwandeln lassen" (44). Jacobi fährt fort: "Offenbar läßt eine solche Verwandlung und Transsubstanziation sich nicht vollbringen mit den eigentlichen Gegenständen der Metaphysik: Gott, Freiheit und Unsterblichkeit". Diese drei Ideen liegen ganz außerhalb des Bereiches der zwei exakten Wissenschaften. Aus mathematisch-logisch stringenten Sätzen läßt sich die Wirklichkeit der Ideen ebenso wenig dartun, wie sie sinnlich-empirisch erfahrbar sind. Die Wissenschaft hat sich daher zu bescheiden; sie kann die metaphysischen Inhalte weder beweisen noch widerlegen. "Mit Grund rechnet Kant es sich zum größten Verdienst an, durch eine scheinbare Einschränkung des Vernunftgebrauchs diesen in der That erweitert, und durch Aufhebung des Wissens im Felde des Uebersinnlichen, einem dem Dogmatismus der Metaphysik unantastbaren Glauben Platz gemacht zu haben" (45). Denn Aufgabe der Philosophie sei es letztlich, trotz der Antinomien, sich mit ihren drei metaphysischen Ideen zu beschäftigen; alles andere diene ihr bloß als Mittel: Gotteserkenntnis und Religion (und zwar im traditionellen Sinn eines transzendenten Gottes und seiner Verehrung) seien "die höchsten Zwecke der Vernunft und des menschlichen Daseyns" - Jacobi zitiert aus dem "Einzig möglichen Beweisgrund" und aus der "Kritik der reinen Vernunft",

---

43 Zum Folgenden: F. H. JACOBI, WW III, 340-348; 350-378.
44 Ebd., 351; s. a. ebd., 340 f.
45 Ebd., 351 f.; das Zitat: ebd., 352.

daß Kant ausdrücklich Gott als ewige Natur im Sinne des Deismus (Urwesen, oberste Ursache) ablehnt: "... der Deist glaube einen Gott, der Theist aber einen lebendigen Gott...", der durch Verstand und Freiheit Urheber der Dinge sein soll (46). - Was nach Kants überzeugendem Nachweis nun nicht mehr theoretisch möglich war: von Gott im Sinn der Beweisbarkeit zu wissen, das ersetzte Kant - nach Jacobi - "der Philosophie zu helfen, daß sie nicht ihren Zweck, und mit diesem sich selbst einbüße", durch notwendige Postulate. Die praktische Vernunft erhält den Primat vor der theoretischen; ihre Sätze unterstehen "einem a priori unbedingt praktischen Gesetze"; sie müßten von der theoretischen Vernunft bewährt angenommen werden (47).

An diese treffenden Kant-Interpretationen fügt Jacobi seine B e u r t e i l u n g an: "Von der Kantischen Entdeckung aus: daß wir nur das vollkommen einsehen und begreifen, was wir zu construiren im Stande sind - war nur ein Schritt bis zum Identitätssystem. Der mit strenger Consequenz durchgeführte Kantische Kriticismus mußte die W i s s e n s c h a f t s l e h r e, diese, wiederum streng durchgeführt, A l l e i n h e i t s l e h r e , einen umgekehrten oder verklärten Spinozismus, I d e a l m a t e r i a l i s m u s zur Folge haben" (48). Es bleibt nach Jacobi nur verwunderlich, wie der Tiefdenker Kant diese Konsequenzen nicht selbst gesehen hat. Mit Berufung auf B o u t e r w e k (49) und J. F. F r i e s (50) begründet Jacobi seinen Vorwurf: Kant nimmt faktisch an, in der menschlichen Vernunft gebe es eine grundsätzliche Wahrheitsbefähigung, die über allen Irrtum erhaben, unmittelbar alles Realen und seines Grundes Gott gewiß sein kann. Unmittelbare Erkenntnis aber als ein allererstes Wissen schließt Beweise aus; denn wo Beweise möglich sind, sind sie der Ursprung der Erkenntnis. Nun sollte aber dennoch nach Kant die Philosophie Wissenschaft sein, sollte also mit den Methoden logischer Beweise ihre Inhalte dartun. Hier begeht Kant in Jacobis Augen den entscheidenden Fehler, daß er zwar der unmittelbar erkennenden praktischen Vernunft (und damit den unmittelbaren Offenbarungen des Wahren und Guten im Gefühl) den Primat - den Anfang der Erkenntnis - zuschreibt, aber den Schein der Wissenschaftlichkeit in der Erkenntnis der realen, empirischen Dinge wahren will. Die Konsequenz heißt: Im theoretischen Teil kann die Vernunft nur anhand der "verständigen Sinneserfahrung" konstruktiv erkennen, im praktischen Teil empfängt sie unmittelbar gewiß Wahrheit. Die Erkenntnisbefähigung des Menschen soll gespalten sein. Auch hier wie schon früher (51) erhebt Jacobi den Vorwurf der Inkonsequenz gegen Kant: Entweder er hätte - wie der Skeptizis-

---

46 Ebd., 341-343.
47 Ebd., 344 f.
48 Ebd., 354.
49 Immanuel Kant. Ein Denkmal, Hamburg 1805.
50 S. o. Anm. 25.
51 S. o. Kap. 1, Abschnitt III.

mus - Erkenntnis überhaupt leugnen oder an die diskursive Art des Denkens binden und damit im Idealismus enden müssen, oder er hätte - wie Jacobi - den "Wert und Unwert wissenschaftlicher Beweise" einsehen sollen; denn diese sind "für die Erkenntniß überall nur Verdeutlichung, nie ein Zuwachs an Inhalt". So aber hat die Vernunft "glücklicher Weise" die Idee von Gott, kann sie aber "unglücklicher Weise" nicht theoretisch dartun. Als Mensch vertraut Kant der Unmittelbarkeit der Einsicht, als Philosoph hält er es für nötig, diese Unmittelbarkeit in etwas mittelbar Erkanntes umzufunktionieren. Damit aber vernichtet Kant den Primat der Vernunft als des Vermögens des unmittelbaren, der Beweise nicht bedürftigen Vernehmens aller Realität (52).

Die "leiblichen Töchter der kritischen Philosophie" gehen diesen inkonsequenten Weg nicht mit (53). Die Wissenschaftslehre erklärt die lebendige und wirkende moralische Ordnung zum Gott, der kein von Welt und Mensch unterschiedenes Wesen mehr hat, nicht mehr die Ursache der moralischen Weltordnung, sondern diese ohne äußere Ursache oder Bedingung notwendig existierende Weltordnung selbst ist. Wollte man Gott Personalität (Jacobi: "Persönlichkeit") oder Vernunft zuschreiben, so hieße dies: ihm eigenes, gesondertes Sein und ähnlich der menschlichen Person Wissen und Wollen zuzuschreiben und ihn damit zum endlichen Wesen degradieren (denn diese Eigenschaften sind an Endlichkeit gebunden). Gott ist so in letzter Konsequenz ohne Bewußtsein und Selbstsein; was bei Kant noch als "der lebendige Gott" in der Vollkommenheit der Person hieß, gilt bei Fichte als logisch unmöglich (54).

Während aber Fichtes Lehre noch Aufsehen erregte (Atheismusstreit), erregte "die zweite Tochter der kritischen Philosophie" kein Staunen mehr; so sehr hatte sich die Welt an Atheismus gewöhnt. Als sie, die neue Philosophie, die Unterscheidung Fichtes zwischen Moralphilosophie und Naturphilosophie, zwischen Freiheit und Notwendigkeit aufhob, nahm man dies hin. Die Folge hieß: "Philosophie müsse mit der Voraussetzung beginnen, daß nur Eines sey, und außer diesem Einen Nichts". Die Philosophie, hier explizit das von Kant in seiner Begrenztheit ausgewiesene Denken, macht sich nun daran, allen Dualismus zu vertilgen: "Befreiung also der Natur von einem Uebernatürlichen, der Welt von einer Ursache außer und über ihr, mit einem Wort, Selbständigkeit der Natur, wurde die Losung dieser neuen Weisheit", die eine Alleinheit oder absolute Identität von allem Sein, einschließlich des Absoluten, mit der Natur, Naturvergötterung also lehrt (55).

Wie konnte es in der Konsequenz der Kantischen Philosophie dazu kommen, wo doch Kant selbst strikt am Dasein des lebendigen Gottes und an der

---

52 F. H. JACOBI, WW III, 355-368; 369 f.
53 Zum Folgenden: ebd., 345-348; 354; 367-369; 370-378.
54 Ebd., 345 f.
55 Ebd., 347 f.

menschlichen absoluten Gewißheit unverbrüchlich festhielt, daß Gott existiert? Wenn er also "der Wissenschaft" gab, "was der Wissenschaft (ist), und Gott oder dem Geiste, was Gottes und des Geistes ist"? (56) Die Antwort ist einfach: Die Epigonen hoben Kants Inkonsequenz auf. Aber sie taten dies nicht im Sinne Jacobis; sie schrieben der Unmittelbarkeit der Vernunfteinsicht nicht das alleinige Erkenntnisvermögen zu. Vielmehr vindizierten sie dieses der Wissenschaft: das Denken allein wurde zum ausschließlichen Vermögen der Erkenntnis. Damit wird aber nicht die Wirklichkeit, wie sie ist, erkannt (nicht das Wahre), sondern "Wirklichkeit" wird - gemäß dem Vermögen des Verstandes - nach dessen Kategorien konstruiert. Damit werden auf die Frage nach Gott zwei Grundgegebenheiten dieser Verstandeserkenntnis angewandt, die das Dasein Gottes notwendig verfälschen: a) Verstandeserkenntnis ist ein Erkennen aus Gründen. Aus einem Grund wird das Erkannte abgeleitet; der Grund ist umfassender als das abgeleitete Erkannte. Grund dieser Erkenntnis ist aber der Verstand; das daraus abgeleitete Absolute kann daher nicht Gott, sondern eine gedachte = konstruierte, nicht an der Realität erwiesene Fiktion sein. Die Konsequenz von Schellings Beharren auf Natur als dem Einzigen erfaßt daher letztlich nicht einmal die Natur als Absolutum, sondern ein gedankliches Monstrum, das ohne (äußere) Realität und daher ein Nichts ist. Das ist die letzte Konsequenz der Lösung von Gott in der Identitätsphilosophie.

b) Die zweite Folge der Verstandeserkenntnis bezüglich Gottes folgt aus der ersten: wenn Vernunft vom Verstand abhängt, dieser aber sich auf sinnliche Erfahrung bezieht, so ist ein Aufschwung von der Naturerkenntnis hinauf zu den Ideen unmöglich. Die Ideen (der Metaphysik) sind so erweiterte Verstandesbegriffe; sie sind gedacht nach Art der sinnlichen Erkenntnis. Gott und die übrigen Inhalte der Vernunft werden daher im Sinn und nach der allein erkennbaren Art der Natur bestimmt. Daher kann Natur als Gott, als Höchstes ausgegeben werden. Damit aber hat man verzichtet auf das, was die Ideen ursprünglich sind: die anfänglichen, uns vorgegebenen Erkenntnisse von objektiver Gültigkeit, die der Verstand nicht tangieren, in seinem Sinn umgestalten und deshalb verfälschen kann.

Die Themen der Jacobischen Schelling-Kritik

Mit der Darlegung der aus Kant gezogenen Konsequenzen ist Jacobi bereits zur Darstellung und Widerlegung der Themen fortgeschritten, unter denen er die falsche neue Philosophie systematisch abhandelt. Man kann sie unter folgenden Aspekten interpretieren: Ist das Wesen Gottes Natur oder Transzendenz? Läßt sich Gott unter der logischen Frage nach dem Unbedingten erkennen? Hier erörtert Jacobi den für ihn wesentlichen Unterschied von Grund und Ursache. Ferner statuiert er eine sachliche Differenz

---

56 Ebd., 375. Zum Folgenden: ebd., 367-372; 376-378.

zwischen Offenbarung und Beweis. Schließlich ist für ihn der Unterschied zwischen Anthropologie und naturaler Theologie in Bezug auf die rechte Gotteserkenntnis von zentraler Bedeutung.

Das Wesen Gottes: Natur oder Transzendenz?

Die entscheidende Frage, die unausgesprochen hinter Jacobis wie Schellings Gottesbestimmung steht, ist die nach der rechten Erkenntnis. Wenn sie den rechten Weg geht, gelangt sie zu Gott. Sie geht aber nur dann richtig, wenn sie den rechten Anfang nimmt. Es ist nach Jacobi für die Richtigkeit des Gottesbewußtseins nicht gleichgültig, ob man versucht, Gott aus der Natur oder aus dem Wesen des Menschen zu erschließen. Daß er alle Formen einer Erkenntnis Gottes aus der nichtpersonalen Schöpfung ablehnt und damit nicht nur im Gegensatz zur theologischen Scholastik, sondern auch im Gegensatz zur gesamten, an den Fortschritten der Naturwissenschaft orientierten Neuzeit gerät, ist noch ausführlich darzulegen. Jacobi beruft sich für sein Prinzip auf P l a t o n: "Dadurch, sagt P l a t o n, ist Gottesleugnung unter die Menschen gekommen, daß man sie trüglich überredet hat, das Erste sey nicht das Erste, das Nachfolgende nicht das Nachfolgende; überredet: Es sey bis dahin irrig die Natur, welche das allein E r z e u g e n d e sey, für ein E r z e u g t e s, das Erzeugte hingegen, den die Natur b l o s a b s p i e g e l n d e n und ihr n a c h a h m e n d e n Verstand, die I n t e l l i g e n z, für den Erzeuger und ersten Urheber gehalten worden" (57). Jacobi greift hier unter Verwendung ähnlicher Gedanken von A r i s t o t e l e s (58) auf die alten Kosmogonien zurück, die behaupten, "daß erst im Fortgange der Natur der Dinge das Gute und das Schöne zur Erscheinung komme" (59). Die nicht mehr mythisch denkenden Dichter hingegen geben das Höchste als das Erste und Ursächliche aus.

Auf diese zwei Prinzipien läßt sich schließlich alle Philosophie zurückführen: Entweder sie läßt das Vollkommenere aus dem Unvollkommeneren hervorgehen und sich entwickeln; dann ist der Grund alles Seins oder der erste Anfang die Natur; die Vernunft entwickelt sich dann aus der Natur und ist in ihrer entwickelten Vollgestalt vollendete Sinnlichkeit. Oder die Philosophie behauptet, das Vollkommenste sei zuerst. Das bedeutet: Der Anfang aller Wirklichkeit sei ein sittliches Prinzip, "eine mit Weisheit wollende und wirkende Intelligenz - ein Schöpfer-Gott". Die menschliche Intelligenz ist dann unmittelbar aus Gott und steht zwischen ihm und seinem Werk, der Natur, die sie beide gleich unmittelbar wahrnimmt (60).

---

57 Ebd., 378 f. mit Berufung auf PLATONS Nomoi, X.
58 Metaphysik, I, 3. Kap., 14.
59 F. H. JACOBI, WW III, (379-) 381 par. ebd., 349 (s. o. zu Anm. 34).
60 Ebd., 382; 378.

Verfolgen wir mit Jacobi den Weg der ersten Richtung. In Goethescher Terminologie hieße Natur als das Wirkprinzip annehmen: "Im Anfang war die Tat"; der freie Wille würde die Tat nur begleiten, diese aber ist Verursacherin und Leiterin. Sie ist ursprünglich blinde Aktion, auch wenn sich in der Entwicklung Bewußtsein beigesellt. Die Welt besteht dadurch in einem in sich geschlossenen Mechanismus, hat außer sich weder Ursache noch Zweck. Dieser Naturalismus "entstand zugleich mit der Wissenschaft; er begann so wie diese sich zu entwickeln anfing". Jacobi behauptet hier gewissermaßen, daß wie beim Grundgesetz der biologischen Evolution auch hier die Ontogenese die Phylogenese nachvollzieht: In der Geschichte des erwachenden Menschheitsbewußtseins vollzieht sich dasselbe, wie in der erwachenden Erkenntnis des einzelnen; man hält die sich aufdrängende Sinnlichkeit - die empirisch erfahrene Welt - für das Ursprüngliche und die Verstandeserkenntnis für die einzige rechte Form des Wissens. Die Vervollkommnung der Wissenschaft liegt in der Systembildung; im System geht alles auf ein Prinzip zurück. Auf die Frage nach dem Ersten in der Welt angewandt, heißt dies: der Naturalismus wird verabsolutiert, Natur ist das Eine und Erste von allem. "Es ist demnach das Interesse der Wissenschaft, daß kein Gott sey, kein übernatürliches, außerweltliches, supramundanes Wesen. Nur unter dieser Bedingung, nämlich, daß allein N a t u r , diese also selbständig und alles in allem sey - kann die Wissenschaft ihr Ziel der Vollkommenheit zu erreichen, kann sie ihrem Gegenstande gleich und selbst a l l e s i n a l l e m zu werden sich schmeicheln" (61).

Jacobi folgert weiter: Wenn "die Natur der Inbegriff alles Seyns, alles Wirkens und Werdens, alles Entstehenden und Vorgehenden" sein soll, dann ist hier ein undifferenziertes (chaotisches) Ganzes subsumiert. Dieses ist im Letzten nur positiv als Nicht-Nichts zu verstehen, jede andere differenzierte Seinsweise fehlt. Das aber wäre Unsinn; denn es widerspräche der konkreten Erfahrungserkenntnis. Wäre etwas gewonnen, wenn man diese absolute Natur als "absolute Produktivität" bestimmte? (Herder hatte ja so die göttliche Urkraft des Organismus beschrieben (62); Schelling hatte in seiner Festrede Natur als "die heilige ewig schaffende Urkraft der Welt" gepriesen (63)). Dann käme Unendlichkeit dieser Produktivität, nicht aber den einzelnen produzierten Wesen zu - der Inbegriff der Einheit und Absolutheit alles Seins wäre zerstört. Der Wert dieser absoluten Produktivität wäre nicht festzustellen; denn endliche Werke sind nicht im Unendlichen als ein Sein mit ihm. Sollen sie aber in ihm sein, so sind sie nur Modifikation dieses Einen; es kann in Wahrheit nichts geschaffen, nichts geändert werden. Die Z e i t , die konkret erfahrene Veränderlichkeit, ist letztlich Schein: Sie ist "in ihrer Wurzel ein Unveränder-

---

61   Ebd., 384 f.; s. a. 383 f.
62   S. o. Kap. I, Abschnitt II, Anm. 132-135.
63   S. o. Anm. 17 und 21.

liches", "in ihrer Frucht hingegen, in der expliciten wirklichen Welt, ein absolut Veränderliches, so daß in jedem einzelnen bestimmten Moment ... das All der Wesen nichts ist". Wenn die Natur die ewige Urkraft sein soll, die Welt aber in ihrem konkreten Dasein ein Nichts, dann ist für Jacobi klar, "daß ... die hervorbringende Ursache dieser von Ewigkeit zu Ewigkeit von einer Gestalt des Nichts in eine andere Gestalt des Nichts übergehende Welt, ganz in demselben Maße nichtig seyn müsse, wie es ihre Wirkung ist". Der Gott des Naturalismus ruft aus dem Sein das Nichtsein hervor, während der Gott des Theismus aus dem Nichts das Sein schafft. Der "Begriff der Natur als eines selbständigen Wesens, welches nichts außer sich als seine Ursache voraussetze, und nichts außer sich als seine Wirkung hervorbringe", der also Ursache und Wirkung, Schöpfer und Welt zugleich ist, erweist in dieser Form der Identität das Sein als Nichtsein; die angebliche Identität des Bedingten und Unbedingten, der Notwendigkeit und Freiheit ist in letzter Konsequenz die Identität der Vernunft und Unvernunft. Sie ist unsinniger Nihilismus (64).

In der ersten Beilage (65) korrigiert Jacobi die Behauptung, der Vorläufer des Identitätssystems sei Spinoza gewesen. Dieser war vielmehr der Erfinder. Wenn Spinoza nämlich nachweise, daß Denken nicht aus Ausdehnung und umgekehrt diese nicht aus dem Denken hervorgehe, so heiße das: Beide sind in der einen, unteilbaren Substanz notwendig und von Ewigkeit her vereint als eine Substanz; sie verhalten sich wie Sein und Bewußtsein zueinander. Das eigentlich Reale ist die Ausdehnung, das Denken ist das diesem gemäß Vorstellende; es kann nur "dieses ausgedehnte Wesen" vorstellen. Das ist Materialismus. Um diesen abzumildern, versucht die Philosophie nach Spinoza (Malebranche, Leibniz) der Ausdehnung die Substanzialität abzusprechen; übrig blieb dann das Denken als alleinige Substanz; "- aber nur so lange, bis ein noch scharfsinnigerer Denker auftrat, der auch von dem denkenden Wesen erwies, was seine Vorgänger blos von dem ausgedehnten Wesen erwiesen hatten, nämlich, daß es als substanzielles Wesen ebenfalls nur für Erscheinung gelten könne". Dieser scharfsinnige Denker ist Kant; er widerlegt so einerseits den Spinozismus, andererseits inauguriert er durch seine Inkonsequenz (siehe oben) eine erneute Form, die Jacobi - wie schon im Fichte-Brief - "verklärten Spinozismus" oder "Ideal-Materialismus" (im Unterschied zum "Material-Idealismus") nennt. Gerade aber Schelling hat in seiner Philosophie gezeigt, "daß es gleichgültig sey im System, ob vom Objekt ausgegangen werde oder vom Subjekt, indem man auf beiden Wegen, wenn nur richtig philosophirt werde, zu demselben Resultate und der ganzen Wahrheit gelange" (66). - Jacobi rekurriert hier auf Schellings "Philosophische Briefe" (67)

---

64 Zum Ganzen: F.H. JACOBI, WW III, 388-394. Bei den Zitaten wurden die Sperrungen weggelassen. S. a. W. WEISCHEDEL, Jacobi und Schelling, a.a.O., 24-26.
65 F.H. JACOBI, WW III, 428-434.
66 Ebd., 433.
67 S. o. Kap. 2, Abschnitt II; Anm. 61-79.

und erkennt richtig den engen Zusammenhang beider Philosophien. Für ihn trifft damit Schelling auch das gleiche Verdikt wie Spinoza. In dieser Hinsicht wiederholt Jacobi hier, was er schon in der Spinoza-Diskussion kritisierte.

Die Alternative zum naturalistischen Nihilismus muß heißen: Am Anfang war der Schöpfer-Gott, der Wille, die Vernunft. Das Weltall ist "um des Guten und Schönen willen vorhanden, das Werk einer Vorsehung, die Schöpfung eines Gottes" (68). Durch diese Einsicht lassen sich alle Ungereimtheiten des Naturalismus vermeiden. Außerdem ist sie die ältere Einsicht, "und der Theismus, als G l a u b e , ging dem Naturalismus, als P h i l o s o p h i e voraus" (69). Die Identität von Sein, Natur, Vernunft und Gott konnte nicht erklären, was sich dem echten Denken als unmittelbare Erfahrung auftut: Es besteht ein durch das Denken nicht aufzuhebender "Dualismus", ein Wesensunterschied zwischen dem Übernatürlichen und dem Natürlichen und allem, was damit zusammenhängt; denn Freiheit und Vorsehung stehen auf Seiten des Übernatürlichen, Notwendigkeit und blindes Schicksal sind Signa des Natürlich-Endlichen. Mit dieser unmittelbaren und unaufhebbaren Gewißheit ist gleich unmittelbar die menschliche Vernunft mitkonstituiert; ihre Wahrhaftigkeit und Würde beruht auf diesem gläubigen Innesein. Wäre es anders, verhielte die Vernunft sich anders als empfangend, würde sie vor dem vernunftlosen Tier nur Lüge und Irrtum zum Voraus haben. In ähnlicher Ontologie wie schon gegenüber Kant entwirft Jacobi hier einen Stufenbau der Welt, wonach der Mensch Bürger zweier wunderbar sich aufeinander beziehender Welten ist und von dieser Doppelgestalt "das innigste Bewußtsein" hat.

Der Mensch weiß sich der N a t u r v e r b u n d e n ; er ist aber auch durch Vernunft und Freiheit über sie erhaben. Dieser Geist ist nicht naturfeindlich; denn Natur vernichten, würde heißen, Schöpfung zu vernichten. "Alles was ist, außer Gott, gehöret der Natur an, und kann nur im Zusammenhange mit ihr bestehen; denn alles außer Gott ist e n d l i c h , die Natur aber ist der I n b e g r i f f d e s E n d l i c h e n". Der Mensch würde seine konkrete endliche Existenz vernichten, wenn er gegen die Natur vorginge (70). Jacobi zitiert "die ehrwürdige älteste Sage", die Genesis, um Gottes Schöpfung in ihrer Schönheit vorzustellen (71). Entsprechend verhält sich auch der recht Denkende, der Theist, zur Natur. Er achtet ihre Selbständigkeit, etwa als Naturforscher; er kommt in ihrer Auslegung mit der ihr eigenen Gesetzlichkeit aus. Hier, im Bereich der Natur, d. h. im Bereich des Endlichen hat alle Wissenschaft ihren legitimen Ort; denn sie ist Reflex

---

68 F.H. JACOBI, WW III, 378; 382-384. Zum Folgenden: ebd. , 388 f. ; 385-388; 394-402.
69 Ebd. , 384.
70 Ebd. , 398 f.
71 Ebd. , 399.

dieser Natur. Sie kann m. a. W. nur in Endlichkeit, aufbauend auf Empirie konstruktiv erkennend und schaffend tätig sein. Auf Endlichkeit beschränkt, muß Wissenschaft ihre Grenzen einhalten; sie darf sich nicht anmaßend darüber erheben, um von Gott wissen zu wollen. Sie darf erst recht nicht "dem Theismus abgeborgte Ausdrücke" auf die Natur anwenden, diese dadurch vergöttlichen und ihr so ein artfremdes Wesen andichten. Freiheit, Moralität, Gott gibt es nicht in der Natur und Wissenschaft. Wenn der Naturalist von ihnen spricht, wendet er die Ausdrücke auf die Natur an; "... von ihnen redend sagt er, was er in Wahrheit nicht meint. Wer aber solches tut, der redet Lüge" (72) - ein Vorwurf, der Schelling ganz besonders tief trifft, was bereits im Titel seiner Gegenschrift (73) zum Ausdruck kommt.

Vernunft und Freiheit binden den Menschen nicht mit Notwendigkeit (schicksalhaft) an die Natur. Er kann sich in ihr über sie erheben (74). Wiederum beruft sich Jacobi auf das Schriftwort vom Odem, den Gott dem Menschen einhaucht, und vom Wort des Abbildes Gottes. Geist: "Das ist der Mensch, daß in ihm ist der Othem Gottes des Allmächtigen, des Urhebers der Natur, des Beginnenden, des absolut Unabhängigen und Freien". "Geistesbewußtseyn heißet Vernunft. Der Geist kann aber nur seyn unmittelbar aus Gott. Darum ist Vernunft haben, und von Gott wissen Eins; so wie es Eines ist, von Gott nicht wissen und Thier seyn" (75). Der Mensch muß Gott denken; ihn nicht denken, d. h. von ihm überhaupt nichts wissen, ist unmöglich. Der Mensch kann höchstens Gott leugnen - so wie er auch Freiheit und Geist in sich selbst abstreiten, aber im innersten Gewissen das Wissen von ihnen (von Freiheit, Geist und Gott) "nie ganz vertilgen kann".

Es ist eine Form von Gottesleugnung wider bessere Einsicht, wenn Gott in die Natur verlegt wird. Denn Natur ist die Macht, die in der Welt alle Teile getrennt und doch in Verbindung hält. In dieser Mittelfunktion der Verkettung von allem untereinander schafft die Natur einen notwendigen, bloß mechanischen Zusammenhang; Weisheit, Freiheit, Güte fehlen; es herrscht das Gesetz der Stärke - Jacobi desillusioniert hier, was seit "Sturm und Drang" und Romantik als schützend und bergend, webend und belebend in der Natur verehrt wurde; er führt Natur auf ihre bloße Funktionalität zurück. "Wo aber Güte und Weisheit mangeln, und nur das Gesetz der Stärke waltet, da ist, sagt ein alter Spruch, keine wahre Erhabenheit, da ist keine Majestät: 'Sine bonitate nulla majestas!' ". Wie der Mensch aber sich selbst als frei erfährt, wie er sich als Wesen erkennt, "dem geboten ist zu schaffen das Gute und Schöne nach einem ihm inwohnenden Urbilde" (Freiheit hier verstanden als Entscheidungsfreiheit für das Gute), so erkennt der Mensch gleich unmittelbar über sich und der Natur, der er

---

72 Ebd., 385-388.
73 S. u. Anm. 96.
74 F. H. JACOBI, WW III, 398; 400-402.
75 Ebd., 400; die Sperrungen wurden weggelassen.

mit einem Teil seines Daseins zugehört, die erhabene Majestät, die dies alles so geschaffen hat: Gott (76). W. Weischedel (77) weist mit Recht darauf hin, daß für Jacobi nicht nur das Sein und Wesen Gottes in Gefahr ist, wenn sich der Naturalismus durchsetzt - hier ist die Gefahr geringer; denn Gott läßt sich dadurch nicht vernichten, höchstens leugnen. Doch der Theismus schützt vor allem die Freiheit des Menschen vor Unterdrückung. Freiheit als Fundament des Menschseins und als Fundament des wahren Philosophierens (vgl. E. Homanns Schrift) ist gewährleistet durch das rechte Wissen von Gott. Sie ist aber nicht moralisch indifferent; sie ist menschliche Ausstattung zum Guten. Der Naturalismus, der Freiheit nicht begründen kann, führt deshalb zur unmoralischen, menschenunwürdigen "Identität des Guten und Bösen" (78).

Die Frage nach dem Unbedingten

Jacobi glaubt bei den neuzeitlichen Formen der Leugnung der Transzendenz von Spinoza bis Schelling Gott durch die Natur ersetzt. Die Neuzeit mit ihren Entdeckungen, mit der Erforschung des Sinnzusammenhangs, der unerschöpflichen Kraftreserven (im Gegensatz zu heutiger Naturerfahrung!), der Gesetzmäßigkeit in der Natur legt es nahe, die zuvor einem transzendenten Schöpfergott zugeschriebene Ursache dieses Sinnzusammenhangs in die Welt hereinzuverlegen. Diese Form des Atheismus - und Jacobi bezeichnet sie als solchen - leugnet Gott nicht wegen des menschlichen Leids, nicht wegen Behinderung menschlicher Freiheit oder ähnlicher Motive; sie sieht im Glauben an den transzendenten Schöpfergeist eine Art Projektion der erfahrbaren innerweltlichen Vernunft an ein Außerweltliches. Die Ursache für diese Haltung ist die Orientierung des Denkens an der erfahrbaren Realität: Wenn die Welt Vernunft offenbart, wenn der Mensch an dieser Vernunft Anteil hat, wenn die Erkenntnis - die Anwendung dieser Vernunft - nur Innerweltliches absolut sicher erkennt, so legt es sich nahe, die Ursache oder den Grund dieser Sinnhaftigkeit in das Diesseits zu verlegen. Aus der Transzendenz wird Immanenz, aus dem Glauben wird Wissen; und dennoch behält alles eine religiöse Dimension. Ähnlich wie bei Feuerbach werden die religiösen Schätze, die an den Himmel verschleudert waren, auf die Erde zurückgeholt; jetzt aber werden sie nicht dem Menschen wiedergegeben (79), sondern dem Sinnzusammenhang der ganzen Welt: der Natur und dem Kosmos - die rein anthropologische Dimension des Atheismus ist einer späteren Zeit vorbehalten.

---

76 Ebd., 402; 401.
77 A.a.O., 28-31.
78 Ebd., 31 par. F.H. JACOBI, WW III, 394.
79 Vgl. L. FEUERBACH, Das Wesen des Christentums (1841), Frankfurt/M. 1976 (Theorie Werkausgabe, V), 17-29; 30-46.

Im Denken also stellt sich uns die mit der Welt identische Natur als ewig dar. Diese Ewigkeit ist im Grunde ein negatives Unendliches (80); es ist die Unfähigkeit unserer Erkenntnis, Anfang und Sinn der Natur eingehend zu erklären. So scheint Natur sich als das allein Absolute zu offenbaren. Ebensowenig aber, gesteht Jacobi, ist es möglich zu beweisen, daß Natur nicht absolut, nicht Gott, sondern dessen Geschöpf ist. "Der Schluß aus der Unergründlichkeit der Natur auf eine Ursache außer ihr, welche sie hervorgebracht und angefangen haben müsse (sc.: die Form der Gottesbeweise will dies dartun, d. Vf.), war, ist und bleibt ein fehlerhafter, philosophisch nicht zu rechtfertigender Schluß" (81). Bei jedem Versuch, dem Nachweis der Schöpfung ebenso wie dem Nachweis der Absolutheit der Welt, beruft man sich denknotwendig "immer auf Einen und denselben Grundsatz, den Grundsatz des Unbedingten" (82).

Dieser Grundsatz besagt: Alles Werden setzt ein nicht gewordenes Sein, alles Veränderliche (=Zeitliche) ein Ewiges, alles Bedingte ein unbedingtes Absolutes voraus. Diese Wahrheit drängt sich aller Erkenntnis auf; sie ist "eine dem menschlichen Verstande durchaus unbegreifliche Voraussetzung und Erkenntniß". Als diese unbewiesene und dennoch absolut gewisse und unmittelbare Voraussetzung der Vernunft ist das Postulat der Unbedingtheit eine positive Offenbarung der Vernunft und wird als solche von aller Philosophie anerkannt. Man darf hinzufügen: Auch Schelling hat diesen für ihn wesentlichen Grundgedanken selbstverständlich immer als ein analytisches, durch sich selbst wahres Urteil vorausgesetzt. Unbegreiflich ist diese apodiktisch behauptete Voraussetzung für Jacobi, weil sie den Zusammenhang von bedingt und unbedingt nicht aufweist. Um dies zu leisten, müßten wir ergründen (können), wie aus dem vorausgesetzten Unbedingten, dem Einen und Ewigen das Bedingte, Mannigfaltige, Endliche kommt. In den Erklärungsversuchen unterscheiden sich die philosophischen Systeme: Für die einen ist das Hervorgehen das Werk des Absoluten, das vor aller Zeit das Endliche "ein für allemal" aus sich gesetzt hat; hier ist das Absolute die Ursache des Endlichen. Für die anderen geht das Bedingte, Endliche kontinuierlich von Ewigkeit zu Ewigkeit aus dem Unbedingten hervor; es ist nicht dessen Werk, sondern ist in Wahrheit mit ihm ein und dasselbe. In diesem Fall ist das Absolute der Grund des Endlichen (83).

Kann einer dieser Erklärungsversuche mehr Wahrheit für sich beanspruchen, obwohl beide Herkunftsweisen immer unbegreiflich bleiben müssen?

---

80 Zum Folgenden: F. H. JACOBI, WW III, 402-411.
81 Ebd., 403.
82 Ebd..
83 Ebd., 403-405.

Wer das Bedingte Teil im Unbedingten sein läßt, muß letztlich allen Wandel, alles Entstehen, alle Zeitlichkeit "als etwas in der wahren Wirklichkeit durchaus nicht vorhandenes" leugnen; die Erscheinung der Dinge, einer realen Welt wird als Täuschung des Vorstellungsvermögens erklärt - in diesem Sinne ließe sich Schellings Rückführung aller Dinge auf ein ewiges Sein in der Identität der Vernunft durchaus erklären. Für Jacobi aber ist das eine "Nothilfe", die ihren Zweck nicht erfüllt; denn sie hebt Natur und Verstand letztlich auf: Natur erscheint uns in Zeitlichkeit, durch das Kausalgesetz geordnet; der Verstand erkennt aber nur logisch richtig auf der Grundlage der Kausalität; wo sie aufgehoben ist (damit Natur ihrer Endlichkeit enthoben ist), hat auch der Verstand und damit alle Erkenntnis keine Grundlage, kein Sein mehr. Die Natur und alle Endlichkeit scheint dann wohl in Gott erhoben. Dieser "allein seyende Gott", der aus der Aufhebung aller Zeitlichkeit und damit aus der Paralyse alles endlichen Daseins und aller Wirkungen gewonnen würde: "dieser Gott, da er keine Natur, keine Welt außer sich, überall nichts w a h r h a f t hervorbrächte, überhaupt und durchaus nicht U r s a c h e wäre, sondern nur ein unendlicher G r u n d und A b g r u n d (Totalität, All-Eines) - dieser Gott könnte dann, wenn er gleichwohl ein thätiges Wesen seyn sollte, nichts anders thun, als eine leere Zeit, d. i. einen blosen durchaus unfruchtbaren Wechsel, in sich erschaffen; welches Erschaffen sich dann darstellte als ein Erschaffen - nicht a u s Nichts, sondern d e s Nichts, wie schon vorhin gezeigt worden ist" (84).

Es erweist sich hier, daß Zeit, Ursache und Wirkung Komplementärbegriffe sind; keiner ist ohne den anderen denkbar. Auf diese Denkbarkeit kommt es aber (auch Schelling) ganz entscheidend an. Wo nichts hervorgebracht würde, wo sich nichts entwickelte, da wäre keine Zeit; wo aber keine Zeit ist, hört unser Denkvermögen auf. Die Zeit ist also ein Grundbegriff unseres durch Erfahrung ermöglichten Denkens. Sie ist andererseits als Pendent zur Ursächlichkeit ein Grundbegriff des Schöpfungsgedankens. Die Erfahrung der Zeit macht den Gedanken eines Welt g r u n d e s , aus dem alles hervorgeht, unsinnig; sie verweist uns an eine (außerweltliche) U r s a c h e . Sie erweist die Richtigkeit des Schöpfungsgedankens vor dem des weltimmanenten Grundes. Als zeitliches Wesen aber erweist sich die menschliche Vernunft und ihr Gewissen.

Unsere Erfahrung sagt uns: Aus der Natur kommt Werden und Vergehen. Woher aber kommt die Natur? Der Schöpfungsgedanke erklärt besser als der Gedanke des göttlichen Weltgrundes unsere Erfahrung. Doch eine letzte überzeugende Einsicht in den Zusammenhang von Gott und Welt gewährt auch er nicht. Die Welt erscheint uns als ein Wunder; auch der Theist glaubt, daß Gott die Welt vor aller Zeit geschaffen habe. "... so drückt ihn die Frage: wie das Endliche aus dem Unendlichen, das Uneine aus dem

---

84 Ebd., 407 f.; 405-408.

Einen, das veränderliche Zeitliche aus dem unveränderlichen Ewigen habe hervorgehen können, oder wie es aus ihm unaufhörlich hervorgehe, nicht weniger, als sie den Naturalisten drückt" (85). Es bleibt auf dem Standpunkt des Naturalismus ebenso wie auf dem des Theismus "immer gleich unmöglich, ... das Daseyn des Weltalls aus einem solchen Ersten, als seinem U r s p r u n g e zu erklären". - Schelling hatte deshalb (das war seine hier von Jacobi als berechtigt zugestandene Überzeugung) den "Sprung" in das metaphysische Jenseits der Transzendenz überwinden wollen.

Offenbaren oder Beweisen?

Das Denken führt zu einem höchsten Wesen; der Mensch muß Gott notwendig denken; darin ist sich Jacobi mit der gesamten Neuzeit einig - erst die Zeit des 19. Jahrhundert folgert aus der letztlichen Unbeweisbarkeit der Transzendenz, man soll Gott gar nicht sein lassen. Für Jacobi kann das Denken aber nicht entscheidend klären, was für ein Gott da im Denken erreicht wird. Die Erfahrung der Zeitlichkeit legt die Annahme einer Welt und Zeit transzendierenden Ursache nahe; das Systemstreben der Wissenschaft gelangt zu einem Gott, der alles in allem Erkennbaren, also das Ganze dieser Welt (eine absolute Natur) ist. Die Frage ist von der Erkenntnis nicht zu lösen. Die Erkenntnis und ihre systematische Form, die Wissenschaft, können sie nicht entscheiden. Das Denken (Erkennen, Wissenschaft) ist hier nicht zuständig; der Verstand muß, wenn er zur Selbsterkenntnis gelangt, die eitle Hoffnung fahren lassen, daß er sich zur Allwissenheit erheben könne, um dem Schöpfer gleich zu werden (86). Doch ist dies eine Versuchung, die immer wieder an den Menschen herantritt. Denn der V e r s t a n d b e w e i s t , so weit er reicht; die V e r n u n f t hingegen offenbart bloß ihre Wahrheit. So glaubt der Verstand wegen seiner umfassenden Einsicht in seinem Erkenntnisbereich sich über die unbedingte Erkenntnis erheben zu können, so wie sich die Begierden immer wieder über das Gewissen erheben. Dieser Antagonismus zwischen Verstand und Vernunft, Beweis und Offenbarung ist Ursache des Streites zwischen Naturalismus und Theismus; wer die Vernunft dem Verstand unterordnet, gerät auf die Bahn des Naturalismus; er leugnet eine Freiheit über der naturhaften Notwendigkeit, weil er von der Notwendigkeit der Kausalität als oberstem Prinzip ausgeht.

Dabei kann der Verstand die in der Vernunft sich aufdrängende, von selbst offenbare Idee des Unbedingten als Voraussetzung nicht entbehren; denn sonst ist auch die Notwendigkeit in sich sinnlos. Im Grunde agiert der Verstand unter der Voraussetzung der Freiheit; denn er beruht auf dem Gefühl:

---

85 Ebd., 409 f.
86 Ebd., 410-418.

ich bin, ich schaffe. Doch - und hier konstruiert Jacobi, ohne Schelling letztlich gerecht zu werden - diese objektive, und damit dem Verstand vorgegebene Idee des Unbedingten wird vom Verstand künstlich "aus einem Realen in ein bloß Ideales", in ein Vermögen des Verstandes, also in Subjektivität verwandelt. Dadurch wird es Teil meiner Subjektivität, also Teil meiner Endlichkeit; es gäbe so nichts Unbedingtes, somit bliebe nichts Absolutes übrig, sondern das absolute Nichts. Damit wäre alle Wahrheit aufgegeben. Deshalb verwandelt der Verstand meine Subjektivität in eine gedachte Allgemeinheit, in ein gedachtes Objektiv-Reales zurück, das dann Allheit, das Eine und Ganze heißt. Schellings gedachtes Unbedingtes ist nicht das dem Denken gegenüberstehende objektive Unbedingte, auf das hin das Denken sich selbst übersteigen könnte (Schelling hatte dies mit der gesamten Tradition so angenommen). Es ist vielmehr das vom Verstand bloß konstruierte und deshalb nicht reale Unbedingte; ein Trugbild oder das Nichts.

Jacobi zeigt Verständnis für diesen Vorgang. Denn der Weg der Verstandeserkenntnis geht von Sinneswahrnehmung aus, ordnet sie in Begriffsbildung und gelangt so zum Begriff erst nach der Wahrnehmung, zum Allgemeinen nach dem Einzelnen. Der Begriff erhebt sich über das Wahrgenommene und sieht in ihm das aus sich, dem Verstand, gewordene Geordnete: es ist sein Werk, er selbst ist dessen Grund. Diese Schöpferkraft überträgt er auf die gesamte Welt, so als könnte er diese auch denkend erschaffen. Das aber ist der Grundfehler, den das Denken begeht, wenn es sich auf das Dasein als Ganzes bezieht: Statt die Ursache von allem zu erreichen, schafft das Denken ein Phantasma, das nicht das absolute Unbedingte, sondern das Nichts ist. Jacobi spricht es nicht aus; aber das Denken vermag für ihn - und die Philosophie von S p i n o z a bis S c h e l l i n g bestätigt ihm dies - nicht die A n a l o g i e nachzuvollziehen, die für D e s c a r t e s noch selbstverständlich galt: die Schaffenskraft des Denkens i s t n i c h t A b b i l d d e s g ö t t l i c h e n, s o n d e r n s e l b s t g ö t t l i c h e s V e r m ö g e n. Hätte der Verstand dieses absolute Vermögen, so könnte er bis zum Absoluten aufsteigen und ebenso deszendierend das Endliche schaffen. Das aber hat er nicht.

Typisch beschreibt das geschilderte Verhalten des Verstandes das H ö h l e n g l e i c h n i s P l a t o n s im 7. Buch der "Res publica". Die Höhlenbewohner halten das Schattenbild, das ihnen an der Wand ein Trugbild vorgaukelt, für die Wahrheit. Wer ihre Einsicht aufklären will, der stört ihre Einsicht; er soll mundtot gemacht werden (87). - Wie aber steht es mit der Wahrheit? Jacobi greift Schellings Begriff der "intellektualen Anschauung" auf und hält ihn für einen guten Begriff: "Ich frage, ob eine objektive Vorstellung ohne sinnliche Anschauung nicht eine intellectuelle Anschauung genannt werden dürfe?" (88) Sie kann es allerdings nicht im

---

87 Beilage A: ebd., 444 f.
88 Ebd., 435 ohne Sperrungen; zum Folgenden: ebd., 434-441; 413 f.; 418 f.

Sinne Schellings sein. Denn B e w e i s e n führt den Verstand an seine eben gezeigte Grenze; die im Beweis "erwiesenen" Ideen des Wahren, Guten und Schönen sind "Kategorien in der Verzweiflung". Die für alle unsere Erkenntnis unabdingbare I d e e d e s U n b e d i n g t e n ist der Vernunft unmittelbar o f f e n b a r . Das heißt: Sie bedarf keiner Verstandesaneignung und fortgesetzten Bewährung im Beweis. Sie ist vielmehr endgültig und umfassend vorgegeben und vollständig ein für allemal von der Vernunft erkannt. Um das einzusehen, muß sich aber der Mensch bereit halten, Vernunft Vernunft sein zu lassen und sie nicht dem Verstand unterzuordnen. Die Vernunft ist das über dem Verstand liegende Vermögen, das die Offenbarung spontan rezipieren kann; sie ist "Vermögen des Wahrnehmens und Ergreifens, des Findens und Festhaltens, welche vereint miteinander ursprüngliche Quelle der Vernunftwahrheit sind" (89). Vernunft ist im sinnlich-endlichen Wesen "Sinn für das Übersinnliche", der nicht in die Sinnlichkeit hereingezogen werden kann und darf. Was Jacobi hier aus dem 7. Buch von Platons "Staat" eruiert, das klassifiziert er mit H u g o v o n St. V i k t o r als G l a u b e . Glaube ist der Überzeugungsgrund, aus dem man etwas annimmt, was die Vernunft nicht begreifen kann; er ist eine Vorempfindung der Wahrheit, die unsere Einsicht übersteigt. Ein solcher an Mystik grenzender Gedanke will dem Verstand nicht einleuchten; so versucht er immer neu den - vergeblichen - Überstieg; diese Gewißheit aus zweiter Hand bleibt letztlich aus. "Die Art und Weise der Bewährung dieser Realität in der Vernunft wird dem Verstande nicht offenbar; es reflectirt sich in ihm nur die Zuversicht selbst der Vernunft, und ein unüberwindliches Gefühl vertritt die Stelle der Anschauung". Dieses unüberwindliche Gefühl, diese "Erfahrung" "durch eine mit ursprünglicher Vorsehung begabte, göttlich wahrsagende Seele" ist nicht Erkenntnis, sondern Offenbarung (90); sie wird ja nur ge-wiesen, nicht be-wiesen (91).

Anthropologie statt naturaler Theologie

Der Beweis geht auf das real Erkennbare, und das ist Welt und Natur. Daß Gott als das Ganze der Welt, die Kraft der Natur - in der Fortsetzung der geistesgeschichtlichen Kontroverse könnte man weiter folgern: das Vermögen des Menschen - und nicht als der transzendente Gott gesehen wird, ist nach Jacobi eine Folge des Denkens, das unter falscher Voraussetzung das Problem angeht: Hier ist das neuzeitliche Bewußtsein am Werk, selbstmächtig alles zu können. Damit vergißt der Mensch, daß diese höchste Einsicht nicht mit menschlichem Vermögen erreicht werden kann; daß sie ihm vorgegeben ist. Jacobi erreicht diese Einsicht durch eine Analyse des Menschen, die Größe und Grenze seiner Vermögen aufweist. Nicht der

---

89 Ebd., 435 f.
90 Ebd., 441; 440.
91 Ebd., 459.

Blick auf Welt, Natur, Leistung öffnet das Auge für Gott, sondern der Blick auf das Wesen des Menschen. Religion versteht sich aus der **Anthropologie**; die allein wahre Religion aus der allein wahren Wesensbestimmung des Menschen. Diese, die wahre Anthropologie kann nicht den Weltbezug des Menschen zum Ausgangspunkt für seine Gottesbeziehung nehmen. Das würde notwendig die Realität verfälschen. Aber das ist auch nicht nötig. Denn eine umfassende Anthropologie weist den Menschen über seinen Weltbezug hinaus: Sie zeigt ihm mitten in seinem Weltverhaftetsein seine Rückbindung an Gott (92). Doch ist diese Rückbindung nicht nach außen offenbar; sie ruht im menschlichen Inneren.

Gottes Machtspruch: ich bin, der ich bin (Ex 3, 15) ist im menschlichen Innern als Gottes Echo offenbar: die Seele ist Gottes Abbild, seine Offenbarung und das Vermögen dieser Offenbarung zugleich. "Den Menschen erschaffend theomorphisirte Gott. Nothwendig anthropomorphisirt darum der Mensch" (93). Rechte Anthropologie ist daher Gottebenbildlichkeit. Diese aber ist - entgegen aller Ablehnung durch **Spinoza**, **Fichte** und **Schelling** - Vernunft, Freiheit oder **Person**. Jacobi duldet es, wenn ihm (von Herder, Fichte und Schelling) Anthropomorphismus unterstellt wird: Er bekennt sich zu einem Anthropomorphismus, der unzertrennlich mit der Überzeugung verbunden ist, daß der Mensch Gottes Ebenbild in sich trägt; er allein verbürgt den Theismus, alles andere ist Fetischismus und Nihilismus, Lüge und Unverstand (94). Die Natur verbirgt Gott hinter Schicksal und Zwang; sie ermöglicht unter dem Oberbegriff der Notwendigkeit und der Kraft das Recht des Stärkeren: Nero und Borgia folgen dieser Ideologie, die Gut und Böse gleich indifferent erscheinen läßt. Der Mensch hingegen offenbart Gott. Er erhebt sich über Natur, Zwang und Gewalt in Freiheit und Sittlichkeit; er vermag auch in Leid und Tod zu bestehen: Sokrates ebenso wie der vierte Sohn der Makkabäerin ("Schön ist es, Menschen-Hoffnung aufgeben und Gott allein sich zu vertrauen"), Hiob auf dem Schutthaufen seines Glücks verkünden in ihrer Haltung den Ruhm Gottes. Und in Christus selbst, schließt Jacobi geradezu hymnisch, "dem Reinsten unter den Mächtigen, und dem Mächtigsten unter den Reinen" (Herder) gebietet Gott mit durchstochener Hand den Reichen und lenkt die Zeit. "Wer mag bekennen, daß Er war, und zugleich sprechen: es ist kein Gott, keine Vorsehung, keine waltende Liebe über dem lichtlosen Schicksal, dem blinden Ungefähr?" "Dieser Kampf und dieser Sieg ist Christenthum. Zu diesem Christenthum bekennet sich der Verfasser dieser Schrift ..." (95). Christentum, Theismus steht immer in der Auseinandersetzung mit der Leugnung des wahren, freien, vernünftigen Menschseins und des wahren, welttranszendenten Gottes, der dieses Menschsein ermöglicht.

---

92 Ebd., 418-428.
93 Ebd., 418 (f.).
94 Ebd., 422-424.
95 Ebd., 427; 428.

III. Die kontroversen Streitpunkte. Schellings Antwort

Schellings Antwort läßt nicht lange auf sich warten: "F. W. J. Schellings Denkmal der Schrift von den göttlichen Dingen u. s. w. des Herrn Friedrich Heinrich Jacobi und der ihm in derselben gemachten Beschuldigung eines absichtlich täuschenden, Lüge redenden Atheismus" (96) ist etwa einen Monat nach dem Erscheinen von Jacobis Schrift (97) fertiggestellt; sie erscheint im Januar 1812 (98). Es ist hier nicht der Ort, über die - bereits angedeutete - Wirkung (99), über das offensichtlich gesunkene Ansehen beider Kontrahenten und über die Unterstellung der Freunde Jacobis, Schelling habe ihn aus dem Amt vertreiben wollen (100), zu referieren. Für Schelling bietet sich Gelegenheit, gegen Jacobis zeitweilige private Unterstellungen, die ihm zu Ohren kamen, nun offen vorzugehen und umfassend mit Jacobi abzurechnen; der Ton ist polemisch, die Form verletzend, so daß Jacobi für immer unversöhnlich bleibt (101). - Doch hier interessiert der Kern der Sachaussagen in der Kontroverse.

Im Unterschied zu Jacobi, dessen Schrift ohne strenge Gliederung fortlaufend hingeschrieben ist (die Disposition wurde an den Text herangetragen), gliedert Schelling seine Antwort genau. In einem ersten Teil greift er eine Reihe von Jacobi-Zitaten auf, die sich als Zitate oder Paraphrasen aus Schellings Werk verstehen; er weist nach, daß diese "Zitate" falsch sind und verlangt deren förmlichen Widerruf (102). Im zweiten Teil beschäftigt sich Schelling mit der Genesis von Jacobis Philosophie; er antwortet auf die konkreten Unterstellungen mit sehr präzisen Erläuterungen und unterwirft schließlich in einem zynischen, als Vision umschriebenen Durchblick Jacobis Philosophie einer vernichtenden, bloßstellenden Kritik (103).

Jacobis "Lügenpolemik": Zur Mentalität beider Kontrahenten

Schelling greift zunächst einige wesentliche Aussagen aus den "Göttlichen Dingen" auf, die gegen ihn gerichtet sind, und weist an ihnen nach, wie

---

96 Stuttgart 1812, neu: SW VIII, 19-136.
97 Nach M. BRÜGGEN, a. a. O., 422 erscheint die Schrift etwa Mitte November 1811; Schellings Schrift ist im Vorwort vom 13.12.1811 datiert: SW VIII, 21.
98 M. BRÜGGEN, ebd.
99 S. die Angaben zu Anm. 28.
100 Vgl. K. FISCHER, a. a. O., 159 f.; 157 f.; M. BRÜGGEN, ebd.
101 Auch hierzu: K. FISCHER, a. a. O., 156-158; 679-681; M. BRÜGGEN, a. a. O., 423.
102 F. W. J. SCHELLING, SW VIII, 23-38.
103 Ebd., 39-53; 54-82; 83-136.

unehrlich Jacobi in der Verunglimpfung des Gegners verfährt. Die Thesen sind alle wesentlichen Ergebnisse, zu denen Jacobi die Natur- und Identitätsphilosophie gelangen sieht: Die Naturphilosophie leugnet die Unterscheidung von Freiheit und Notwendigkeit; die Natur ist das ein und alles, über ihr ist Nichts; sie gibt die drei metaphysischen Grundwahrheiten Gott, Freiheit und Unsterblichkeit auf; sie ist so atheistisch wie der Spinozismus; sie hebt allen Dualismus der Wahrheit und ihrer Konsequenzen auf und lehrt Einheit von Vernunft und Unvernunft, von Gut und Böse; sie leugnet die Würde des Menschen. In letzter Konsequenz will der Naturalismus mit der Rede von Gott nur täuschen, er treibt mit jenen Worten nur Betrug und Spiel. Diese Behauptungen - sämtlich mit Stellenangabe bei Jacobi als wörtliche Zitate nachgewiesen - sollen nach diesem Lehre der naturalischen All-Einheits-Philosophie sein; als solche müßten sie bei deren Hauptvertretern Spinoza und Schelling zu finden sein. Nun sei, fährt Schelling fort, bei Jacobi der Amsterdamer durch eine frühere Erklärung zum Voraus schon vom Vorwurf des Betrugs ausgenommen: Spinoza soll kein Lügner, sondern der echte Vertreter des denkenden Philosophen gewesen sein, der sein System mit letzter Konsequenz durchdacht und vertreten und daher "den Himmel im Verstande" erreicht habe (und das, obwohl er einen Naturalismus vertreten habe, so wie Jacobi dies versteht). Der Lügenvorwurf als letzte und höchste Konsequenz des Naturalismus kann nur Schelling treffen. Und doch lasse sich keine einzige der hier aufgeführten Behauptungen wörtlich oder dem Sinn nach in Schellings Werken finden. - Schelling fährt fort: Seit einer Reihe von Jahren werde seine Philosophie in öffentlichen Blättern schon in ähnlicher Weise verunglimpft; jetzt endlich trete der, der solches veranlaßt habe, aus der Anonymität hervor. Daher werde es jetzt möglich, sich mit den Vorwürfen sachgerecht und in Abgrenzung zu Jacobis Philosophie auseinanderzusetzen. Zunächst einmal habe Jacobi die Pflicht, sich der "historisch-wissenschaftlichen Frage" zu stellen, ob seine Behauptungen sich in Schellings Werk nachweisen lassen. Sollte dies nicht der Fall sein, so falle der Vorwurf des Betruges auf Jacobi zurück. Für Jacobi bleibe so nur die Alternative, seine Behauptungen zu beweisen oder Widerruf zu leisten. - Hier darf angefügt werden, daß Jacobi weder das eine noch das andere getan hat. Er ist der Auffassung, daß er, ohne seine Würde zu verlieren, nicht antworten könne (104). So beläßt er es bei dem Hinweis im "Vorbericht" der zweiten = der Werkausgabe von 1816, daß die Richtigkeit seiner, Jacobis, Interpretation der Natur- oder Identitätsphilosophie in den literarischen Auseinandersetzungen im Anschluß an diesen Streit nur bestätigt worden sei (105).

In dieser Kritik Schellings an Jacobis Verhalten zeigen sich die unterschiedlichen Mentalitäten beider Kontrahenten. Schelling erkennt richtig,

---

104 Vgl. M. BRÜGGEN, a.a.O., 423.
105 F.H. JACOBI, WW III, 248 f.

daß Jacobi nicht wörtlich zitiert oder am Text paraphrasiert, daß er vielmehr so interpretiert, wie er gern möchte, daß Schelling zu verstehen sei. Nun muß man Jacobi zubilligen, daß er sagen darf, wie er den jeweiligen Autor versteht und welche Probleme oder gar Gefahren seine Thesen enthalten (können).

Jacobi macht davon ausgiebig Gebrauch, und zwar Zeit seines Lebens (106). In seiner Spinoza-Interpretation waren zwei verstorbene Vertreter angegriffen gewesen: Spinoza selbst und Lessing als dessen angeblicher Vertreter. Doch trotz des Vorwurfs des Pantheismus und Atheismus war das Andenken beider nicht geschädigt worden; im Gegenteil: Lessings Prinzip, daß "er sich alles natürlich ausgebeten haben wolle", wurde zum Grundmuster und zur (berechtigten) Devise der wissenschaftlichen Beschäftigung mit Fragen der Theologie und der Metaphysik. Und gerade dieses Prinzip, daß die Gottesfrage mit dem Denken vereinbar sein müsse, stellt in der nachfolgenden Zeit das entscheidende Problem dar. Aber es führt nicht zur Infragestellung oder gar zur Aufhebung der Gottesfrage, sondern zu deren letztlicher sinnhafter Bewährung. Insofern war Jacobis Herausforderung und Lessings Gegenthese notwendig in der Geschichte der Philosophie und ihrer Korrespondenz zur Theologie. Spinoza galt den Späteren nicht als der Atheist, den Jacobi gezeichnet hatte; vielmehr wurde er zum ersten Begründer einer solchen streng durchgeführten Anwendung des Prinzips, Gott (und damit immer sein Verhältnis zu Welt und Mensch) zu denken, und zum Interpreten für alle ähnlichen Versuche des an religionsphilosophischen Ideen so reichen Jahrhunderts.

Jacobis Ausfälle gegen Kant vermochten nicht, diesen zu verunglimpfen. In den ersten Kritiken, besonders im "Gespräch über Idealismus und Realismus", waren die Argumente sachlich; Jacobi wurde erst polemisch, als Kant den Zenit seiner Leistungsfähigkeit überschritten hatte. Kants Philosophie war jedoch viel zu überzeugend gewesen, als daß ihre Fundamente hätten erschüttert werden können. Mit Recht berief sich deshalb Kant in einer seiner späten Schriften - "Was heißt: sich im Denken orientieren?" - auf den von ihm stets eingehaltenen Grundsatz, der seit Lessing schon galt, daß man den Mut, sich seines Verstandes zu bedienen, nicht aufgeben solle; der Rekurs auf ein überhaupt nicht mehr verifizierbares Gefühl enthebe zwar der konkreten Anstrengung und versetze auf den elitären Standpunkt des höheren Wissens; er sei aber bloß Kaschierung des Nichtwissens.

Diesen Standpunkt behielten alle Späteren bei. Bei Fichte schien Jacobi in den Wirren des Atheismus-Streites Recht zu bekommen. Aus heutiger distanzierter Sicht darf man feststellen, daß mit Fichtes Reglementierung die sachliche Anfrage nach dem in Denken erkennbaren Wesen Gottes noch nicht gelöst war. Die Sache schien zugunsten der Tradition entschieden.

---

106 S. o. Kap. 1, Abschn. II, III.

Die Anfrage jedoch blieb wissenschaftlich offen; und sie kehrte denn auch bald wieder - in Schellings Philosophie. Sei es, daß Jacobi hier sein Lebenswerk erneut gefährdet sah; sei es, daß er die Unverfrorenheit des jungen Philosophen nicht verstehen konnte, der wissenschaftlich weiter diskutieren wollte, was von amtlicher Autorität entschieden war: Jacobi jedenfalls ließ die seinen Zeitgenossen gegenüber früher gewahrte Zurückhaltung fallen und war in der Wahl seiner Worte Schelling gegenüber nicht kleinlich. Was dabei herauskam, war nur in Anklängen an Schelling wörtlich oder der Sache nach orientiert: Es interpretierte Schelling, wie Jacobi ihn verstand und wie er ihn von seinem, in mehr als einem Vierteljahrhundert durch Kontroversen gefestigten Standpunkt aus beurteilte. Das Recht, so zu verfahren, kann Jacobi nicht bestritten werden. Es muß sich nur die Rückfrage gefallen lassen, ob und wie weit es an den Aussagen des Kontrahenten orientiert ist oder ob es einseitig vom eigenen Standpunkt aus nur mögliche oder vermutete Behauptungen formuliert und aus dieser Sicht Gefahren aufzeigt, die sich aus den Thesen des anderen ergeben könnten. In diesem Sinn hat Schelling Jacobi richtig verstanden; er konnte dagegenhalten, daß er in seinem eigentlichen Anliegen verkannt war; er konnte sich dagegen wehren, daß ihm Jacobi Vorwürfe zum Verhängnis werden konnten, weil die Zeitverhältnisse offenbar die Freiheit des Geistes nicht mehr in dem Ausmaß wahrten wie noch zum Ende des vorausgegangenen Jahrhunderts. Das alles erklärt die Heftigkeit der Reaktion Schellings und des Gegenangriffs. Für uns als gleichsam neutrale Beobachter wird dadurch die Entscheidung über die Sachfrage nicht leichter; es gilt, das Berechtigte der Reaktion jeder Seite zu sehen und dennoch dahinter zurückzufragen, um dem Problem näher zu kommen, ob und in welcher Hinsicht Gott und Denken vereinbar sind.

Zur Charakterisierung von Jacobis Philosophie: Gegenthesen

Der Vorwurf, daß Jacobi wissenschaftlich unseriös arbeitet und damit seine "Beweise" bereits qualifiziert seien, durchzieht Schellings Gegenschrift wie ein roter Faden; er ist der Ausgangspunkt der eben skizzierten "Vorläufigen Erklärung"; er wird im "Geschichtlichen", in der Skizze der Jacobischen Philosophie und ihrer Kontroversen wiederholt und belegt (107), und er veranlaßt Schelling zu jener "Vision", die Jacobi das Recht abspricht, daß er sich als ehrlicher und seriöser Vertreter echten Christentums, als Philosoph, als Wissenschaftler und Schriftsteller verstehen dürfe (108).

Jacobis Philosophie (wenn man ihr überhaupt diesen Titel zusprechen will) ist nach Schelling von drei Grundvoraussetzungen geprägt: 1) Spinozismus

---

107 F.W.J. SCHELLING, SW VIII, 39-53.
108 Ebd., 83-136.

ist Atheismus; 2) Jede andere Philosophie, die wie die Leibnizsche und Wolffsche ähnliche Prinzipien anwendet, ist dies auch; 3) Das führt zu Jacobis Grundentscheidung: "Jeder Weg der Demonstration geht in Fatalismus aus". Das Grundaxiom Jacobis zur Beurteilung aller Philosophie lautet daher: Jede wissenschaftliche oder systematische Philosophie geht den Weg der Demonstration; jede endet daher in Atheismus. Diese Grundeinstellung Jacobis liegt seit den Spinoza-Briefen fest; sie wird von ihrem Erfinder auf jede neu entwickelte Philosophie appliziert, so daß jede - ob die Kantische, Fichtesche oder Schellingsche - unter dieses Verdikt fällt. Daß Philosophie aber nicht immer nur demonstrativ sei, das wird - so Schelling - dem Erfinder dieses Grundsatzes nie einleuchten (109).

Jacobi stehe damit - mit seiner Ablehnung des Wissens in der Metaphysik - in Gegensatz zu den großen Denkern der Neuzeit, fährt Schelling fort. Bacon hatte festgestellt, die oberflächlich durchgeführte Wissenschaft führe von Gott ab; "die in ihrer ganzen Tiefe erschöpfte (Philosophie) aber zu ihm zurück". Jacobi kehre diesen Grundsatz genau um: Wenn die Philosophie von Gott rede, so sei sie nicht konsequent genug im Denken fundiert; denn das Denken führe konsequent von Gott weg auf andere Götter, die Natur oder das Ich. In dieser Folgerung stehe Jacobi aber auch in Widerspruch zu Kant, von dem er behaupte, daß er zugleich mit ihm, Jacobi, das Wissen in metaphysischen Fragen an seine Grenze geführt, diese Grenze aber dann inkonsequent nicht eingehalten habe. Gerade Kant habe sich öffentlich gegen diese Jacobische Gleichmacherei und deren Prinzip, es sei das Interesse der Wissenschaft, daß kein Gott existiere, gewandt; Schelling zitiert aus Kants schon erwähnter Schrift: Was heißt: sich im Denken orientieren?, die sich gegen Jacobis Grundsatz, ja seinen Vernunfthaß wende. Es lasse sich anhand solcher Zeugen feststellen, daß Jacobi seine Maxime offenbar nicht wissenschaftlich erarbeitet habe, daß er, anders als Kant, nicht das Vermögen der menschlichen Vernunft voll ausgemessen habe. Sein Urteil sei also vorschnell; es sei wissenschaftlich nicht erprobt und verliere sich mit dem Rekurs auf den Glauben ins allgemein Menschliche. Entsprechend sei sein Beitrag zum Zeitgespräch nie positiv, sondern immer nur verneinend, destruktiv gewesen. Jacobi "gab uns also durch jenen Satz nur, um mit Rousseau zu reden, bescheidentlich das Maß seines Gehirns für das des menschlichen Verstandes". Damit sei aber dem Bedürfnis des denkenden Geistes nicht Genüge getan (110).

Schelling fragt, wie Jacobi zu diesem Verdikt gegen die gesamte neuzeitliche Philosophie komme. Seine Erklärung ist plausibel: Jacobis erste philosophische Orientierung sind die französischen Enzyklopädisten. Seine Negativerfahrung mit jenen geistlosen Theorien habe seine Einstellung bewirkt; er habe nie den Versuch gemacht, sie zu widerlegen, habe

---

109 Ebd., 39 f.
110 Ebd., 40-44; Zitat: 42.

sich vielmehr offenbar frühzeitig mit ihnen als dem Inbegriff von Denken abgefunden und nur noch in der Ablehnung alles Denkens die Möglichkeit gesehen, deren Konsequenzen zu vermeiden. Schelling fügt hinzu: "Weßhalb es ganz natürlich zuging, als er schon bei dem bloßen Wort Naturphilosophie an das Système de la nature denken mußte" (111).

Im Folgenden durchforscht Schelling Jacobis Kontroversen der früheren Jahre, in denen er gegen Spinozismus und Idealismus polemisiert und sich mit Lessing, Herder, Kant und Fichte angelegt hatte.

Jacobi verneinte alle Anliegen des neuzeitlichen Denkens. Hingegen sei es Lessings Absicht gewesen (was auch in der subjektiven und einseitigen Darstellung Jacobis durchschimmere), nicht etwa eine persönliche Ursache der Welt zu leugnen, sondern den notwendigen Zusammenhang dieser persönlichen Ursache mit der sowohl personalen wie apersonalen Welt natürlich, d. h. im Denken zu klären - ein Anliegen, das nicht verwerflich sein könne. Wenn Lessing (und mit ihm Spätere) in Spinozas Lehre den vernünftigen Versuch einer Erklärung dieses Zusammenhangs sehen, dann ist das bedenkenswert. Jacobi hingegen habe seine krankhafte, schon vorher festliegende Vermutung des Atheismus bestätigt gefunden. Und gerade der Erfolg, den er mit der vermeintlichen Entdeckung und der Spinoza-Kontroverse gehabt habe, habe ihm den "Mut zur metaphysischen Schriftstellerei" und die Überzeugung von der Richtigkeit seiner Philosophie allein gegeben. Die einzig relevante Erfindung Jacobis sei jener "der Wissenschaft unzugängliche Ort des Wahren", von wo aus Jacobi als "Held eines vernunftlosen Glaubens" hervorbricht, um jeden des Weges ziehenden Philosophen zu überfallen und sich dann an jenen Ort zurückzuziehen, "zufrieden wieder für einige Zeit die ruhige Ausbildung der Wissenschaft gestört zu haben" (112).

Gegen Kant sei Jacobi ähnlich verfahren. Zunächst habe Kant in seiner Vernunftkritik als Kronzeuge Jacobis herhalten müssen. Als er aber erklärte, nichts mit Jacobis Vernunftscheu gemein zu haben, als sich an Kants Lebensende die Kritik gegen seine Philosophie erhob, da sei Jacobi am heftigsten gegen ihn losgebrochen; ja er habe sogar Kants Unterscheidung von Vernunft und Verstand (die jener noch als zusammenhängend gebrauchte) gegen Kant selbst ins Feld geführt. Als Fichte im Verdacht des Atheismus gestanden sei, habe Jacobi Kant als leichte Beute, als "Vorläufer", rasch fahren lassen können, weil nun die Kontroverse gegen Fichte ergiebiger war. Stellte sich hier doch Jacobis eigene Wahrsagung einmal mehr als wahr heraus. Nachdem Jacobi erklärt hatte, Philosophie sei allein auf Fichtesche Weise möglich, sie führe deutlich zum Atheismus, sei ihm für Schellings eigene Philosophie kein Begriff mehr darüber hinaus eingefallen. So habe er auf Spinozismus, Atheismus und Nihilismus zurück-

---

111 Ebd., 44.
112 Ebd., 47 f.; zum Ganzen: 44-53.

greifen müssen. Das habe sich in acht Jahren nicht geändert - Schelling spielt hier auf Hegels Kritik an Jacobi und dessen Reaktion an (113). Da aber der Nachweis des Naturalismus und Atheismus nicht aus des Gegners Werk zu belegen sei, habe Jacobi sich mit der erlogenen Unterstellung behelfen müssen, in der Hoffnung, daß sein Wort bei den nichtsahnenden Zeitgenossen Wirkung tun werde und Jacobi seine Ehre als prophetischer Warner vor Atheismus hier durch Lüge bewahren könne.

Jacobis "Philosophie" ist nach Schelling nichts anderes als Vernunfthaß, Leugnung der Befähigung des Denkens zur Erkenntnis metaphysischer Wahrheiten. Jacobis Persönlichkeit ist charakterisiert durch den fanatischen Einsatz gegen alle Philosophie, die seiner Vorstellung nicht entspricht. Damit steht er aber in Gegensatz zu jedem Theismus, insbesondere zum Christentum, im Gegensatz zu jeder Wissenschaft, besonders zur Philosophie; und er kann nicht beanspruchen, als Schriftsteller Wortführer im Zeitgespräch zu sein. Der Begründung dieser Kritik dient die "Vision" des letzten Teils der Streitschrift (114).

Der Theismus, der Glaube an Gott als persönliches Wesen, "das mit menschenähnlichem Gemüth und Geist die Welt lenkt", ist "befestigt durch göttliche Anstalten, durch Gebräuche, Sitten und Gesetze"; er ist Anteil der gebildeten Menschheit und Grundlage aller Verfassungen, die Recht und Ordnung wahren. Diese Allgemeingültigkeit macht es um so dringlicher, daß der Theismus Mittelpunkt aller menschlichen Einsicht wird. Dazu muß er selbst Gegenstand wissenschaftlicher Forschung werden, bis alle Erkenntnis mit ihm übereinstimmt; bloß partielle empirische Versuche reichen nicht aus, dieses Globalziel zu erreichen. Die alles umfassende Wissenschaft, die über empirischer Einzelerkenntnis steht, die Philosophie, muß diese Übereinstimmung suchen; der theistische Glaube fordert daher zu seiner allseitig geforderten Anerkennung die Philosophie als Wissenschaft. Philosophie ist Wissenschaft, die "auf ganz freie Weise erzeugt werden kann" und muß. Kann sie nicht frei und uneigennützig, ihrer eigenen inneren Notwendigkeit folgend forschen, d.h. gibt man ihr im Sinne Jacobis eine vorbestimmte Aufgabe, ein Ergebnis, das vorher schon feststeht, dann würde man sie einschränken, sowohl in ihrer Freiheit wie in ihrer Erhabenheit. Theismus ermöglicht also Freiheit der Wissenschaft; er setzt sich dabei der Gefahr aus, selbst von ihr angezweifelt zu werden. Dennoch kann er diese Freiheit wagen; denn auf philosophischer, freier Einsicht beruht seine Höherentwicklung; auf deren Einschränkung oder Reglementierung folgt Fanatismus und Lähmung des menschlichen Geistes. Der Theismus braucht dies alles nicht zu fürchten (115).

---

113 S. o. Anm. 11-14.
114 Ebd., 83-136.
115 Ebd., 83-85.

Jacobi, der in so fanatischer Begrenzung das Wesen von Philosophie sehen will, verfällt daher auf seiner Wanderung durch die Gefilde menschlicher Wissenschaft als erstes der Kritik eines Vertreters des Theismus (116): Der erste Glaubensartikel spricht davon, daß Gott die Welt freiwillig erschaffen hat, daß sie also nicht ewig existiert, daß die Natur endlich, die Welt zeitlich sei. Jacobi hingegen behaupte, daß Gott notwendig von Ewigkeit her erschaffen, Zeitlichkeit gesetzt habe (117). Jacobi zeige damit, daß er für die tiefste Frage des Verstandes, wie ewig und zeitlich denkerisch vereinbar sein sollen, kein Verständnis habe. Im zweiten Artikel bekennen wir entsprechend unserem freien Willen einen freien und unmittelbaren Bezug zu Gott. Unser Wille hat also, folgert Schelling, eine von jenem personalen Wesen unabhängige Wurzel, die ihn befähigt, sich für Gut und Böse zu entscheiden. Jacobis Freiheitsbestimmung als Kraft zum Guten allein würde die Wahlfreiheit leugnen, würde also das Böse als Böses gar nicht in den Blick treten lassen. Ein dritter Grundartikel des theistischen Glaubens(wissens) spricht von der Vereinigung mit dem unsichtbaren Gott. Jacobi erklärt, daß alles außer Gott der Natur angehört. Wenn Natur von Gott trennt, aber eine unsichtbare Vereinigung mit Gott möglich sein soll, dann ist diese nur über eine Geisterwelt - eine über der Natur liegende Wirklichkeit - denkbar. Natur ist also nicht alles.

Die Konsequenz aus diesen Artikeln lautet: Will man an Gott, an moralische Freiheit und an Unsterblichkeit glauben, dann geht es nicht an, auf alle Erklärungsmöglichkeit, auf Verstandeserkenntnis zu verzichten. Verstand von Vernunft unterscheiden, bloß damit man Vernunft mit Herz gleichsetzen und als unfähig zu denken ausgeben könne, das sei dumm. Die von Kant übernommene Unterscheidung von Verstand und Vernunft, wobei bei Jacobi anders als bei Kant die Vernunft das von Denken freie Vernehmen einer übersinnlichen Wirklichkeit, Verstand aber das sinnlich gebundene Erkennen sei - diese Unterscheidung sei falsch. Der Verstand sei Gabe und Werk Gottes. Ihm den Bezug zu Gott absprechen, hieße dies nicht wahrhaben wollen. Außerdem läuft der Appell an eine Vernunfteinsicht ohne Erkenntnis auf eine Dispens von der geforderten Anstrengung des Denkens hinaus. Jacobi wolle mit seiner Forderung des Verzichts auf Denken "der Stifter eines neuen Ordens werden, dessen Gelübde das der freiwilligen Dummheit wäre". Mit Berufung auf Luthers Tischreden soll just der Wittenberger Reformator der Theologe der Vision sein, der dies Jacobi vorwirft, der ihm auch sagt, daß Geist gleich Verstand das Wesen der Person ausmacht (118).

Die "Philosophen von Profession" müssen Jacobi diesen Verzicht auf das Denken ebenso ankreiden wie seine Neigung, nicht in freier Forschung

---

116 Ebd., 92-94.
117 Vgl. F. H. JACOBI, WW III, 409 f.; s. o. zu Am. 85.
118 F. W. J. SCHELLING, SW VIII, 94-99.

seine Erkenntnis zu suchen, sondern durch die "unruhige Neigung, sich an andern emporzuarbeiten". Selbst bei der Leidenschaft, die den denkenden Forscher anspornt, darf er nie die Regeln des guten Stils verletzen. Er darf nicht vom wissenschaftlichen Standpunkt auf den des Erbauungsschriftstellers sinken, der noch dazu in ungelenker Sprache nicht mit Worten und Begriffen, sondern mit Satzzeichen Wirkung erzielen will. (In diesem Zusammenhang glossiert Schelling die pathetische Sprache Jacobis, die mit Rufzeichen, Gedankenstrichen, Fettgedrucktem und sonstigen Mitteln arbeitet und seiner Prosa "das Ansehen eines von großen und kleinen Maulwurfshügeln aufgewühlten Feldes (gibt), worauf der Gehende Gefahr läuft sich die Glieder auszurenken" (119)).

Zuletzt begegnet Jacobi noch einem Fremden, der Christi Züge trägt und ihm im Namen des Christentums Vorwürfe macht (120). Der Fremde greift Jacobis Wort auf, daß echte Toleranz bedeute, jeder habe das Recht, gegen Unwahrheit intolerant zu sein. Deshalb hält auch er Jacobi seine Unwissenschaftlichkeit vor. Jacobis Forderung, die Wissenschaft müsse sich in der Frage nach Gott neutral verhalten, würde eine dualistische Aufspaltung des nach christlicher Auffassung ungeteilten menschlichen Wesens bedeuten. Dabei ist nach johanneischer Auffassung Liebe mit Erkenntnis gleich, beide machen frei, beide sind mit vollem Einsatz ("mit allen deinen Kräften") gefordert. Das aber schließt die Weltzuwendung des Christen ein: Gott nur im eigenen Innern finden zu wollen und Welt, Natur, Geschichte, Mitmenschen von dieser Gemeinschaft auszuschließen, sei gegen das christliche Gottesverständnis. Natürliche und übernatürliche Offenbarung gehören notwendig zusammen, beide erst machen Gott offenbar. Der dem katholischen Weltgefühl zuneigende Schelling (der schon in der Kunstvorlesung dem Katholizismus vor dem Protestantismus den Vorzug gegeben hatte) kritisiert hart das pietistische Innerlichkeitsideal Jacobis. Er fordert dementsprechend mit Berufung auf Jacobis Freund H a m a n n (den ihm Jacobi in den Zeiten des guten Kontakts zwischen 1806 und 1811 nahegebracht hatte (121)), die Geschichte als Ort zu nehmen, an dem Religion lebt. Sie nur wie Jacobi als "Unpersönliches, Abstraktes" "ohne physische Gegenwart" - als Äußerlichkeit - abzutun, verfehlt ebenso ihre Lebendigkeit wie die Möglichkeit, in ihr Gott am Werk zu sehen. - Hier greift Schelling, der selbst in der Identitätsphilosophie eine Phase ungeschichtlichen Denkens durchlaufen hatte, auf seine frühere Auffassung zurück, wonach Vernunft sich in der Geschichte entwickelt - ein Gedanke, der in der Freiheitsschrift wieder voll zur Geltung gekommen war (122).

---

119 Ebd., 106; zum Ganzen: 99-107.
120 Ebd., 109-116.
121 Vgl. DERS., SW VII, 293 f. Anm.
122 DERS., SW VII, 403; 415 f.; s. a. W. KASPER, Das Absolute in der Geschichte, Mainz 1965.

Schelling ist überzeugt, daß Jacobi gegen alle Überzeugungsgründe auf seiner Vernunftfeindschaft beharren werde; seine amüsante Schilderung von Jacobis Versuch, seinen "Salto mortale" über den eigenen Schatten des Vernunfthasses zu wagen, der ihn aber nicht über den breiten Graben bringt, sondern an Ort und Stelle unbeweglich verharren läßt, bringt dies zum Ausdruck (123). Es war dennoch nötig - und hier erreicht Schellings Polemik ihren Höhepunkt -, Jacobi seine zwei Masken, mit denen er vor der Welt als der ehrwürdige und der edle Jacobi erschienen sei, zu zerstören; richtiger gesagt: Jacobi habe sie sich durch seine Ausfälle gegen jedermann selbst zu Schanden gemacht; der Vorwurf der Lüge sei auf ihn selbst zurückgefallen (124).

Die sachliche Widerlegung von Jacobis Lehren

Die - in der Tat sehr polemische und dennoch meist treffende - Charakterisierung Jacobis durch Schelling wendet sich in der Sache gegen dessen Grundprinzip, daß das Denken Gott nicht wirklich erkennen könne, wie er ist, sondern nur in der Verfälschung, die die irdischen Dinge, Gottes Geschöpfe mit ihm identifiziere. Im Gefolge dieser Absage an das Denken in Sachen Metaphysik sah Schelling bei Jacobi auch eine Verkürzung der Wirklichkeit: der Verstand als Werk Gottes wird gering geachtet; Natur, Welt und Geschichte fallen aus, da sie einem falschen Gottesbild Vorschub leisten; seine Innerlichkeit, die mit Verachtung des Mitmenschen Hand in Hand geht, tritt als einzige, wahrhaft Gott offenbarende Gottbeziehung in den Blick. Damit werden Wissenschaft, umfassende Weltbejahung, Wahlfreiheit, Realismus geleugnet; ihnen wird das Vermögen abgesprochen, zu Gott führen zu können.

Schelling selbst bejaht alles dies. In dieser Hinsicht ist sein Programm ansprechender, umfassender als das Jacobis. Er will seine Philosophie auch als den Versuch verstehen, dies alles nicht nur Programm, Idee bleiben zu lassen; er will es realisieren. - Die entscheidende Frage wird nun sein, ob ihm dies gelingt und ob es ihm in dem Ausmaß und in der Totalität gelingt, die ihm vorschwebt. Der Teil seiner Streitschrift, der diesen Versuch - in der Form einer wissenschaftlichen Widerlegung Jacobis - unternimmt, soll nun darüber Auskunft geben (125). Aus dem Vergleich beider Philosophien, ihrer Aussagen, Beweise und Aporien können sich dann vielleicht Anhaltspunkte für eine über beider Erkenntnisse hinausführende Antwort auf unsere Problematik Gott und das Denken ergeben.

---

123 DERS., SW VIII, 118-121.
124 Ebd., 134-136.
125 Ebd., 54-82. S. a. W. WEISCHEDEL, a. a. O., 54-67; M. BRÜGGEN, a. a. O., 424-427.

1. Schellings optimistisches Grundaxiom lautet: Der Weg der forschenden Vernunft (Denken, Verstand) führt zu Gott, und zwar zu einem persönlichen Gott. Das ist ein Ergebnis, das in der Phase der Naturphilosophie auf dem Weg der stufenweisen Höherentwicklung schon anklang, das in der Identischsetzung von Vernunft mit dem Absoluten schon mitgesetzt war, das aber letztlich erst durch Jacobis Vorhaltungen bei ihm deutlich ausgesprochen wurde. Die erste menschliche Entdeckung Gottes als personalen Lenkers der Welt hat zweifellos Gott in menschlichen Vorstellungen gedacht; der Mensch fragte die ganze Natur, er befragte die Menschen aller Rassen und Kulturen, und sein Gottesbild bekam naturhafte, vielgestaltige Züge, so vielfältig wie die menschlichen Vorstellungen von ihm waren. Des Menschen Gottesbild ist Frucht seiner Forschung bis heute: "Noch ist die Wirklichkeit eines solchen Wesens und sein Verhältniß zu der Welt Gegenstand der wissenschaftlichen Forschung". Doch der wissenschaftliche Theismus, die Letztgestalt dieser forschenden Gottesgewißheit ist noch nicht gefunden. Die Folgerung (Jacobis), jenes Ziel einer umfassenden Gotteserkenntnis sei an sich unerreichbar, ist falsch; sie "nimmt allen wissenschaftlichen Bemühungen ihre höchste, ihre letzte Richtung". Das Erkennen von Gott kann so wenig wie Gott selbst einen Gegensatz außer sich zurücklassen; es muß alles miteinander versöhnen; sonst bliebe Gottes Verhältnis zu Mensch und Welt ungeklärt - Schelling ist überzeugt: Der Mensch vermag sich letztlich, wenn auch zum jetzigen Zeitpunkt der Geschichte noch nicht, auf den erkennenden Standpunkt Gottes zu erheben. In dieser Hinsicht behält er den Standpunkt der Identitätsphilosophie bei, modifiziert in etwas durch die (für ihn vorläufige) Endlichkeitserfahrung (der Freiheitsschrift) (126).

2. Mit dieser Maxime geht Schelling Jacobis Thesen an, daß eine wissenschaftliche Erkenntnis Gottes ganz unmöglich sei und daß Natur und Gott gänzlich entgegengesetzt werden müssen, wolle man nicht in Atheismus verfallen.

Jacobi hatte die wissenschaftliche Erkenntnis mittels des Beweisgrundes abgelehnt und statt des "Grundes" den Begriff der "Ursache" gebraucht. Nach Jacobi steht der Beweisgrund über dem, was durch ihn bewiesen werden soll; der Grund begreift das Bewiesene unter sich, es hat seine Realität aus ihm. Der Beweisgrund muß daher Ursache heißen. Gott Ursache nennen, heißt seinen Stand über der Welt unabhängig von ihr erklären. Der Grund liegt logisch notwendig unter dem, was aus ihm entwickelt wird, er setzt das Entwickelte über sich. So kann der Begriff des Grundes nicht auf Gott angewandt werden, weil er sonst das Niedere wäre, aus dem die Natur als Höheres entwickelt würde; Gott wäre nur Stoff, Organ, Bedingung der Natur. Ferner: Was nicht als Teil zum Ganzen gehört, läßt sich nicht daraus beweisen. Alle Teile, Bestimmungen, Prädikate sind dem Ganzen gleich; sie stellen sich zugleich mit ihm dar. Auf

---

126 Ebd., 54 f.

das Verhältnis Gott - Welt angewandt, hieße das: Die Welt ist gleichen Wesens mit Gott, gleich ihm in den Prädikaten (der Ewigkeit, Allmacht u. s. w.).

Schelling kann diese logischen Folgerungen nicht teilen. Zum ersten müßte die Zahl 3 höher sein als die 9, denn diese bedarf der ersteren zu ihrem Erweis. Drei wäre also mehr als Neun und alle aus ihr folgenden Potenzen. Das würde, trivial gesagt, bedeuten: das Fundament eines Hauses nicht unten suchen, sondern über dem Haus schwebend. Was Jacobi tut, heißt die Logik aufheben und von einem quasi über Logik und Denken stehenden Ausgangspunkt aus urteilen. Das aber ist nicht mehr Wissenschaft, sondern unbewiesener, unbeweisbarer Glaube. Ist er die einzige Möglichkeit? Ist über das Denken, über die Frage des Grundes und des aus ihm Entwickelten und über die Frage Teil-Ganzes kein denkender Weg zu Gott möglich?

Zur Frage Teil-Ganzes: Jacobi hat nach Schelling mit dem Satz, daß alle Teile mit dem Ganzen zugleich sind, übersehen, daß es dafür zwei Modi gibt: Sie können es explizit sein. Dann ist die Summe der Teile das Ganze. Eine solche Forderung wäre - wie bei Jacobi - eine petitio principii. Sie können aber auch implizit mit dem Ganzen bestehen: Ein Ganzes kann im Zustand von Involution vorhanden sein. Nicht jeder Begriff muß von Anfang an in der Fülle seiner Bedeutung entwickelt, nicht jedes Wesen gleich in seiner endgültigen Form, Einheit muß nicht gleich Allheit sein. Zwischen dem unentfalteten Ganzen und dem entfalteten Ganzen ist nicht nur die Bestimmung Teil-Ganzes, sondern auch die der Teile untereinander möglich.

V o r und ü b e r etwas sein ist nicht identisch; Jacobi verwechselt Priorität und Superiorität. Auf Gott angewandt, ließe sich das Gesagte so resümieren: "Das Daseyn Gottes ist eben darum erweislich, weil dieses lebendige Daseyn aus einem nothwendigen Grunde, dessen wir uns nothwendig bewußt werden, und der insofern v o r und u n t e r dem lebendigen Daseyn ist, sich selbst entwickelt, also auch aus ihm selbst zu entwickeln ist" (127). Gott als lebendiger (im Kantischen Sinne, also als Person) setzt denknotwendig einen Grund voraus, aus dem er sich entwickelt. Dieser Grund kann nicht die Endlichkeit (Natur, Welt) sein, sondern nur wieder G o t t s e l b e r. Der Gedanke, Gott sei causa sui, setzt die Subsumption dieses Grundes, der Gott selbst ist, voraus. Der bewußte Gott hat also einen Grund seiner selbst; dieser Grund aber ist Gott als noch unbewußter. Die Tradition kennt den Begriff der A s e i t ä t Gottes, die sein Tiefstes, Verborgenstes sein soll. Das in Gott Verborgene kann als das Unnahbare nicht die offenbare Liebe und Vernunft sein. Das verborgene Geheimnis Gottes ist denknotwendig diese unbewußte Aseität, die Schelling mit dem unbewußten Grund in Gott (Gott als noch unbewußter) gleichsetzt. Gott im eminenten Verstand ist die Entwicklung Gottes aus

---

127 Ebd., 61; zum Ganzen: 56-62.

seinem Grund. Jacobis Auffassung, Gott gleich die reine Fülle sein zu lassen, keine Unterscheidung in ihm zuzulassen, bedeutet: Ihm Lebendigkeit absprechen, ihn zu einem Substanzlosen zu degradieren. Leben aber ist denknotwendig Entwicklung (128).

Wäre Jacobis Satz wahr, daß das Vollkommene zuerst sei und aus ihm alles beginne (wenn es m. a. W. ein Hervorgehen des Vollkommenen aus Unvollkommenem nicht gäbe), dann wäre in der Tat ein wissenschaftlicher Theismus auch nach Schelling unmöglich. So aber differenziert er: Jacobis Satz soll heißen, das Vollkommene entspringt und entwickelt sich aus einem von ihm unabhängigen und verschiedenen Unvollkommenen. Schelling hingegen behauptet: Es gibt die Evolution des Vollkommenen aus seinem eigenen Unvollkommenen. (Schelling zieht die fortschreitende Bildung vom unwissenden Kind zum reifen, gebildeten Erwachsenen als Ausbildung seiner anfangs unvollkommenen Anlagen als Analogie heran). Das Vollkommenste, das die Vollkommenheit aller Dinge in sich hat, muß notwendig vor allen Dingen sein. Es ist aber nicht gesagt, daß dieses Vollkommenste schon voll entwickelt vor den Dingen da sein muß, ob es nicht vielmehr in der Form der Potenz da ist vor den Dingen. "Gott vor allen Dingen" heißt für Schelling: Gott ist dem bloßen Vermögen nach, nicht durch die Tat da. Er entwickelt sich zur Vollkommenheit durch die Welt. Wäre Gott von Anfang an in höchster aktueller Vollkommenheit da, dann ließe sich kein Grund zur Schöpfung, zur "Hervorbringung so vieler Dinge" denken, "durch die (er), unfähig eine höhere Stufe der Vollkommenheit zu erlangen, nur weniger vollkommen werden konnte".

Demnach geht "nicht voraus als Anbeginn eine Natur der Dinge", die eine im Bezug auf Gott äußere Natur wäre. Der Anfang von allem, der Anfang von Gott ist die ihm als schaffender Person vorausgehende göttliche Natur Gottes selbst, die sich durch die Schöpfung ausbreitet. Diese Natur als Grund in Gott ist mit seinem personalen Wesen noch nicht identisch; dessen Eigenschaft ist Liebe, die dieser Natur Gottes ist dies noch nicht: es ist die Kraft oder Stärke. Das kann nicht befremden; denn die Stärke ist nicht die einzige Eigenschaft Gottes. Aus ihr als dem Ersten in Gott oder seiner Natur evolviert sich das Vollkommene; die Stärke wird durch Güte und Weisheit "gemildert", überhöht. Damit erklärt sich ein Weiteres: Der Anbeginn von allem ist ein "sittliches Principium", wie Jacobi fordert, aber es ist kein actu sittliches, sondern wiederum dem Vermögen nach. Die Stärke ist implizite Sittlichkeit; sie ist demnach nichts der Freiheit und Sittlichkeit absolut Entgegengesetztes. Ebenso ist die Weisheit der Potenz nach schon in der Natur Gottes da, aber eben ihrer noch nicht bewußt geworden. Wäre sie dies von Anfang an, so wäre kein Sein. Sein als Fülle bräuchte ja keine Entwicklung; diese aber ist - und das lehrt die Erfahrung - Höherentwicklung hinauf zur Intelligenz, letztlich zur Vernunft Gottes (129).

---

128 Ebd., 62.
129 Ebd., 62-67.

3. Für Schelling erklären sich durch diese Annahme einer Natur Gottes vor seiner personalen Existenz zwei wesentliche Fragen, die im Jacobischen System offen bleiben: Die der Lebendigkeit Gottes entsprechende Existenz von Welt und Natur, die in der Form der Höherentwicklung existiert, und die Frage, warum Gut und Böse nebeneinander bestehen.

3.1 Die Vereinbarkeit Gottes mit der Natur ist notwendig zu erklären. Ein System, das die Natur im Zusammenhang der Gotteserkenntnis ausschließt, verdient das Prädikat wahrer Erkenntnis nicht, "weil ohne bestimmten Begriff vom Verhältniß Gottes zu der Natur der Begriff Gottes selber ungewiß bleibt, ganz unvollständig aber alle Erkenntniß der göttlichen Natur, indem die bloße Wissenschaft, daß ein Wesen ist, ohne von seinen Wirkungen oder Verhältnissen etwas einzusehen, die mangelhafteste aller Erkenntnisse ist". Gottes Natur und sein Wesen werden erst erklärbar, wenn sein Wirken mitbedacht wird; man muß also das Wirken Gottes in der Natur in die Gottesfrage mit einbeziehen. Erkenntnis steigt notwendig vom Niederen zum Höheren auf; aus der Erkenntnis der Natur wird die höhere Intelligenz und Freiheit erst möglich. Ein solcher Naturalismus sieht Natur Gottes gottimmanent (nicht weltimmanent). - Die bisherigen, von Jacobi noch hochgehaltenen Erklärungsversuche, die Gott von aller Natur und die Natur von Gott gänzlich scheiden, behaupten "ein(en) unnatürliche(n) Gott und eine gottlose Natur" nebeneinander. "Nur zusammen bringen sie ein Lebendiges vor". Die Frage nach der Art, wie Gott und Natur (= Welt) zusammenzudenken seien, kann der Jacobische Theismus nicht beantworten; er kann von Gott nicht zur Natur gelangen, muß sie also entweder leugnen oder ihre Aussagekraft für Gott ignorieren. "Es war Zeit, umgekehrt Naturalismus, d.i. die Lehre, daß eine Natur in Gott sey, zur Unterlage, zum Entwicklungsgrund (nicht etwa zum höheren) des Theismus zu machen" - die Naturphilosophie hat in Schellings Augen diese notwendige Aufgabe erstmals erfüllt (130).

Die Jacobische Frage nach Grund und Ursache beantwortet sich daher logisch richtig in doppelter Hinsicht: Einmal ist er Grund von sich selbst, sofern er sittliches Wesen ist; jede Intelligenz muß einen nichtintelligenten Anfang ihrer selbst in sich selber haben. "Aber Gott m a c h t sich auch zum Grund, indem er eben jenen Theil seines Wesens, mit dem er zuvor wirkend war, leidend macht. 'Die äußere Schöpfung, sagt J.G. Hamann, ist ein Werk der größten Demuth'; einstimmig betrachten die geistvollsten Lehrer die Schöpfung als Herablassung. Wie kann sich Gott herablassen, als, indem er s i c h, nämlich einen Theil (eine P o t e n z) von sich, zum G r u n d e macht, damit die Creatur möglich sey, und w i r das Leben haben in ihm? Aber er macht sich zugleich zum Grunde seiner s e l b s t, da er nur insofern, als er diesen Theil seines Wesens (den nichtintelligenten) dem höheren unterordnet, mit diesem frei von der Welt, ü b e r der Welt - (nach dem Jacobischen Ausdruck als U r s a c h e)

---

130 Ebd., 67-71.

lebt, wie der Mensch erst dadurch sich wahrhaft zur Intelligenz, zum sittlichen Wesen verklärt, daß er den irrationalen Theil seines Wesens dem höheren unterwirft" (131). Gott ist also als personales Wesen über der Welt, nicht mit ihr identisch; sein Natursein als Innesein in der Welt erweist sich als notwendiger Weg zur Weltwerdung und ist von Gott aus gesehen dessen Herablassung zu uns. Ohne Natur ist die Person als Person nicht erkennbar und in ihrer Art nicht begreifbar. Solange also in Gott keine Natur als negatives Prinzip angenommen wird, solange ist er in seiner Personalität unbegreiflich. Der "bejahenden, ausbreitenden Kraft" muß denknotwendig "eine einschränkende, verneinende entgegengesetzt" werden. Andernfalls ist nach Schelling die Behauptung eines persönlichen Gottes bloße Behauptung ohne wissenschaftliche (denknotwendige) Aufrichtigkeit; mit der Annahme eines Gegenübers zu Gott (das, um den Zusammenhang mit Gott aufzuweisen, in ihm sein muß) erst ist die Behauptung durch das Denken bewahrheitet. Schelling erläutert also: Die bejahende Kraft, Gottes Schöpferkraft ist seine Natur; die verneinende, sich von Welt wieder absetzende ist Konzentration. Die Kraft der Konzentration ist das Zurückgehen in sich selbst, ist Ichheit oder Person (132). Schelling unterscheidet sich also von Jacobi (und der Tradition) wesentlich in seinem Personbegriff.

3. 2. Die zweite Frage neben der nach Gott und Welt ist die Frage nach Gut und Böse (133). Nach Jacobi ist der Anfang von allem eine sittliche Ursache. Gott ist Ursprung und - nach einem Wort Platons - "die Gewalt des Guten". Darin ist logisch eingeschlossen, daß das Gute etwas fordert, wogegen es sich durchsetzt. Dieses Gegen ist somit notwendig (wenn schon nicht das Böse, so doch) "das nicht Gute". Das Gute offenbart sich nur dadurch als gut, daß es dieses nicht Gute seiner selbst in das Gute verwandelt. "Woher kommt nun also dem Guten das nicht Gute, ohne das es gar nicht als das Gute seyn, sich offenbaren könnte?" Das nicht Gute kann also nicht vom Guten hervorgebracht sein; es muß als solches "nothwendig in seiner Art so ewig seyn wie das Gute selber". Das Gute schafft das nicht Gute nicht; es kann dies gar nicht wollen. So ist das nicht Gute schon da, wenn das Gute sich erhebt. "Weil aber dieses nicht Gute - nur kein wirkliches, aber doch ein mögliches Gutes, ein ins Gute Verwandelbares ist, weil es also das Gute doch der Möglichkeit nach enthält; weil ferner das nicht Gute nicht selber das Seyende, sondern nur der Grund des Seyenden, nämlich des Guten ist, den dieses als Anfang seiner selbst in sich selbst hat: so können wir sagen, nicht nur das Erste, d. i. vor allem Seyende, sey das Gute, sondern auch das nicht selber Seyende, welches das Gute als einen Grund seiner selbst in sich hat, sey ein innerliches oder verborgenes Gutes, ein Gutes der Mög-

---

131 Ebd., 71 f.
132 Ebd., 71-74.
133 Zum Folgenden: ebd., 74-77.

lichkeit nach, also auf jede Weise sey das Gute der Anfang und das Erste" (134). Das Gute ist immer am Anfang. In seiner Seinsweise des nicht Guten entspricht es der Stärke, von der in der Natur in Gott die Rede war. Die Stärke hat die Furcht vor Gott zur Folge. Der Anfang ist der Möglichkeit nach gut; er tritt aber noch nicht unter dem Aspekt des Guten, sondern des Bedrohenden, Furchtgebietenden in den Blick. (In diesem Sinn erklärt sich für Schelling beispielsweise auch, daß das Alte Testament mit seinem Bild eines zürnenden, eifernden Gottes dem Neuen Testament und seinem geistigen Gott vorhergehen kann). Das noch verborgene Gute, der noch verborgene Gott ist das noch nicht offenbar gewordene Gute; wenn es offenbar ist, ist das (scheinbar) Böse überwunden. Ähnlich ließe sich die Redeweise erklären, daß man von Finsternis ins Licht, vom Tod zum Leben gelangt, wenn man zu Gott kommt. In der Klarheit Gottes wirkt das Vorherige wie Finsternis, im toten Samenkorn ist das nachher offenbare Leben beschlossen. Es ist dies das Grundgesetz alles Erkennens, daß man von Dunkelheit zur Klarheit, von chaotischer Vielheit zur Einheit des Begriffs gelangt. Nicht anders wirkt Gott, als er uns in unserer Erkenntnis gegeben hat: er entwickelt (sich) vom Niederen zum Höheren fort (135).

4. Schelling faßt seine Ansicht über Gotteserkenntnis zusammen (136): Jacobis Forderung nach einem unbedingten Wissen, das unmittelbar aus der Vernunft entspringt, gibt es beim Menschen nicht. Es ist ein Wissen der Vernunft "vermöge ihres absoluten Gesetzes": als Wissen "der absoluten Identität des Unendlichen und Endlichen als des Höchsten" ist es Wissen von Gott insofern, als das Wesen jener absoluten Identität implizit schon Gott - das Wesen, das sich zum persönlichen Gott verklärt - ist. Um Gott unmittelbar wissen, heißt also: von Gott (auf dem Standpunkt Gottes) um sein Natursein als Gott wissen. Es heißt noch nicht: von ihm als Person wissen. Das ist erst möglich, wenn Gott als das A sich zum O entwickelt hat, wenn er als Person auf dem Weg über die Welt hervorgetreten und dadurch Person oder Gott sensu eminenti geworden ist. Das unmittelbare Wissen von Gott ist ein "persönliches Wissen", eine auf Erfahrung beruhende Ahnung von Gottes Dasein und Macht. Von Gott als Person wissen hingegen ist erst auf dem die Erfahrung transzendierenden Standpunkt der Wissenschaft möglich; es ist das letzte Ziel des Strebens der Wissenschaft überhaupt. Gerade zu der Zeit ist die Wissenschaft nach Schelling daran, dieses Ziel zu erreichen, da Jacobi es ihr wieder in seiner Strauchrittermanier entreißen will. Und sie erreicht es durch die Philosophie, die Jacobi des Atheismus beschuldigt.

---

134 Ebd., 75 f.
135 Ebd., 77-79.
136 Ebd., bes. 81 f.

Ein vorläufiges Resümee

Schelling glaubt mit diesen Argumenten den Streit endgültig entschieden zu haben. Jedenfalls ist dies sein letztes Wort in dieser Sache; seine Position bleibt vor der literarischen Öffentlichkeit so bestehen, weil erst seine Spätschriften wieder publiziert werden; weder die Weltalter-Entwürfe noch die Vorlesungen erscheinen zu seinen Lebzeiten im Durck. Der so heftig attackierte J a c o b i schweigt; er wiederholt nur in seinem "letzten Wort an die Zeitgenossen", was immer schon seine Einsicht war. So scheint der Streit vor der Öffentlichkeit unentschieden: "Die Möglichkeit einer unmittelbaren Erkenntnis Gottes und der philosophische Weg zum Begreifen des Absoluten bleiben weiterhin im Streit". Für W e i s c h e d e l ist diese Frage auch unentscheidbar, "weil jede der beiden Positionen sich auf eine je verschiedene Grunderfahrung stützt: auf den Glauben und auf die metaphysische Erfahrung. Die Frage, auf welcher Seite die wahrere Wahrheit ist, bleibt offen. Die Antwort steht auch heute noch aus" (137).

So, wie der Streit endet und wie ihn Weischedel beurteilt, scheint keine Lösung der Frage nach dem Verhältnis des Denkens zu Gott möglich. Die Gegenpositionen stehen unvermittelt einander gegenüber. J a c o b i s Wesensbestimmung Gottes als Prinzip der Freiheit, der Personalität, der Vollkommenheit spricht uns an; sein Gottesbild ist das unsere. Seine Bestimmung von Offenbarung Gottes als menschliches Innesein ist ein wesentliches Element aller Religionsbegründung. Daß im Menschen die Höchstgestalt des Bildes Gottes lebt, ist ebenfalls eine religiöse Grundaussage des höher entwickelten Gottesbewußtseins. Dagegen wird man sich mit Schelling fragen, ob die Natur keine Züge einer Selbsterschließung Gottes trägt, ob Gottes Offenbarung nur im menschlichen Innesein zugänglich ist. Die Einschränkung der Erkenntnis Gottes aus dem Wesen des Menschen allein befriedigt nicht. Hier wird das Wesen des Menschen solipsistisch, ungeschichtlich und unsozial vorgestellt. Wenn aber das Wesen des Menschen zu beschränkt in den Blick tritt, kann das daraus erahnte, geglaubte Wesen Gottes nicht vollkommen sein. Der Haupteinwand aber richtet sich gegen Jacobis Ablehnung der Verstandeserkenntnis: Kann Vernunft wirklich so von Verstand unterschieden werden, wie dies der Pempelforter tut? Hängen nicht beide miteinander zusammen, ergänzen, unterstützen, korrigieren sich wechselseitig? Ist es nicht ebenso ein problematischer Anthropomorphismus, wenn Gott so sein soll, wie ihn uns unser Inneres vorstellt, wie es gefährlich ist, ihn nach Analogie unserer Verstandesschlüsse, analog unseren Welterfahrungen zu bestimmen? Haben wir doch dieses Innere nicht in der Reinheit gegenwärtig, wie dies Jacobi und Kant in ihrer Gewissenslehre meinen. Stattdessen

---

137 W. WEISCHEDEL, a. a. O., 90.

wissen wir heute um die Probleme, die das Gewissen als Echo der Stimme Gottes (im Sinne der Genannten und J. H. Newmans) im Kontext sozialer und kultureller Umwelteinflüsse belasten. Schließlich ist da die Frage, ob Religion und christlicher Glaube völlig auf das Denken verzichten müssen, wenn sie Gottes innewerden wollen. Religionsbegründung, Theologie würden damit noch mehr dem Vorwurf dogmatischer Vorentscheidungen ausgesetzt sein, als dies die Philosophie des kritischen Realismus ohnhin schon tut. Zu sehr ist uns auch die Vernunftfeindlichkeit im Namen der Innerlichkeit, der Mystik in den eigenen Reihen ein Problem, als daß uns Jacobis Lösungsvorschlag eine befriedigende Antwort geben könnte. Das alte Axiom, daß philosophisch, d. h. für das Denken nicht falsch sein dürfte, was für Glaube und Theologie wahr ist, scheint hier realistischer.

In dieser Hinsicht war S c h e l l i n g s Programm ansprechender. Seine Einbeziehung des Denkens in die Gottesfrage sieht das Denken ebenso wie Freiheit und Sittlichkeit als Wert, als Werk Gottes. Es wird der Realität eher gerecht. Natur, Welt, Geschichte werden in die Frage nach Gott einbezogen - kurz: in Schellings Programm scheinen alle Gefahren aufgefangen, die Jacobis Lösung in Frage stellen. Weltbejahung, Optimismus, eine Korrespondenz von Selbsterschließung Gottes und menschlichem Empfangen scheint hier selbstverständlich. - Wenn dann die Durchführung dieser Intentionen vor uns steht, zeigt sich doch einige Betroffenheit: Führt das Denken wirklich notwendig zu diesen Konsequenzen? Ist es in der Tat denknotwendig, daß man eine vorbewußte und vorsittliche Natur in Gott annehmen muß, damit sich aus ihr Gott als lebendige Person in höchster Einsicht und Freiheit entwickeln, damit Gott er selbst werden kann? Ist dieser nur der Möglichkeit nach existierende Gott wirklich die Natur, die Welt, die Geschichte - also Welt und Mensch? Ist Gottes Anderssein als seine Geschöpfe nur in dieser Form der Evolution denkbar? Wie wäre in Schellings Konzept die menschliche Freiheit von der Gottes abzugrenzen? Gibt es hier wirklich das Böse, das Leid, oder sind es letztlich nur illusionäre Formen eines noch nicht voll zu sich gekommenen Gottes? Der Gedanke einer Natur in Gott, aus der er sich herausentwickeln muß, und der Gedanke eines Werdens Gottes sind uns so fremd, daß wir verwundert fragen: Ist das das notwendige Ergebnis des Denkens? Hier hängt offensichtlich alles an der Voraussetzung, ob Denken nur die menschlich-empirisch bleibende Grunderfahrung des Menschseins so unmittelbar auf Gott übertragen kann. Dabei scheint nicht einmal diese Grunderfahrung voll getroffen; denn Person wird hier bei Schelling lediglich als Abgrenzung gegen andere, nicht aber als das (umfassender gedachte) Selbstsein gesehen, das sich in der Fülle seiner Selbstmacht weggeben kann, ohne sich als Selbstsein zu verlieren. Hat vielleicht Schelling doch zu anthropomorph, vielleicht doch zu naturhaft gedacht? Oder kann das Denken wirklich nicht mehr leisten?

Wir verfolgten in den Philosophien von Jacobi und Schelling zwei sehr unterschiedliche Denkwege, die beide kennzeichnend für die Entweiung der Neuzeit über der Frage nach dem Umfang des Wissens und nach der

Frage seiner Anwendung auf Gott (unser Wissen von Gott) sind. Jacobis Weg, parallel dem Weg Pascals, als der Weg der Trennung von Glaube und Erkenntnis zum Schutz des Glaubens vor Usurpation verläuft eigentümlich einlinig und unangefochten; seine Lehre wird in den Kontroversen jeweils nur appliziert, nur modifiziert; sie scheint sich in jeder Auseinandersetzung neu in ihrer Richtigkeit zu bewähren. Schellings Weg ist unruhig, sprunghaft. Er ist getrieben von Kants Kritik, will aber dennoch über Kant hinaus anhand der logischen, ewig gültigen Denkprinzipien das Absolute, Unbedingte fassen. Er setzt gegen den Skeptizismus das Prinzip des aufgeschlossenen Vernunftoptimismus. Und dennoch bleibt er die Unsicherheit, die in stets neuen Anläufen ihrer Aufgabe gerecht werden will, da das Erreichte noch nicht das Vollkommene, Wahre ist. Ist Schelling ein Modellfall für die Unabgeschlossenheit und Unabschließbarkeit des Denkens?

Beide Philosophien geraten bei dem Engagement ihrer Vertreter notwendig aneinander. Beiden darf man ehrliche Überzeugung in ihren kontroversen Argumenten unterstellen. Haben sie die Wahrheit ein Stück näher gebracht? Jacobi bleibt bei seinem: Gott ist schon immer so, wie wir ihn glauben. Schelling führt den Begriff des Werdens ein. Schelling denkt vom Menschen aus. Er bleibt letztlich auf dem Standpunkt der Naturphilosophie, meint aber sich in der Identitätslehre auf den Stand des Wissens Gottes emporschwingen zu können; sein Denken bleibt ein sehr menschliches Denken von Gott, der naturhaft-menschliche Züge behält. Kann Gott so sein? Ist er dann noch Gott, so wie ihn uns die Idee als den ausweist, der alle positiven Eigenschaften auf eminente Weise in sich vereint und dennoch (oder dadurch?) der ganz Andere ist? Wie kann man dieses Anderssein erfassen? Durch Verzicht auf Denken? Oder durch eine andere, höhere Denkform (die es nicht gibt)? Oder muß das Denken Wege gehen, die Jacobi und Schelling noch nicht gegangen sind?
Vielleicht führt dann (eher) ein Weg die Anliegen beider Kontrahenten zueinander; was ihnen in ihrem Streit nicht gelungen ist.

Schellings Prinzip hieß, die Philosophie müsse als umfassende Wissenschaft das Höchste mit dem Tiefsten verknüpfen. In der Münchener Vorlesung von 1827 hatte er das als Weg des Denkens (des menschlichen Denkens) eingesehen; in der realen Existenz Gottes und des Menschen hat sich dadurch nichts geändert. Insofern kann Schelling an gleicher Stelle Jacobi darin Recht geben, daß dessen Eintreten für das Gefühl eine notwendige Polemik gegen die Bewegung war, die alles - das Höchste und das Tiefste - auf bloße Vernunftverhältnisse reduzieren wollte. Jacobi strebte nach Schellings späterer objektiver Einsicht über das bloß Vernünftige hinaus, konnte diesem Streben aber aufgrund seines Verzichts auf Wissen keine Konturen geben (138). - Er selbst, Schelling, hatte dies wenigstens versucht.

---

138 F.W.J. SCHELLING, SW X, 166-182.

Hegel (139) anerkennt Schellings Streben; doch wenn die wissenschaftliche Form nicht ihre überzeugende Methode gewinnen und ein bleibendes Ergebnis zeitigen kann, "so muß das Verhältnis von Natur und Geist eine Bestimmung der Unmittelbarkeit behalten", die in der methodischen Wahrheitssuche bleibend gewahrt werden muß - Hegel skizziert hier den Weg seiner Erkenntnislehre, die das Unmittelbare als unaufgebbaren Inhalt bewahrt, aber methodisch läutert und überbietet. Damit bestätigt Hegel Jacobis Idee der Unmittelbarkeit in ihrem Wert und ihrer bleibenden Gültigkeit, zeigt aber die Notwendigkeit und den Anfang einer Methode auf, die diese Unmittelbarkeit denkerisch bewähren kann, so daß sie nicht den bloßen "Wert von Versicherungen" und Beteuerungen, sondern den Grad von Wahrheit erlangt. - Eine theologische Beschäftigung mit der Frage nach der Möglichkeit, Gott im Denken zu erfassen, Gott als den Gott der Offenbarung auch der Vernunft zugänglich zu machen, muß ihren Weg in der von Hegel gewiesenen Richtung suchen, ohne Jacobis und Schellings Gedanken aufzugeben.

---

139 In seiner Rezension des 3. Bandes von Jacobis Werken: SW VI, 313-340.

II. TEIL: Versuch einer theologischen Diskussion
der Probleme

Kapitel 4

DIE THEOLOGISCHE RELEVANZ DER KONTROVERSE-THEMEN

I. Die Möglichkeit einer philosophischen Religionsbegründung

In der vorliegenden Arbeit wurde untersucht, welche Antwort Jacobis Philosophie und Schellings Entwürfe der frühen und mittleren Schaffensperiode auf die Frage nach Gott geben. Die Gottesproblematik, ganz gleich von welcher Wissenschaft aufgeworfen, hat notwendig einen Bezug zur Theologie, so daß sich diese den offenen Fragen nicht entziehen darf und kann. Das gilt besonders für die Aussagen der Philosophie im Umkreis des Deutschen Idealismus, in welchem die Geschichte der Gotteserkenntnis und der Korrespondenz von Philosophie und Theologie einen ihrer Höhepunkte hat. Beide Wissenschaften konvergieren und konkurrieren gerade in dieser Frage; und dieses Faktum prägt das Verhältnis der idealistischen Philosophie zur Theologie. Das bedarf einer Erläuterung:

1. Beginnend bei den Vorsokratikern und ausdrücklich bei Aristoteles ist jener Teil der Philosophie Theologie genannt worden, der sich mit den Grundfragen der Welt und mit dem, was hinter ihr liegt (Metaphysik), befaßt. Seitdem Theologie jene Wissenschaft geworden ist, die sich mit dem Glauben als Antwort auf Gottes Offenbarung in Jesus Christus systematisch und denkerisch beschäftigt, hat sie eine besondere Nähe zur Philosophie bewahrt, die das Mittelalter unter dem Aspekt der relativen Einheit beider Disziplinen sah: Die tragenden Leitideen der Zeit, summa und ordo, kamen in der Systematik, in Gegenstand, Umfang und Konvergenz beider Wissenschaften zum Tragen. Noch die beginnende Neuzeit brachte das Verhältnis beider auf den Begriff, daß philosophisch nicht falsch sein könne, was theologisch wahr sei und umgekehrt. Die Theologie im strengen Sinn ihrer Begriffsbildung, die sie in der Geschichte des Christentums bekommen hat, steht in ständiger Wechselbeziehung mit der Denk- und Verstehensgeschichte überhaupt, die vornehmlich in der Philosophie geleistet wird; es gehört zum Wesen und zur Struktur beider Disziplinen, daß sie eine Hermeneutik - eine Interpretationslehre mit den Mitteln des Denkens - jedes Verstehens- und Kommunikationsvorgangs beinhalten; beide reflektieren notwendig auf Sinn und Zusammenhang dessen, worin sich menschliche Begegnung vollzieht; Gott und Welt sind diese Inhalte und dieser Ort der Kommunikation, die für den Menschen wesentlich sind (1). Die vorliegende Untersuchung

---

1   Vgl. J.B. METZ, Art. Theologie (bes. II, 2): LThK 10 (²1965) 62-69 bis 71; H. FRIES, Art. Theologie: HthG II, München 1963, 641-654.

hat diese Wechselbeziehung immer als implizit vorhanden ahnen lassen; unterschwellig mochte die Frage stets präsent sein, ob hier Philosophie oder Theologie getrieben wird.

2. Es ist aber nicht zu verkennen, daß diese Konvergenz problembeladen ist. Auch das hat seine Geschichte. Die Theologie, die sich von der höchsten philosophischen Disziplin zur ersten Wissenschaft im Hochmittelalter (besonders seit Anselm von Canterbury und Thomas von Aquin) emanzipiert hatte, ging daran, die Philosophie zur Magd zu degradieren (2). Seit der Gnosis zeigten sich immer wieder Tendenzen, die ein auf geheimen Offenbarungen beruhendes höheres Wissen lehrten und den einfachen Glauben und das Wissen als unzureichend ablehnten. Demgegenüber betonen die Alexandriner ein von der Offenbarung ermöglichtes höchstes Erkennen im Glauben, das in der Folgezeit auf das Wissen verzichten zu können meinte. Dieser Anspruch der Überlegenheit und der umfassenden Einsicht des Offenbarungsglaubens vor dem Wissen erreichte in den Kontroversen der Theologie mit den Naturwissenschaften zu Beginn der Neuzeit (Entdeckungen, Kepler, Galilei) jene höchste Ausprägung, die meinte, auch in Fragen der Naturgesetzlichkeit bessere Einsicht zu besitzen als die exakten Berechnungen. Die Erkenntnis wurde - fälschlich als solchen ausgegeben - Glaubensprinzipien untergeordnet. Als sich diese Gott, Welt und Dasein integrierende und umfassend erklären wollende Anmaßung eines falsch verstandenen Glaubens vor dem Forum der selbstbewußt gewordenen Vernunft nicht mehr aufrechterhalten ließ, kam es zu jenem aus Konkurrenzdenken erwachsenen, unheilvollen Bruch zwischen Glaube und Wissen, der die gesamte Auseinandersetzung von Philosophie und Theologie der Neuzeit bestimmt und der die Philosophie selbst entzweit. Besonders im Umkreis der lutherischen Rechtfertigungslehre, aber auch im Raum einer rigoristischen (jansenistischen) Gnadentheologie wird immer wieder - fortdauernd bis ins 19. Jahrhundert (Traditionalismus, Fideismus) - der Verzicht auf eine natürliche Gotteserkenntnis und auf eine Glaubensbegründung mit den Vermögen der Vernunft gefordert. Die ursprünglich bejahte Einheit von vernunftgemäßer Gotteserkenntnis und Offenbarungsglauben ist einer tiefen Skepsis und schließlich einer Trennung beider möglicher Wege gewichen; denn der theologischen Leugnung einer philosophischen Gotteserkenntnis korrespondierte eine in ihrer Polemik weitaus massivere Negation von Gott und seiner Offenbarung im Namen des Denkens. Wo jene im Mittelalter lebendige Einheit über die Kontroversen hinaus aufrechterhalten wurde (in der von Schelling kritisierten Tübinger evangelischen Orthodoxie, in der im 19. Jahrhundert wiedererstarkten Neuscholastik), da geschah dies in einer an Wolff orientierten und

---

2   Sehr aufschlußreich für diese Feststellung ist der schon erwähnte Streit zwischen J. E. KUHN und F. J. CLEMENS, zusammenfassend mit Belegstellen: F. WOLFINGER, Der Glaube ..., a.a.O., 235 bis 271.

die Eigenart von Philosophie und Theologie verkennenden Weise, so daß das fehlende Problembewußtsein die Wiederherstellung der Einheit beider Wissenschaften verhinderte.

Die unterschiedlichen Philosophien Jacobis und Schellings verdeutlichen, was hier resümierend festgestellt wurde: J a c o b i gehört jener skeptischen Richtung an, die dem Wissen gründlich mißtraut. Wissen: das heißt für den durch Entdeckungen, Erfindungen und den Aufschwung der Naturwissenschaften selbstbewußt gewordenen Menschen der Neuzeit und insbesondere der Aufklärung, daß man jede Grenze der Einsicht als vorläufig betrachten könne; es bedeutet auch, daß Forschung, logisches Urteil, Beweis - kurz: Vernunft und Verstand - alle Gegenstände ihrer Erkenntnis umfassend einsichtig machen können: Man will sich mit L e s s i n g "alles natürlich ausgebeten haben". Das Grundmodell dieses alles erfassenden Wissens waren die N a t u r w i s s e n s c h a f t e n mit ihren Methoden des Versuchs, des Beweises, der logischen Verifikation anhand des Identitäts-, des Widerspruchs- und des Kausalsatzes; auch die Philosophie operierte mit ihnen, wenngleich hier zwei Grundrichtungen mit dem Primat der Logik (D e s c a r t e s - W o l f f) und mit dem Schwerpunkt auf Sinneserfahrung (die englischen Sensualisten, besonders L o c k e und H u m e) unterschiedliche Akzente setzten. Jacobi teilt - anders als K a n t - den Skeptizismus, den erstmals P a s c a l formuliert hatte: Das Wissen in diesem Sinn der naturwissenschaftlichen Erkenntnis führt höchstens zu einem absoluten Sein, zu einem ersten Urheber, nicht aber zum lebendigen Gott der Offenbarung, zu dem der Mensch beten, dem er sich vertrauensvoll anheimgeben kann. Die selbstverständliche Identifizierung, mit der Thomas seine Gottesbeweise theologisch einholte, indem er erklärte: "... und das bezeichnen wir als Gott", war zerbrochen: Nun war offenbar geworden, daß das Denken weniger zu leisten vermochte, wenn es auf seine Vermögen allein angewiesen war, als unter Führung des Offenbarungsglaubens.

Jacobi erfaßt die Grenze, die dem Wissen durch seine Bindung an die sinnliche Erfahrung gesetzt ist; hierin geht er mit Kant einig. Er erkennt, daß die diskursive Operation des Verstandes mit seinen logisch-apriorischen Strukturen alles Gedachte anthropomorph bleiben läßt. Er kann sich mit seiner Zeit Wissen nicht anders als in den Formen und Methoden der Naturwissenschaft vorstellen; aber er durchschaut deren Begrenztheit im Umfang und deren Abhängigkeit von vorgegebener Wirklichkeit: Wissen ist nicht das Erste, sondern ein Abgeleitetes. Das Vorgegebene ist Selbsterschließung aller Wirklichkeit und unmittelbar gewisses, wahres und umfassendes Rezipieren, d. h. Glauben in allen Bereichen der Wirklichkeit; Jacobi säkularisiert gewissermaßen das theologische Erkenntnisideal, er erweitert es zu einem allgemein gültigen Gesetz aller Erkenntnis. Jacobi geht sogar so weit, den Aspekt der Gnadenhaftigkeit dieser Offenbarung, der seinen protestantischen Ahnen wesentlich war, zu vernachlässigen und Offenbarung wie Glaube als natürliche Vorgänge des menschlichen Inneren (allein) zu deklarieren. Das ist seine - von der Theologie polemisch gelöste - Philosophie, wie sich in der Kritik an Claudius gezeigt hat. - Für die Frage nach Gott bedeutet dies: Jacobi behauptet, parallel zu Kant, einen philosophischen Glauben als die einzige Form einer möglichen und zugleich umfassenden Religionsbegründung.

S c h e l l i n g übernimmt in seiner Frühzeit die seit Kant und Jacobi übliche Ersetzung der Theologie durch Philosophie; die Erfahrungen mit der Tübinger Theologie seiner Studienzeit (seichte, unwissenschaftliche Form; Vorwurf der Unterdrückung) scheinen den aus der Begeisterung für die Philosophie erwachsenen methodischen Überlegungen förderlich gewesen zu sein. Doch anders als Jacobi und Kant sucht Schelling nicht in dem der Theologie entlehnten Glauben - als einer vorwissenschaftlichen Erkenntnisform - Grund und Möglichkeit metaphysischer Erkenntnis, sondern in den Denkformen der Logik: Der Jacobischen Alternative: Gott ohne alles Denken setzt Schelling am markantesten von allen Zeitgenossen seine Alternative: Gott allein im Denken gegenüber. Der Weg seiner Philosophie zeigt die Problematik eines Gottesbewußtseins, das rein nach der Vorstellung des Denkens konzipiert ist. Das denkerisch für das Absolute geforderte Unbedingte ist nacheinander das Ich, das allgemeine Objektive als logische Form, die sich in allen welt- und menschimmanenten Formen entwickelnde Vernunft und schließlich der aus naturhafter Potenzialität sich zu sich selbst konstituierende personale Gott. Zu ihm gibt es entweder keinen oder nur einen unendlichen Zugang der sittlichen Annäherung, ein bewußtseinsmäßiges Wachsen der Überzeugung, selbst dieser Gott zu sein, oder schließlich das in intellektualer Anschauung erreichte Gewißsein, Teil dieses Absoluten zu sein oder durch Natur und Vernunft an ihm Anteil zu haben. Das Absolute, Gott oder - später - "der Gott" (der Person geworden ist) hat bei Schelling immer eine große Nähe zu logischen Begriffen: er ist das Unbedingte; die Vernunft im Prozeß der Natur und der Geschichte; die bei sich seiende absolute Vernunft, die sich aus naturhaften Formen zur Personalität hinaufentwickelt. Gott umfaßt wie das Denken intentionaliter alles, das Höchste und das Tiefste. Auch der Prozeß der Vernunft zur Personalität wird in einer an der Entwicklung des Menschen orientierten Weise verstanden. Gott ist im Denken; er ist das Denken. Geschichte, Freiheit, Organismus sind Realisierungsformen des Denkens; Glaube, Empfindung sind unvollständige Formen des noch nicht zu sich selbst gekommenen Denkens.

Nachdem Kant und Jacobi den ungeheuren Anspruch des Wissens, alles erkennen zu können, desillusioniert hatten, gingen die Nachfolger - am konsequentesten der Schelling der Identitätsphilosophie - daran, das Wissen und sein Vermögen, den Verstand, als göttliches, Wirklichkeit gestaltendes Vermögen zu erklären. Damit erhielt die zunächst erkenntnistheoretische Frage nach Wesen und Umfang des Wissens eine religionsphilosophische Dimension: Der Leugnung, daß das Denken Gott überhaupt erreichen kann, steht die These gegenüber, daß es dem Menschen direkt Anteil an Gott gibt. - Das Denken, das als Grundkonstitutiv im Prozeß seiner Realisierung alle Wirklichkeit erschließt, ist nicht auf die Person allein einzuschränken. Für die Religionsphilosophie stellt sich daher neben der Grundfrage nach dem Verhältnis von G o t t u n d D e n k e n die daraus abgeleitete Frage: Ist Gott als die alle Wirklichkeit umfassende Vernunft mit personhaften Kategorien nicht zu begrenzt beschrieben? Gott könnte nicht allein und nicht zuerst in der P e r s o n, sondern umfassender in der Vernunftgemäßheit aller Wirklichkeit gegenwärtig sein. Zusammenhängend damit stellt sich das Problem der Möglichkeit und Weise von O f f e n b a r u n g. Das Denken ist selbstmächtiges Erfassen aller Wirklichkeit; Natur, Welt und Mensch repräsentieren so das Göttliche als ihre höchste Seinsweise. Wo das Denken nicht so umfassend bestimmt wird, begegnet Gott in der Form der Selbsterschließung; er wird zum offenbarenden Gegenüber, das für den erkennenden Menschen am adäquatesten in der Kategorie Person beschrieben ist. Wenn ferner dem Denken nicht das Vermögen des Ganzen zugesprochen wird, so ist das Medium von Offenbarung nicht das Wissen, sondern das Prinzip, das nächst dem Erkenntnisvermögen wesentlich für das Menschsein ist: die Freiheit. Auch hier stehen sich Jacobis und Schellings Philosophie konträr gegenüber: Freiheit und die ihr korrespondierende Sittlichkeit offenbaren Gott (allein), das Denken hat dies hinzunehmen und sich als unfähig zu einer Wesensbestimmung zu bekennen - so Jacobi -; dagegen Schelling: Freiheit ist eine Folge des zu sich gekommenen Gottesbewußtseins. Das Wissen des Menschen von Gott, auch wenn es - wie beim Schelling der Kontroverse - ein Wissen von Gott als Person ist, schließt das Wissen um die Herkunft aller Wirklichkeit aus Gott oder das Göttlichsein des Universums ein.

Die Themen der Kontroverse - Gott und das Denken, Gott als Person, das Wesen von Offenbarung, Freiheit und Geschichte - versprechen daher viel für die Frage einer philosophischen Religionsbegründung und ihre Relevanz für die theologische Beschäftigung mit diesen Fragen; die exklusiv-unterschiedlichen Antworten der beiden Philosophen zeigen eine Aporie auf, die nach Weischedel unüberwindlich ist, solange eine theologisch orientierte und eine streng metaphysisch ausgerichtete Philosophie auf ihren jeweiligen Grunderfahrungen beharren (3).

Gibt es also keine religionsphilosophische Begründung der Gottesfrage des Glaubens und somit keine Korrespondenz von Philosophie und Theologie in der Frage nach der Grundwirklichkeit Gott, die beiden wohl gemeinsam ist, die aber so unterschiedlich artikuliert wird, daß die Frage nach der Wahrheit unentscheidbar erscheint? Was hilft es, wenn Theologie und Philosophie (und die Philosophie wiederum in sehr unterschiedlicher

---

3   W. WEISCHEDEL, Jacobi und Schelling, a. a. O., 90 (s. o. Kap. 3, Anm. 137). Weischedel endet auch sein großes Werk "Der Gott der Philosophen" mit dieser Aporie einer unlösbaren Verbindung von Philosophie und Theologie zu einer theologischen Philosophie.

Weise) sich der Frage annehmen, warum überhaupt etwas und nicht nichts sei (4), wenn sie den Grund in Gott sehen, sich aber über das Wesen Gottes nicht verständigen können? Denn das hat die Kontroverse exemplarisch für die gesamte Neuzeit gezeigt: Es geht der Philosophie nicht nur darum, denkerisch ein Höchstes oder Absolutes zu erreichen, das dann theologisch als der Gott der christlichen Offenbarung überhöht und eingeholt werden kann; vielmehr leistet jede Beschäftigung mit Gott immer auch eine Wesensbestimmung. Fällt diese aber völlig unvereinbar in den verschiedenen Entwürfen aus, so besteht offenbar keine Möglichkeit, über Gott etwas definitiv auszusagen. Jede Wissenschaft, die dies dennoch tut, muß sich nach dem Sinn ihrer Fragestellung und letztlich nach ihrer Daseinsberechtigung fragen lassen. Hat uns die Neuzeit und speziell die hier in Einzelheiten vorgestellte Kontroverse in diese Situation geführt? Oder haben beide Kombattanten einen falschen Weg eingeschlagen? Dann hätte K. B a r t h recht, wenn er behauptet, an Fichte und Schelling könne man theologischerseits "vorbeikommen" (Jacobi zieht er gar nicht in nähere Betrachtung), an Hegel komme man hingegen ebenso wenig vorbei wie an Kant (5). Dabei hat Barth trotz allen Scharfsinns seiner Analysen verkannt, daß Hegel ohne Schellings Philosophie nicht denkbar wäre (6). Wenn Hegel und die an ihm orientierte Philosophie und Theologie tatsächlich einen Weg zu einer Überwindung der Aporien gegangen sind, in denen Jacobi und Schelling in ihrer Kontroverse stecken geblieben sind, so haben sie die Grundfragen aus der Kontroverse übernommen. Wenn diese wesentlich sind, so läßt sich aus ihnen sicher eine sinnvollere Antwort erarbeiten, als sie den Kontrahenten im Eifer des Gefechtes gelungen ist.

Karl Barth erhebt gegen die Theologie des 19. Jahrhunderts den auch heute erwägenswerten Vorwurf, daß sie zu wenig ihre eigene Sache vertreten habe, daß sie zu sehr nach außen orientiert war, sei es in der Form der Apologetik, sei es in der Rezeption eines der vielen Weltbilder, auf denen dann eine bestimmte - und damit nur unter der Voraussetzung des Weltbildes gültige - Theologie möglich war; das eigentliche Wesen des christlichen Glaubens sei dadurch in den Hintergrund getreten (7). In ähnlicher Weise bezeichnet R. B u l t m a n n den Inhalt der Theologie als eine autoritative, durch Gründe nicht zu rechtfertigende Anrede, die es der Theologie nicht erlaube, verallgemeinernde Urteile zu fällen (8). Es fragt sich nur,

---

4   Vgl. etwa Schellings wiederholt gestellte Frage: SW VI, 155; VII, 174; XIII, 7; 163 f. ; 242.
5   K. BARTH, Die protestantische Theologie im 19. Jahrhundert, I, Hamburg 1975 (Siebenstern TB, 177), 329.
6   Vgl. dazu etwa W. SCHULZ, Die Vollendung des Deutschen Idealismus in der Spätphilosophie Schellings, Pfullingen ²1975, 7; 11-14 u. ö.
7   A. a. O. , II, 577-585.
8   R. BULTMANN, Allgemeine Wahrheiten und christliche Verkündigung: GuV III, Tübingen ³1965, 166-177.

ob der Sache der Theologie mehr gedient ist, wenn sie ohne den Blick auf den Menschen, ohne Rücksicht auf das sonstige Denken und kommunikative Verhalten des Menschen die Anrede Gottes als Forderung geltend macht; erst der Wille zur Begegnung und Auseinandersetzung mit dem Geist jeder Zeit und das Bestreben, die Wahrheit der Offenbarung mit den Kategorien und dem Vokabular jeder Zeit auszusagen, macht Ernst mit der Tatsache, daß die Offenbarung für die Menschen der jeweiligen Stunde ausgesagt und verständlich gemacht werden muß (9).

Die Heilsbotschaft der Evangelien wird in ihrer Verfügbarkeit und Wirklichkeit erzählend-verkündigend vergegenwärtigt; Gottes Heil ist nicht menschliche Leistung. Darin geht die Auffassung des altisraelitischen Credos einig mit dem Sinn der neutestamentlichen Schriften; und die theologische Reflexion von Barth, Bultmann bis zur "memoria"-These der Narrativen Theologie bestätigt dies. Doch - das soll noch gezeigt werden - die argumentative Bestätigung der Vermittlung muß weder als Verfügen über das Heil noch als Verfälschung seines Sinnes verstanden werden. Schon die Schriften selbst (Johannesevangelium, Paulus) vermitteln argumentativ. Von dieser Funktion, die geleistet wird durch Vergleich, Anknüpfung, Aufweis von Plausibilitäten, kritische Hinterfragung, entbindet der Inhalt der Evangelien nicht. In diesem Sinn wird die Heilsbotschaft zum "Rohmaterial" der Theologie, damit diese dem Glaubensinhalt selbst und seiner Überzeugungskraft vor dem von ihm angeforderten Menschen gerecht zu werden vermag (10). Andernfalls könnte es sein, daß sich die Menschen einer bestimmten Zeit nicht angesprochen fühlen von dieser Offenbarung. Gerade die Situation der Neuzeit ist kennzeichnend für ein solches Versäumnis der Theologie. Weil sie offensichtlich ihrem Anspruch nicht argumentativ und im verständigen Eingehen auf den Menschen, sein Autonomiestreben, seine erwachende Selbstständigkeit, gerecht werden konnte, wurde sie nicht nur von Atheisten, sondern auch von Männern durch Philosophie ersetzt, die dem Anliegen eines rechten Gottesverständnisses aufgeschlossen blieben - Jacobi und Schelling gehören zu ihnen. Die Folge war (bis heute), daß in der Geistesgeschichte dieser Zeit philosophische Fragen dominieren und die Sache der Theologie verblaßt; die gültigen Antworten auf die Sinnfrage werden von philosophischen Reflexionen über die Frage nach Einheit und Ganzheit, Leben, Verhältnis von Vernunft und Freiheit erwartet. Daß es schwer ist, von der Dringlichkeit und Vielfalt dieser Fragen auf das sinnstiftende Wesen Gottes rückzuschließen, zeigt wiederum der lange Weg, den Schellings Philosophie von

---

9 Diese Feststellung, die H. FRIES zur Charakterisierung der katholischen Tübinger Schule trifft (LThK 10 (^{2}1965) 391), kann als Grundgesetz aller Theologie gelten.
10 Vgl. die Diskussion um die Narrative Theologie (s. u. Anm. 47). Gegen Weinrich und Metz: D. RITSCHEL, "Story" als Rohmaterial der Theologie: in der von ihm mit H.O. JONES herausgegebenen gleichnamigen Schrift, München 1976, bes. 36-41.

ihrem Bruch mit der Theologie bis zur Anknüpfung an einen personalen Gottesbegriff gegangen ist.

In der Begegnung der Theologie mit anderen Äußerungen des Geistes zeigt sich also kein ängstliches Schielen nach außen, um modern zu sein, den Anschluß nicht zu verpassen. Die Theologie geht vielmehr auf ein Grundbedürfnis des Geistes ein, das C. B r u a i r e (11) so beschreibt: Es ist das Bedürfnis des Geistes, Gott zu suchen. Doch die Antinomien, die im Menschen selbst liegen - im Widerstreit zwischen Freiheit und Trieb, zwischen dem Exklusivitätsanspruch, den das Denken dem Absoluten zuschreibt, und der geschichtlichen, welthaften Erschließung, in der es Gott erfährt -, machen es schwer, zwischen philosophischer Gottsuche und konkreter Erfahrung eine Anknüpfung zu finden. Das Denken über Gott steht in ständiger Spannung mit dem Denken über uns selbst (12). Dennoch müssen wir verwandt sein mit dem Gegenstand unserer Erwartungen. Wir könnten Gott nicht in einer Offenbarung erkennen, wenn diese nicht ein Wiedererkennen wäre (13), wenn also - wie der hermeneutische Zirkel besagt - Gott nicht in unserem Bewußtsein "natürlich" gegenwärtig wäre. Die Vielfalt der Weisen, wie Gott in unserem Bewußtsein gegenwärtig ist, muß also - entgegen der pessimistischen Reaktion auf das Ergebnis der Jacobi-Schelling-Kontroverse - nicht eine philosophische Gottesbegründung verhindern. Sie kann nur auf die Schwierigkeit einer solchen verweisen, da sie die Wesensbestimmungen Gottes durch das Denken nicht in der Fülle ihrer Möglichkeiten, sondern höchstens in ihren Grundstrukturen zu rezipieren lehrt.

In diesem Sinn ist es angebracht, in den unterschiedlichen Aussagen der Kontroverse über Gott einen Sinn zu sehen. In ihnen zeigt sich nicht etwa die Unfähigkeit des Geistes, Gottes inne zu werden; sein Bedürfnis, Gott zu suchen, um ihn dann nicht oder nicht deutlich genug finden zu können, ist kein groß angelegter Betrug unseres Wesens, das nach außen projiziert, was zum Wesen des Menschen gehört. Vielmehr offenbart eine solche Vielgestaltigkeit die Offenheit und zugleich die Fragwürdigkeit unseres Denkvermögens, wenn es gefordert ist, sich seinem höchsten Inhalt zuzuwenden. - Anhand der zentralen Themen der Kontroverse: Gott und Denken, Gott als Person und die Möglichkeit einer Offenbarung soll dies eingehender bedacht werden.

---

11 Die Aufgabe, Gott zu denken, Freiburg 1973, 95-105 u. ö.
12 Ebd., 143.
13 Ebd., 143; 110.

II. Gott im Denken

Was leistet das Denken? Die Antwort von Schellings Spätphilosophie

Die Grundfrage der Kontroverse lautet: Was leistet das Denken, wenn es Gott erkennen soll(will)? Jacobis Antwort ist lapidar: Es vermag nichts. Gott ist unserer Erkenntnis vorgegeben; er ist ihr unmittelbar als gewußt gegenwärtig. Er bleibt ihr Gegenüber, bleibt immer unverfügbar. Das Denken ist unfähig, etwas über seine Selbsterschließung hinaus auszusagen; die Offenbarung zeigt ihn in der Fülle seiner Absolutheit und Personalität, die dem menschlichen Innern korrespondiert, aber unendlich darüber erhaben ist. Jacobi behauptet eine naturhafte Offenbarung Gottes im Menschen, die vollkommener ist als der Gott der geschichtlich-christlichen Offenbarung. Schelling erklärt: Gott ist notwendig im Denken und nur darin erfaßbar. Denn das Denken allein ist absolut. Gott ist die über alle Endlichkeit erhabene Vernunft. Aber bis dieser absolute Standpunkt in allem Denken erreicht ist, entwickelt sich Gott (analog dem wachsenden menschlichen Verständnis) aus naturhaften Formen zur Personalität. Die Identität Gottes mit Vernunft ist nicht einsehbar auf dem Standpunkt des diskursiven Denkens, das methodisch argumentierend und beweisend vorgeht. Schelling kennt Kants Antinomienlehre; er weiß, daß der an Sinneswahrnehmung gebundene Verstand sein metaphysisches Ziel nicht erreichen kann. Letzteres ist dem Verstand in den Ideen gegeben. Diese aber werden erst einsichtig, wenn in der Spekulation oder intellektualen Anschauung der Prozeß des diskursiven Denkens überboten und der Standpunkt der aller Differenzen enthobenen Absolutheit erreicht ist. Schelling kennt wie Jacobi das Moment der Unmittelbarkeit, das der Gotteserkenntnis angemessen ist. Doch ist diese Unmittelbarkeit erst am Ende des Denkweges erreicht: Gott ist nicht vor allem Denken, sondern am Ende und Ziel aller menschlichen Denkbemühung, die alle Endlichkeit abgestreift hat und erst in der Unmittelbarkeit und ungehinderten Nähe der Vernunft Gottes inne wird. Es gelingt Schelling in diesem Prozeß nicht, die Wesensbestimmung Gottes aus diesem Prozeß herauszuhalten.

Wie erwähnt (14), hat Schelling in der Vorlesung "Zur Geschichte der neueren Philosophie" (1827) eingesehen, daß seine Form der Unmittelbarkeit der Gotteserkenntnis eine bloß gedachte war, daß sie die Wirklichkeit nicht real geschaffen, sondern nur denkend nachgestaltet hatte. Von nun an gilt sein Suchen dieser objektiv vorgegebenen Wirklichkeit, die er nun freilich nicht im Sinne Jacobis beschreibt. Wie ebenfalls schon erwähnt, hat Hegel diese Idee der anfänglichen Unmittelbarkeit im Verhältnis von Wirklichkeit und Geist als konstitutiv für alle Erkenntnis übernommen (15).

---

14 S. o. Kap. 3, Anm. 138.
15 S. o. Kap. 3, Anm. 139.

Doch bedeutet diese anfängliche Unmittelbarkeit auch für Hegel nicht, daß Wirklichkeit unmittelbar und direkt begegnet und wir sie "bedenken". Wir ziehen nach ihm auch nicht das göttliche Denken in unser endliches herab, wenn wir diese anfängliche Gottesidee im Denken weiter ausfalten. Die unmittelbare, wie bei Jacobi im Gefühl anwesende Gottesidee ist nur Ausdruck meines Eins- und Verbundenseins mit Gott. Ich lebe in dem Bewußtsein: ich bin diese Beziehung zur ewigen Wahrheit, ich greife im Denken (und Fühlen ist Anfangsform des Denkens) aus auf das, was ist. Das, was ist, ist Gott. Er ist das Allgemeine - ich das in Beziehung dazu stehende Einzelne; er ist das Bei-sich-Bleibende, also das Denken in Absolutheit, ich bin das darauf Bezogene. Indem ich dieser Wahrheit innewerde, erkenne ich meine Gottesbeziehung. Indem ich im notwendigen weiteren Verlauf des Denkens immer umfassender über Anschauung, Vorstellung und Begriff zur Wahrheit herangebildet werde, realisiert sich das Erscheinen der Wahrheit selbst. Es gibt also nur ein einziges Denken; und in diesem wird die Sache selbst - Gott - "wesentlich". Das Denken als Medium zur Erkenntnis der Wahrheit, der Sache, und diese selbst sind eins: "Das Denken ist ganz und gar in die Sache verloren: gerade damit ist die Sache - weil sie nicht mehr getrennt vom Denken vorkommt - im und als der Vollzug des Denkens!", interpretiert W. S c h u l z (16). Die unmittelbare Gottesidee des Anfangs, die mein Einssein mit Gott als meinem Gegenüber signalisiert, wird also im weiteren, notwendig sich anschließenden Denkprozeß als mein mir gegenüber vorgestellter Gott erklärt; erst im Begriff leuchtet mir dann das dialektisch in Unmittelbarkeit und Vorstellung unterschiedene Gottesverhältnis umfassend ein: "die untrennbare Einheit des Endlichen und Unendlichen" besteht darin, "daß das Endliche sich als wesentliches Moment des Unendlichen zeigt, indem es das Unendliche als die absolute Negativität nur ist als die Vermittlung in sich selbst". Erst im spekulativen Denken ist Gott ganz bei sich; hier vermittelt er sich als Geist, hier ist die Trennung von Gott und Mensch behoben. "Was bleibt, ist weder 'Gott' noch 'Mensch' - unbegriffene 'Namen' -, sondern das sich wissende Wissen selbst" (17).

Hegel hat also Jacobis Idee der Unmittelbarkeit rezipiert; er hat sie in sein System der methodischen Wahrheitsläuterung integriert. Das Ergebnis war nicht wie bei Jacobi die Erkenntnis: Gott ist das unverfügbare Gegenüber, eine nur aus ihrer Selbstoffenbarung erschlossene Person. Vielmehr ist Gott ganz im Sinne des Schelling der Identitätsphilosophie die zunächst geahnte, dann ihrer selbst bewußt gewordene Vernunft. - Gerade

---

16 Die Vollendung des Deutschen Idealismus ..., a.a.O., 311.
17 Ebd., 311 f.
    Vgl. G.W.F. HEGEL, Phänomenologie des Geistes, Vorrede, a.a.O., 9-59, bes. 44-53; DERS., Vorlesungen über die Philosophie der Religion, a.a.O., I, bes. 79-148. Dazu: W. SCHULZ, a.a.O., 309-312; F. WOLFINGER, Der Glaube ..., a.a.O., 27-30.

die Haltlosigkeit dieses von ihm selbst aufgegebenen Standpunktes kritisiert der späte Schelling an Hegel: "Hegel hat die Philosophie aufgehen lassen in Logik und die Wirklichkeit verloren ... Schelling hat mit seinem Stoß an die Wirklichkeit, mit seinem Denken, das nie das Unvordenkliche erreichen, sondern nur fordern läßt, hat mit seinem Scheitern des reinen Denkens an der Wirklichkeit vielleicht tiefer gesehen, als es Hegel je tat. Daher scheinen seine Einwände gegen Hegel wesentlich und wahr" (18). Nach Schelling ist Hegels Gott der des ewigen Tuns, das nie einen Sabbat findet; ein ewiger Kreislauf, der nie Neues hervorbringt, der nur immer wiedr sich selbst entäußert, um wieder zu sich zurückzukehren (19).

Wie weit ist aber der grundlegende Fehler von Hegels Philosophie nachzuweisen? Schelling will dies leisten, indem er das Wissen vollendet; denn in solcher Vollendung erweist sich, daß es "nur Wissen ist und nichts außerdem" (20). In diesem Nachweis liegt der Sinn der (von K. Jaspers (21) heftig attackierten) "Ekstase": "Die Vernunft muß sich aus dem Anspruch, das eigentliche Seiende zu sein, 'entsetzen' und sich als eigentlich nichtseiend begreifen", interpretiert W. Schulz (22). Die Möglichkeit einer Selbstkonstitution und einer Selbstentäußerung hat nur das Sein, das sich selbst gesetzt hat. Hegel hat - so Schelling - diesen Nachweis nicht erbringen können; denn die Vernunft ist ihres Seins nicht mächtig, sie kann ihre Notwendigkeit durch sich - durch Wissen - nicht begründen; vielmehr erfährt es, daß es "allem Denken zuvor ... an sein Sein gebunden ist. ... Das sich einschränkende Wissen versteht sich als 'reine' oder 'bloße Subjektivität', der gegenüber das Daß des Wissens als das 'unbegreifbare' und 'unendlich Objektive' steht" (23).

Diese Einsicht, sich selbst durch Wissen nicht erschaffen zu können, hat für das Wissen Folgen: Es weiß sich von anderswoher verursacht, und es verzichtet auf den Anspruch, das natürliche Seiende produzieren zu können. Das Sein existiert nicht durch die Vernunft, sondern die Vernunft ist Folge des Seins. Die Vernunft stößt auf ihr vorgegebenes - nicht selbst machbares und deshalb auch von ihr nicht einsehbares - Daß; was die Vernunft aber nicht wissen kann (einschließlich ihrer eigenen Herkunft), das erfährt sie als "Transzendenz". Diese Transzendenz oder das unendlich Objektive (im Unterschied zur endlich-gesetzten Subjektivität) setzt die Vernunft nun "in Gott" (24). Das gesperrt gedruckte "in" deutet nach Schelling an, daß Gott mehr ist als diese Transzendenz, die unser Nichtwissen umschreibt; er wird gedacht als Herr des Seins, als selbst seinslose Freiheit,

---

18 K. JASPERS, Schelling, a. a. O., 306-307.
19 Vgl. F.W.J. SCHELLING, SW X, 160. S. a. E. JÜNGEL, Gottes Sein ist im Werden, a. a. O., 83-132, bes. 124 f. einschließlich Anm. 185.
20 Zum Folgenden: W. SCHULZ, a. a. O., 312-320.
21 A. a. O., 118; 222-235.
22 A. a. O., 313.
23 Ebd., 314.
24 F. W. J. SCHELLING, SW X, 180.

"deren Gedanke erst alle Gefäße unseres Denkens und Erkennens so ausdehnt, daß wir fühlen, wir s i n d nun bei dem Höchsten, wir haben dasjenige erreicht, worüber nichts Höheres gedacht werden kann" (25).

Gott ist seinslose Freiheit; er hat in dieser freien Seinsmacht das unverstehbare Sein verstehbar gemacht. Das Wissen(können) des Menschen ist der Nachweis dafür; denn hier kann die Vernunft erfahren, daß ihr eigenes unvordenkliches Sein "ins Einsichtige des Wissens eingeht". Damit begibt sich Gott ins Wissen hinein, wird erkennbar. "Gott ist nicht, wie viele sich vorstellen, das Transcendente, er ist das immanent (d. h. zum Inhalt der Vernunft) gemachte Transcendente" (26). In W. Schulz' Worten: "... daß Wissen als Wissen ist, das liegt nicht in der Macht der Vernunft, sondern an der Macht, die ihr ständig 'inwohnt' und ihr zugleich ständig transzendent ist als die Wirklichkeit, die die Vernunft in ihrem 'Wissenden Sein' schon immer erwirkt" (27). - Für das W i s s e n v o n d e r N a t u r bedeutet diese Ermächtigung der Vernunft: Unser Wissen vermag die natürlichen Seienden abzuleiten: Sie sind Geschöpfe Gottes und als solche manifestieren sie das "Offenbarwerden von vernünftiger Wirklichkeit in Einheit und Ganzheit"; diesmal als vernünftige Geschöpfe Gottes, nicht als naturhafte Seinsweisen Gottes. Unser W i s s e n v o n G o t t hat ebenfalls durch die "Ekstase" eine Modifizierung erfahren: Gott ist nicht mehr das Denken; er ist mehr als Wissen; er ist dessen freie Ermöglichung. Aber er bleibt auf das Wissen bezogen. Ein Gott, der - wie Jacobi meinte - "einer von der Vernunft unabhängigen Wirklichkeitssphäre zugehört(e)", wäre ein ohnmächtiger Gott, weil er ins Verfügen des Denkens gestellt wäre. Schelling will dieser Gefahr (der Jacobis "Gott" in seiner eigenen frühen Philosophie unterworfen war) entgehen, indem er Gott der Vernunft voraussetzt. Das besagt: er ist nicht neben, nicht in ihr, sondern hinter oder über ihr "als ihr sie ständig erwirkender Grund". In diesem Sinn gibt Gott auch nach Schelling ständig seine Freiheit hin, indem er ins Wissen (des Menschen) eingeht; doch erschöpft er sich darin nicht, sondern bleibt der Sichdahingeben-Könnende, die "potentia existendi". "Potenz" in diesem neuen Sinn besagt nicht Aufgehen in Existenz, sondern die wirkmächtige Ermöglichung aller Existenz (28).

Schelling hat in seiner Spätphilosophie Hegel korrigiert, er hat Jacobis Anliegen der Unmittelbarkeit Rechnung getragen und hat es zugleich in Relation zu Vernunft und Wissen gesetzt. Hier wird erklärbar, warum Gott er selbst bleiben kann und dennoch notwendig Gegenstand unserer Erkenntnis wird. Das Denken erfährt seine Würde und Grenze zugleich. Das Wissenkönnen ist "gleichsam der Zauber, der Gott anzieht", weshalb wir das

---

25 DERS., SW XIII, 256.
26 Ebd., 170.
27 W. SCHULZ, a.a.O., 315.
28 Vgl. W. SCHULZ, a.a.O., 315 f. par. F.W.J. SCHELLING, SW X, 126-164; 165-192; SW XIII; XIV.

Bedürfnis haben, Gott nahe zu sein. Gott bleibt dabei das Andere der Vernunft, der Unverfügbare. Gerade das Unverstehbare will die Vernunft negieren, sie will es sich unterwerfen. Der Begriff des Zaubers ist mit Bedacht gewählt; denn hier äußert sich die Grenze der Vernunft: Bezaubern muß man nicht das Schwächere, sondern das Überlegene und Unverfügbare. Das Verfügen über Gott ist lediglich ein Verfügen-Wollen; darin manifestiert sich das eigene Verfügtsein. In und durch Gott sind Sein und Wissen geeint, so daß eines zum anderen gelangen kann; sie bleiben aber in Differenz; nur Gott ist die unaufhebbare Indifferenz (29). - Hier zeigt sich wiederum, daß Schelling die Begrifflichkeit seiner Identitätsphilosophie beibehalten, ihr aber einen neuen Sinn beigelegt hat, der die Endlichkeit des Wissens in seiner konkreten Erfahrung eingesehen hat. Dadurch ist ein philosophischer Gottesbegriff entworfen, der das Verhältnis Gottes zum Wissen klärt, der aber Gott den Gott sein läßt, den uns unsere Erfahrung als den letztlich immer Unverfügbaren ahnen läßt. Erst dadurch ist eine philosophische Religionsbegründung im Idealismus erreicht worden. Letztlich ist hier auch der Weg der Erkenntnis von ihrer Höchstform im wissenschaftlichen System als höchstem Ideal zurückgeführt worden auf die konkrete Erfahrung, die in ihrer Bedeutung für das Leben, die Sinnfrage und die Gotteserkenntnis wiederentdeckt worden ist. Erst auf dem Umweg über die Hegel-Kritik hat Schelling das von Jacobi - noch unvollkommen - angesprochene Anliegen der Unmittelbarkeit im Erkenntnismoment der "Ekstase" übernommen; nun erfährt das Denken seine Grenze, und Gott als der dem Denken vorgegeben Erfahrbare bleibt dadurch der Unverfügte.

Unmittelbarkeit und Vermittlung: Weg und Umfang der Gotteserkenntnis

Die "Ekstase" als Selbsttranszendenz des Denkens hat zu einem Gott geführt, der dem Denken unverfügbar voraus existierend diesem dennoch zugänglich ist. Schellings Gott hat sich von einem gedachten zu einem wirklichen Gott gewandelt. Damit hat seine Philosophie eine Wende zur Theologie, zumindest zu einer Korrespondenz mit ihr genommen (30). Der in der Spätphilosophie erreichte Gottesbegriff stellt sicher die reifste Leistung der Philosophie des Idealismus dar, die selbst dem Gottesverständnis Hegels überlegen ist. Damit hat sich erwiesen, daß eine Konvergenz von Theologie und Philosophie möglich ist, daß also der Weg der Theologie von oben (von der Offenbarung) nach unten (zum Menschen) tatsächlich beim Menschen ankommt, so daß der Weg von unten nach oben nicht zu einem völlig fremden Gott führt.

---

29 S. W. SCHULZ, a.a.O., 317-319.
30 DERS., Anmerkungen zu Schelling: ZphF 29 (1975) 321-336, bes. 330 f.; 333.

Schelling selbst spricht sich über diese Korrespondenz nicht aus; er will nach wie vor das Christentum, dessen personales Gottesverständnis er spätestens seit der Jacobi-Kontroverse ausdrücklich bejaht, philosophisch - in der geschilderten Form - auf den Begriff bringen. Gott ist ihm nach wie vor im Denken; das Vermögen, ihn zu erfassen ist und bleibt das Erkennen, die Freiheit als höchste Eigenschaft Gottes (wie bei Jacobi) wird anerkannt. Schelling äußert sich jedoch nicht, an welchem Punkt der Erkenntnis oder unter welchen Bedingungen das Denken sich übersteigt: ob dies am Ende des Denkprozesses erfolgt oder ob Gott gleich zu Anfang implizit mitgesetzt (mitgedacht) wird, wenn sich dem Denken das erste ahnungsvolle Bewußtsein seiner Grenze auftut. Wahrscheinlich ist diese zeitliche Festlegung nicht möglich; hier wird ähnlich wie bei J. A. Möhlers Sendschreiben an Bautain (31) gelten, daß weder exakt entschieden werden kann, an welcher Stelle des Denkprozesses, noch ob vor oder unter dem Einfluß des christlichen Glaubens (der Gnade) dieser denkerische Überstieg zu Gott erfolgt - in letzter Hinsicht scheint Schelling überzeugt zu sein, daß das Denken dem Glauben korrespondiert, so daß es fähig ist, ihn begrifflich zu bewähren. Das aber muß auch Überzeugung der Theologie sein, die nicht beanspruchen kann, anders als mit den Mitteln des (natürlichen) Denkens den Glauben zu bewähren. Die Konvergenz von Philosophie und Theologie in der Methode steht außer Frage.

Anders verhält es sich, wenn Ermöglichung und Inhalt beider Wissenschaften in Frage stehen. Die Tatsache einer übernatürlichen (über dem Denken liegenden) Selbsterschließung Gottes würde die Annahme nahelegen, daß inhaltlich mehr gewußt (und wissenschaftlich bewährt) werden kann, als wenn das Denken auf sich und seine welthafte, weltbezogene Erfahrung allein angewiesen bleibt; zumindest die maieutische Funktion einer solchen Offenbarung würde ein Plus an Wissen und einen höheren Grad an Gewißheit nahelegen. Die entscheidende Frage ist demnach, ob die philosophische Gotteserkenntnis inhaltlich mit dem Gott des Glaubens korrespondiert - Schellings Spätphilosophie tut dies: ihr Gott ist unverfügbarer Herr alles Seins, seins- und damit grenzenlose Freiheit, Prinzip des Guten; er ermöglicht das Wissen und ist damit absolute Vernunft. Als Herr des Seins ist er der Schöpfer; als der, der dem Dasein Sinn gibt, als Prinzip des Guten ist er - auch wenn Schelling dies nicht sagt - die Liebe. Das Moment der Geschichte hat Schelling in besonderer Weise dazu geführt, vom Gottesgedanken seiner Identitätsphilosophie abzurücken; Gott als Herr der Geschichte (32) könnte daher - streng genommen - nicht nur in der Erfahrung von Denken, Freiheit und Leben begegnen, sondern ebenso auch in einer ausdrücklichen Selbstoffenbarung. Schellings Gotteslehre der späten Phase ist offen für eine Interpretation, die eine indirekte Offenbarung Gottes in

---

31 ThQ 17 (1835) 421-453.
32 W. KASPER, Das Absolute in der Geschichte, a.a.O., ist diesem Aspekt in Schellings Spätwerk ausdrücklich gewidmet.

aller Weltgeschichte (33) ebenso denkbar macht wie eine ausdrückliche christlich-geschichtliche Offenbarung, die in ihrer Übernatürlichkeit unmittelbar einleuchtet (34).

Eine heutige Parallele: K. Rahner

Die Gotteslehre des Idealismus hat in Schellings Spätphilosophie ihre Höchstgestalt erreicht; sie hat erklärt, wie von den Vermögen des Menschen ein Weg zu Gott führt, vielleicht vorsichtiger formuliert: zu weisen vermag. Die Verweise auf geschichtsphilosophische und -theologische Entwürfe, die Korrespondenz in der Begrifflichkeit: "Philosophie der Offenbarung" und "christliche Offenbarung" zeigen Schellings Annäherung an christliche Theologie. In besonderer Weise läßt sich wohl eine Parallele zu einem Entwurf aufzeigen, der wie Schelling eine Religionsbegründung durch Philosophie und ihre Korrespondenz zur Theologie leisten will: K. Rahners Idee der Transzendentalität unserer natürlichen Vermögen, die er eine transzendentale Verwiesenheit an Gott nennt (35). Auch Rahner will erklären, wie von den Vermögen des Menschen aus ein Weg zu Gott führt. Denken und Freiheit sind diese Vermögen; sie sind zugleich Grundkonstitutive des menschlichen Wesens. Sie bringen den Menschen auf den Weg der Gotteserkenntnis, können sie aber nicht letztlich überzeugend leisten; sie zeigen die Grenze der Subjektivität auf, der auch Schelling die unendliche Objektivität als Ermöglichung voraussetzt.

Rahner ist überzeugt: Denken, Freiheit, Verantwortung sind in jeder Äußerung oder Tätigkeit des Menschen am Werk; sie machen das Menschsein aus, stellen seinen höchsten Wert dar. Wenn die Erkenntnis zweckgebunden die Realität erfaßt oder gestaltet, ist ihr indirekt, einschlußweise neben der Nutzfrage, neben dem Streben nach Erweiterung des Wissens und nach Erkenntnisfortschritt die Frage präsent, welchen Sinn die Erkenntnisbemühung hat; die Sinnfrage transzendiert das Wissen; es hinterfragt sich selbst auf seine Vernünftigkeit hin. Dieses Begreifen seiner selbst bringt keinen Fortschritt im Nutzwert. Dennoch ist es wesentlich: Es verweist auf seinen Zusammenhang mit Freiheit; denn nur in einem freien Selbstüberstieg macht es offen für die Sinnfrage (36). Die einschluß-

---

33 Im Sinn W. PANNENBERGS: Vgl. DERS., Offenbarung als Geschichte, Göttingen 1961.
34 Im Sinne K. BARTHS und H. U. v. BALTHASARS, der diesen Grundgedanken Barths rezipiert.
35 Zum Folgenden: K. RAHNER, Hörer des Wortes, München 1941, ²1963; DERS., Grundkurs des Glaubens, Freiburg 1976. S. a. H. FRIES, Vom Hören des Wortes Gottes: Einsicht und Glaube, Freiburg 1962, 15-27; F. WOLFINGER, Zu K. Rahners Grundkurs: Orientierung 41 (1977) 45-48; bes. 47.
36 Vgl. dazu H. KRINGS, Erkennen und Denken: PhJ 86 (1979) 1-15, bes. 5-9.

weise in jedem transzendentalen Denken mitgesetzte Sinnfrage, die die Voraussetzungen des Wissens mitbedenkt, verweist in diesem Prius auf ein logisch über dem Denken gesetztes, es ermöglichendes Absolutes. Das Begreifen der Ermöglichung von Vernünftigkeit konstatiert, daß diese nicht in der Vernunft begründet ist; sie ist endlich, vermag nicht alle Wirklichkeit zu erfassen; sie ahnt, daß es mehr an Wissen geben kann und muß. Vernunft begreift sich als beschränkt in ihrem Vermögen, aber als unendlich offen für jede mögliche Erkenntnis jedes möglichen Gegenstandes.

Ähnliches läßt sich für Freiheit und Verantwortung feststellen. Gerade die Erfahrung von Endlichkeit und Verfehlung, das Zurückbleiben hinter möglicher Freiheitsrealisierung ebenso wie die mögliche Korrespondenz unserer Freiheit mit jeder möglichen begegnenden Freiheit zeigen dieselbe Offenheit der Freiheit, die schon für das Erkennen galt. Mehr noch: Das Bejahen der eigenen Endlichkeit (Kontingenz) und das Hinausgreifen über das Faktische auf den möglichen dahinterliegenden Sinn ist geleistet durch den Willen. Es läßt das bejahte Kontingente "als in seiner Kontingenz fremdwillentlich Gesetzes erscheinen und kann so nur aufgefaßt werden als der Nachvollzug einer f r e i e n Absolutsetzung des Nichtnotwendigen" (37).

Der Mensch ist in Vernunft und Freiheit endlich; er ist offen auf eine Erfüllung beider in einem unendlichen Sein, das ihm völlig gelichtet, aller Fragwürdigkeit enthoben begegnen kann und das in seiner Freiheit alle Kontingenz trägt. Diesen tragenden Grund, diese Geborgenheit erwartet unsere Unerfülltheit als positiven Lebenssinn; andernfalls - wenn der Mensch ins Nichts hin offen wäre - wäre sein Wesen ein unendlicher Betrug. Der Mensch ist so transzendental verwiesen auf seinen ihn, sein Wissen, seine Freiheit ermöglichenden Grund. Er bejaht einschlußweise darin jenen Gott, den ihm die Religionen künden. Und er ist zugleich offen, ja angelegt auf eine notwendig seiner Erwartung korrespondierende Erfüllung, die ihren Ort nur in der Zeitlichkeit und ihr Medium in Vernunft und Freiheit haben kann - der Mensch ist offen und angelegt auf die konkrete, "kategoriale" Offenbarung Gottes und ihren über alle welthaften und worthaften Formen hinausgehenden Höhepunkt in Gottes Selbstoffenbarung in der Geschichte.

Hier wurde das religionsphilosophische Konzept des frühen Rahner (Hörer des Wortes) skizziert. Rahner ist seiner Auffassung des Anfangs treu geblieben: Im "Grundkurs" (1.-5. Gang) greift er diese Gedanken neu auf. Er weitet jedoch in seinem theologischen Werk (Schriften zur Theologie, Grundkurs des Glaubens) diese Idee der transzendentalen Verwiesenheit des Menschen auf sein unendliches Geheimnis Gott (sein übernatürliches Existenzial) zu einer umfassenden, theologisch eingeholten Idee der Trans-

---

37 K. RAHNER, Hörer des Wortes, München 1941, 108.

zendentalität aus: die Gewißheit der Schöpfungswirklichkeit, das im Menschen antreffbare Bedürfnis der Heilserwartung und die denkbare Idee einer Realisierung desselben in einem universale concretum, das in Jesus Christus eine den Erwartungen entsprechende, wenn sie auch überbietende Wirklichkeit geworden ist - sie alle lassen das religionsphilosophisch Bedachte als theologische Wahrheit plausibel werden, so daß von der Erfüllung aus alle Erwartung (des Denkens und der Freiheit) als christlich (ausdrücklich oder anonym) gekennzeichnet werden darf.

Bei aller Parallelität zur idealistischen Religionsbegründung weist Rahners Entwurf zwei Vorzüge auf: Er thematisiert ausdrücklich die notwendige Korrespondenz von Philosophie und Theologie. Gott könnte sich nicht offenbaren, wenn es beim Menschen keinen Anknüpfungspunkt gäbe; die menschliche Erwartung von Gott bedarf ihrer Erfüllung von Gott selbst her. So erweist schon das (natürliche) Denken: Der Mensch ist nur dann richtig verstanden, wenn er von Gott her verstanden wird. Gerade in dieser Bescheidenheit liegt der weitere Vorzug: Schelling hat in der Ermöglichung von Sein, Vernunft und Freiheit die höchste Wesensbestimmung Gottes gesehen; Rahner, der dies ebenfalls betont, verweist dabei auf die Unabgeschlossenheit, die Vieldeutigkeit und bleibende Fragwürdigkeit dieses Höchsten, das im Denken erreicht werden kann. Das Denken muß letztlich seine Offenheit für die Erfüllung von Gott her bekennen; Philosophie muß zugeben, daß sie nur hellhörig macht für Gott und höchstens die Strukturen aufzeigt, in denen Gott begegnen kann. Sie muß sich aber von der Offenbarung sagen lassen, wer Gott wirklich ist.

Die Bewährung der Unmittelbarkeit: J. E. Kuhn

J. E. Kuhn von der katholischen Tübinger Schule (38), der sich ausdrücklich mit Schelling und Hegel auseinandersetzt, sieht in der Offenheit und Unabgeschlossenheit der die Erfahrung begleitenden unmittelbaren Gottesidee - ähnlich wie Hegel - ihre **anfängliche** Unmittelbarkeit, die einer Überbietung fähig und bedürftig ist. Der Anfang aller Religion ist ein Vernunftglaube: Er ist ein mit dem menschlichen Bewußtsein mitgesetztes Wissen, daß es Gott gibt und er für den Menschen die Sinnmitte seines Daseins ist. Der Mensch bejaht Gott ebenso unmittelbar, weil er ihm seine Existenz verdankt. Dieser Glaube drängt aber im denkenden Menschen nach Gewißheit. So ist auf natürlichem Wege eine Bewährung im Denken, auf übernatürliche Weise eine Gewißheit und nähere Bestimmung des Wesens und der Eigenschaften Gottes im Offenbarungsglauben möglich und nötig. Der Weg des Denkens bewahrt und bewährt die Unmittelbarkeit in dialektischer Weise. Die allgemeine Ahnung wird bestimmt: Gott werden Eigenschaften zugesprochen; diese werden schließ-

---

38 Einleitung in die katholische Dogmatik, Tübingen [1]1846.

lich in logischer Zuordnung zueinander koordiniert. So wird einsichtig, daß Gott in personalen Kategorien zu beschreiben ist, daß diese aber nicht anthropomorph auf Gott übertragen werden dürfen (entgegen Jacobi), weil sie Gott im Ausschluß von menschlicher Begrenztheit und in Vollkommenheit zukommen müssen. Gott ist ferner in seinem e i n e n Wesen durch viele Eigenschaften zu beschreiben; diese sagen seinen Weltbezug aus, müssen aber zugleich sein weltüberhobenes Wesen verdeutlichen. Negativität und Positivität gehören in dieser denkenden Bewährung zusammen. Das Ergebnis: "Die Wahrheit und Sicherheit des unmittelbaren Glaubens ist dabei gewahrt, aber sie ist eine umfassendere und konkrete und damit real doch vollständigere geworden: Der Glaube und sein Inhalt sind als richtig und vernünftig erwiesen und zugleich vervollständigt. Die Philosophie kann den Inhalt des Glaubens wissen, aber nur unter Voraussetzung des Glaubens; sein Inhalt wird nur negativ als wahr erwiesen. Maßt sich die Philosophie aber an, mehr zu leisten, so verläßt sie ihr Fundament: Sie verliert den Zusammenhang mit der Wirklichkeit und wird dadurch unwahr" (39).

Es mag dahingestellt bleiben, ob Kuhns Idee einer dialektischen Bewährung der unmittelbaren Gottesidee beanspruchen kann, die Sache der philosophischen Religionsbegründung adäquat zu beschreiben. Die Selbstverständlichkeit, mit der Gott dem Menschen bewußt sein soll, mag ebenso problematisch scheinen wie die Gewißheit dieser Überzeugung gleich zu Anfang des erwachenden Selbstbewußtseins. Ob Gott am Anfang oder erst am Ende unserem Denken gewiß ist, läßt sich sicher nicht mit der Gesetzmäßigkeit behaupten, die Kuhn postuliert. Doch das Moment eines - wie immer gearteten - positiven Inneseins Gottes in der Erfahrung von Welt und eigenem Ich hat Kuhn mit aller idealistischen oder idealistisch orientierten Philosophie von Jacobi über Kant bis Hegel und Schelling gemein. Anders als Jacobi und mit Schelling und Hegel fordert er eine Bewährung dieses Inneseins durch das stringente Denken. Doch entgegen dem Schelling der Identitätsphilosophie verweist er auf die Beschränktheit dieses Denkens. Negativität und Positivität, Ausschließung des Anthropomorphismus und Bejahung der Wesensmomente des Menschseins bilden eine ständige Spannung, in der das Denken verharrt und daher letztlich vom gnadenhaften Glauben eingeholt werden muß. Ohne den Begriff zu erwähnen, hat Kuhn darauf aufmerksam gemacht, daß das Denken nur in A n a l o g i e zu Welt und Mensch agieren kann, will es Gott adäquat als Höchsten, Vollkommensten in menschlich beschränkten Kategorien fassen (40).

---

39 F. WOLFINGER, Der Glaube ..., a.a.O., 112.
40 Zum Thema s. a. G. SÖHNGEN, Analogia entis oder analogia fidei?: Die Einheit in der Theologie, München 1952, 235-247; E. JÜNGEL, Gott als Geheimnis der Welt, Tübingen 1977, bes. 357-383.

Nur negative Bewährung?

Das Ergebnis der Frage nach der Leistung des Denkens ließe sich mit C. Bruaires Gedanken (41) so zusammenfassen: Die Vernunft erkennt Gott; sie trägt in sich das Vermögen, Gott zu denken, als Bedürfnis. Doch kann der Mensch diese Erkenntnis nur in so dialektischer Weise und damit in so endlicher, variabler Form leisten, daß sie von sich aus letztlich keine Sicherheit gewinnen könnte. Die Gefahr, daß das Erkennen chaotisch endet, ist größer als die Wahrscheinlichkeit einer sicheren Erkenntnis. So ist zweierlei wichtig: Ohne die Grunderfahrung des Geistes wäre die geschichtliche Gotteserfahrung unbegreiflich; aber durch die geschichtliche Erfahrung wird entgegen allem menschlichen Abfall von seiner Grunderfahrung Gott als wahr erkannt.

Die Grunderfahrung des Geistes weiß positiv von Gott. Die nähere philosophische Explikation dieser Einsicht steht immer in der Gefahr des Scheiterns, wenn sie nicht von der Offenbarungsgeschichte gestützt wird. Kann also Philosophie nur als "christliche Philosophie" von einem personalen Gott wissen? Sie kann - das hat der Schelling der frühen und mittleren Periode gezeigt - von Gott sehr hoch denken, dabei aber den personalen Gott verfehlen. Der späte Schelling ist überzeugt, diesen personalen Gott (bei dem er den Monotheismus über die Personalität stellt) mit rein denkerischen Mitteln gefunden zu haben. Ob dies zutrifft, sei dahingestellt. Es wird festzustellen sein, daß bei Anwendung dieser Methode eine doppelte Infragestellung die volle philosophische Erkenntnis von Gott immer wieder gefährdet. Zum einen ist Wissenschaft im strengen Sinn der Beweisbarkeit nur im Bereich der durch die Sinne vermittelten Reflexion möglich; nur wo Verifikation und Falsifikation strikt möglich sind, ist explizites Wissen - die Berufung des Kritischen Realismus auf Kant ist berechtigt (42). Neben dieser Sinnesgebundenheit kann das Versagen des Menschen vor seiner gestellten Aufgabe das Bild von Gott verfälschen. J. E. Kuhn fordert daher neben dem Wahrheitsstreben die moralische Bereitschaft des Menschen, soll Gott erkannt werden (43); Glaube im umfassenden Sinn wird dieser Haltung am ehesten gerecht; hier verstanden als Erkenntnisform, die ganzheitlich ist und das Moment des Erkennens und Anerkennens einschließt, wie dies Jacobi und Kuhn betonten; ob dieser Glaube, wie P. Knauer sagt, immer schon der von Gnade umfangene Glaube (44) oder ein "Vernunftglaube" ist, ist erkenntnistheoretisch belanglos (der Christ freilich wird jeden Glauben als Gnadengabe ansehen). Damit erweist sich aber, daß Gotteserkenntnis, Metaphysik nicht Wissenschaft im Sinn reiner Erklärungswissenschaft sein kann (sprachphilosophisch gesagt: Protokoll-

---

41 A.a.O., 183.
42 H. ALBERT, Traktat über kritische Vernunft, Tübingen ²1969.
43 Vgl. dessen Gotteslehre, Tübingen ²1862, bes. 612.
44 P. KNAUER, Der Glaube kommt vom Hören, Graz 1978.

sätze bewährt); sie sucht positive Argumente, entkräftet Einwürfe gegen ihre ursprüngliche Gottesgewißheit und sucht diese mit einer "convergence of probabilities" (Newman) zu stützen. Sie ist Verstehenswissenschaft (45). Entfällt damit jede Möglichkeit einer selbstkritischen Hinterfragbarkeit, ist nur Immunisierungsstrategie am Werk? Philosophie und Theologie können durchaus mit den Methoden von Verifikation und Falsifikation ihre als sicher vorausgesetzten Wahrheiten hypothetisch setzen und hinterfragen. W. Pannenberg, H. Peukert und andere versuchen dies; sie erweisen damit, daß sie nicht die elementaren Kriterien kontrollierbarer Verständigung aus dem Auge lassen (46).

Ist unter dieser Voraussetzung möglicher kritischer Selbsthinterfragung nur negative Bewährung im Sinne Kuhns möglich? Die Philosophie ist kein reflexives Wissen, sie ist zuerst transzendentales Begreifen. Dadurch erreicht sie Inhalte, die dem strikten Wissen unzugänglich bleiben. Ihr Problem, aber auch ihr Vorzug liegt darin, weniger Gewißheit, dafür aber umfassendere Einsicht in übersinnliche Objekte zu erreichen. Schellings Vernunftoptimismus (besonders der Identitätsphilosophie) besagt hier - analog dem scholastischen Axiom "ens et verum convertuntur" und der Auffassung, der Mensch sei durch seine Vernunft "quodammodo omnia", daß nichts, was Sein hat, der Vernunft grundsätzlich unzugänglich ist.

Dabei geht die Vernunft als das Vermögen zum Vernehmen aller Wirklichkeit mit spekulativer Konstruktion vor, die die begegnende Realität sich - der Phantasie im empirisch-psychologischen Bereich entsprechend - nach Analogie der konkreten Erfahrungsinhalte "einbildet". Die Vernunft vermag dabei schöpferisch-produktiv zu konstruieren (Schelling nennt dies "auf dem Standpunkt des Absoluten denken"); sie bleibt aber letztlich in der Formgebung rückgebunden an die Erfahrung (Schelling: Nur aus der Differenzierung der Formen ist die Indifferenz möglich). Je mehr die Vernunft dabei von Erfahrung abstrahiert, je analoger der Erfahrung ihre Aussagen sind, desto weniger Gewißheit kennzeichnet sie - sie wird (entgegen Schellings Auffassung) nicht um so freier und absoluter. Will man das Behauptete an Inhalten der Gotteserkenntnis verdeutlichen, so würde das besagen: Neben der Erkenntnis von Gottes Dasein wären über sein Sosein (Wesen) nur einige Grundphänomene auszumachen, die selbst

---

45 Auf diesen Unterschied hat H. G. GADAMER, Wahrheit und Methode, Tübingen ²1965, in seiner Hermeneutik aufmerksam gemacht.
G. EBELING hat in seiner Kontroverse mit H. ALBERT darauf verwiesen: G. EBELING, Kritischer Rationalismus?, Tübingen 1973; H. ALBERT, Theologische Holzwege, Tübingen 1973.
46 W. PANNENBERG, Wissenschaftstheorie und Theologie, Frankfurt/M. 1973; H. PEUKERT, Wissenschaftstheorie - Handlungstheorie - Fundamentale Theologie, Düsseldorf 1976 gegen M. GATZEMEIER, Theologie als Wissenschaft, 2 Bde., Stuttgart-Bad Cannstatt 1974 f.

wieder nur in Analogie zu den denkbar höchsten empirischen Erkenntnisinhalten bestimmt werden und so immer die Reflexion per viam negationis oder per viam eminentiae miteinschließen. Ohne Rückbindung an die gängige, d. h. empirische Reflexion ist die metaphysische Spekulation nicht zu bewahrheiten. Die Erfahrung lehrt die Rückgebundenheit an Endlichkeit, theologisch gesprochen: Geschöpflichkeit. Als endliche Vernunft bleibt Vernunft angewiesen auf die Anregung durch Vorgegebenes; sie bleibt rezeptiv.

Die Vernunft ist dadurch nicht besonderer Teil der allgemeinen göttlichen Vernunft. Gerade diese Grundvorstellung seiner Identitätsphilosophie hat Schelling in der Spätphilosophie korrigiert. Nun löst er seine Frage, wie Gott das Ganze sein kann und dennoch neben ihm Nichtgöttliches bestehen kann (der Anlaß seiner Identitätslehre), mit der der Theologie entlehnten, aber nichtsdestoweniger denkbaren These von der Ermöglichung des Seins und Wissens durch Gott. Gott wird dadurch trotz seiner Zugänglichkeit im Wissen nicht dessen Objekt, sondern bleibt selbstmächtiges Gegenüber, Subjekt, das im Weggeben es selbst bleibt. Das Wissen aber kann Gott positiv und tatsächlich erreichen, weil sich ihm Gott in seiner Offenbarung selbst gegeben hat. Gott kann so in der Geschichte tätig werden und dennoch in sich bleiben. Selbstsein und (Mensch-)Werden Gottes sind denkmöglich. Unter dieser Voraussetzung können sogar die Anliegen der Identitätsphilosophie einen bleibenden Sinn bekommen: Sie auf den Standpunkt stellen, daß alles letztlich vernünftig, weil Anteil an der Vernunft Gottes ist, kann (und muß) auch heißen: das Ganze dessen, was ist, ist vernunftgemäß; es hat seinen von Gott gewollten Sinn. Alle Endlichkeit endet immer schon (weil von ihm getragen) in Gottes Unendlichkeit; alle Erkenntnis ist ermöglicht durch Gottes Vernunft; alle Form ist geformt von Gott. Diese Einsicht, die die bleibende ontologische Differenz aller Wirklichkeit zur Wirklichkeit Gottes nicht aufhebt in letzte Identität mit Gott, sondern sie in die von Gott ermöglichte Indifferenz mit seiner Vernunft und Selbstmacht zurückführt, ist wesentlich für eine optimistische Weltsicht. Sie ist auch für unsere Gotteserkenntnis zentral. In dieser Hinsicht hat Schellings Unterscheidung von Identität und Indifferenz (freilich nicht als Potenzen des mit sich selbst identischen Absoluten, sondern als ontologisch andere Seinsweisen Gottes und der Welt) ebenso wie seine Analyse der Ideen von Wahr, Gut und Schön bleibenden Wert und verdienten es, theologisch stärker bedacht zu werden.

Unter dieser Voraussetzung einer Rückführbarkeit alles Seins auf Gott haben Schellings spekulative Entwürfe zu den auch im Christentum relevanten Fragen Trinität, Menschwerdung des Sohnes, Kirche, erzählende Redeweise von Gott ihren Sinn. Auch für sie gilt, daß das Wissen um solche Grundwahrheiten des Verhältnisses Gottes zur Endlichkeit seine inhaltliche Ermöglichung letztlich von der Offenbarungstradition hat. Sie sind andererseits Gegenstand jener "Einbildung" Gottes in menschliches Verstehen, mit dem die endliche Vernunft ihr Dasein und Sosein von Gott her (nachvollziehend) realisiert, wie man theologisch berechtigt in ähnlicher

Terminologie wie Schelling sagen kann.

Auf ein Problem darf dabei noch ausdrücklich verwiesen werden: Schelling fordert für die Allgemeingültigkeit religiös-philosophischer Wahrheiten die **mythologische** Redeweise; die Historisierung solch spekulativer Aussagen verendlicht die Universalität des absoluten Seins und macht sie zu unzureichenden Formen. Die Tradition dieses Bewußtseins soll in epischer Poesie geleistet, soll also in symbolisch-mythologischer "Erzählung" erhalten werden. In dieser Bestimmung der Form von Tradition könnte man durchaus eine Vorform der "narrativen Theologie" (47) sehen. Die mythologische Redeweise der Bibel trägt dem Anliegen Rechnung, das Philosophie und Theologie heute in die Aussage kleiden: Der Mythos will Wahrheit, die über vollständiges Begreifen hinausreicht, in Bild und Symbol in ihrer Allgemeingültigkeit fassen (48). Macht die Allgemeingültigkeit religiöser Erfahrungen Geschichte und damit Konkretion, reale Gegenwart Gottes an einem feststellbaren Ort in der Geschichte überflüssig oder unmöglich? Die Theologie geht mit vielen geschichtsphilosophischen Entwürfen davon aus, daß die Erkenntnis rückgebunden bleibt an Realität, an nachprüfbare Erfahrung. Sie hält es daher nicht nur für möglich, sondern für geradezu erforderlich, daß das Universale konkret in der Geschichte antreffbar ist: Es ist nur deshalb wirklich und universal, weil es das "universale concretum" wird.

---

47   H. WEINRICH, Narrative Theologie: Concilium 9 (1973) 329-334; J. B. METZ öfter, zuletzt: Glaube in Geschichte und Gesellschaft, Mainz 1977, bes. 181-203. S. a. W. KASPER, Systematisch-theologische Neuansätze: ThQ 156 (1976) 55-61, bes. 59 f., wo Kasper diese Nähe der narrativen Theologie zu Schellings Geschichtsauffassung ausdrücklich feststellt.

48   G. v. RAD, Theologie des Alten Testaments, 2 Bde., München ^{4}1962-^{3}1962, bes. I, 117-142; 167-174; II, 112-137; R. MARLÉ, Art. Mythos: HthG II, 193-201; W. DUPRÉ, Art. Mythos: HphG II, 948-956 u. a.

III. Gott als Person?

Der Gedanke der Begegnung und die Möglichkeit von Offenbarung:
Der Personalismus

Mit der Idee der seinslosen Freiheit hat Schelling die idealistische Philosophie überboten. Sie sieht nicht in Bewußtsein und Reflexion ihren höchsten Sinn, sondern ist offen für ein mögliches Begegnen Gottes in Welt und Geschichte. Schelling hat diesen Gedanken anklingen lassen. Erst die spätere Philosophie hat ihn ausdrücklich ins Gespräch gebracht: Für M. Buber (49) ist das Grundwort nicht (wie im Idealismus) Ich, sondern Ich-Du. Nicht das Subjekt und sein gedachtes Objekt, nicht das Denken als Wesensäußerung ist das Erste, sondern die menschliche Grundäußerung der Begegnung ist unmittelbare Beziehung ohne Wissen und Begrifflichkeit. Diese im Du gegebene Transzendenz über das Ich hinaus eröffnet auch das Innewerden Gottes als des überweltlichen Du: "Die verlängerten Linie der Beziehungen schneiden sich im ewigen Du". - Eine ähnlich unmittelbare Gottbegegnung behauptet M. Scheler (50), wenn er aus der Wesensphänomenologie des religiösen Aktes eine Erfahrung Gottes "als höchste(r) Wertperson das Heilige und als die Liebe" folgert. Scheler hält seine Wesensschau für problemlos einsichtig; er sucht keinen Zusammenhang derselben mit dem Denken. Buber will die Begegnung ausdrücklich freihalten von Reflexion; denn "Gottesfinsternis" ist Mangel an Begegnungsfähigkeit, nicht an Denkfähigkeit. Ihr Vorzug ist, daß aus solchen Voraussetzungen Offenbarung geradezu als denknotwendig erwiesen wird. Schelling hingegen sieht in seiner "ekstatischen" Unmittelbarkeitserfahrung einen Schritt des Denkens. In dieser Integration von Erfahrung (Erlebnis), Wesensschau und Reflexion ist Schelling Buber und Scheler überlegen.

Hier ergeben sich Probleme. P. Eicher hat in seinen Studien (51) gezeigt, daß die Begrifflichkeit von "Offenbarung" nicht einheitlich ist und diese Divergenz aus einem unterschiedlichen historischen Verständnis resultiert. Der "phänomenale Begriff ... zur Bezeichnung konkreter Erfahrung und Daseinserhellung von Gott her" ist, mit Thomas v. A. beginnend, in der Neuzeit schließlich theologisch eingegrenzt worden auf die Unverfügbarkeit von Gottes (Selbst-)Mitteilung, die gegen autonome Vernunftleistung steht. Das Erste Vatikanum betont die Autorität und die

---

49 Ich und Du: Werke I, München - Heidelberg 1962, 77-170, bes. 128. DERS., Gottesfinsternis, München - Heidelberg 1923.
50 Vom Ewigen im Menschen, Bern [5]1954; s. a. H. FRIES, Die katholische Religionsphilosophie der Gegenwart, Heidelberg 1949.
51 Offenbarung. Zur Präzisierung einer überstrapazierten Kategorie: Konturen heutiger Theologie, München 1976, 108-134; Offenbarung, München 1977.

Inhaltlichkeit (se ipsum ac aeternae voluntatis suae decreta) dieser Offenbarung. K. B a r t h und H. U. v. B a l t h a s a r betonen ebenfalls die unverfügbare Autorität Gottes, lassen sie aber als Gottes Selbsterschließung in Jesus Christus unmittelbar (nicht in Glaubenssätzen, wie Barth das Konzil interpretiert) erscheinen. Erst die hermeneutische Diskussion nimmt den Gedanken kritisch-historischer Information, der Prozeßhaftigkeit der Auslegung und des darin bewußtwerdenden existenzialen und existenziellen Betroffenseins - die Seite des Menschen - wieder ernst. Erst da wird eigentlich das Gespräch mit der "glaubensfeindlichen" Philosophie wieder aufgenommen. Man will in der Alternative Glaube statt Wissen (und umgekehrt: Wissen statt Glaube) nicht wahrhaben, daß die Begegnung mit Gott ein Anspruch an das Menschsein, also auch an das Denken ist und als solche auch dem Denken zugänglich ist. Wo die Offenbarung sich dem Denken aussetzt und das Denken sich dem universalen Anspruch Gottes zu stellen hat, dort darf der Frage nach Zusammenhang und Differenz von Philosophie und Theologie nicht ausgewichen werden; denn in dieser Korrelation kann Größe und Grenze des Denkens und Größe und Unverfügbarkeit Gottes ebenso wie seine liebende Weltzuwendung in den Blick treten. Offenbarung als übernatürliche Gnade hebt - so kann sich zeigen - das Menschsein nicht auf, sondern heiligt es. Die hier vorgestellte Philosophie hat in einem mühsamen Ringen zu dieser Einsicht gefunden. Daß auch "Glaube" als Vernunftsbegriff einen Weg zu dieser Korrespondenz weisen kann, hat bereits Jacobi gezeigt. Es hat (zu) lange gedauert, bis sich diese Einsicht Geltung verschaffen konnte.

Wenn es um Transzendenzerfahrung im Bewußtwerden der Existenz geht und wenn solche Entwürfe mit Schellings Ringen um die Gottesfrage verglichen werden, kann der Name K. J a s p e r s (52) nicht unerwähnt bleiben. Jaspers kritisiert Schellings Gedanken der Ekstase; er vermutet Flucht vor der Wirklichkeit. Schelling verfehlt nach ihm die Realitäten Staat Gesellschaft, Religion in ihrem Wesen. Auch Gott muß im vernünftigen Denken erreicht werden. Doch ist dieses - und hier beginnt Jaspers' inkonsequentes Verhalten gegenüber Schelling - nicht die Reflexion, die die Realitäten einsichtig werden läßt. Denn Gott wird als Transzendenz erschlossen. Dasein (Leben in leiblicher Gestalt), Bewußtsein (Erleben gegenständlichen Seins in der Spaltung von Subjekt und Objekt) und Geist (Leben in Ideen, die die Sinntotalität des Lebens aufzeigen) - in der Reflexion erkannt - zeigen an, daß wir als Welt und in Welt unser Sein nicht erschöpfen. Es bleibt ein Ungenügen diesen Erfahrungen gegenüber. Denn der Mensch unterwirft sich einem Unbedingten, er fühlt einen Drang zur tieferen Einheit seines Lebens, eine Erinnerung an etwas, das über allem

---

52 K. JASPERS, Schelling, München 1955; DERS., Der philosophische Glaube, München 1948, 1963 (Neuausgabe); DERS., Der philosophische Glaube angesichts der Offenbarung, München 1962. S. a. H. FRIES, Ärgernis und Widerspruch, Würzburg [2]1968, 41-99; F. WOLFINGER, Der Glaube ..., a. a. O. , 314 f.

Weltsein liegt, er hat das Bewußtsein von Unsterblichkeit. Darin zeichnet sich eine neue Seinsweise ab: Wir leben aus einem Ursprung, in dem wir gründen und auf den wir uns beziehen, der aber "das uns schlechthin andere ist, an dem wir keinen Teil haben". Wir sind mögliche Existenz vor Transzendenz.

Glaube ist für Jaspers Gegenwärtigsein in allen Polaritäten des Lebens. Weil aber der Ursprung alles Seins in der Transzendenz liegt, so ist Glaube als Leben aus dem Umgreifenden im Grundakt der Existenz in eigentlicher Gestalt verwirklicht. "Eigentlicher Glaube ... ist der Akt der Existenz, in der Transzendenz in ihrer Wirklichkeit bewußt wird"; er erhält so Führung und Erfüllung durch das Umgreifende.

Dieses Umgreifende, die Transzendenz, ist absolut gewiß, jedoch nur in ihrem Sein nicht in ihrem Wesen; Transzendenz entzieht sich, wenn sie durch Prädikate, bestimmt werden soll. Sie bleibt das unverfügbare Vorgegebene (der früheste Schelling hatte das Absolute als ähnlich unbedingt und unverfügbar beschrieben). Die allgemeinen Bestimmungen wie Sein (für Realität), Gottheit (als Ausdruck für Anforderung und Umgreifen) oder Gott (im Sinn von personaler Transzendenz) sind jedoch Chiffren dafür, wie wir Transzendenz erfahren. Sobald diese aber - etwa durch Offenbarung - näher beschrieben werden, wird Transzendenz vergegenständlicht und soll ins Verfügen gestellt werden. Offenbarung wäre erste und letzte Wahrheit, über die hinaus keine Wahrheit und Erkenntnis möglich wäre. Unsere Wahrheit hätte sich nach ihr zu richten. Aber sie kennt für diese umfassende Einsicht keine Vergewisserung; sie kann sie auch nicht kennen, denn Gott ist ein verborgener Gott. Er will unsere Existenz nicht reglementieren, sondern tragen, umfangen und je neu über das Dasein hinaus auf seinen Grund verweisen. Deshalb ist nicht Wissen, sondern Glaube signum unserer Gottesgewißheit.

Jaspers will die Unverfügbarkeit Gottes wahren; er hat dieses Anliegen mit dem Schelling der Frühwerke gemeinsam. Doch Jaspers' Begriff bleibt eine rein formale Umschreibung der Art und Weise, wie der Mensch existiert. Wenn die Anforderung an unsere Existenz inhaltlich nicht näher konkretisiert wird, dann bleibt auch fraglich, ob auch die Anforderung als verpflichtend erfahren wird. Sowohl der Schelling der Spätphilosophie wie die personalistische Philosophie und die Theologie sind hier realistischer: Die Erkenntnis Gottes muß ihn nicht - da er der aus seiner Unverfügbarkeit sich Erschließende bleibt - verendlichen oder ins menschliche Verfügen herabwürdigen; wenn Gott sich ins Wissen hineinbegibt, hat er das Vermögen, er selbst zu bleiben. Wenn er aber in den Grundzügen seines Wesens auch erkannt werden kann, wird es dem Menschen auch möglich, sich ihm zu nahen, sich ihm als dem heilschaffenden Gott anheim zu geben. Zu Jaspers' Gott jedoch kann man nicht beten. Sein "Glaube" ist nie volles credere Deo oder credere in Deum; er wird nie zum vollen personalen Engagement, sondern bleibt Versuch einer Sinndeutung des Daseins, der nicht zu letzten Entscheidungen führen kann und wird.

Ist Gott Person?

Die Kategorie Begegnung ist ein Grundbegriff der personalistischen Philosophie; Scheler und mehr noch Buber haben ihr Konturen gegeben, die heute weitgehend Allgemeingut sind und die eine besondere Nähe zur Theologie zeigen, so daß die Persondefinition der dialogischen Philosophie zur Beschreibung des Wesens Gottes, wie es seit dem Konzil von Nikaia festgelegt ist, besonders geeignet ist: Gott ist Person; er ist drei Personen in einem Wesen; Jesus Christus ist eine Person mit zwei Naturen, der göttlichen und menschlichen (53).

Nun zeigt die Philosophie der Neuzeit einen breiten Konsens auf, wonach das Personsein Gottes in Abrede gestellt ist. S p i n o z a , L e s s i n g (jedenfalls in Jacobis Darstellung), H e r d e r , G o e t h e , F i c h t e und S c h e l l i n g sehen im Personsein übereinstimmend eine Kategorie des Menschseins, und gerade dieses ist von Gott auszuschließen. Denn Person ist endlich, individuell für sich, parteiisch, geistig, sie greift von Fall zu Fall handelnd in die Welt ein, sie ist vor allem frei und darum offen für Gut und Böse, sie ist in ihrem Fürsichsein mehr oder weniger abgeschlossen und daher dem Werden enthoben. Alles das sind Wesenseigenschaften, die auf Gott - so wie ihn sich das Denken vorstellt - nicht zutreffen können. Gott muß Universalität sein; er muß Mensch, Natur und Welt umfassen; so ist er Substanz, die in Ausdehnung und Denken alles Denkbare umschließt. Individualität ist ausgeschlossen, ebenso Endlichkeit, weil er sonst nicht alles wäre. Dieses Alles-sein heißt: immer in allem sein; damit ist ein handelndes Eingreifen von Fall zu Fall und ein gesondertes Für-sich-sein überflüssig. Gottes Universalität schließt aus, daß man ihn nur auf Geistiges einschränkt; denn die Erfahrung lehrt welt- und naturhaftes Sein, das Gott ebenfalls zugehört; Welt ist aber eine werdende Welt, daher sind Werden, Natur in Gott erfordert. Schließlich ist Gott Inbegriff des Guten, der Positivität des Seins, die mit Ganzheit und Sinnhaftigkeit korrespondiert. Die Möglichkeit des Bösen ist daher bloße Folge der Absonderung. Der Gedanke der Universalität, der alles einschließenden Mächtigkeit und der absoluten Positivität veranlaßt diese Richtung der Neuzeit, Personsein in Gott auszuschließen. Denn dieses gilt als individuelles Für-sich-sein, als Verfügtsein, als Abgrenzung (Konzentration statt Offenheit, wie Schelling in der Kontroverse gegen Jacobi betont). Bezeichnend in diesem Zusammenhang ist, daß Freiheit dem Bereich solcher personhafter Individualität zugerechnet wird, während Denken das Vermögen ist, worin der Mensch sein endliches Personsein durchbrechen kann. Denken ist nicht kennzeichnend für Personsein.

---

53 Vgl. B. LANGEMEYER, Der dialogische Personalismus in der evangelischen und katholischen Theologie der Gegenwart, Paderborn 1963.

Jacobi vertritt ausdrücklich die Gegenposition. Person bedeutet auch für ihn: für sich, je einmalig sein, heißt frei, endlich, offen für Gut und Böse sein - er kann alles rezipieren, was die Neuzeit unter Person versteht. Doch gerade in diesen Wesenseigenschaften hat der Mensch unmittelbaren Zugang zu Gott: In der Individualität erfährt die Person die individuelle und dennoch allem Sein sich zuwendende Liebe Gottes, Endlichkeit verweist unmittelbar auf Ewigkeit, die Ambivalenz der Freiheit auf das Gutsein Gottes. Der Unterschied: Der Mensch ist für sich, aber nicht aus sich; er ist verfügt. So ahnt er aus seiner Erfahrung der Verfügtheit unmittelbar, daß ihr ein Verfügenkönnen über sich selbst und über alles Sein entsprechen muß, soll seine Ahnung nicht ein Wesensbetrug sein. Gott ist erfahrbar aufgrund der Korrespondenz der menschlichen und göttlichen Eigenschaften, die für Jacobi Selbstsein und Freiheit heißen und Wesensmerkmale von Personen sind. Aber er ist erfahrbar als die in ihrem Selbstsein aus sich selbstmächtige und in ihrer Freiheit absolut gute Person. Der Korrespondenz der Personalität von Gott und Mensch entspricht eine in der unmittelbaren Vernunfteinsicht schon mitgesetzte (geoffenbarte) Negation der eigenen Unvollkommenheiten und eine Absolutheit der personalen Wesensmerkmale in Gott.

Wo liegt die Wahrheit zwischen Jacobi, dem theistisch-christlichen Gottesbild und dem der idealistischen Philosophie, das Züge des Panentheismus trägt? Im Grunde liegt in dieser Streitfrage auch der entscheidende Gegensatz, weshalb Jacobi gegen die Denkbarkeit Gottes opponierte, die einen Gott im Sinne Spinozas und Schellings "nachwies".

M. Theunissen hat in einer interessanten Studie den Streit der Gegenwartsphilosophie über das Verständnis der (menschlichen) Person dargestellt; A. Halder und A. Grillmeier skizzieren die kontroverse Geschichte der Entwicklung des philosophischen und theologischen Personbegriffs (54). Darin zeigt sich, wie ungeklärt die Grenze zwischen Person und Natur seit dem Streit des Arius mit der Kirche des Konzils von Nikaia ist; denn der Begriff Natur ist ebenso problematisch; er kann sachhafte Natur (Leben, Welt) ebenso meinen wie das Wesen. Person ist natürlich in ihrer Gebundenheit an Materie; sie ist im Sinne der Definition des Boethius individuell, hat Anteil an der Natur, ist aber eigenständige Substanz, und diese Eigenständigkeit beruht in ihrer Geistigkeit. Substanziales Wesen, Geistnatur, Unaufhebbarkeit, In- und Für-sich-sein, Universalität in Endlichkeit, Substanzialität und Relationalität, Partnerschaft mit Gott und Eigensein, Transzendentalität und Endlichkeit, ja Tod sind nicht ohne weiteres vermittelbar (55). Theunissen verweist darauf, daß

---

54 A. HALDER, A. GRILLMEIER, Art. Person: LThK 8 (^{2}1963) 287 bis 292; M. THEUNISSEN, Skeptische Betrachtungen über den anthropologischen Personbegriff: Die Frage nach dem Menschen, Freiburg - München 1966, 461-490.
55 So der Tenor der Ausführungen bes. v. A. GRILLMEIER.

sich die Philosophen heute nur darin einig sind, daß Freiheit, Einheit und Verbindung zur Welt zum Wesen der Person gehören. Streit herrscht über die Frage des In-Beziehung-seins (Relationalität) und über die Frage der Absolutheit der Person, die eine Absolutheit aus sich oder für sich sein kann. Infolgedessen wird Person nicht - wie sich vermuten ließe - mit Individuum, Substanz und Selbst identisch gesetzt: Theunissen weist nach, daß sogar die Alltagssprache den Ausdruck Person sehr divergierend gebraucht (56).

Die Aussagen über die menschliche Autarkie beziehen sich nach Theunissens Ausführungen in der Regel auf Kant. Für Kant ist der Mensch Person, weil er "in seiner Vorstellung das Ich haben kann"; in solcher Autonomie, aus der Kant folgert, die Person sei Selbstzweck, folgern neukantianische Autoren, der Mensch sei sich selbst genügende Totalität. Im Sinne von Theunissens Begrifflichkeit meint dies Für-sich-sein aufgrund des Aussich-seins. Dieser sich selbst genügenden Totalität, die den Menschen ohne den Blick auf Gott definiert, setzen theistische Autoren (wie Guardini und M. Müller) eine relative Autonomie entgegen, wonach die Person Selbstsein in Verfügtheit bedeutet: Für-sich-sein, ermöglicht durch Gott. Dem Für-sich-sein wiederum stellt die dialogische Philosophie den Gedanken gegenüber, daß der Mensch erst dadurch Person ist, daß er notwendig in Beziehung mit Mitmenschen tritt. In diesem labilen Gleichgewicht der Zuordnung aller dieser Momente besteht der Personbegriff. In einem Punkt sind alle Autoren einig: Person ist ein Begriff, der auf das Menschsein anwendbar ist. Ist er in dieser Ambivalenz überhaupt auf Gott zu beziehen? Ist es sinnvoll, dies zu tun und wie die Theologie darin einen Grundbegriff der Gotteslehre zu sehen? Die Diskussion der Neuzeit spiegelt diese Ambivalenz wider, die in Schellings und Jacobis Streit gipfelte, die Schelling vermeiden, Jacobi hingegen ausdrücklich durchtragen wollte, um Gottes Wesen zu beschreiben.

Es fragt sich, ob die Antinomien vermieden werden müssen, um Gott Gott sein zu lassen. Es könnte sein, daß gerade in ihnen die Art des Verhältnisses Gott - Mensch deutlich werden kann. - Was veranlaßt dazu, Gott als Person zu bezeichnen? Es ist vor allem der Gedanke des mit Selbstsein und Freiheit mitgesetzten Du und der Partnerschaft. Der Mensch existiert in Verbindung mit Welt und Mitmensch; darin ist die Philosophie einig. In dieser Begegnung, in ihrer Ermöglichung durch Vernunft, Freiheit, Verantwortung, Angelegtsein auf den anderen, und in den Formen der Transzendenz und Kommunikation ist Gott allein erfahrbar. Gott muß als kommunikatives Wesen Züge des Personalen tragen. Wenn er Selbstbewußtsein, Selbstmacht, Freiheit in dem Ausmaß ist, daß er anderes Sein, alles Sein mit diesen Wesenseigenschaften schaffen kann, ist die Analogie zum menschlichen Personsein angebracht. Das Du ist zudem

---

56   M. THEUNISSEN, a.a.O., 463 f.; 465-472; 472-476.
     Zum Folgenden: Ebd., 461; 476-490.

Ausdruck des Sich-mitteilen-könnens und des solche Offenbarung Erkennen-könnens. Die Korrespondenz Gottes zum Menschen legt die Verwendung des Personbegriffs nahe. Andererseits zeigt die Theologiegeschichte ebenso wie die hier beschriebene Kontroverse, daß Gottes Gottheit nicht gewahrt wäre, wenn nur diese Gemeinsamkeiten im Wesen von Mensch und Gott das Bild von Gott bestimmten. Unser Gottesbewußtsein, ob unmittelbar oder im Denken erreicht, denkt Gott in Vollkommenheit und Seinsmacht, dem Verfügtsein und der Endlichkeit enthoben. Gott muß, soll er dies sein, immer bei aller Ähnlichkeit der menschlichen Person weitaus unähnlicher sein. Seine Vollkommenheit, seine unendliche Universalität, seine Ermächtigung alles Seins und des menschlichen Personseins erfordern auch diese Transzendenz des Menschen. Auf die Ähnlichkeit des göttlichen und menschlichen Wesens hat Jacobi aufmerksam gemacht; Schelling hat immer die Absolutheit und damit die Andersheit Gottes hervorgehoben, bis ihm in der Spätphilosophie eine Vermittlung beider Momente gelang. Aber auch in dieser Phase macht Schelling darauf aufmerksam, daß für Gottes Gottsein im Unterschied zum Menschen der Gedanke der Personalität weniger wichtig ist als der von Gottes Einzigkeit - gerade seine eigene frühere Philosophie, die Gott mit dem All und der Vernunft identifiziert hatte, hat ihm bewußt gemacht, daß Gott erst dann er selbst ist, wie ihn sich Denken, Erfahrung und Freiheitsbewußtsein vorstellen, wenn er als Herr des Seins, als der, der Sein und Denken zu ihrer Existenz und ihrer Aufgabe ermächtigt, gedacht wird. Der Gedanke des Monotheismus steht daher für Schelling über dem des Theismus, der in Gott vornehmlich Person sieht. Die Einzigkeit Gottes ist wichtiger als seine Ähnlichkeit. Letztere befähigt, ihn zu erkennen; ihn als Gott zu erfassen, heißt seine Singularität zu erkennen (57).

---

57 Vgl. W. SCHULZ, Die Vollendung ..., a.a.O., bes. 331 mit Berufung auf F.W.J. SCHELLING, SW XII, 70.

Schluß

Am Ende unserer Überlegungen, die der Frage nachgehen wollten, ob Gott im Denken erreicht werden kann, bleiben einige Feststellungen. Der unterschiedliche Weg der Jacobischen und Schellingschen Philosophie hat gezeigt, daß es eine mögliche Korrespondenz von Philosophie und Theologie gibt. Gott ist nicht nur in seiner Selbstoffenbarung im Wort, in der Person seines Sohnes gegenwärtig; er ist in vielfältigen Vorformen zu erkennen, die im Wesen von Welt und Mensch angelegt sind. Die Philosophie nennt dies die Befähigung des Menschen, "Gott zu denken"; die Theologie nennt die Ermöglichung dazu Kreatürlichkeit. Es ist Einsicht der Philosophie, daß die Befähigung einer je größeren Unfähigkeit zu umfassender Gotteserkenntnis korrespondiert. Die höchste Aufgabe der Vernunft ist es daher, sich selbst zu übersteigen und Verdanktheit und Ermöglichung in Gott zu setzen. Mit dieser Einsicht in die Beschränktheit des Erkennens kann die Philosophie die Theologie an etwas erinnern, was diese in der Selbstgewißheit ihrer von Gott verbürgten Offenbarung leicht zu vergessen droht: Alles Denken ist menschliches Denken; auch die Begrifflichkeit, die sich in dogmatischen Definitionen niedergeschlagen hat, unterliegt der Endlichkeit, Zeitbedingtheit und Wandelbarkeit. Auch wenn ihr in besonderem Maße das Bleiben in der Wahrheit garantiert ist, bleibt sie menschlich-unvollkommene Aussage von Gott. Theologie muß wie jedes Denken offen bleiben für den größeren Gott und seine mögliche Anrede; sie unterliegt wie die Kirche, deren Glauben sie auslegt, dem Grundgesetz des "semper reformandum". Alles Denken wird nur dann Gott adäquat denken, wenn es sich auf diesen je größeren Gott (ignatianisch: Deus semper maior) hin transzendiert.

LITERATURVERZEICHNIS

1. Quellen:

Jacobi:

Friedrich Heinrich Jacobis Werke, 6 Bde., Leipzig 1812-1825 (Neudruck: Darmstadt 1968).

ROTH, FRIEDRICH (Hrsg.), Friedrich Heinrich Jacobis auserlesener Briefwechsel, 2 Bde., Leipzig 1825-1827.

ZOEPPRITZ, RUDOLF (Hrsg.), Aus F. H. Jacobis Nachlaß. Ungedruckte Briefe von und an Jacobi und Andere, 2 Bde., Leipzig 1869.

LEITZMANN, ALBERT (Hrsg.), Briefe von Wilhelm von Humboldt an Friedrich Heinrich Jacobi, Halle 1892.

Friedrich Heinrich Jacobi, Briefwechsel. Historisch-kritische Gesamtausgabe, hrsg. v. M. Brüggen - S. Sudhof, Stuttgart 1978 ff.

(Eine vollständige Bibliographie enthält K. HOMANN, F. H. Jacobis Philosophie der Freiheit, Freiburg - München 1973).

Schelling:

1. Gesamtausgabe: Friedrich Wilhelm Joseph Schelling, Sämliche Werke, hrsg. v. K. F. A. Schelling, 1. Abteilung, I-X; 2. Abteilung, I-IV (zit.: XI-XIV), Stuttgart 1856-1861.

2. Ausgabe: Schellings Werke. Nach der Originalausgabe in neuer Anordnung hrsg. v. M. Schröter. Münchener Jubiläumsdruck, 6 Hauptbände, 6 Ergänzungsbände, München 1927-1959 (Nachdruck: 1962-1971).

3. Ausgabe: Schelling - Studienausgabe in 10 einzelnen Bänden, Reprogr. Nachdruck der Wissenschaftlichen Buchgesellschaft (Auswahl), Darmstadt 1974-1976.

4. Ausgabe: Friedrich Wilhelm Joseph Schelling, Werke 1, Historisch-kritische Gesamtausgabe, hrsg. v. H. M. Baumgartner - H. Krings - H. Zeltner im Auftrag der Schelling-Kommission der Bayerischen Akademie der Wissenschaften, Stuttgart 1976 (zitiert als: Werke I 1).

Einzelausgaben:

SCHELLING, F. W. J., Die Weltalter. In den Urfassungen von 1811 und 1813 hrsg. v. M. Schröter, München 1946 (Schellings Werke, Nachlaßband).

SCHULZ, W. - SCHULZ, R. E. (Hrsg.), F. W. J. Schelling, System des transzendentalen Idealismus, Hamburg 1959.

FUHRMANS, HORST (Hrsg.), Über das Wesen der menschlichen Freiheit, Stuttgart 1964.

FUHRMANS, HORST (Hrsg.), Initia philosophiae universae. Erlanger Vorlesung, Wintersemester 1820/21, Bonn 1969.

SCHELLING, F. W. J., Zur Geschichte der neueren Philosophie. Münchener Vorlesungen, Fotomechanischer Nachdruck der Ausgabe von 1953, Darmstadt 1974.

FRANK, M. - KURZ, G. (Hrsg.), Materialien zu Schellings philosophischen Anfängen, Frankfurt/M. 1975 (stw, 139).

FRANK, M. (Hrsg.), Schelling, Philosophie der Offenbarung, Frankfurt/M. 1977 (stw, 181).

Briefe:

PLITT, GUSTAV LEOPOLD (Hrsg.), Aus Schellings Leben. In Briefen, 3 Bde., Leipzig 1869-70.

FUHRMANS, HORST (Hrsg.), F. W. J. Schelling. Briefe und Dokumente, 3 Bde., Bonn 1962-1975.

FUHRMANS, H. - LOHRER, L. (Hrsg.), Schelling und Cotta. Briefwechsel 1803-1849, Bonn 1965.

SCHULZ, WALTER (Hrsg.), Fichte - Schelling. Briefwechsel. Frankfurt/M. 1968.

Sonstige Quellen:

ARISTOTELES, Metaphysik, hrsg. v. G. Patzig, Darmstadt 1979 (Deutsche Aristoteles-Gesamtausgabe, 15).

BAYLE, PIERRE, Dictionnaire historique et critique, Paris 1697, ^{2}1702, Rotterdam ^{3}1720.

BOUTERWEK, FRIEDRICH, Immanuel Kant. Ein Denkmal, Hamburg 1805.

- Die Religion der Vernunft, Göttingen 1824.

CLAUDIUS, MATTHIAS, Asmus omnia secum portans oder Sämliche Werke des Wandsbeker Boten, 8 Teile, Gotha 1775-1812.

DESCARTES, RENÉ, Meditationes de prima philosophia (1641), hrsg. v. L. Gäbe, Hamburg 1959 (PhB, 250a).

DILTHEY, WILHELM, Gesammelte Schriften, 15 Bde., Stuttgart-Göttingen ^{5}1962-1970.

FEUERBACH, LUDWIG, Das Wesen des Christentums (1841), Frankfurt/M. 1976 (Theorie Werkausgabe, V).

FICHTE, JOHANN GOTTLIEB, Grundlage der gesamten Wissenschaftslehre (1794), hrsg. v. F. Medicus, Hamburg ²1961 (PhB, 246).

- Einige Vorlesungen über die Bestimmung des Gelehrten (1794): J. G. Fichte - Gesamtausgabe, hrsg. v. R. Lauth - H. Jacob, I 3, Stuttgart-Bad Cannstatt 1966, 1-68.

- Versuch einer neuen Darstellung der Wissenschaftslehre (1797/98): J. G. Fichte - Gesamtausgabe, I 4, Stuttgart-Bad Cannstatt 1970, 167-281.

- Die philosophischen Schriften zum Atheismusstreit. Mit Forbergs Aufsatze: Entwicklung des Begriffs der Religion, hrsg. v. F. Medicus, Leipzig ²o. J. (PhB, 129b).

SCHULZ, HANS (Hrsg.), Fichte Briefwechsel. Kritische Gesamtausgabe, 2 Bde., Leipzig ²1930.

FRIES, JACOB FRIEDRICH, Neue und anthropologische Kritik der Vernunft, 3 Bde., Heidelberg 1807.

GOETHE, JOHANN WOLFGANG v., Werke. Hamburger Ausgabe, hrsg. v. E. Trunz u. a., 14 Bde., Hamburg 1948-1960.

HAMANN, JOHANN GEORG, Sämtliche Werke. Historisch-kritische Ausgabe, hrsg. v. J. Nadler, 6 Bde., Wien 1949-1957.

HEGEL, GEORG WILHELM FRIEDRICH, Sämtliche Werke. Jubiläumsausgabe in 20 Bänden, hrsg. v. H. Glockner, Stuttgart-Bad Cannstatt ⁴1961-1965.

- Werke in 20 Bänden. Theorie Werkausgabe, hrsg. v. E. Moldenhauer - K. M. Michel, Frankfurt/M. 1970-1971.

- Differenz des Fichte'schen und Schelling'schen Systems der Philosophie (1801), hrsg. v. G. Lasson, Hamburg 1962 (PhB, 62a).

- Glauben und Wissen oder die Reflexionsphilosophie der Subjektivität in der Vollständigkeit ihrer Formen als Kantische, Jacobische und Fichtesche Philosophie (Kritisches Journal der Philosophie, II 1, 1802): Theorie Werkausgabe, 2, Frankfurt/M. 1970, 287-433.

- Phänomenologie des Geistes (1807 u. ö.), hrsg. v. J. Hoffmeister, Hamburg ⁶1952 (PhB, 114).

- Vorlesungen über die Philosophie der Religion, hrsg. v. G. Lasson, 2 Bde., Hamburg ²1966.

HERDER, JOHANN GOTTFRIED, Gott. Einige Gespräche über Spinozas System (1787), Karlsruhe 1820 (Sämmtliche Werke, Zur Philosophie und Geschichte, 8).

HERDER, JOHANN GOTTFRIED, Sämtliche Werke, hrsg. v. B. Suphan, 33 Bde., Berlin 1877-1913.

DÜNTZER, H. - HERDER, F. G. (Hrsg.), Aus Herders Nachlaß, 3 Bde., o. O. 1856-1857.

HUME, DAVID, Enquiry concerning Human Understanding: DERS., The Philosophical Works, hrsg. v. Th. H. Green - Th. H. Grose, IV, Aalen 1964, 1-135.

- Ein Traktat über die menschliche Natur, 3 Bücher (1739/40), hrsg. v. R. Brandt, Hamburg ^{3}1973 (PhB, 283).

KANT, IMMANUEL, Werke in zehn Bänden, hrsg. v. W. Weischedel, Darmstadt ^{3}1960-1968, ^{4}1971.

- Der einzig mögliche Beweisgrund zu einer Demonstration des Daseins Gottes (1763): Immanuel Kant, Werke in zehn Bänden, II, Darmstadt ^{3}1960, 617-738.

- Untersuchung über die Deutlichkeit der Grundsätze der natürlichen Theologie und der Moral. Zur Beantwortung der Frage, welche die Königl. Akademie der Wissenschaften zu Berlin auf das Jahr 1763 aufgegeben hat (1764): ebd., 741-773.

- Kritik der reinen Vernunft, Riga 1781, ^{2}1787, neu hrsg. v. R. Schmidt, Hamburg 1956 (PhB, 37a).

- Kritik der praktischen Vernunft, Riga 1788, ^{2}1792, neu hrsg. v. K. Vorländer, Hamburg ^{9}1967 (PhB, 38).

- Was heißt: sich im Denken orientieren? (1786): Werke in zehn Bänden, V, Darmstadt ^{3}1968, 265-283.

- Von einem neuerdings erhobenen vornehmen Ton in der Philosophie (1796): ebd., 375-396.

KÖPPEN, FRIEDRICH, Schellings Lehre oder das Ganze der Philosophie des absoluten Nichts, Hamburg 1803.

KUHN, JOHANN EVANGELIST, Jacobi und die Philosophie seiner Zeit. Ein Versuch, das wissenschaftliche Fundament der Philosophie historisch zu erörtern, Mainz 1834.

- Einleitung in die katholische Dogmatik, Tübingen 1846, ^{2}1859.

- Die dogmatische Lehre von der Erkenntnis, den Eigenschaften und der Einheit Gottes, Tübingen 1862.

LAVATER, JOHANN CASPAR, Ausgewählte Werke, hrsg. v. E. Staehelin, 4 Bde., Zürich 1943.

LESSING, GOTTHOLD EPHRAIM, Gesammelte Werke, hrsg. v. P. Rilla, 10 Bde., bes. VII, VIII, Berlin 1954- 1956- 1958.

LOCKE, JOHN, Über den menschlichen Verstand, 4 Bücher (1689), Hamburg (- Berlin) ^{2}1968 (PhB., 75).

MARX, KARL, Werke. Frühe Schriften, hrsg. v. H. J. Lieber - P. Furth, 2 Bde., Darmstadt ^{3}1975.

MEW. Marx - Engels - Werke, hrsg. v. Institut für Marxismus-Leninismus beim ZK der SED, 39 Bde. + 3 Erg. Bde., Berlin 1957-1968.

MENDELSSOHN, MOSES - KANT, IMMANUEL, Abhandlung über die Evidenz in Metaphysischen Wissenschaften, welche den von der Königlichen Akademie der Wissenschaften in Berlin auf das Jahr 1763 ausgesetzten Preis erhalten hat, von Moses Mendelssohn aus Berlin. Nebst einer Abhandlung über dieselbe Materie, welche die Akademie nächst der ersten für die beste gehalten hat, Berlin 1764.

MENDELSSOHN, MOSES, Morgenstunden oder Vorlesungen über das Dasein Gottes, Berlin 1785, ^{2}1786.

- An die Freunde Lessings, Berlin 1785.

NIKOLAUS VON KUES, Philosophisch-theologische Schriften, hrsg. v. L. Gabriel, 3 Bde., Wien 1964-1966.

PASCAL, BLAISE, Werke hrsg. v. L. Brunschvig u. a., 14 Bde., Paris 1903-1914.

PLATON, Nomoi, hrsg. v. G. Eigler u. a., Darmstadt 1979 (Platon-Studienausgabe, 8, 1-2).

- Politeia, Darmstadt 1971 (Platon-Studienausgabe, 4).

SCHLEGEL, FRIEDRICH, Kritische Friedrich-Schlegel-Ausgabe, hrsg. v. E. Behler u. a., z. Z. 14 Bde., München - Paderborn - Wien - Zürich 1958-1971.

SCHLEIERMACHER, FRIEDRICH ERNST DANIEL, Über die Religion. Reden an die Gebildeten unter ihren Verächtern (1799), hrsg. v. H. J. Rothert, Hamburg ^{2}1961 (PhB., 255).

- Der christliche Glaube nach den Grundsätzen der evangelischen Kirche (1821), hrsg. v. M. Redeker, 2 Bde., Berlin ^{7}1960.

SCHMIDT, J. L. (Hrsg.), B. v. Spinozas Sittenlehre, widerlegt von dem berühmten Weltweisen unserer Zeit Herrn Christian Wolf, Frankfurt/O.-Leipzig 1744.

SPINOZA, BARUCH, Ethica - Ethik: Opera - Werke. Lateinisch und deutsch, hrsg. v. K. Blumenstock, II, Darmstadt 1967, 84-557.

THOMAS v. AQUIN, De veritate: Q. d. I, Paris 1925.

- Summa contra Gentiles, 4 Bücher, Rom 1923.

- Summa theologiae, 5 Bde., Madrid 1951-1952.

WACHTER, J. G., Der Spinozismus im Jüdentumb oder die von dem heutigen Jüdentumb und dessen Geheimen Kabbala Vergötterte Welt, o. O. 1699.

WOLFF, CHRISTIAN, Theologia naturalis, Frankfurt/O. - Leipzig 1737.

2. Sekundärliteratur:

ALTWICKER, NORBERT (Hrsg.), Texte zur Geschichte des Spinozismus, Darmstadt 1971.

AUBERT, ROGER, Le problème de l'acte de foi. Données traditionnelles et résultats des controverses récentes, Löwen-Paris ^{4}1969.

BARTH, KARL, Die protestantische Theologie im 19. Jahrhundert. Ihre Vorgeschichte und ihre Geschichte, 2 Bde., Hamburg 1975 (Siebenstern TB 177, 178).

BAUM, GÜNTHER, Vernunft und Erkenntnis. Die Philosophie F. H. Jacobis, Bonn 1969.

BAUMGARTNER, HANS MICHAEL (Hrsg.), Schelling. Einführung in seine Philosophie, Freiburg - München 1975 (Alber Kolleg Philosophie) (Mit Beiträgen von O. Marquard, W. G. Jacobs, H. M. Baumgartner, H. Holz, H. Zeltner, X. Tilliette, W. Schieche u. a.)

BAYERN. KUNST UND KULTUR (Ausstellungskatalog), München 1972.

BLOCH, ERNST, Das Materialismusproblem, seine Geschichte und Substanz, Frankfurt/M. 1972.

BOLLNOW, OTTO FRIEDRICH, Die Lebensphilosophie F. H. Jacobis, Stuttgart 1933, ^{2}1966 (Göttinger Forschungen, hrsg. v. W. Mitscherlich, 2).

BRAUN, OTTO, Briefe Schellings an seine Söhne Fritz und Hermann: Hochland 9 I (1911/12) 316-327.

BRÜGGEN, MICHAEL, Jacobi und Schelling: Ph J 75 (1968) 419-429.

CZUMA, HANS, Der philosophische Standpunkt in Schellings Philosophie der Mythologie und Offenbarung, Innsbruck 1969.

DIEMER, ALWIN (Hrsg.), Der Wissenschaftsbegriff. Historische und systematische Untersuchungen, Meisenheim a. G. 1970 (Studien zur Wissenschaftstheorie, 4).

DIERSE, UWE - WAGNER, FALK, Art. Gott. VIII, IX: H W Ph, hrsg. v. J. Ritter, III, Darmstadt - Basel 1974, 756-798.

DÜRIG, WALTER, J. M. Sailer, Jean Paul, Fr. H. Jacobi. Ein Beitrag zur Quellenanalyse der Sailerschen Menschauffassung, Breslau 1941.

EHRHARDT, WALTER E., F. W. J. Schelling. Die Wirklichkeit der Freiheit: J. Speck (Hrsg.), Grundprobleme der großen Philosophen. Philosophie der Neuzeit II, Göttingen 1976, 109-144.

FISCHER, GERARD, Johann Michael Sailer und Friedrich Heinrich Jacobi, Freiburg 1955.

FISCHER, KUNO, Schellings Leben, Werke und Lehre, Heidelberg ^{4}1923 (Geschichte der neuern Philosophie, 7).

FRANKE, U. - OESTERLE, G. - EMMEL, H. - RÜCKER, S., Art. Gefühl. I, II philosophisch: H W Ph III, Darmstadt - Basel 1974, 82-93.

FRIES, HEINRICH - SCHWAIGER, GEORG (Hrsg.), Katholische Theologen Deutschlands im 19. Jahrhundert, 3 Bde., München 1975.

FUHRMANS, HORST, Schellings letzte Philosophie, Berlin 1940.

- Schellings Philosophie der Weltalter. Schellings Philosophie in den Jahren 1806 bis 1821. Zum Problem des Schellingschen Theismus, Düsseldorf 1954.

FUNK, PHILIPP, Von der Aufklärung zur Romantik. Studien zur Vorgeschichte der Münchener Romantik, München 1925.

- Aufklärung und christlicher Humanismus. Zu Johann Michael Sailers 100. Todestag: Hochland 29 II (1932) 314-327.

GEISELMANN, JOSEF RUPERT, Die Glaubenswissenschaft der katholischen Tübinger Schule in ihrer Grundlegung durch Johann Sebastian Drey: Th Q 111 (1930) 49-117.

- Die theologische Anthropologie Johann Adam Möhlers, Freiburg 1955.

- Die katholische Tübinger Schule. Ihre theologische Eigenart, Freiburg 1964.

GRASSL, HANS, Aufbruch zur Romantik. Bayerns Beitrag zur deutschen Geistesgeschichte 1765 bis 1785, München 1968.

HAMMACHER, KLAUS, Die Philosophie Friedrich Heinrich Jacobis, München 1969.

- Unmittelbarkeit und Kritik bei Hemsterhuis, München 1971.

HAMMACHER, KLAUS (Hrsg.), Friedrich Heinrich Jacobi. Philosoph und Literat der Goethezeit (Beiträge einer Tagung in Düsseldorf, 16.-19. 10.1969, aus Anlaß seines 150. Todestages und Berichte), Frankfurt/M. 1971.

HARTKOPF, WERNER, Die Dialektik in Schellings Transzendental- und Identitätsphilosophie - Studien zur Entwicklung der modernen Dialektik II, Meisenheim a. G. 1975 (Monographien zur philosophischen Forschung, 138).

HECKER, KONRAD, Spinozas allgemeine Ontologie, Darmstadt 1978 (Erträge der Forschung, 101).

HEDERER, OSWALD, Klassizismus, München 1976.

HEIDEGGER, MARTIN, Schellings Abhandlung Über das Wesen der menschlichen Freiheit (1809), hrsg. v. H. Feick, Tübingen 1971.

HEMMERLE, KLAUS, Gott und das Denken nach Schellings Spätphilosophie, Freiburg 1968.

HENRICH, DIETER, Der ontologische Gottesbeweis. Sein Problem und seine Geschichte in der Neuzeit, Tübingen 1960.

HOLZ, HARALD, Spekulation und Faktizität, Bonn 1970.

- Die Struktur der Dialektik in den Frühschriften Fichtes und Schellings: Archiv für Geschichte der Philosophie 52 (1970) 71-90. (Neu: M. Frank - G. Kurz (Hrsg.), Materialien zu Schellings philosophischen Anfängen, Frankfurt/M. 1975, 215-236).

- Die Idee der Philosophie bei Schelling. Metaphysische Motive in seiner Frühphilosophie, Freiburg - München 1977 (Alber Broschur Philosophie).

HOMANN, KARL, F. H. Jacobis Philosophie der Freiheit, Freiburg - München 1973 (Symposion, 43).

HUBBELING, HUBERTUS G., Hat Spinozas Gott (Selbst)Bewußtsein?: ZphF 31 (1977) 590-597.

- Spinoza, Freiburg - München 1978 (Alber Kolleg Philosophie).

JACOBS, WILHELM G., Faktizität und System. Überlegungen zu Spinozas "Ethik": ZphF 31 (1977) 583-589.

JASPERS, KARL, Schelling. Größe und Verhängnis, München 1955.

- Descartes und die Philosophie, Berlin ^{3}1956.

- Spinoza, München 1978 (aus: ders., Die großen Philosophen, I, München 1957, 752-897).

JÜNGEL, EBERHARD, Gott als Geheimnis der Welt, Tübingen 1977.

KASPER, WALTER, Das Absolute in der Geschichte. Philosophie und Theologie der Geschichte in der Spätphilosophie Schellings, Mainz 1965.

KNITTERMEYER, HINRICH, Schelling und die romantische Schule, München 1928.

- Art. Atheismusstreit: RGG I (^{3}1957) 677 f.

KORFF, H. A., Geist der Goethezeit. Versuch einer ideellen Entwicklung der klassisch-romantischen Literaturgeschichte, I. Teil: Sturm und Drang, Darmstadt ^{10}1977; II. Teil: Klassik, Darmstadt ^{10}1977.

KOYRE, ALEXANDER, Descartes und die Scholastik, Darmstadt 1971 (Nachdruck von: Bonn 1893).

KRINGS, HERMANN, Erkennen und Denken. Zur Struktur und Geschichte des transzendentalen Verfahrens in der Philosophie: Ph J 86 (1979) 1-15.

KRINGS, HERMANN - BAUMGARTNER, HANS MICHAEL, Art. Erkennen, Erkenntnis: H W Ph II, Basel - Darmstadt 1972, 643-662.

KUHN, JOHANN EVANGELIST, Die moderne Speculation auf dem Gebiet der christlichen Glaubenslehre: Th Q 24 (1842) 171-225; 25 (1843) 3-75; 179-226; 405-467.

- Die Schellingsche Philosophie und ihr Verhältnis zum Christentum: Th Q 26 (1844) 57-88; 179-221; 27 (1845) 3-39.

LAFUMA, L., Art. Spinoza: L Th K 8 (^{2}1963) 125 f.

LANGE, ERHARD (Hrsg.), Die Philosophie des jungen Schelling. Beiträge zur Schelling-Rezeption in der DDR, Weimar 1977 (Collegium philosophicum Jenense, 1).

LAUTH, REINHARD, Zur Idee der Transzendentalphilosophie, München - Salzburg 1965.

- Die Entstehung von Schellings Identitätsphilosophie in der Auseinandersetzung mit Fichtes Wissenschaftslehre (1795-1801), Freiburg - München 1975 (Alber Broschur Philosophie).

MARX, WERNER, Schelling: Geschichte, System, Freiheit, Freiburg - München 1977 (Alber Broschur Philosophie).

MAURER, WILHELM, Der Organismusgedanke bei Schelling und in der Theologie der Katholischen Tübinger Schule: K u D 8 (1962) 202-216.

MENKE, KARL-HEINZ, Definition und spekulative Grundlegung des Begriffes "Dogma" im Werke Johann Sebastian von Dreys (1777-1853): Theol. u. Phil. 52 (1977) 23-56.

MERKLE, SEBASTIAN, Die katholische Beurteilung des Aufklärungszeitalters, Berlin 1909.

MOKROSCH, REINHOLD, Theologische Freiheitsphilosophie. Metaphysik, Freiheit und Ethik in der philosophischen Entwicklung Schellings und in den Anfängen Tillichs, Frankfurt/M. 1976 (Studien zur Philosophie und Literatur des 19. Jahrhunderts, 29).

NICOLAI, HEINZ, Goethe und Jacobi. Studien zur Geschichte ihrer Freundschaft, Stuttgart 1965 (Germanistische Abhandlungen, 4).

OELMÜLLER, WILLI, Die unbefriedigte Aufklärung. Beiträge zu einer Theorie der Moderne von Lessing, Kant und Hegel, Frankfurt/M. 1969.

OESTERREICH, T. K., Friedrich Wilhelm Joseph Schelling: F. UEBERWEG, Grundriß der Geschichte der Philosophie, IV, Berlin 12$_{1923}$, 35-36.

PAETZOLD, HEINZ, Schelling in der Philosophie der Gegenwart. Anmerkungen zum Stuttgarter Hegel-Kongreß im Schelling-Jubiläumsjahr (1975): Ph J 83 (1976) 184-189.

PFLEIDERER, O., Geschichte der Religionsphilosophie von Spinoza bis zur Gegenwart, Berlin ²1893.

PIEPER, ANNEMARIE, "Ethik à la Spinoza": Z ph F 31 (1977) 545-564.

POTTMEYER, HERMANN JOSEPH, Der Glaube vor dem Anspruch der Wissenschaft, Freiburg 1968.

PÜNJER, B., Geschichte der christlichen Religionsphilosophie seit der Reformation, 2 Bde., Braunschweig 1880.

PÜTZ, PETER, Die deutsche Aufklärung, Darmstadt 1978 (Erträge der Forschung, 81).

ROHKRÄMER, M., Art. Hemsterhuis: R G G 3 (³1959) 218 f.

SCHAEFFLER, RICHARD, Einführung in die Geschichtsphilosophie, Darmstadt 1973 (Die Philosophie. Einführungen in Gegenstand, Methoden und Ergebnisse ihrer Disziplinen).

SCHNABEL, FRANZ, Deutsche Geschichte im neunzehnten Jahrhundert, 4 Bde., Freiburg ²⁻⁵1949-1959.

SCHOLZ, HEINRICH (Hrsg.), Die Hauptschriften zum Pantheismusstreit zwischen Jacobi und Mendelssohn, Berlin 1916.

SCHREMPF, CHRISTOPH, Lessing als Philosoph, Stuttgart ²1921 (Frommanns Klassiker der Philosophie, hrsg. v. R. Falckenberg, 19).

SCHULZ, WALTER, Die Vollendung des Deutschen Idealismus in der Spätphilosophie Schellings, Pfullingen 1955, ²1975.

- Der Gott der neuzeitlichen Metaphysik, Pfullingen 1957, ⁵1974.

- Einleitung: F. W. J. Schelling, System des transzendentalen Idealismus, hrsg. v. W. u. R. E. Schulz, Hamburg ²1962 (PhB, 254) IX-XLIV.

- Anmerkungen zu Schelling: ZphF 29 (1975) 321-336.

SCHÜTTE, H.-W., Art. Atheismus: H W Ph I, Basel - Darmstadt 1971, 595-599.

SCHWAIGER, GEORG, Die Aufklärung in katholischer Sicht: Concilium 3 (1967) 559-566.

SCHWARZ, A. - HEGEL, E. - SCHEFFCZYK, L., Art. Aufklärung: LThK 1 (²1957) 1056-1066.

SCHWARZ, REINHARD, Lessings "Spinozismus": ZThK 65 (1968) 271-290.

SPAEMANN, ROBERT, Reflexion und Spontaneität. Studien über Fénelon, Stuttgart 1963.

STEINBÜCHEL, THEODOR, Das Grundproblem der Hegelschen Philosophie. Darstellung und Würdigung, I, Bonn 1933.

STEPHAN, HORST - SCHMIDT, MARTIN, Geschichte der evangelischen Theologie seit dem Idealismus, Berlin - New York ³1973.

TEICHNER, WILHELM, Kants Transzendentalphilosophie. Grundriß, Freiburg - München 1978 (Alber Kolleg Philosophie).

THEUNISSEN, MICHAEL, Die Aufhebung des Idealismus in der Spätphilosophie Schellings. Für Walter Schulz: Ph J 83 (1976) 1-29.

TILLICH, PAUL, Schelling und die Anfänge des existenzialistischen Protests: ZphF 9 (1955) 197-208.

- Vorlesungen über die Geschichte des christlichen Denkens (II), Stuttgart 1972.

TILLIETTE, XAVIER, Schelling. Une Philosophie en devenir, 2 Bde., Paris 1970 (Bibliothèque d'Histoire de la Philosophie).

- Schelling als Verfasser des Systemprogramms: M. Frank - G. Kurz (Hrsg.), Materialien zu Schellings philosophischen Anfängen, Frankfurt/M. 1975, 193-211.

- Schelling als Philosoph der Kunst: Ph J 83 (1976) 30-41.

TIMM, HERMANN, Gott und die Freiheit. Studien zur Religionsphilosophie der Goethezeit, Bd. 1: Die Spinozarenaissance, Frankfurt/M. 1974 (Studien zur Philosophie und Literatur des 19. Jahrhunderts, 22).

VERGAUWEN, GUIDO, Absolute und endliche Freiheit. Schellings Lehre von Schöpfung und Fall, Freiburg/Schweiz 1975

(dazu: H. Titze, Rezension: PhLA 29 (1976) 65-71).

VERRA, VALERIO, F. H. Jacobi. Dall'Illuminismo all'Idealismo, Turin 1963.

WAGNER, FALK, Der Gedanke der Persönlichkeit Gottes bei Fichte und Hegel, Gütersloh 1971.

WALZEL, O., Das Prometheussymbol von Shaftesbury zu Goethe, München ²1932.

WEINDEL, PHILIPP, F. H. Jacobis Einwirkung auf die Glaubenswissenschaft der katholischen Tübinger Schule: Th. Steinbüchel - H. Müncker (Hrsg.), Aus Theologie und Philosophie, Düsseldorf 1950, 573-596.

WEISCHEDEL, WILHELM (Hrsg.), Streit um die Göttlichen Dinge. Die Auseinandersetzung zwischen Jacobi und Schelling, Darmstadt 1967 (Nachdruck).

- Jacobi und Schelling. Eine philosophisch-theologische Kontroverse, Darmstadt 1969.

- Der Gott der Philosophen. Grundlegung einer philosophischen Theologie im Zeitalter des Nihilismus, Bd. 1: Darmstadt ⁴1975; Bd. 2: Darmstadt ³1972.

WEISCHEDEL, WILHELM, Die philosophische Hintertreppe. 34 große Philosophen in Alltag und Denken, München ⁴1974.

WELTE, BERNHARD, Beobachtungen zum Systemgedanken in der Tübinger katholischen Schule: Th Q 147 (1967) 40-59.

WIELAND, WOLFGANG, Die Anfänge der Philosophie Schellings und die Frage nach der Natur: Natur und Geschichte (Festschrift K. Löwith), Stuttgart u. a. 1967, 406-440 (neu: M. Frank - G. Kurz (Hrsg.), Materialien zu Schellings philosophischen Anfängen, Frankfurt/M. 1975, 237-279.

WOLFINGER, FRANZ, Der Glaube nach Johann Evangelist von Kuhn. Wesen, Formen, Herkunft, Entwicklung, Göttingen 1972 (Studien zur Theologie und Geistesgeschichte des 19. Jahrhunderts, 2).

ZELTNER, HERMANN, Schelling, Stuttgart 1954 (Frommanns Klassiker der Philosophie, 33).

- Schelling - Forschung seit 1954, Darmstadt 1975 (Erträge der Forschung, 42).

3. Systematische Literatur zum Thema:

ALBERT, HANS, Traktat über kritische Vernunft, Tübingen ²1969.

- Theologische Holzwege, Tübingen 1973.

BALTHASAR, HANS URS v., Herrlichkeit. Eine theologische Ästhetik, I, Einsiedeln 1961.

BASTIAN, HANS-DIETER, Kommunikation. Wie christlicher Glaube funktioniert, Stuttgart - Berlin 1972 (Themen der Theologie, hrsg. v. H. J. Schultz, 13).

BEINERT, WOLFGANG, Das Problem der Verifikation theologischer Sätze: Catholica 32 (1978) 177-187.

BERGER, PETER L., Auf den Spuren der Engel. Zur Wiederentdeckung der Transzendenz, Frankfurt/M. 1972.

BISHOP, JOURDAIN, Die "Gott-ist-tot"- Theologie, Düsseldorf 1968.

BLANK, JOSEF u. a., Gott-Frage und moderner Atheismus, Regensburg 1972.

BLOCH, ERNST, Atheismus im Christentum, Frankfurt/M. 1968.

BRUAIRE, CLAUDE, Die Aufgabe, Gott zu denken, Freiburg 1973.

BRUNNER, AUGUST, Glaube und Erkenntnis, München 1951.

BUBER, MARTIN, Die Schriften über das dialogische Prinzip, Heidelberg 1954.

- Schriften zur Philosophie, München - Heidelberg 1962 (Werke, I).

BULTMANN, RUDOLF, Welchen Sinn hat es, von Gott zu reden? (1925): G u V I, Tübingen ⁶1966, 26-37.

DÖRING, HEINRICH, Abwesenheit Gottes. Fragen und Antworten heutiger Theologie, Paderborn 1977.

EBELING, GERHARD, Kritischer Rationalismus?, Tübingen 1973.

- Das Wesen des christlichen Glaubens, Tübingen 1959.

- Wort und Glaube, 3 Bde., Tübingen ³1967-¹1969-¹1975.

EICHER, PETER, Offenbarung. Zur Präzisierung einer überstrapazierten Kategorie: G. Bitter - G. Miller (Hrsg.), Konturen heutiger Theologie, München 1976, 108-134.

- Offenbarung. Prinzip neuzeitlicher Theologie, München 1977.

FIORENZA, FRANCIS PETER, Die Abwesenheit Gottes als ein theologisches Problem: Ch. Hörgl - F. Rauh (Hrsg.), Grenzfragen des Glaubens, Einsiedeln 1967, 423-451.

FRIES, HEINRICH, Bultmann - Barth und die katholische Theologie, Stuttgart 1955.
- Glaube - Wissen. Wege zu einer Lösung des Problems, Berlin 1960.
- Art. Religion: HthG II, München 1963, 428-441.
- Vom Hören des Wortes Gottes: J. Ratzinger - H. Fries (Hrsg.), Einsicht und Glaube, Freiburg ²1962, 15-27.
- Art. Fundamentaltheologie: SM II (1968) 140-150.
- Abschied von Gott? Eine Herausforderung - Versuch einer Antwort, Freiburg 1971.
- Zum heutigen Stand der Fundamentaltheologie: TThZ 84 (1975) 351-363.
- Zeitgenössische Grundtypen nichtkirchlicher Jesusdeutungen: L. Scheffczyk (Hrsg.), Grundfragen der Christologie heute, Freiburg 1975, 36-76.
- Die Gottesfrage in der heutigen theologischen Diskussion: G. Bitter - G. Miller (Hrsg.), Konturen heutiger Theologie, München 1976, 135-143.

FRIES, HEINRICH u. a., Möglichkeiten des Redens über Gott, Düsseldorf 1978.

FRIES, HEINRICH - STÄHLIN, RUDOLF, Gott ist tot? Eine Herausforderung - zwei Theologen antworten, München 1968.

FRIES, HEINRICH (Hrsg.), Gott die Frage unserer Zeit, München 1973.

GADAMER, HANS GEORG, Wahrheit und Methode, Tübingen ²1965.

GARDAVSKI, VITZESLAV, Gott ist nicht ganz tot, München ⁴1970.

GATZEMEIER, M., Theologie als Wissenschaft, 2 Bde., Stuttgart-Bad Cannstatt 1974 f.

HABERMAS, JÜRGEN, Erkenntnis und Interesse, Frankfurt/M. 1968.
- Ein marxistischer Schelling: Über Ernst Bloch, Frankfurt/M. 1968, 61-81 (e s, 251).

HEIDEGGER, MARTIN, Phänomenologie und Theologie, Frankfurt/M. 1970.
- Über den Humanismus, Frankfurt/M. ⁶1964.

HENGEL, MARTIN - REINHARDT, RUDOLF (Hrsg.), Heute von Gott reden, München - Mainz 1977.

HOFMEISTER, HEIMO, Wahrheit und Glaube, Wien - München 1978.

JASPERS, KARL, Der philosophische Glaube angesichts der Offenbarung, München ²1963.

- Der philosophische Glaube, München 1963 (Neuausgabe).

JÜNGEL, EBERHARD, Gottes Sein ist im Werden, Tübingen 1977.

KASPER, WALTER, Einführung in den Glauben, Mainz 1972.

- Christologie von unten?: L. Scheffczyk (Hrsg.), Grundfragen der Christologie heute, Freiburg 1975, 141-170.

KNAUER, PETER, Der Glaube kommt vom Hören. Ökumenische Fundamentaltheologie, Graz - Wien - Köln 1978.

KOPPENSCHMIDT, L. (Hrsg.), Der fragliche Gott, Düsseldorf 1973.

de KRUIJF, TH. C. u. a., Zerbrochene Gottesbilder, Freiburg 1969.

KUHN, THOMAS S., Die Struktur wissenschaftlicher Revolutionen, Frankfurt/M. 1973 (stw, 25).

- Die Entstehung des Neuen. Studien zur Struktur der Wissenschaftsgeschichte, Frankfurt/M. 1978 (stw, 236).

KUTSCHKI, NORBERT (Hrsg.), Gott heute, Mainz - München 1967.

KÜNG, HANS, Christ sein, München 1974.

- Existiert Gott? Antwort auf die Gottesfrage der Neuzeit, München 1978.

LENNERZ, HEINRICH, Natürliche Gotteserkenntnis, Freiburg 1926.

LORENZ, FRIEDEBERT (Hrsg.), Gottesfrage heute, Stuttgart - Berlin 1969.

MARTIN, JAMES A., Philosophische Sprachprüfung der Theologie. Eine Einführung in den Dialog zwischen der analytischen Philosophie und der Theologie, München 1974.

METZ, JOHANN B., Kleine Apologie des Erzählens: Concilium 9 (1973) 334-341.

- Glaube in Geschichte und Gesellschaft, Mainz 1977.

MOLTMANN, JÜRGEN, Gott in der Revolution: E. Feil - R. Weth (Hrsg.), Diskussion zur "Theologie der Revolution", München - Mainz 1969, 65-81.

MOUROUX, JEAN, Ich glaube an dich, Einsiedeln ²1951.

MOSTERT, WALTER, Sinn oder Gewißheit? Versuche zu einer theologischen Kritik des dogmatischen Denkens, Tübingen 1976.

OTT, HEINRICH, Gott, Stuttgart 1971.

PANNENBERG, WOLFHART, Die Frage nach Gott: ders., Grundfragen systematischer Theologie, Göttingen 1967, 361-386.

PANNENBERG, WOLFHART, Gottesgedanke und menschliche Freiheit, Göttingen 1972.
- Wissenschaftstheorie und Theologie, Frankfurt/M. 1973.
PANNENBERG, W. - SAUTER, G. - DAECKE, S. M. - JANOWSKI, H. N., Grundlagen der Theologie - Ein Diskurs, Stuttgart 1974.
PEUKERT, HELMUT, Wissenschaftstheorie - Handlungstheorie - Fundamentale Theologie. Analysen zu Ansatz und Status theologischer Theoriebildung, Düsseldorf 1976.
PÖHLMANN, HORST GEORG, Der Atheismus oder der Streit um Gott, Gütersloh 1977.
PUNTEL, L. BRUNO, Wahrheitstheorien in der neueren Philosophie, Darmstadt 1978 (Erträge der Forschung, 83).
RAFFELT, ALBERT, Die Frage nach Gott: Die Welt der Bücher. Aus Literatur und Wissenschaft. 5. Folge, 10. Heft, Freiburg Weihnachten 1978, 433-441.
RAHNER, KARL, Hörer des Wortes, München 1941, ^{2}1963.
- Schriften zur Theologie, Einsiedeln - Zürich - Köln 1958-1980 (bisher 14 Bde.).
- Grundkurs des Glaubens, Freiburg 1976 u. ö.
RAHNER, KARL (Hrsg.), Ist Gott noch gefragt?, Düsseldorf 1973.
REINISCH, LEONHARD (Hrsg.), Gott in dieser Zeit, München 1972.
RICOEUR, PAUL, Geschichte und Wahrheit, München 1974.
RICOEUR, PAUL, Objektivierung und Entfremdung in der geschichtlichen Erfahrung: Ph J 84 (1977) 1-12.
RITSCHL, DIETRICH - JONES, HUGH O., "Story" als Rohmaterial der Theologie, München 1976.
RÖSSLER, DIETRICH, Die Vernunft der Religion, München 1976.
SAUTER, GERHARD, Vor einem neuen Methodenstreit in der Theologie?, München 1970 (Theologische Existenz heute, 164).
SAUTER, GERHARD (Hrsg.), Wissenschaftstheoretische Kritik der Theologie. Die Theologie und die neuere wissenschaftstheoretische Diskussion. Materialien, Analysen, Entwürfe, München 1973.
SCHAEFFLER, RICHARD, Religion und kritisches Bewußtsein, Freiburg - München 1973 (Alber Broschur Philosophie).
- Die Religionskritik sucht ihren Partner, Freiburg - München 1974 (Alber Broschur Philosophie).

SCHEFFCZYK, LEO, Gott - loser Gottesglaube? Die Grenzen des Nichttheismus und ihre Überwindung, Regensburg 1974.

- Theologie und moderne Wissenschaftstheorie: MThZ 29 (1978) 160-188.

SCHEFFCZYK, LEO (Hrsg.), Grundfragen der Christologie heute, Freiburg 1975.

SCHELER, MAX, Vom Ewigen im Menschen (1917), Bern [5]1954.

SCHILLEBEECKX, EDWARD, Gott - die Zukunft des Menschen, Mainz 1969.

- Glaubensinterpretation. Beiträge zu einer hermeneutischen und kritischen Theologie, Mainz 1971.

- Jesus. Die Geschichte von einem Lebenden, Freiburg 1975.

- Christus und die Christen, Freiburg 1977.

SCHILSON, ARNO - KASPER, WALTER, Christologie im Präsens, Freiburg 1974.

SCHLETTE, HEINZ ROBERT, Skeptische Religionsphilosophie. Zur Kritik der Pietät, Freiburg 1972 (rombach hochschul paperback, 52).

SCHMITZ, JOSEF, Die Fundamentaltheologie im 20. Jahrhundert: H. Vorgrimler - R. vander Gucht (Hrsg.), Bilanz der Theologie im 20. Jahrhundert, II, Freiburg 1969, 197-245.

SCHULTZ, HANS JÜRGEN (Hrsg.), Wer ist das eigentlich - Gott?, München 1969.

SCHUPP, FRANZ, Auf dem Weg zu einer kritischen Theologie, Freiburg 1974 (Q d, 64).

SECKLER, MAX, Art. Glaube: HthG I, München 1962, 528-548.

SIMON, JOSEF, Art. Leben: HphG, hrsg. v. H. Krings - H. M. Baumgartner - Ch. Wild, II, München 1973, 844-859.

SÖHNGEN, GOTTLIEB, Die Einheit in der Theologie, München 1952.

STIRNIMANN, HEINRICH, Erwägungen zur Fundamentaltheologie: Freiburger Zeitschrift für Philosophie und Theologie 24 (1977) 291-365.

STROLZ, WALTER, Menschsein als Gottesfrage. Wege zur Erfahrung der Inkarnation, Pfullingen 1965.

- Grundtendenzen gegenwärtiger Religionsphilosophie: Orientierung 39 (1975) 146-149; 168-172.

THEUNISSEN, MICHAEL, Skeptische Betrachtungen über den anthropologischen Personbegriff: Rombach, Heinrich (Hrsg.), Die Frage nach dem Menschen (Festschrift für Max Müller zum 60. Geburtstag), Freiburg - München 1966, 461-490.

DE VOGEL, CORNELIA J., Neuere philosophische Denkformen und ihre Wirkung in der Theologie: MThZ 29 (1978) 134-159.

WACKER, BERND, Narrative Theologie?, München 1977.

VAN DE WALLE, A. R., Zur Theologie von Edward Schillebeeckx: Th d G 18 (1975) 141-150.

WEINRICH, HARALD, Narrative Theologie: Concilium 9 (1973) 329-334.

WEISCHEDEL, WILHELM, Skeptische Ethik, Frankfurt/M. 1976.

WELTE, BERNHARD, Über das Böse, Freiburg 1959.

- Auf der Spur des Ewigen, Freiburg 1965.

- Religionsphilosophie, Freiburg 1978.

WELTE, BERNHARD - KOCH, HANS GEORG, Atheismus oder verborgene Religiosität? Ein Gespräch mit Prof. Bernhard Welte: Her Korr 30 (1976) 192-200.

WERBICK, JÜRGEN, Theologie als Theorie. Zur Diskussion um die Wissenschaftlichkeit der Theologie: K u D 24 (1978) 204-228.

WOHLMUTH, JOSEF - KOCH, HANS GEORG, Leitfaden Theologie, Einsiedeln 1975.

WOLFINGER, FRANZ, Der Glaube und die gegenwärtigen ideologischen Trends: Lebendiges Zeugnis 4/1975, 13-27.

- Die Fundamentaltheologie als theologische Wissenschaft: S K T 3, Einsiedeln 1975, 71-77.

- Leiden als theologisches Problem: Catholica 32 (1978) 242-266.

ZAHRNT, HEINZ, Gott kann nicht sterben. Wider die falschen Alternativen in Theologie und Gesellschaft, München 1970.

PERSONENREGISTER

Das Personenregister verzeichnet die Namen, die im Text (einschließlich der Anmerkungen) erscheinen. Nicht aufgeschlüsselt ist das Literaturverzeichnis.

Jacobi und Schelling sind nicht in das Verzeichnis aufgenommen, da ihre Namen nicht nur in den jeweiligen Kapiteln (Jacobi: 33-134; Schelling: 135-224), sondern auch in den übrigen Texten ständig erscheinen.

Albert, H. 13, 291, 292
Alexandriner, die 274
Allwill 42-45, 47, 52, 55, 56
Altwicker, N. 63, 69, 72, 74-75
Anselm v. Canterbury 274
Aristoteles 56, 178, 239

Bacon, F. 255
Bader, F. v. 140, 228
Balthasar, H. U. v. 287, 296
Barth, K. 14, 278, 279, 287, 296
Baum, G. 19, 37, 41, 49, 50, 106
Baumgarten, S. J. 63
Baumgartner, M. 20, 25, 38, 107, 135, 136, 137, 149, 151-152, 158, 160, 161 bis 162, 165, 170, 173, 180, 196, 217
Bautain, L. 286
Bayle, P. 63, 71-72
Berger, P. L. 11
Bishop, J. 11
Bitter, G. 17
Blank, J. 11
Bloch, E. 12, 179
Blumenstock, K. 66
Boethius 299
Böttger, P. 229
Bollnow, O. F. 19, 37, 38
Bouterwek, F. 236
Brentano, B. v. 33
Bruaire, C. 24, 176, 280, 291

Brüggen, M. 19, 25, 29, 31, 34, 135, 226, 227, 228, 229, 230, 251, 252, 260
Bruno, G. 80, 179
Buber, M. 87, 130, 295, 298
Bultmann, R. 12, 14, 278, 279

Claudius, M. 33, 61, 230, 232
Clemens, F. J. 132, 274
Czuma, H. 20, 140

Daecke, S. M. 13
Descartes, R. 18, 21, 30, 56, 57-58, 67, 73, 86, 90, 93, 96, 106, 117, 149, 155, 220, 248, 275
de Vogel, C. 119
Dierse, U. 17, 57, 66, 69, 71, 72
Dilthey, W. 38, 133
Döring, H. 11
Don Carlos 144
Drey, J. S. 21, 139, 190
Düntzer, H. 76
Dürig, W. 48
Dupré, W. 294

Ebeling, G. 13, 292
Ehrhardt, W. E. 20, 141, 204
Eicher, P. 295-296
Eichhorn, J. G. 152
Eichner, H. 34
Emmel, H. 123
Esau 230
Eschenmayer, K. A. 139, 195, 214, 216, 225, 229

Faust 52, 53-54, 55
Fénelon, F. 48, 234
Feuerbach, L. 13, 145, 244
Fichte, J. G. 34, 35, 36, 51, 58, 74, 79, 86, 90, 92-93, 100, 106, 107, 111-115, 118, 120, 124, 130, 131, 133, 136, 137, 139, 146, 150-151, 156, 159, 160, 161, 169, 171, 172, 173, 174, 175, 177, 178, 179, 180, 184, 195-196, 199, 201, 208, 216, 220, 225, 226, 227, 228, 229, 231, 233-234, 237, 241, 250, 253, 256, 278, 298
Fiorenza, F. P. 11
Fischer, G. 19, 48
Fischer, K. 135, 139, 219, 225, 227, 228, 229, 230, 234, 251
Forberg 171
Frank, M. 20, 26, 34, 138, 142, 178, 219
Franke, U. 123
Fries, H. 11, 12, 14, 16, 17, 18, 22, 273, 279, 287, 295, 296
Fries, J. F. 33, 102, 229, 236
Fuhrmans, H. 20, 25, 29, 34, 136, 139, 144, 146, 160, 174
Funk, Ph. 15-16, 140
Furth, P. 54

Gadamer, H. G. 292
Galilei, G. 16, 274
Gallitzin, G. 33
Gatzemeier, M. 292
Geiselmann, J. R. 21, 139, 190
Goethe, J. W. 21, 34, 42, 50, 52-55, 58, 59, 65, 75-76, 90, 91, 124, 125, 133, 138, 147, 174, 178, 203, 225, 240, 298
Goeze, J. M. 59, 62
Grassl, H. 140, 226
Green, Th. H. 127
Grillmeier, A. 299-300
Grose, Th. H. 127
Guardini, R. 300

Habel, H. 229
Habermas, J. 12, 179
Halder, A. 299-300

Hamann, J. G. 21, 33, 35, 40, 42, 48, 61, 259
Hammacher, K. 19, 34, 37, 38, 39, 41, 46, 49, 50, 52, 97, 119, 131
Hartkopf, W. 20, 190
Hederer, O. 229
Hegel, G. F. W. 20, 30, 34, 36, 49, 74, 86, 118, 125, 126, 131, 133, 136, 137, 138, 139, 142, 143, 145, 146, 148, 162, 163, 171, 172, 174, 200, 201, 220, 227, 231, 257, 270, 278, 281-283, 284, 285, 289, 290
Heidegger, M. 74
Hemmerle, K. 20, 140
Hemsterhuis, F. 80, 81
Henke, E. L. Th. 29
Herder, J. G. 33, 35, 55, 58, 60, 76-78, 90, 91, 133, 136, 147, 152, 174, 178, 192, 225, 234, 240, 250, 256, 298
Heyne, Ch. 152
Hiob 250
Hobbes, Th. 107
Hölderlin, F. 147, 220
Hörgl, Ch. 11
Hoffmeister, J. 200
Holz, H. 20, 161-162, 174-175, 178, 190
Homann, K. 19-20, 33, 34, 35, 37, 39, 41, 42, 45, 49, 50, 52, 55, 64, 244
Hubbeling, H. G. 71
Hugo v. St. Viktor 249
Humboldt, W. 33, 131
Hume, D. 56, 65, 92, 107, 126-128, 275

Ignatius v. L. 302

Jacob, H. 92
Jacobi, J. G. 33
Jacobs, W. G. 71, 136, 152
Jakob 230
Janowski, H. N. 13
Jaspers, K. 66, 69, 70-71, 219, 283, 296-297

Johannes 212, 259, 279
Jones, H. O. 279
Jüngel, E. 68, 283, 290

Kant, I. 30, 31, 34, 35, 36, 50, 51, 61, 79, 82, 86, 90-101, 101-110, 111, 112, 113, 117 bis 120, 121-122, 123, 124, 126, 130-131, 132, 134, 136, 137, 139, 142, 144, 145, 146, 148, 149, 151, 152, 154, 155, 156, 157, 158, 159, 160, 161, 162, 163, 165, 166, 167, 172, 175, 182, 198, 199, 200, 201, 215, 220, 221, 225, 226, 233, 235-237, 238, 241, 253, 255, 256, 258, 262, 267, 269, 275, 276, 278, 281, 290, 291, 300
Kasper, W. 12, 16, 20, 135, 138, 140, 160, 222, 259, 286, 294
Kepler, J. 16, 274
Kierkegaard, S. 138
Klopstock, F. G. 144
Klüpfel, E. 16
Knauer, P. 291-292
Knittermayer, H. 114, 219
Koch, H. G. 18
Koeppen, F. 25, 92, 227, 228
Korff, H. A. 52-55, 60, 75-79
Krings, H. 25, 38, 107, 287-288
Kruijf, Th. C. 11
Küng, H. 11, 12, 72
Kuhn, J. E. 21, 33, 85-86, 132, 139-140, 190, 229, 274, 289 bis 290, 291, 292
Kurz, G. 20, 26, 34, 138, 142, 178, 219

Lafuma, L. 72
Lange, E. 20
Langemeyer, B. 298
Lasson, G. 125
Lauth, R. 19, 20, 34, 37, 92, 160, 163, 170, 174, 195, 229
Lavater, J. C. 33, 48, 61, 87, 234
Leibniz, W. 36, 56, 57, 63, 84, 149, 161, 178, 182, 183, 186 bis 187, 225, 241, 255

Leitzmann, A. 131
Le Sage 33
Lessing, G. E. 16, 21, 34, 42, 58-66, 76-78, 79, 80, 82-85, 90, 91, 136, 138, 143, 165, 253, 256, 275, 298
Lieber, H. J. 54
Locke, J. 107, 275
Lohrer, L. 25
Luther, M. 149, 258, 274

Malebranche, N. 241
Marlé, R. 294
Marquard, O. 136-137, 139, 218
Martin, J. A. 13
Marx, K. 13, 54, 133, 138, 145, 151
Marx, W. 20
Maurer, W. 21, 139
Max I. Joseph 226
Mayer, L. 63
Medicus, F. 114
Mendelssohn, M. 34, 35, 56, 57, 60-64, 78-79, 80, 82, 85-86, 90, 91, 93, 100, 144
Metz, J. B. 13, 49, 273, 279, 294
Miller, G. 17
Möhler, J. A. 21, 286
Mokrosch, R. 178
Montaigne 44, 56
Montgelas, M. J. v. 226
Moritz, K. Ph. 64
Müller, J. 76
Müller, M. 300
Müncker, H. 21

Nathan 58
Nero 250
Newman, J. H. 268, 292
Nicolai, Ch. F. 34, 62, 79, 91
Nicolai, H. 19, 34, 52, 65, 75
Niethammer, F. I. 92
Nikolaus v. Kues 74, 222

Oesterle, G. 123
Oesterreich, T. K. 178, 191, 192, 200
Oetinger, F. C. 178

Pannenberg, W. 11, 12-13, 287, 292
Pascal, B. 21, 71-73, 87, 214, 220, 269, 275
Paul, J. 33, 48
Paulus 212, 279
Paulus, H. E. G. 218
Perthes, F. 226
Peukert, H. 13, 292
Pfleiderer, O. 21
Pieper, A. 163-167, 175
Platon 56, 174, 178, 239, 248-249, 265
Plitt, G. L. 25, 29, 178, 195, 227
Pöhlmann, H. G. 11
Pottmeyer, H. J. 22
Prometheus 52, 54, 59, 60, 61
Proteus 135, 139
Pünjer, B. 21
Pythagoras 46

Rad, G. v. 294
Raffelt, A. 11
Rahner, K. 11, 14, 132, 133, 222, 287-289
Ratzinger, J. 14
Rauh, F. 11
Redeker, M. 21, 125-126
Reimarus, E. 61
Reimarus, S. 60
Reinhold, K. L. 88, 152, 159
Riedesel, Baron v. 177
Rilla, P. 59
Ritschel, D. 279
Ritter, J. 57, 66
Roth, F. 25, 42, 58, 88, 111
Rothert, H. J. 125
Rousseau, J. J. 33, 56, 144, 178, 192
Rücker, S. 123
Ruhmer, E. 229

Sailer, J. M. 16, 33, 48
Salat, J. 218, 226, 229
Sauter, G. 12
Schäzler, C. v. 132
Scheffczyk, L. 11, 12
Scheler, M. 87, 130, 295, 298
Schelling, K. F. A. 25, 136, 140, 217

Schieche, W. 135
Schillebeeckx, E. 12
Schiller, F. 144, 177, 203
Schilson, A. 12
Schlegel, A. W. 177, 203
Schlegel, C. 177-178
Schlegel, F. 34, 40, 42, 203
Schleiermacher, F. E. D. 21, 33, 125-126, 144
Schmidt, J. L. 57
Schmidt, R. 91
Schmitz, J. 18
Scholz, H. 34, 57, 60-64, 78 bis 79, 83
Schröter, M. 25, 193
Schütte, H. W. 114
Schultz, H. J. 11
Schulz, H. 227
Schulz, R. E. 25
Schulz, W. 18, 20, 25, 30, 66 bis 70, 72, 73-74, 159-160, 165, 219, 278, 282-285, 285-286, 301
Schupp, F. 13
Schwaiger, G. 16, 22
Schwarz, R. 62-63
Semler, S. 136
Simon, J. 38
Simon, R. 16
Söhngen, G. 290
Spaemann, R. 48
Speck, J. 20, 141
Spinoza, B. 21, 35, 36, 39, 51, 57-66, 66-75, 75-82, 82-85, 88-89, 90, 91, 93, 96, 103, 104, 106, 110, 112, 116, 117, 120, 128, 130, 133, 135, 144, 146, 149, 151, 158, 159, 160, 161, 162-169, 172, 173, 174, 175, 178, 181-182, 182-183, 185, 198, 206, 220, 225, 226, 228, 233, 241, 242, 244, 248, 250, 252, 253, 254-255, 256, 298
Stählin, R. 11
Stattler, B. 16
Steinbüchel, Th. 21, 37, 46, 126
Stolberg, L. 33, 232

Strölin 177
Sudhof, S. 25
Synoptiker 212
Szilasi, W. 140

Teichner, W. 97-101
Theunissen, M. 20, 299-300
Thomas v. A. 12, 68, 132, 274, 295
Tillich, P. 140
Tilliette, X. 20, 217, 219
Timm, H. 52-55, 57, 59-66, 73, 76-79, 135

Ueberweg, F. 178, 179

Verra, V. 19, 37
Vorländer, K. 91
Vorsokratiker 273

Wachter, J. G. 63, 66, 71
Wagner, F. 114, 120, 131-132, 133-134, 176
Walzel, O. 60
Weiller, C. 218, 226, 229
Weindel, Ph. 21
Weinrich, H. 279, 294
Weischedel, W. 19, 21, 34, 50, 93, 101-103, 119, 121-122, 134, 135, 140, 147, 228, 229, 230, 241, 244, 260, 267, 277
Welte, B. 21, 68, 71, 73
Werbick, J. 13
Werther 52, 53, 55
Wieland, Ch. M. 33, 42
Wieland, W. 178-180, 219, 221
Wild, Ch. 38
Winckelmann, J. J. 144
Wohlmuth, J. 18
Woldemar 42, 45-46, 55, 56, 58
Wolff, Ch. 36, 40, 57, 62, 63, 71 bis 72, 78, 91, 93, 144, 274, 275
Wolfinger, F. 13, 18, 21, 33, 68, 86, 126, 132, 139-140, 190, 217, 274, 282, 287, 290, 296

Zeltner, H. 20, 25, 135, 140, 160, 180, 190, 196, 198, 199, 201-203, 216-217, 219, 223
Zimmer, P. 16
Zoeppritz, R. 50, 111, 114

THEOLOGIE IM ÜBERGANG

Band 1 Rainer Schanne: Sündenfall und Erbsünde in der Spekulativen Theologie. Die Weiterbildung der protestantischen Erbsündenlehre unter dem Einfluß der idealistischen Lehre vom Bösen. 1976.

Band 2 Antonio López-Méndez: Die Hoffnung im Theologischen Denken Teilhard de Chardins — Hoffnung als Synthese: Versuch einer systematischen Darstellung. 1976.

Band 3 Franz Courth: Das Wesen des Christentums in der liberalen protestantischen Theologie. 1977.

Band 4 Margarete Pohlmann: Der Humanismus im 19. Jahrhundert — Eine neue Religion? Arnold Ruges Auseinandersetzung mit dem Christentum. 1979.

Band 5 Hans Günther Türk: Der philosophisch-theologische Ansatz bei Johann Evangelist Kuhn. 1979.

Band 6 Erich Schrofner: Theologie als positive Wissenschaft. Prinzipien und Methoden der Dogmatik bei Schleiermacher. 1980.

Band 7 Franz Wolfinger: Denken und Transzendenz - zum Problem ihrer Vermittlung. Der unterschiedliche Weg der Philosophien F.H. Jacobis und F.W.J. Schellings und ihre Konfrontation im Streit um die "Göttlichen Dinge" (1811/12). 1981.

Die Kontroverse Jacobi - Schelling über die Frage, wie Gott zu denken sei, war zugleich Ausdruck und Anregung für die Diskussion des Verhältnisses von Glaube, Wissen, Philosophie und Theologie, die seit der Neuzeit lebendig ist. Der unterschiedliche Weg des Denkens beider Philosophen bis zum Streit und die Kontroverse selbst mit ihren Themen sind Marksteine. Die offenbar gewordene Aporie beider "Lösungen" verweist auf die Notwendigkeit, über ihre Aussagen hinaus weiterzudenken (Hegel, Schellings Spätphilosophie, Gegenwartsdenken). Daraus lassen sich religionsphilosophische und wissenschaftstheoretische Prolegomena zu einer theologischen Behandlung des Themas Denken und Transzendenz eruieren.

Franz Wolfinger, geboren 1940. 1960 - 1965 Studium der Theologie und Philosophie in Regensburg und München; 1965 - 1970 Spezialstudien in Fundamentaltheologie mit Ergänzungsstudien in ökumenischer Theologie, Philosophie, Religionswissenschaften. 1970 theologische Promotion in München. 1970 - 1980 wissenschaftlicher Assistent an der Universität München. 1979 Habilitation für Fundamentaltheologie und ökumenische Theologie (mit der vorliegenden Arbeit).